Hildegard Schäfer

Dialog mit Claudius

Band III

Neue Jenseitskontakte

DREI EICHEN VERLAG

ISBN 3-7699-0552-0

Verlagsnummer 552

1. Auflage, 1.–3. Tausend 1995

Gesamtherstellung: Ebner Ulm
Umschlagbild- und -gestaltung: Tajuna-Design

Inhaltsverzeichnis

Prolog

Bedenke, daß du Mensch bist!

Siehe, am Anfang, als die Erde beseelt wurde, als die Wesen aus anderen Galaxien hierher gekommen sind, wurde ein Träger des Lichtes bestimmt, der die Wahrheit und die Liebe mit hierher gebracht hat. Es wurde ein Kodex aufgesetzt, der dem Stellvertreter des Lichts zur Hand gegeben wurde, damit er die Liebe der Allmacht seinen Mitbrüdern und Mitschwestern auf den Weg gab, den sie nun beschreiten sollten. Schon damals wurde bei der Geburt eines neuen Lebens das Wort mitgegeben:

Bedenke, daß du Mensch bist –

und diese Worte wurden immer wiederholt:

Bedenke, o Mensch, daß du Mensch bist.

Damit sollte der Mensch daran erinnert werden, daß er auch in gehobener Stellung nichts anderes sei als ein Mensch, der die Liebe weitertragen und in der Liebe für seinen Mitmenschen verfügbar sein sollte. Nun, beim Einzug eines Cäsars in Rom, wenn er durch den Triumphbogen einzog, stand hinter ihm ein Sklave, und wenn die Menge ihn umjubelte, flüsterte er ihm ins Ohr

Bedenke, daß du Mensch bist.

Doch es war nur ein Ritual, das übernommen worden ist. Und wenige der siegreich heimkehrenden Cäsaren hatten den Sinn verstanden.

Und heute?

Wer bedenkt heute, daß er *Mensch* ist?

CLAUDIUS

Vorwort

Liebe Leserin, lieber Leser,
wenn Sie zu dem Personenkreis gehören, der nach dem Studium – ich halte dieses Wort für angebrachter, als »Lektüre« – von »Dialog mit Claudius«, Band I und II ungeduldig des öfteren fragte: »Wann erscheint endlich Band III?«, dann nehme ich an, daß Sie sich freuen, diesen dritten Band der »CLAUDIUS-Trilogie« jetzt in Händen zu halten.
Eigentlich bedarf es für Sie, die Kenner der vorhergegangenen Bände, keiner langen Vorrede, doch muß ich mich wohl oder übel für diejenigen wiederholen, die mit CLAUDIUS erst durch den dritten Band bekannt werden.
Manches in diesem dritten Buch ist durchaus verständlich ohne Kenntnisse des Vorhergegangenen. Manches aber ist eine Weiterführung, eine Ergänzung und notwendige Komplettierung. Es werden Begriffe und Namen auftauchen, die einer Erklärung bedürfen. So mögen Sie es bitte, lieber »Erstleser« nicht als Propaganda betrachten, wenn ich Ihnen rate, die CLAUDIUS-Bücher Band I und II vorher zu studieren. Sie bilden nun einmal eine Grundlage, eine wichtige Basis für den dritten Band.
Ausführliche Rückblicke hätten aber Kürzungen anderer Themen zur Folge gehabt. Wenn Sie dennoch hin und wieder auf kurze Passagen stoßen, die eine Wiederholung darstellen, so denken Sie bitte nicht, daß dies ein Versehen ist, vielmehr waren die Repetitionen nötig, um Fortsetzungen, die mit Teil II oder Teil III bezeichnet sind, verständlicher zu machen.
Es war ein großes Problem, aus der Fülle des immer noch vorhandenen Materials das herauszusuchen, was mir für die Menschen wichtig schien. Wenn ich sage »schien«, so räume ich damit bereits ein, daß meine Ansichten nicht Allgemeingültigkeit haben müssen. Ich habe wiederholt ausgewählt und wieder verworfen und mit großem Bedauern auf vieles verzichten müssen, das auch wert gewesen wäre, in dieses Buch aufgenommen zu werden.
Frühere Themen werden in diesem Buch durch umfassende,

weiterführende Ergänzungen noch einmal aufgegriffen, neue Themen in der bewährten Frage-und-Antwort-Art diskutiert. Erstmals wird die poetische Sprache von CLAUDIUS – durch seine Begrüßungs- und Verabschiedungsreden – deutlich gemacht.
Den Lesern, die nach der Lektüre von Band I und II mit Fragen an mich herantraten, werden nun, sofern sie von allgemeinem Interesse sind, entsprechende Antworten erteilt. Durch Umfang und Vielfalt konnten sie thematisch weder in einzelne Kapitel eingegliedert noch damit neue Kapitel formuliert werden. Anstelle einer Integration wurde daher das Kapitel »CLAUDIUS im Kreuzfeuer von Fragen« geschrieben. Es dürfte für alle Leser aufgrund seiner reichhaltigen Palette besonders interessant sein. Bei dieser Trilogie ist keiner der drei Bände mit dem anderen vergleichbar. In jedem handelt es sich um andere Informationen, um neue Erkenntnisse, durch die mancher Leser seine bisherigen Vorstellungen von Gott und der Welt, von Diesseits und Jenseits über Bord werfen wird. Doch alle Aussagen von CLAUDIUS haben etwas gemeinsam: Sie lassen uns die umfassende Liebe der Allmacht spüren, sie nehmen uns die Zweifel, die uns quälen, vor allem aber die große Angst vor dem Hinübergang und einer ewigen Verdammnis, die mit der Liebe und Güte Gottes nicht vereinbar ist.
Durch den Heimgang des Mediums Marc war es nun auch möglich, den Schleier der Anonymität zu lüften. Die während seines Krankenlagers gesprochenen »Nachtreden«, erschütternd in ihrer transzendenten Einmaligkeit, dürften einen weiteren Schwerpunkt dieses Buches darstellen.
Zusammenfassend kann für das Gesamtwerk ein Zitat von CLAUDIUS Gültigkeit haben:
»In der *Vielfalt* die *Einheit* erkennen – *ist alles*.«

Hildegard Schäfer,
September 1995

Teil I

Der Mensch – eine Trinität

Claudius: Meine Lieben, ich habe euch gehört, wie ihr über das unerschöpfliche Thema »Mensch« diskutiert habt, und mir scheint, daß einige unter euch mit meinen wiederholten Darlegungen nicht ganz zurechtkommen.

So möchte ich noch einmal über euer »Menschsein« sprechen, wenn auch durch andere, vielleicht für euch verständlichere Begriffe und Formulierungen. Ich verstehe zwar, daß euch dieses Thema besonders am Herzen liegt, doch glaubt mir, meine Freunde, daß für euch im Grunde genommen nur dies wichtig ist, daß ihr alle ein **Fünkchen GOTT seid** – und daß ihr **unsterblich seid**. Doch euer Wissensdurst und euer Wunsch nach Erkenntnissen ist erfreulich, und so wollen wir gemeinsam versuchen, Licht zu bringen in das noch im Dunkeln liegende.

Seht, meine Freunde, man spricht von der Trinität: Geist, Körper und Seele. Um es einfach auszudrükken: Der Körper ist das, was dem Geist und der Seele für eine bestimmte Zeit Behausung bietet, der Körper ist materiell.

Er setzt sich aus Atomen zusammen, er setzt sich aus Informationen zusammen. Alle Zellen des Körpers haben eine bestimmte Information. Die Zellen der Leber, der Lunge, des Herzens haben die Information, daß sie eine bestimmte Aufgabe innerhalb dieses Körpers zu erfüllen haben, genauso die Zellen des gesamten Körpers. Sie haben sich zusammengefunden, um diesen Körper zu bilden mit dieser Information, die er dazu nötig hat.

Was dazukam, ist die Seele, das Bewußtsein, das in der Seele verborgen liegt, das euch befähigt, über den Körper hinaus Dinge wahrzunehmen und zu verarbeiten. In eurem Gehirn werden ständig Informa-

tionen umgesetzt. Das Gehirn würde euch nichts nützen, würdet ihr das Bewußtsein nicht haben, würdet ihr die geistige Inspiration nicht mitbekommen haben, die in der Seele verborgen liegt.
Sicher ist jeder einzelne Mensch, gemäß seiner Aufgabe, die er zu erfüllen hat, anders programmiert. Er wird nur die Information aufnehmen, die er für sein jetziges Leben benötigt.
Es sind bestimmte geistige Voraussetzungen erforderlich, um einen bestimmten Beruf auszuüben, und deshalb wird der Mensch nie vollkommen sein.
Es ist seine Aufgabe, den Kreislauf durch die verschiedenen Inkarnationen zu vollenden, denn sonst, wäre das **nicht** der Fall, wären diese Inkarnationen **nicht**, müßte der Mensch allwissend sein, und wie ihr wißt (schmunzelt), das ist er nicht.
Seht, der Mensch wird geboren. Wird er sich selbst überlassen, dann wird aus diesem Menschen, der ohne Liebe, ohne Empfinden aufwächst, ein geistig verkrüppeltes Wesen, und an euch liegt es, den Mensch Mensch werden zu lassen durch Hege und Pflege, wie ihr die Bäume pflegt, damit sie gute Früchte hervorbringen.
Seele ist der Mensch in seinem Ursprung, Liebe, die den Körper befähigt, zu agieren und zu reagieren. Geist, meine Lieben, ist das Bewußtwerden des Menschen, ist das, was ihn befähigt, zu denken und zu handeln, in Verbindung mit der Seele. Es ist die Information, die dem Menschen während seiner Inkarnation zufließt, die ihn wachsen läßt – geistig wachsen läßt – die Seele wächst mit. Sie verändert sich, verändert sich im Laufe von Jahrhunderten, von Jahrmillionen und wird zur Vollkommenheit wieder zurückfinden durch die **Gnade des Bewußtwerdens**. Wäre dies nicht der Fall, dann wäre der Mensch nicht Mensch, dann könnte der Mensch nicht denken, er könnte nicht zu seinem Ursprung

zurückfinden, und die Schöpfung, ich spreche jetzt wohlgemerkt vom Menschen, die Schöpfung des Menschen, wäre sinnlos.

Der Mensch muß sich seiner Qualitäten, die ihm mitgegeben wurden zur Weiterentwicklung, bewußt werden. Er muß sich der Liebe bewußt werden, die ihm von der Allmacht mitgegeben wurde, um dieses Leben leben zu können.

Scheidet sich die Seele vom Körper, so bleibt zurück ein nackter Torso, ein Verbund von Molekülen, die sich, wenn sie nicht mehr durch den Geist, durch die Seele, belebt werden, auflösen in ihren Ursprung, nämlich zur Information.

Frage: Können wir nicht schon heute diesen Begriff »ICH BIN« anwenden, denn wir wissen doch um unser Sein, weil wir Geist-Seele sind?

Claudius: Meine Liebe, dieses Wissen um »ICH BIN« **als Mensch** ist die Bestätigung dafür, daß du auf dieser Erde bist, daß du Verstand besitzt, daß du all die Qualitäten besitzt, die der Mensch braucht. **Meine** Definition von **»ICH BIN«** ist, daß alles Wissen in dir vereinigt, keine Fragen mehr benötigt.

Ich erfasse dich, mein Freund, und jeden einzelnen in diesem Kreis in seiner Ganzheit, du selbst kannst dich in deiner Ganzheit nicht erkennen. Es ist dir nur ein Teilbewußtsein zugänglich, nämlich das Teilbewußtsein deiner Inkarnation auf diesem Planeten. **Ich aber kenne dich ganz.**

Frage: Also auch außerhalb dieser Linie?

Claudius: Auch außerhalb dieser Linie. Und das ist das, meine Lieben, was für euch so unbegreiflich ist, daß alles zusammen existiert, daß wir Zugang haben zu allen Inkarnationen, die euer Sein umschließen.

Frage: Du hast einmal von Energien gesprochen aus dem inneren Kreis. Was für Energien sind das?

Claudius: Es handelt sich bei den Energien, die aus dem inneren Kreis kommen, um Informationsenergien. Informationsenergien, die sich außerhalb des Kreises zusammenfinden, gemäß ihrer Information, zu einem bestimmten Atom. Und dieses Atom wiederum verbindet sich mit anderen gleichen Atomen und bildet so irgendeinen Körper. Du könntest jetzt den menschlichen Körper, du könntest den Stein, den Berg, den Baum, die Erde – all dies könntest du hernehmen, um das Beispiel verständlich werden zu lassen. Diese Atome, die sich zusammenfinden, haben eine bestimmte Information. Gemäß dieser Information finden sie sich zusammen und werden zu dem, was sie werden sollen. Soweit die Erklärung, die ich euch schon einmal gab.

Nun, was geschieht im menschlichen Körper, wie wird dieser menschliche Körper beeinflußt? Es ist so, daß der Kreislauf der Inkarnationen jede Phase erleben läßt.

Derjenige, der heute Wissenschaftler ist, dessen Molekularstruktur hat sich so zusammengefunden, daß es ihn befähigt hat, eben diesen besonderen Wissenschaftszweig zu erlernen und weiter zu vertiefen.

Frage: Könnte man hierzu auch »Veranlagung« sagen?

Claudius: Wenn du so willst, kannst du es Veranlagung nennen. Die Frage ist, wie geschieht es jetzt, daß dieser Körper Informationen vervollständigen kann?

Diese Veranlagung, die er mitbekommen hat, befähigt ihn, das Informationszentrum anzuzapfen, damit seine Fragen dieser speziellen Art beantwortet werden. Nichts weiter. Deshalb sprecht ihr auch so gerne von Fachidioten. Dieser Ausdruck gefällt mir nicht, denn es hat mit Idiotie nichts zu tun.

Es ist ein Spezialistentum, das entsteht, wenn ein Studium auf einen bestimmten Pol ausgerichtet wird. Natürlich sollte es so sein, daß dieses Studium in bewußter Demut vollzogen wird, damit die Liebe nicht verlorengeht.

Und derjenige, der sich der Gnade bewußt wird, daß er diese Dinge erlernen kann, sollte voller Demut das Wissen annehmen und weiter ausbauen. Und er sollte voller Demut erkennen, daß **er es nicht ist, der es geschaffen hat**, sondern daß ihm die Möglichkeit gegeben wurde, diese Informationen zu bekommen. Der größte Spezialist wird zur Farce, wenn er sich nicht bewußt wird, daß es eine Gnade ist, eine Gnade für sein Selbst, für seine Seele, diesen Weg gehen zu dürfen.

Du könntest nicht denken ohne die lebensspendende Energie, die dein Gehirn ansteuert, die dein Gehirn befähigt zu arbeiten. Ihr seid Empfänger der kosmischen, göttlichen Energie, ohne die nichts bewegt werden kann.

Frage: Kann das Gehirn auch eine eingeschränkte Form haben? Ich habe gelesen, daß es im Prinzip ausreicht, eine dünne äußere Schicht zu haben?

Claudius: Es ist richtig. Wenn dieses Gehirn nur eine dünne äußere Schicht hat, werden die Funktionen über dieses Gehirn an die Nerven weitergegeben, diese Informationen aus der Urenergie.

Siehe, euer Gehirn ist groß, und trotzdem arbeitet nur ein Drittel. Nun, die restlichen zwei Drittel würden auch arbeiten, wenn sie die nötigen Impulse bekämen.

Frage: Durch die Molekularstruktur ist der Mensch so veranlagt, daß dieses oder jenes Talent ausgeprägter ist. Sucht ein Geist sich dann einen solchen Körper aus, der diese Voraussetzungen hat, um zum Beispiel Musik zu studieren? Oder ist erst der Geist da, der sich dann die Information herbeiholt, um zum Beispiel Musik zu studieren?

Claudius: Nun, meine Liebe, er bringt die Veranlagung mit. Sein Körper ist so zusammengesetzt in der Molekularstruktur, daß er eine bestimmte Empfangsantenne für ein bestimmtes Programm hat. Deswegen entstehen diese sogenannten »Einspurwissenschaftler« oder »Einspurmenschen«.

Frage: Aber der Geist, der sich inkarniert, der hat ja nur geistiges Potential und keine Moleküle?

Claudius: Meine Liebe, das geistige, urgeistige Potential wird immer die Moleküle in Bewegung bringen, die vorhanden sind. Du mußt unterscheiden zwischen der geistigen Kraft, zwischen den Schwingungen, die auf einen Resonanzboden treffen müssen.

Daß ihr so seid, wie ihr seid, konnte deshalb geschehen, weil die Molekularstruktur, jedes einzelne Molekül deines Körpers deinen Namen in sich trägt. Du bist geworden durch die Zusammenfügung von Molekülen. Deine Seele hat sich in diesem Körper manifestiert – und so lebst du als Mensch unter deinem Namen.

Frage: Aber in Verbindung mit den Erkenntnissen unserer vergangenen Leben, die ja alle in uns enthalten sind?

Claudius: So ist es, diese Aussage solltet ihr getrennt sehen von der Seele und dem Geist. Ich wollte euch nur vor Augen führen, daß die Molekularstruktur sich zu diesem Körper zusammengefügt hat. Sie hat ihn nicht größer werden lassen, sie hat ihn nicht kleiner werden lassen, sie ist das Wissen, das die Seele brauchte, um sich inkarnieren zu können.

Meine Liebe, siehe, du bist mit einem Teilbewußtsein hier auf die Welt gekommen, weil du einen bestimmten Ablauf nachvollziehen willst. Alles andere bleibt dir verschlossen. Es ist zwar Bestandteil deiner Selbst, doch das Erinnerungsvermögen ist begrenzt auf eben dieses Leben.

Beim Neugeborenen wirst du bemerken, daß es viele Dinge gibt, die du nicht mehr wahrnimmst, die jedoch das heranwachsende Kleinkind noch bemerkt. Bis zu einem gewissen Lebensalter, und dann verschwindet die Erinnerung. Das heißt, sie verschwindet nicht, sie wird aus dem Bewußtwerden Stufe für

Stufe zurückgedrängt, bis der Weg zu Ende ist und sich wieder mit dem Gesamtbewußtsein vereinigt.
Gehe von der Voraussetzung aus, daß der Körper ein in sich abgeschlossenes Molekül ist, dann ist innerhalb dieses Moleküls ein bestimmtes Wissen vorhanden. Dieses Wissen steht im ständigen Austausch mit sich selbst. Nun, dadurch, daß eben ein ständiger Austausch vorhanden ist, funktioniert dieses Molekül oder dieses Atom »**Mensch**«.
Ist dieser Austausch nicht mehr vorhanden, wird er in irgendeiner Weise unterbrochen, das heißt, daß Hormonausschüttungen in überreichem Maße geschehen oder aber überhaupt nicht mehr geschehen, wird die Komplexität des Körpers gestört.
Wenn es so ist, daß eben Hormonausschüttungen oder auch andere chemische Vorgänge im menschlichen Körper nicht mehr funktionieren, dann wird sich der Körper einer Folgewirksamkeit unterziehen. Wenn dem Blut kein Sauerstoff mehr zugeführt wird, wird es andere Organe in Mitleidenschaft ziehen, der Körper wird sich zur Ruhe begeben – und die Seele freigeben. Betrachtet den menschlichen Körper als komplette Information: Mensch, zunächst – alle Organe arbeiten normal – und plötzlich ist ein Organ nicht mehr fähig, in diesem Konglomerat von ineinandergreifenden Energien zu arbeiten. Es schädigt somit die nächstliegenden Organe und führt zu Krankheit und letztendlich zur Auflösung des menschlichen Körpers.

Erläuterung zum nachfolgenden Kapitel

Über Geist-Materie und Materie des Geistes wurden zwar wiederholt Dialoge geführt, doch eine Anzahl von Menschen kam damit nicht zurecht, weshalb wir das Thema erneut aufgriffen.
In diesem Kapitel erklärt CLAUDIUS noch einmal ausführlich, warum Geist-Materie und Materie des Geistes nicht ein und dasselbe sind.
Ich hoffe, daß durch diese Konkretisierung der Begriffe die noch bestehenden Unklarheiten aus dem Weg geräumt wurden.

Geistmaterie – Materie des Geistes

Frage: Lieber Claudius, wir kommen nicht klar mit dem Begriff Geistmaterie. Was ist das, und wie entstand sie?

Claudius: Nun, Geistmaterie ist dadurch entstanden, daß Information sich zusammengefunden hat mit Liebe – doch körperlos. Diese beiden Pole, die Geistmaterie des bewußten Seins, dieses ICH BIN und die Materie, die sich gebildet hat aus den Molekularstrukturen, aus dem »Geist der Materie« solltet ihr jetzt nebeneinander bestehen lassen, denn sie bilden die Einheit allen Seins.

Frage: Woher kam die Information?

Claudius: Information ist allumfassend im gesamten Weltraum vorhanden, im gesamten Universum. Der Mensch ist entstanden durch die Verbindung von Information **Liebe**, von Information **Geist** und von Information **Geist-Materie**. Um sich selbst bewußt zu werden, war es erforderlich, daß das Behältnis Seele, die Information **Seele** mit eingebunden wurde.

Die **Geistmaterie** ist in die Anziehungskraft der Erde geraten, hat sich verdichtet durch die Molekularstrukturen, nämlich den Geist der Materie, um Körper zu bilden auf dieser Erde. Nur so ist es zu verstehen, daß sich diese Geistmaterie von der Materie Körper beim Übergang wieder loslösen kann und weiter existent bleibt, bis der Kreislauf geschlossen ist und das Bewußtsein Mensch in die höhere Ebene eingeht. Dann löst sich der Energiekörper Seele auf.

Was entsteht, ist bewußtes Sein. Es ist eine höhere Schwingung, die sich aus dem menschlichen Körper mit den Erfahrungen der Inkarnation verbindet und es so ermöglicht, wieder in die Urenergie, in den inneren Kreis einzukehren.

Die Vorstufe ist das Bewußtwerden **ICH BIN**, Teil des Universums, Teil der göttlichen Liebe, Teil der

Allmacht. Und dann, meine Freunde, ist es nur noch ein kleiner Schritt, wo auch hier kein Bewußtsein mehr erforderlich ist, sondern dieses höchste Empfinden **LIEBE** den ewigen Kreislauf im Universum steuert.

Seht, meine Freunde, was ihr nicht verstehen könnt, ist, daß sie nicht meßbar sind, diese feinsten Energien, denn es handelt sich letztendlich nur um bestimmte Formen von Energien, die sich zusammenbündeln.

Frage: Die Geistmaterie oder die geistige Struktur wird verursacht von einer Information. Was verursacht das Auslösen einer Information?

Claudius: Nun, mein Freund, wenn sich etwas bewußt werden will, benötigt es Information und zieht diese Energie Information an durch die Verwirbelung, durch das Zusammenfinden. Es ist im Kreislauf des Universums immer so, daß die Information »Mensch« niemals zum Beispiel von einer Information Stein angezogen werden kann. Es ist völlig getrennt zu betrachten.

Frage: Ja, das leuchtet mir ein. Wir haben diskutiert über den Zusammenhang Information, Materie und Geist, inwieweit die Dinge jetzt materiell oder nicht materiell zu sehen sind. Kannst du uns dazu noch etwas sagen?

Claudius: Nun, mein Freund, ich versuche, mich eurem Verständnis anzunähern. Als Menschen bezeichnet ihr Materie, wenn ihr etwas seht, wenn ihr es anfassen könnt, wenn ihr etwas dabei empfinden könnt. Wenn deine Frau dir ein Gefühl übermittelt, dann, mein Freund, ist es eine Information, aber auch eine Energie. In der Substanz eures Verstehens bleibt bei dem Gedanken, daß Materie alles ist, was ihr sehen und anfassen könnt, was ihr essen könnt, doch vergeßt nicht, daß eine Information vorhanden sein muß, die die Molekularstrukturen so bündelt, daß sie zur Materie werden können.

Wir brauchen keine Parallelwelt für Steine, verstehe

mich richtig. Was wir brauchen, ist, daß der Geist des Universums es ermöglicht, daß die Seele, wenn sie den Körper verlassen hat und auf unserer Ebene angekommen ist – auf der Ebene der Jenseitigen –, sich bewußt wird, daß sie weiterlebt, auch mit dem eigenen Wunsch, sich geistige Materie erschaffen zu können.

Frage: Sind das dann diese geistigen Planeten beispielsweise, die du angesprochen hast?

Claudius: So ist es, mein Freund, so ist es.

Frage: Du hast auch schon vom Bewußtsein der **Liebe** gesprochen. Wie entsteht oder entstand dieses Bewußtsein?

Claudius: Das Bewußtwerden der **Liebe** ist ein **geistiger** Prozeß, der entstehen konnte durch die Verbindung zwischen der **Liebe** und der **Seele** als Behälter. Deswegen auch der Ausdruck: **Geistmaterie**, der vielleicht für euch verständlicher ist.

Versteht, meine Freunde, ich versuche mich auf euer Verständnis einzustellen. **Geistmaterie** ist ein Strahlungsfaktor, der, wenn er in den Körper eingetreten ist, euren Körper umgibt wie ein Schutzschild. Ihr, meine Freunde, tragt die Geistmaterie außerhalb eures Körpers. Sie wird wie ein Strahlenkranz euren Körper umgeben. Es ist die Energie, die Urenergie, die die Verbindung schafft zwischen Geist und Seele. Sie strahlt um euch!

Frage: Wie kamen diese Wesenheiten, die also zum **Geistkörper** zusammengeschmolzen waren, auf diesen Planeten?

Claudius: Diese **bewußte Liebe** war nicht an einen Planeten gebunden. Sie ist gewandert – hat sich ständig im Raum bewegt – hin und her bewegt, im Kreis bewegt – und nun, meine Freunde, ist irgendwann zu irgendeinem Zeitpunkt diese Geistseele (auch Geistmaterie) dem Erdplaneten begegnet.

Nun, ich glaube, daß ihr nachvollziehen könnt, daß

Liebe Geistmaterie bilden ließ, Geistmaterie, die ihr als Seele bezeichnet, die es ermöglicht, die Liebe als solche zu empfinden und bewußt werden zu lassen – zum **ICH BIN**.

Dies nenne ich Geistmaterie – die Verbindung zwischen Liebe und Seele, zwischen Geist und Seele.

Frage: Lieber Claudius, du hast es uns früher schon einmal erklärt, aber dennoch bitte ich dich, den Begriff »Seele« nochmals zu definieren.

Claudius: Seele, meine Freunde, ist nichts anderes als ein feinstofflicher Körper, der geschaffen wurde, der sich zusammengezogen hat, der sich gebildet hat, zum Bewußtwerden, zum Bewußtwerden der **Liebe**, zu gleicher Zeit zum Bewußtwerden der **Allmacht**.

Seele ist eine Definition, um euch begreifbar zu machen, was euer Dual ist.

Seele ist Geistkörper, ist **Geistmaterie**, denn sie kann sich verdichten, insoweit verdichten, daß sie wie ein Hauch, wie ein Schleier oder wie ein Dualkörper der Materie ist.

Geistmaterie, die Verbindung zwischen Liebe und Seele, beinhaltet zu gleicher Zeit auch das Erkennen der Liebe, das Wissen um diese unerhörte (sehr betont) Schwingung dieser Allmacht, in die Geist und Seele eingebunden sind. Wenn ihr von der Molekularstruktur ausgeht, die den menschlichen Körper, den menschlichen Geist ausmacht, dann muß ich euch sagen, müßt ihr trennen zwischen Materie und Geistmaterie. Geistmaterie ist also die Verbindung zwischen Geist und der Seele.

Frage: Ist die Aura ein Teil der Seele?

Claudius: Sie hat nichts mit der Seele zu tun. Sie ist zwar Bestandteil der Seele, aber die Aura ist nicht als Seele zu bezeichnen.

Seele ist eine Zusammenbündelung von Energie-Information, und wenn es dir hilft, mein lieber

Freund, dann betrachte die Elektrizität – alles ist Elektrizität. Nur durch bestimmte Vorgänge ist es möglich, die Elektrizität nutzbar und auch meßbar zu machen. Im Ursprung ist auch Elektrizität nichts anderes als Information. Wenn ich dir damit die Brücke bauen kann, dann diskutiert darüber. Seht, meine Freunde, der Mensch in seiner Komplexität zwischen **Geist, Körper** und **Seele** ist fähig, von seinen eigenen Energien Gebrauch zu machen.

Frage: Was ist aber nun der **Geist der Materie?**

Claudius: **Der Geist der Materie**, meine Freunde, ist etwas anderes als **Geistmaterie**. Der Geist der Materie ist das Bewußtsein der Molekularstrukturen, die da werden: Stein, Baum, Planet, Sand, Wasser. Diese Molekularstrukturen, diese kleinsten Strukturen, diese Informationen beinhalten, daß sich Materie bilden kann.

Der Geist der Materie, der ausgesandt wurde zum ständigen Werden und Vergehen, zum Aufblühen und Verwelken, zum Wiedererwachen, zum Leben wiedererwachen. Der Geist der Materie beinhaltet ein Teilbewußtsein, das Teilbewußtsein der Molekularstruktur des betreffenden Gegenstandes.

Versteht es so: Der Stein, natürlich unbeseelt, trägt jedoch die Information der Molekularstruktur in sich. Das heißt nichts anderes, als daß der Körper, und dies im weitesten Sinne der materielle Körper, durch die Molekularstrukturen zusammengesetzt ist. Somit hat ein Teilwissen, das in dieser Molekularstruktur vorhanden ist, diesen Körper gebildet.

Dieser Körper jedoch ist sich nicht bewußt, das heißt, er empfindet sich nicht, sondern **ER IST**.

Wenn ich vom **Geist der Materie** spreche, dann meine ich, daß die Molekularstruktur das Wissen in sich birgt, daß es zum Stein wird, daß es zum Baum wird, zu einem Körper ohne bewußtes Sein.

Nun, **Geistmaterie** ist etwas anderes: **Geistmaterie** bildet das **Behältnis der Seele.**

Frage: Ich kann mir gut vorstellen, daß man materiell wie wir empfinden – und nichtmateriell sich Dinge schaffen kann, einfach als Information, wobei sicher Materie eine Sonderform einer Energie ist?

Claudius: Richtig. Wenn damit der Durchbruch gelungen ist, dann, mein Freund, seid ihr alle ein großes Stück weitergekommen.

Frage: Was charakterisiert diese Idee oder dieses Wahrnehmungsmuster Mensch im Gegensatz zu dem »Nicht-Menschen«, zum Gegenstand?

Claudius: Nun, mein Freund, es ist die Verbindung zwischen Geist und Materie, nicht Geistmaterie, zwischen Geist und Materie, wobei ich euren Planeten als die Materie bezeichne, die natürlich die Geistmaterie beinhaltet, aber nicht den **»bewußten Geist«, den der Mensch sein eigen nennt.**

Selbsterkenntnis – Bewußtwerden

Frage: Wir sprachen und sprechen sehr viel von der Selbsterkenntnis und von Bewußtseinserweiterung. Meinst du, daß wir aufgrund der Kontakte mit dir schon Fortschritte gemacht haben?

Claudius: Ja, meine Freunde, laßt euch sagen, daß ihr auf dem **besten Weg seid, zur Selbsterkenntnis zu gelangen**. Seht, meine Freunde, wenn ihr den Vergleich zwischen Gefühl, das in der Seele vorhanden ist, und Verstand, der Ratio, zieht, dann werdet ihr feststellen, daß euer Verstand euch auf eurem Lebensweg begleitet **und das Gefühl, die Seele, dabei unterdrückt**.

Meine Freunde, der Verstand ist erforderlich, um in eurer Gesellschaftsordnung leben zu können. Würdet ihr in Tibet geboren sein, dann wäret ihr mehr mit der Natur verbunden – und trotzdem würde euer Verstand euch in gewissen Situationen dazu zwingen, Dinge zu tun, die eure Seele ablehnt.

Doch der Verstand steuert auch das Bewußtsein – das Bewußt-Werden. Wäre eine Kommunikation zwischen Seele und Verstand nicht möglich, dann, meine Freunde, könntet ihr keine Reue empfinden über etwas, was falsch gewesen ist in eurem Leben, eurer Erkenntnis gemäß.

Ihr seht, daß beides voneinander unabhängige Gefühle sind, die jedoch unmittelbar miteinander wiederum kommunizieren und dadurch euch Lösungsmöglichkeiten bieten für euren Geist.

Bitte bemerkt, daß ich vom **Geist** gesprochen habe. **Verstand ist etwas anderes!** Verstand ist die Überlegung, die ihr anstellt, ob eine Tätigkeit, die ihr ausführt euch auch Vorteile oder Nachteile bringen kann. Ihr wägt ab.

Intuitiv werdet ihr erst, wenn ihr gelernt habt, **aus**

dem Gefühl heraus einfach da zu sein. Zum Beispiel, wenn euch jemand braucht, oder wenn ihr gewisse Dinge tut, die einfach getan werden müssen, **ohne zu hinterfragen, ob ihr irgendeinen Vorteil davon habt.**

Ich sage euch, die Gnade der Allmacht wird überall dort transparent, wo sie mit der Seele erkannt wird. Wißt ihr, der da hadert mit seinem Schicksal, hat zwei Wege offen: Sein Schicksal anzunehmen, sein Leben zu durchleben und daraus hervorzugehen mit neuer tiefer Erkenntnis – oder aber an seinem Leben zu verzweifeln, weil er den Sinn nicht erkennt – nicht erkennen will – und sich immer tiefer fallen läßt in seine Verzweiflung.

G.: Es gibt einen Spruch:

Den Willigen führt das Schicksal,
den Nicht-Willigen zerrt es dahin!

Claudius: So ist es, meine Liebe. So ist es!

Frage: Zeigt das Maß echter natürlicher Bescheidenheit des Menschen den Fortschritt oder den Grad seiner Selbsterkenntnis?

Claudius: Nun, meine Liebe, deine Frage wird **von deinem Verstand gestellt**.

Siehe, mein Herz, ich kann diese Frage mit »ja« beantworten, wenn du sie beobachtest bei deinem Nächsten, wenn du deinen Nächsten so einstufen kannst, daß er gibt ohne zu fordern, dann, ja.

Weißt du, meine Liebe, ihr macht einen Fehler. Ihr schaltet euren Verstand zu sehr ein.

Tut etwas aus eigener Überzeugung, aus eigener Freude heraus – und ihr werdet die Resonanz in euch spüren.

Frage: Ist es dem Menschen mit seiner geistigen und physikalischen Struktur überhaupt möglich, über den Grad seiner eigenen Selbsterkennung urteilen zu können, ohne daß er sich selbst belügt oder ein Wunschbild aufbaut?

Claudius: Nun, wenn du sagst, ich bin der, der ich bin, mit allen Fehlern eines Menschen behaftet, und ich möchte so gern, daß meine Seele mich leitet. **Dann hast du deine Seele gerufen, und deine Seele wird dir helfen die richtigen Entscheidungen zu treffen, die richtigen Worte zu finden.** Dann stellt sich die Frage nicht mehr so. Verstehst du mich?

Frage: Ja, aber es ist sehr schwer, die Selbsterkenntnis umzusetzen.

Claudius: Weißt du, weil du glaubst, du müßtest alles mit dem Verstand regeln. Laß dein **Herz** sprechen – und es ist gar nicht schwer.

Frage: Trotzdem brauchen wir ab und zu den Verstand, um etwas richtig einordnen zu können.

Claudius: Natürlich, das eine ist ohne das andere nicht möglich. Doch befreie dich davon, daß du alles, auch das Geistige, mit dem Verstand regeln könntest – das geht nicht.

Frage: Ich sehe einen engen Zusammenhang zwischen Erkenntnis, Selbsterkenntnis und Emotion, wobei sich beide eigentlich in einer gewissen Weise »bekriegen«. Ich meine Dinge erkannt zu haben, kann sie aber nicht umsetzen, weil die Emotion doch sehr stark ist.

Claudius: Mein Freund, dies ist euer Problem. Weißt du, Emotionen haben eine Ursache. **Sie werden gesteuert vom Verstand und von dem Gefühl**, das du empfindest, wenn du mit einem Partner versuchst dich auseinanderzusetzen.

Wenn er dich nicht begreifen will, dann wirst du zornig und wirst voller Emotionen diesen Widerstand zur Seite schieben – aber, mein Freund (stark betont), welchen Fehler begehst du?

Wenn er dich nicht begreifen will – dann kann er dich nicht begreifen, weil ihm die nötige Reife dazu fehlt. Wozu also deine Emotionen?

Frage: Es ist einfach das Bedürfnis, das, was man meint

selbst erkannt zu haben, dem anderen auch mitteilen zu müssen, damit er auch teilhaben kann an der Erkenntnis.

Claudius: So ist es, mein Freund, aber du setzt die gleichen Qualifikationen voraus, die du hast, und dies, mein Freund, führt zu Fehlschlüssen. Es führt dazu, daß du voller Zorn oder voller Enttäuschung bist. Du kannst deine eigenen Erkenntnisse einem anderen Menschen nicht aufzwingen, wenn er es nicht will. Vermeide also geistige Auseinandersetzungen mit ihm, und du wirst sehen, daß er zu irgendeinem Zeitpunkt von allein darauf zurückkommt.

Frage: Ist das auch ein Lernprozeß, seine Erkenntnisse für sich zu behalten?

Claudius: Richtig, mein Freund.

Frage: Wenn man sich ständig weiterentwickelt, gemäß seinem Bewußtsein, an welches Ziel kommt man dann? Wie sieht das Ziel unserer Erkenntnis aus? Zufriedenheit?

Claudius: Mein Freund, zur **Weisheit**, die alles in sich birgt, die für dich selbst **keine Fragen mehr offen läßt.**

Frage: **Verstehen** wir dann alles?

Claudius: Du wirst **intuitiv** alles erfühlen können – und dies ist die höchste Stufe, die der Mensch erreichen kann. Doch sei getrost, du wirst auf diesem Weg weitergehen, und die Nebel werden sich lichten, die jetzt deine Seele und deinen Geist noch umfangen.

Frage: Wann verfügt man über das Gesamtbewußtsein?

Claudius: Das Gesamtbewußtsein wird sich erst nach dem irdischen Leben voll vereinen. Die Energien, die euch zugeführt werden, berühren natürlich das Gesamtbewußtsein – aber nur die Erfahrungen, die ihr sammelt, lassen das Gesamtbewußtsein wachsen.

Du siehst, daß ein mittelbarer Einfluß nur über den menschlichen Körper, über das menschliche Empfinden, über die menschliche Seele das Gesamtbewußtsein verändern kann.

Frage: Einen Teil leben wir in diesem Leben aus, sind dann die anderen Teile Bewußtsein aus unseren vergangenen Leben?

Claudius: Das geistige Wachstum wird ergänzt durch euer jetziges Leben. Das Wachstum also geschieht hier durch den Teilaspekt, und sobald sich diese Vereinigung vollzogen hat, ist es möglich, daß ihr auf unserer Stufe euch weiterentwickelt mit dem Gesamtbewußtsein.

Es ist also nicht so zu verstehen, daß das Teilbewußtsein in verschiedene Facetten aufgespalten ist, das heißt, wenn ihr einen Apfel teilt, dann könnt ihr einzelne Teile davon herausnehmen. Wenn es so wäre, daß der gesamte Apfel geteilt ist, dann fällt er auseinander und ist nie mehr zusammenzufügen. Wird jedoch nur ein Teil, eine Apfelschnitte, herausgezogen, dann bleibt der Apfel als solcher in seiner Grundstruktur erhalten.

Das Bewußtsein als Apfel gesehen – und das Stück, das herausgenommen wird, als euer Leben, als eure Erfahrung hier auf dieser Welt. Dann wird dieses Stückchen wieder hinzugefügt – und siehe, der Kreis ist geschlossen. Und dieser Apfel ist wieder ein Ganzes. Das Bewußtsein ist reicher geworden durch die Erfahrung, die das Teilbewußtsein mit in das Gesamtbewußtsein einbringt – und es wird weiterwachsen.

Frage: Eigentlich hatte ich es mir so vorgestellt – doch dann dachte ich wieder, die einzelnen Teile könnten sich auch unabhängig voneinander entwickeln – und würden nach dem Übergang sich treffen und ihr gesammeltes Bewußtsein verbinden?

Claudius: Nein, meine Liebe, wenn der Apfel völlig aufgeteilt ist, dann bleiben nur die Kerne übrig. Die Schale, das Fruchtfleisch lösen sich auf, das heißt, die Kerne sind der Geist, der eingebettet ist in die Seele.

Frage: Ich habe in einem Buch gelesen, daß zur gleichen

Zeit bis zu zwölf voneinander unabhängige Teile der Seele Erfahrungen sammeln können, stimmt das?

Claudius: Nun, diese Aussage ist verwirrend. Natürlich wird nicht immer die gleiche Apfelschnitte für ein Leben verwendet.

Frage: Ist es also so, daß sich der Teilaspekt, der lebt, vom Gesamtpotential der Seele immer wieder, unbewußt von der Ratio, Informationen, die sich ja in den vergangenen Leben angesammelt haben, herausholt?

Claudius: So ist es.

Frage: Du sprachst darüber, daß wir das Geheimnis unseres Lebens ergründen sollten. Ich meine, was sich unsere Seele vorgenommen hat in dieser Inkarnation zu erreichen?

Claudius: Mein Freund, das Geheimnis eures Lebens ist die Gewißheit, daß es nicht zu Ende ist, wenn ihr euch niederlegt und eure Kleider ablegt.

Frage: Ich merke, daß ich Dinge tue, ohne den Verstand einzuschalten, einfach vom Gefühl her.

Claudius: Nun, meine Liebe, deine Seele erfühlt gewisse Situationen, das schützt sie jedoch nicht vor Fehlentscheidungen. Ihr solltet es so sehen, daß **Verstand und Gefühl miteinander kooperieren** sollen und daraus einfach die Schlüsse ziehen. Seht, wenn ihr Hunger habt, dann eßt ihr – wenn ihr durstig seid, dann trinkt ihr. Wobei ihr differenziert zwischen einzelnen Speisen, die euch munden, einzelnen Getränken, die euch munden, und anderen Dingen, die euch weniger bekömmlich erscheinen.

Frage: Wir sind bemüht zu lernen, aber oft strauchelt man.

Claudius: Seht, meine Freunde, der Weg, den ihr gehen müßt, ist mit Steinen gepflastert. Gutes Schuhwerk solltet ihr tragen, damit ihr nicht Not leidet, damit der schwierige Weg nicht zur Qual wird.

Der Mensch, meine Freunde, ist immer einsam in seinen Entschlüssen und einsam auf seinem Weg. Nur wenn er die Sonne sieht, wenn er das Licht erkennt, wird es ihm möglich sein, in seinem Inneren die Kraft zu empfinden, die die Energien in ihm auslösen. Wie einsam wäre der Mensch, könnte er keine Hoffnung schöpfen. Wie sinnlos wäre sein Leben, wüßte er nicht, daß dies nur ein Funke in der Ewigkeit ist.

Seht, meine Freunde, wenn ihr versteht, euch so weit zu öffnen, daß ihr erkennt, **wie kurz euer Leben ist, daß es nur ein Hauch ist**, der vergeht, dann, meine Freunde, werdet ihr Frieden finden können.

Frage: Kann es sein, daß das Ozonloch dazu dient, die Möglichkeit einer geistigen Einstrahlung vorzunehmen?

Claudius: So ist es, mein Freund. Siehe, es muß dieser Planet **neue geistige Strukturen** erhalten. Dazu ist es erforderlich, daß der Mensch sich geistig verändert. Allenthalben kannst du beobachten, daß neues Denken im Aufbruch begriffen ist.

Es müssen für die Menschheit **neue Prioritäten** gesetzt werden, und der Mensch ist erst dann fähig neue Prioritäten zu setzen, wenn er erkennt, daß seine Umwelt sich verändert.

Ich möchte dies an einem Beispiel verdeutlichen. Siehe, ich kann zu dir von Liebe sprechen, ich kann dich heilen. Doch wenn sich dein Geist nicht verändert, wird das, was wir tun, eines Tages zur Erinnerung werden – und dann wird die Erinnerung verlöschen.

Siehe, mein Freund, vieles wird für den Menschen selbstverständlich, weil er es nicht in seinem Geist verankert. Würde er das tun, dann würde es Bestandteil seines Lebens werden.

Erfahrungen, die man sammelt, werden vom Verstand geprägt und verarbeitet. Wenn du deine Hände auf die heiße Platte legst, dann wird dies von deinem Verstand wahrgenommen, eingeordnet, und dein Verstand gibt dir zu verstehen, daß du nie mehr deine Hände ins Feuer hältst. **Etwas anderes**

ist es, wenn der Geist sich verändert. Hier verändert sich die Psyche des Menschen. Der Mensch schaut Dinge, die ihm mit dem Verstand nicht begreiflich sind, und wird dadurch demütig.
Seht, meine Lieben, es ist die **Zeit der Veränderung**, die angebrochen ist, die euch die **Angst fühlen läßt vor dem Unbekannten.**
Deshalb euch einen Rat: Seht das Licht am Ende eures Lebens und die Angst wird euch verlassen. Sie wird abfallen von euch wie einst die Kleider, die eure Seele trägt.
Angst ist immer das Gefühl des Verlorenseins.

Frage: Ich weiß, daß ich keine Angst haben muß – und trotzdem taucht sie auf.

Claudius: Mein lieber Freund, du sagst ein wahres Wort. Vom Verstand her begreifst du es, doch deine Seele vergißt du.

Frage: Müßte es die Seele nicht erst recht wissen?

Claudius: Nun, sie steht im Widerspruch zu deinem Verstand. **Laß sie zur Einheit werden mit deinem Verstand, dann wirst du Wunder erleben.**
Dies möchte ich euch mit auf den Weg geben: Eure Seele schläft, und wenn sie erwacht ist, wird sie erfühlen, warum sie diesen Weg in diesem eurem Körper geht, und sie wird den Weg gehen, denn sie hat es sich zur Pflicht gemacht, ehe sie inkarnierte. Und sie tut ihre Pflicht, und seht, meine Freunde, **die Pflicht ist die Freude**, die zurückkehrt, die euch befreit von den Zwiespältigkeiten, die zwischen Seele und Verstand zwangsläufig auftreten.
Jedem von euch, der im Berufsleben steht, möchte ich mit auf den Weg geben: Ihr habt in eurem Leben Pflichten zu erfüllen, die unabhängig von eurer Seele getan werden müssen, denn ihr lebt in dieser Gesellschaftsordnung.
Einzig und allein, **wie** ihr eure Pflicht erfüllt, ob ihr rücksichtslos seid oder ob ihr versucht zu vermitteln,

euch anzunähern an die Standpunkte anderer, wird in euch die Resonanz hervorrufen, die eure Seele befriedigt. Es ist nicht so schwer, meine Freunde, wie ihr denkt. Es ist nur eine Frage des eigenen Empfindens.

Frage: **Krishnamurti** sagt, wir wären ständig damit beschäftigt, Probleme zu lösen, anstatt erst gar keine Probleme aufkommen zu lassen. Nun gibt es aber Probleme, die von außen auf uns zukommen und die gelöst werden müssen. Was ist mit diesen?

Claudius: Nun, meine Liebe, intuitiv sollst du sie erfassen und lösen. Nicht allein mit deinem Verstand, sondern auch **mit deiner Seele**, dann wirst du die richtige Entscheidung treffen. Was **Krishnamurti** meinte, ist, daß ihr versucht, alles nur mit dem Verstand zu erfassen und mit dem Verstand zu regeln. Dies allein, meine Freunde, wird euch nicht die nötige Befriedigung geben. Widerhall sollt ihr finden lassen in eurer Seele.

Frage: Ich verstehe, wenn er sagt, daß wir Dinge, die an uns herangetragen werden, ohne Bewertung sehen sollten – also weder gut noch schlecht –, um auch keine voreilige Entscheidung zu treffen. Nun gibt es aber Dinge, bei denen man bewerten **muß**, um nachher eine Entscheidung – ja oder nein – treffen zu können.

Claudius: Du kannst die Entscheidung für dich selbst treffen, indem du nicht allein mit deinem Verstand, sondern mit deinem Sein die Frage erfühlst, die an dich gestellt wird, oder die Forderung, die an dich gestellt wird.

Ein Beispiel: Siehe, du mußt jeden Donnerstag vom Verstand her die Entscheidung treffen, hierher zu fahren*. Und wenn du es richtig überlegst, dann müßte dir eigentlich dein Verstand sagen: »Es ist völlig irreal, was ich tue« – doch tust du es, weil dein Ver-

* Zur Sitzung bei Medium Marc und dem Kreis.

stand eine Einheit bildet mit deinem Empfinden, mit deiner Seele.

Frage: Die Gedanken sind ja nicht immer unter Kontrolle zu halten. Das ist mit Sicherheit eine Schwäche von uns, an der wir arbeiten und versuchen müßten, sie abzubauen?

Claudius: Nun, mein Freund, es gibt zwei Arten von Gedankenströmen. Einmal die Gedankenströme, die über die **Seele** gesteuert werden, die unbewußt in dir auftauchen, und einmal die Gedankenströme, die vom **Verstand** her geleitet werden.

Siehe, wenn du durch Meditation den Austritt aus dem Körper hervorzwingst, dann kann die Vergewaltigung fortgesetzt wrden bis hin zum Exzeß. (Hier nimmt **Claudius** Bezug auf unsere vorangegangene Diskussion vor der Einspielung. **R.** erzählte uns, davon gehört zu haben, daß manche Menschen **bewußt** aus dem Körper austreten, um dann in die Intimsphäre anderer einzudringen.)

Wenn du jedoch die Gedanken aus der Seele heraus aufnimmst, dann, mein Freund, können sie nicht zum Exzeß führen.

Frage: Es ist manchmal nicht so einfach zwischen der Stimme der Seele und des Verstandes zu unterscheiden. Das lernt man wahrscheinlich erst im Laufe der Zeit?

Claudius: So ist es, mein Freund. Ihr seid geprägt durch eure Umgebung, durch eure Erziehung und durch euer Umfeld, in das ihr hineingeboren seid.

Mein Freund, einzig und allein den Gedanken bewußt zu steuern, der dir deinen Broterwerb sichert, ist nicht von vornherein negativ zu beurteilen.

Nur, die Frage ist, **wie** du diesen Gedanken speist – mit deiner **Seele** oder mit deinem realen **Verstand**.

Siehe, wenn ihr es fertigbringt zu sagen: »Ich habe die und die Aufgabe zu erledigen, ich benötige diese Aufgabe, damit ich meinen Broterwerb verdiene«, so ist es dir doch überlassen, ob du versuchst, die Hilfe deiner Seele einfließen zu lassen – oder ob du ohne das Gefühl drauflosmarschierst. Der Vergleich mit dem Elefanten im Porzellanladen wäre hier gerechtfertigt.

Frage: Wirken die Gedanken auch in andere Ebenen hinein, so daß, wenn wir unsere Gedanken nicht in die richtigen Bahnen lenken können, diese eine Einflußnahme in andere Sphären oder Ebenen hervorrufen?

Claudius: Nein, mein Freund, siehe, das, was du richtig erkannt hast, ist im Augenblick richtig. Doch es kann durchaus sein, daß du zu einem späteren Zeitpunkt erst bemerkst, daß es eine Fehlhandlung war. Und in dem Augenblick, in dem du es bemerkst, wird Bedauern in dir hochsteigen, und damit ist die Sache für dich korrigiert.

Natürlich nehmen wir negative Gedankenströme auf, natürlich sind wir manchmal überrascht über die Gedankengänge, die der Mensch uns zuschickt. Doch, meine Freunde, derjenige, der sich darum bemüht, wird Erkenntnisse erlangen, die es ihm ermöglichen, von Mal zu Mal leichter mit Seele, Geist und Verstand umzugehen.

Frage: Was Terra betrifft, sind doch im Sinne der Erkenntnis, der Schulung, so viele Millionen oder Milliarden Menschen noch nicht in diesem Reifestadium, im Gegenteil: Es gibt Menschen, die durch und durch böse sind. Was ist der Mensch in seiner Vielzahl, und was macht den Menschen so böse, der eben jetzt auf Terra neu inkarniert, der hier die niederen geistigen Bereiche nur erlebt?

Claudius: Nun, mein Lieber, es ist die Erkenntnis, versagt zu haben, der Instinkt, versagt zu haben, der sie so böse macht.

Glaube mir, jeder einzelne von euch würde sich nicht erkennen können, wenn er die Einsicht durch ebendiese schlimmen Begegnungen nicht erfahren würde. Siehe, mein Freund, du solltest nicht verzweifeln an der Unzulänglichkeit dieser Bewohner der Erde, sondern du solltest sehen, daß alles in der Allmacht begründet liegt. Ein jeder wird seinen Weg gehen – und wer heute böse ist, wird morgen demütig sein. Freue dich an denen, mein Freund, die dir Liebe entgegenbringen, und du wirst das Schicksal der anderen auch beeinflussen können, wenn du diese Liebe in dir aufnehmen kannst.

Frage: Gibt es Anzeichen dafür, das Wollen der Seele mit dem Verstand zu erkennen?

Claudius: Ja, deine Seele wird sich dir so bemerkbar machen, daß dein Verstand es versteht, solange du deinen Verstand nicht Oberhand gewinnen läßt.
Nun, ich sehe dieses Problem bei keinem von euch.

Frage: Wir versuchen oft das, was du sagst, zu verstehen, um dies dann anderen mit unseren Worten zu vermitteln. Aber anscheinend ist dies gar nicht Sinn der Sache; offenbar ist es eher so, daß es sinnvoller wäre, das Gehörte in sich aufzunehmen, ein Teil zum Eigenen werden zu lassen, um es dann anderen **vorzuleben**, was dann doch auch den größeren Effekt hätte?

Claudius: Es ist der Sinn unserer Begegnung, daß wir etwas in euch bewegen. Durch Unterhaltungen ist es möglich, in dem Gesprächspartner ein neues Bewußtsein anklingen zu lassen, und dies wirkt sich in der Regel heilsam aus und führt zum Dialog. Weißt du, es ist so schwer zu verstehen, daß ein Wort immer nur ein Wort bleibt und erst die Ausstrahlung des Wortes Resonanz finden läßt.

Frage: Es kommt oft vor, daß man ein schlechtes Gewissen hat ohne direkten greifbaren Grund, daß man sich nicht bewußt ist, etwas getan zu haben, was dem Normalen zuwiderläuft. Es könnte vielleicht sein, daß man einem Behinderten gegenüber ein schlechtes

Gewissen hat oder einem Menschen gegenüber, dem es vielleicht nicht so gutgeht?

Claudius: Nun, meine Liebe, dein schlechtes Gewissen, wie du so schön sagst, ist nur eine Resonanz der Verdrängungen, die du mit deinem Verstand begehst. Weißt du, der Mensch hat eine Gabe mitbekommen, daß er Dinge, die er selbst nicht erleben möchte, die ihm selbst im Innersten zuwider sind, von sich schiebt.

Doch immer wieder wird ihm das Schicksal etwas in den Weg legen, das er ignoriert, mit dem er sich nicht auseinandersetzen will. Doch die Seele kann man nicht betrügen – sie ruft das schlechte Gewissen hervor, genau so, wie sie Freude hervorruft.

Frage: Kommt eigentlich **alles**, was man denkt, wieder auf einen selbst zurück? Ist es so eine Art Automatismus, wo man sich also unter Umständen selbst erzieht oder auch selbst straft – je nachdem, was man tun?

Claudius: So ist es, mein Freund. Siehe, du erlebst es tagtäglich in deiner Umgebung. Sendest du Zorn aus, wird Zorn zurückkommen zu dir. Sendest du Gleichgültigkeit aus, kommt Gleichgültigkeit zurück. Es ist ein ständiges Wechselbad des menschlichen Verstandes.

Nur demjenigen, dessen Verstand so überwiegt, daß er die Seele erdrückt hat – wird es nichts ausmachen. Er glaubt über allem zu stehen, **doch die Rechnung wird ihm präsentiert**, glaube mir. – Tief in dir, mein Freund, ist das Bewußtsein deiner Seele vorhanden – und wenn du eins geworden bist* mit deiner Seele, wirst du diese Frage nicht mehr stellen, **sondern du wirst wissen**. –

Frage: Mit einem anderen Bewußtsein verändert sich bereits in diesem Leben unsere Psyche. Könnte man es so verstehen, daß dann bei einer erneuten Inkarnation diese veränderte Psyche, zusammen mit dem

* Also beim Übergang

neu gestellten Lernprogramm, in dieses Leben wieder eintritt?

Claudius: Richtig, genau so ist es zu verstehen. Ihr werdet dankbar den neuen Tag begrüßen, der euch hinausführt aus dem Gefängnis eures realen Verstandes, der euren Verstand zur Einheit mit der Seele zwingt.

Frage: Ist die Vermutung zutreffend, daß, bevor neue technische oder materielle Strukturen und neue Wirkungen in unserem System verwirklicht werden können, ein hinreichender Teil von Menschen diese Ideen aufgenommen haben muß?

Claudius: So ist es. Aus diesem Grund auch die vermehrten Inkarnationen zu diesem Zeitpunkt. Neues geistiges Bewußtsein muß den Anstoß geben für das Verständnis zu unserer Welt. Denn, mein Freund, siehe, der Mensch verzweifelt, wenn er keine neuen Lichtpunkte sieht. Dadurch, daß der Mensch in seiner Grundstruktur die Allmacht – Gott – in sich birgt, und diese Struktur durch den realen Verstand überdeckt worden ist, wird irgendwann dieser Mensch die Richtung verlieren. Wir wollen versuchen, das geistige Bewußtsein aller Menschen zu verändern, und vieles ist schon geschehen. Mannigfaltige Beispiele gaben wir euch, die aufgenommen wurden, die Ansatzpunkte geboten haben zur Veränderung des Bewußtseins. Und dafür danken wir euch, daß ihr unser Bemühen angenommen habt. Wir wissen, daß es sehr schwer für euch ist, unser Sein zu begreifen. Aber wir wissen auch, daß das Urerkennen in euch vorhanden ist, daß es geweckt werden muß zu neuem Bewußtsein, zum Segen für euch und für alle.

Frage: Es ist für uns normal, daß wir uns etwas erst erarbeiten müssen durch Nachdenken oder Nachfragen, aber oftmals geschieht es auch, daß uns etwas »zufällt«, uns etwas ganz spontan und ohne jegliche

Überlegung klar wird. Wie können wir solche Vorkommnisse einordnen?

Claudius: Mein lieber Freund, hier siehst du den Unterschied zwischen dem realen Verstand und dem geistigen Bewußtsein. Wenn du alles mit deinem realen Verstand begreifen wirst, dann wirst du es als die Folge deiner geistigen Substanz ansehen. Wenn dich jedoch eine Intuition trifft, dann wird in dir selbst, in deiner Seele, etwas bewegt. Und dies ist etwas ganz anderes, denn es berührt dein Mark als Mensch, wenn du die Seele als Mark betrachtest.

Frage: Wenn man die Evolution so sieht, wie wir sie zu sehen gewohnt sind, vielleicht sogar zu sehen gezwungen sind – dann scheint es so, daß dieses Aufwachen oder die extreme Betonung des Rationalismus oder des rationalen Denkens ein notwendiger Schritt in dieser Entwicklung gewesen wäre, so daß man vielleicht dem einzelnen das gar nicht anlasten könnte, wenn er nun in dieser Phase der menschlichen Entwicklung die Seele vergessen hat.

Claudius: So ist es mein Freund. Ihr seid in eure Gesellschaftsordnung eingebunden, doch ich erinnere dich, daß auch du selbst deine Seele neu entdeckt hast. Siehe, es ist nicht eine Sache des Vorwurfs, sondern es ist einfach die Realität des menschlichen Seins, ohne Hintergründe ausgesprochen.

Meine Lieben, denkt daran, daß es nicht an uns liegt, euch zu tadeln, ihr werdet euch selbst tadeln, aus der neuen Erkenntnis heraus.

Frage: Wir fragen nach Gott. Natürlich ist das zunächst eine Vokabel oder für den einzelnen eine bestimmte Vorstellung oder ein Begriff, den man nicht begreifen kann, also ein Widerspruch in sich.

Aber die Frage ist eben: Warum das Ganze überhaupt, und das wiederum führt zur Frage: Warum dieses Leid in der Welt ist. Das scheint ein Problem zu sein, mit dem sich die großen Philosophen – nennen wir sie ruhig im guten Sinne so – herumgeschlagen haben, und mir ist eigentlich keine befriedigende Lösung bekannt.

Claudius: Nun, mein Freund, ganz einfach auf einen Nenner gebracht: Wenn du in dir selbst den Frieden gefunden hast, dann ergibt sich diese Frage nicht mehr, denn du wirst die Allmacht – Gott – in dir erfühlen. Ich weiß, daß eure Philosophen versucht haben, die Hintergründe ihres Seins zu erfragen. Nun, dies ist nichts Außergewöhnliches. Vor Tausenden von Jahren gab es schon Menschen, die ihr eigenes Sein in Frage gestellt haben und die letztendlich die Erkenntnis nur in sich selbst wachsen fühlten.
Siehe, mein Freund, deine Wahrheit ist nicht meine Wahrheit, aber dein Sein ist eingebettet in unser Sein. Und wenn du den Fluß überschritten hast, wirst du die Allmacht begreifen in all ihrer Güte und Liebe.

Frage: Das heißt mit anderen Worten, wir sind im gegenwärtigen Zustand des rationalen Denkens nicht imstande, dieses Paradoxon – wenn wir es mal so nennen wollen – zu lösen?

Claudius: So ist es. Ihr seid nur dann imstande, es zu lösen – höre mir gut zu –, wenn ihr das, was ich euch über die Allmacht berichte, in euch selbst anklingen lassen könnt. Dann werdet ihr euer Sein umwandeln können in **ICH BIN** – ich bin Bestandteil des Universums – **ICH BIN** und werde nie ausgelöscht – **ICH BIN ICH**.
Mein Freund, das Glück, das du durch diese Erkenntnis erlangst, wird dich emportragen über das Menschsein hinaus, das ja nur ein Funke im Universum ist.

Frage: Es ist halt so schwierig, das in unserer Zeit zu erkennen. Es fängt schon bei der Erziehung an, nicht das **ICH BIN**-Gefühl des Kindes zu fördern oder in einer Hierarchie mit Rangordnungen, wo einfach diese Stufungen schon dazu führen, daß das **ICH BIN**-Gefühl unterdrückt wird.

Claudius: So ist es, mein Freund. Ihr werdet nicht dazu erzogen,

ICH BIN zu empfinden, sondern ihr werdet dazu erzogen, nur das **ICH** zu empfinden. Viele Menschen sehen sich als Krone der Schöpfung, als Wissende, und sie schauen auf diejenigen herab, die demütig zur Kirche gehen. Es ist nun mal euer geistig-seelischer Entwicklungsprozeß als Menschen. Und er ist nur von kurzer Dauer. Aber das Erkennen, mein Freund, das kommt.

Wichtig für euch ist, und das möchte ich euch eindringlich sagen, wichtig ist, daß ihr Geist und Seele miteinander verbindet, und ihr werdet sehen, daß es keinen Widerspruch gibt, sondern der Geist die Seele interpretieren kann.

Und noch etwas: Hütet euch davor, Werturteile zu fällen über andere, die ein anderes Bewußtsein haben als ihr. Was für euch Gültigkeit hat, hat für einen anderen keine Gültigkeit, denn er durchlebt sein eigenes Schicksal, sein eigenes Leben.

Man kann über seinen Schatten springen, wenn man die Seele mit dem Verstand in Verbindung bringt – und nicht umgekehrt, den Verstand mit der Seele.

Der Verstand überdeckt das Gefühl. Er verdrängt das Gefühl, er läßt es nicht aufkeimen.

Frage: Wenn wir unser Leben hier als eine Bühne sehen, um bestimmte Situationen, um bestimmte Lernprogramme zu durchleben – könntest du dich mit einem solchen Bild anfreunden?

Claudius: Mein Freund, so ist es. Euer Leben, euer Planet, möchte ich sagen, **ist** eine **Bühne**; ihr seid die Akteure in diesem Spiel. Eure Seelen wollen dieses Spiel mitspielen, gestaltend mitspielen – wohlgemerkt »**gestaltend**« mitspielen –.

Natürlich ist der Text verschieden für jede einzelne Seele, doch dieses Theater gab es schon im Altertum, dieses Theater war immer schon vorhanden. Der Schauplatz hat sich etwas verändert, die Theater sind jetzt in großen Häusern, die Bühnen haben au-

tomatische Aufzüge bekommen, sie werden mit künstlichem Licht bestrahlt und ihr agiert, ihr seid die Spieler. Das Drehbuch, mein Freund, ist euch vorgegeben.
Doch der eine oder andere hält sich nicht daran und geht den eigenen Weg und spricht den eigenen Text. Doch weißt du, was das Interessante ist, er spürt auf einmal, daß sein Text nicht mehr übereinstimmt mit dem Spiel, das er spielen soll. Und hier beginnt er über sich nachzudenken, und er versucht, sich einzureihen in die Ordnung des Universums. Habe ich das schön gesagt? (**W.**: Sehr schön!)

Frage: Eine Frage dazu. Wenn du als Mitspieler versuchst, **deinen** Text richtig zu sprechen, und du bemerkst, daß ein anderer **seinen eigenen** Text spricht oder spielt, wie du eben sagst, hast du zuallererst den Eindruck, er verdirbt das Spiel (Claudius: So ist es). Und plötzlich stellst du fest, daß dies gar nicht so schlecht ist für deine eigene Entwicklung, weil du dadurch wieder agieren mußt . . .

Claudius: Meine Liebe, du sagst es, in dem Augenblick, wo du es feststellst, daß der andere einen anderen Text spricht, wirst du ihn sprechen lassen, aber du wirst dieses Spiel nicht stören wollen und wirst dich an die Regieanweisungen halten, und irgendwann wird dieser da, der das Wort aus dem Stegreif spricht, wieder zurückfinden müssen in das Gesamtspiel.

Frage: Und du wirst gefordert, und dadurch hast du einen neuen Lernprozeß (Claudius: Genauso ist es). Und du sollst nicht resignieren und nicht alles hinwerfen, sondern du sollst sagen: Ich habe Geduld und werde notfalls helfen. (Claudius: Wunderschön, spiel Souffleur)

Frage: Das ist auch alles wunderbar, aber problematisch ist es auch, sich immer daran zu halten, weil doch die Emotionen manchmal stärker sind.

Claudius: So ist es, meine Liebe. Doch das Spiel ist wunderbar.

Wenn du es erkennst, wirst du über die Schwächen lächeln können, und dies, meine Liebe, ist eine Erfahrung, die du machen solltest. Sieh den Souffleur im Kasten des Theaters, er spricht den Text vor, doch dieser Schauspieler hört ihn nur halb, er verändert diesen Text, der nicht mehr ins Gesamtkonzept hineinpaßt. Aus einer Tragödie wird eine Komödie.

Frage: Manchmal glaube ich, daß du ein guter Regisseur bist.

Claudius: Meine Lieben, ich liebe euch doch, und ich muß sagen, ihr seid im Studium eurer Rollen sehr gewissenhaft. Dafür danken wir euch.

Frage: Ich bin ein Teil der Allmacht, alle Menschen, alle Geistwesen, alles Bewußtsein im ganzen Universum sind Teile der Allmacht. Allmacht ist die Liebe, nur sind wir uns der Liebe nicht mehr bewußt, also Ursache und Wirkung. Ohne Liebe heißt: Wir zerstören uns und unseren Planeten. Könnten die Menschen, wenn die Liebe von ihnen Besitz ergreifen würde, als Teil der Allmacht positiv mitwirken und für sich selbst ihren Planeten retten – wir als Teil der Allmacht – auch wenn wir nur ein ganz kleiner Funken sind?

Claudius: Nun, mein Freund, wenn sich das Gesamtbewußtsein der Menschheit der ursprünglichen Bestimmung zuwenden würde, dann würden diese Fragen eliminiert werden können. Doch da dies nicht so ist, da die Menschheit so ist, wie sie ist, wird es immer wieder Katastrophen geben. Siehe, mein Freund, allgütig ist die Allmacht, voller Liebe wird sie dem Wechsel beipflichten.

Nicht das Materielle soll eure Seele dirigieren, sondern eure Seele das Materielle. Es soll nicht zum Götzen erhoben werden. Ihr sollt erkennen, daß es mehr gibt als nur die materielle Notwendigkeit. Seht, meine Freunde, ich nenne euch Brüder im Geist, denn ihr seid im Ursprung, in der Liebe verhaftet. Nicht der ist euer Bruder, der mit euch in der Familie lebt, sondern der ist euer Bruder, der euch in **Liebe begegnet**. Hier erfüllt sich die Einheit des Geistes, hier erfüllt sich die Liebe, denn fern liegt euch alles menschliche Denken. Es ist ein ständiger Wandel auf einem Grat zwischen dem materiellen Leben und dem geistigen Leben, und wer es versteht, das geistige Leben mit seinem materiellen zu vereinen, ohne daß er auf die eine oder andere Seite abgleitet, wird den größten Nutzen für sich und für seine Umgebung daraus ziehen.

Du hast die Möglichkeit, dich daran zu erinnern, daß ein Licht dir leuchtet auf dem Weg und daß du weißt, daß dein Weg ins Licht führen wird. Auch wenn du empfindest, daß auf diesem Weg Steine liegen, die du überklettern und überspringen mußt, an denen du dir die Füße wundscheuerst. Doch denke daran, am Ende des Weges ist die Straße gekehrt. *Euer* Denken, meine Freunde, richtet sich nach Schuld und Sühne, weil es euch so eingetrichtert worden ist von Jugend an, nicht danach, daß es auf unserer Seite keine Schuldzuweisungen gibt.

Seht, meine Freunde, jede einzelne Seele – sei es Vater, Mutter, Sohn oder Tochter –, jede einzelne Seele macht ihre eigenen Erfahrungen, und glaubt mir, meine Freunde, auf manchem Haupt ruhen glühende Kohlen, und die Erkenntnis wird jeden erreichen. **Es gibt keine Ungerechtigkeit. Es gibt nur folgerichtiges Erkennen.**

Siehe, der Weg ist oft verworren und schwer zu erkennen. Doch alle Nebel lichten sich, wenn die Sonne sie bescheint.

Seht, meine Freunde, immer wird die Sonne am Horizont emporsteigen, um euch den Weg zu zeigen durch die Finsternis der Nacht, doch ihr könntet die Sonne nicht erkennen, wenn ihr nicht durch die Nacht gehen würdet. Wenn ihr zurückgeht zu dem

Ursprung der Menschheit, wenn ihr begreifen könnt, daß ihr alle aus dem gleichen geistigen Bereich, aus der Allmacht, aus Gott, entstanden seid, daß ihr einen Teil dieses Gottes in euch tragt, daß ihr ein Teil der Allmacht seid und trotzdem eure Individualität besitzt und beibehaltet, bis der Übergang in die unendliche Liebe der Allmacht vollzogen ist, dann, meine Freunde, wenn ihr dies nachvollziehen könnt, **dann werdet ihr sicher werden für dieses euer jetziges Leben.**

Geburt des Menschen

Frage: Bei einer Geburt gibt es oft Komplikationen. Ist das immer medizinisch bedingt, oder ist es auch möglich, daß sich eine Seele wehrt, geboren zu werden?

Claudius: Nun, meine Liebe, es kann sowohl als auch sein. Ich kenne deine Gedanken. Siehe, meine Freundin, wenn eine Seele sich zurückzieht, wird der Geburtsvorgang zu einer Todgeburt führen. Wird jedoch das Kind unter Schmerzen zur Welt gebracht, dann ist es für die Mutter und für das Kind so bestimmt. Sie müssen es durchleben.

Ich sage euch, das Mutterwerden ist auch eine Neugeburt des persönlichen Empfindens. Die Damen in dieser Runde werden verstehen, was ich meine.

Frage: Bestimmt gibt es viele Seelen, die geboren werden wollen, aber wir ihnen durch unsere »moderne« Zivilisation die Möglichkeit nicht geben.

Claudius: Sicher ist es so, daß die Forschung Wissen hervorgebracht hat, das es den Menschen ermöglicht, einzugreifen in die Ordnung der Natur.

Der Mensch versucht sich als Schöpfer, meine Liebe, und hat schon mehrere Male Schiffbruch erlitten. Und nicht alles, was Wissen schafft, ist Wissenschaft. Laßt diese Worte in euch wirken, und ihr werdet den Sinn begreifen.

Frage: Ab wann empfindet der Embryo im Mutterleib Schmerz?

Claudius: Das Empfindungszentrum eines Embryos ist erst durch die geistige Inkarnation in der Lage, Schmerz zu empfinden. Ansonsten sind es nur Reaktionen einer Molekularstruktur. Ihr solltet nicht auf die Idee verfallen, daß die Wesenheit, die sich inkarniert, nun neun Monate lang eingeschlossen bleibt im Mutterleib, so ist es nicht! Es ist ein fließender Übergang, der stattfindet zwischen der Materie und dem Geist.

Frage: Was geschieht mit dem Embryo, der ohne Gehirn geboren wird?

Claudius: Nun, seht es so: Die Informationen haben sich nicht komplett zusammengefügt. Irgendeine Molekularstruktur, nämlich die, welche Gehirnmasse bildet, wurde nicht einbezogen. Es ist etwas entstanden, was ohne Denkvermögen ist, ohne Ratio.

Dieser Embryo ist ausgewachsen und beseelt, hört mir gut zu, beseelt aus dem Körper der Mutter entlassen worden – aber dadurch, daß die Hirnmasse nicht vorhanden ist, ist keine Grundlage für die Weiterentwicklung der Seele gegeben, denn die Seele ist vollkommen. Sie kann sich nicht verändern, da kein rationeller Verstand den Resonanzboden abgeben könnte. Der Körper ist nur ein Gefäß, das zunächst durch die Tätigkeit des Herzens am Leben erhalten wird. Doch das Gehirn, das gewisse Funktionen ausübt, gewisse Steuerungsfunktionen, ist nicht vorhanden, also muß dieses neugeborene Wesen wieder in seine Grundstruktur zurückgehen – und der Geist verläßt unbeschädigt diesen Körper.

Frage: Nach unserer Wissenschaft ist es so, daß der Samen des Mannes entscheidend ist für das Geschlecht des Kindes, welcher zuerst das Ei erreicht. Ist es nicht aber vielleicht so, daß sich dann erst beim Zusammenziehen der Molekularstruktur das Geschlecht ergibt?

Claudius: Nun, eure Überlegungen sind klug durchdacht. Siehe, meine Liebe, die Molekularstruktur birgt ein Wissen in sich vom Entstehen her. Die Molekularstruktur als solche können wir nicht beeinflussen. Was wir beeinflussen können, zumindest mit Information beeinflussen können, ist die Chromosomenbildung. Dies an einem Beispiel erklärbar zu machen ist schwierig, doch ich will es versuchen: Siehe, im männlichen wie im weiblichen Körper werden Chromosomen erzeugt. Die Zusammenführung dieser beiden Informationspunkte ergibt dann im Ergebnis, ob es ein Junge oder ein Mädchen wird. Hier greift die Allmacht steuernd ein. Es ist daran zu erkennen, daß in manchen Familien nur Mädchen und in anderen nur Knaben geboren werden – und sie können erkennen, daß, wie in ihrer eigenen Familie, ein Junge und Mädchen zur Welt kamen. Dieser Steuerungsfaktor liegt darin begründet, daß es Erfahrungen sind, die die Eltern machen müssen: Einfach anzunehmen die Tatsache als solche. Wenn sie dies durchdenken und verarbeiten können, dann wird für sie verständlich, warum es so und nicht anders sein wird.

Frage: Wenn jetzt beispielsweise das Sperma, das Chromosom, das einen Jungen als Information in sich birgt, auf das Ei trifft, dann ist hier ein Eingreifen eurerseits doch sicher nicht möglich? Oder wird automatisch bereits das Sperma vom Ei angezogen, das vom Geistwesen gewünscht ist?

Claudius: Das Ei hat Informationen, meine Liebe, und es wird sich dem Sperma öffnen.

Frage: Das Ei entscheidet, was es aufnehmen will?

Claudius: So ist es.

Frage: Unser Leben wäre also ohne geistiges Einwirken überhaupt nicht möglich?

Claudius: So ist es, meine Liebe, doch diese Erklärungen konnte ich euch nur deshalb geben, weil schon eine gewisse Grundlage vorhanden ist.

Ihr solltet erkennen, daß die Inkarnation auch an den Fötus gebunden ist, und hier ist vielleicht auch die Tatsache erklärbar, daß mit der Befruchtung des Eies lediglich ein chemischer Prozeß abläuft. Die Inkarnation der Seele geschieht zu verschiedenen Zeitpunkten, das heißt, wenn alles stimmt, wenn die Voraussetzungen gegeben sind, erst dann wird sich die Seele entscheiden, in diesen Körper zu inkarnieren.

Frage: Gibt es eine Verwandtschaft zwischen dem Menschen – seinem Körper in diesem Fall – und dem Tierreich, wenn ich an die embryonale Entwicklung und Phasen denke, die Ähnlichkeiten? Sind das Abhängigkeiten? Ist in uns auch noch ein Teil Tierbewußtsein, Uremotionen, die eben speziell an Terra gebunden sind, oder liegt es lediglich daran, daß wir beeinflußt wurden? Gibt es eine genetische Verwandtschaft?

Claudius: Ich verstehe deine Frage, mein Freund. Wenn du davon ausgehst, daß der Mensch manipuliert wurde, dann gibt es diese Verwandtschaft mit dem Tier. Doch der Mensch, mein Freund, der durch die Genmanipulationen erst zum Menschen geworden ist, hat sich separat vom Tier weiterentwickelt, doch er hat immer noch auch Veranlagungen oder Verbindungen mit seinem Ursprung.

Frage: Auch das, was wir Instinkte nennen, dominiert auch noch?

Claudius: Nun, mein Freund, es ist richtig, der Mensch ist nicht perfekt, auch wenn er es glaubt. Trittst du einem Löwen auf die Pfoten, wird er beißen, und manche Menschen beißen schon, wenn du sie antippst. Siehe, an diesem Beispiel könnt ihr erkennen, daß die Genmanipulation zwar gelungen ist, sonst nichts. Die Seele in euch, die sich im Embryo inkarniert, ist das entscheidende. Seht, meine Lieben, in der Vergangenheit wurden Fragen aufgeworfen, wann der Embryo beseelt wird, und ich gab euch zur Antwort, es ist fließend. Ich möchte euch hierzu noch einen Vergleich geben: Alle Säugetiere werden wie der Mensch im embryonalen Zustand vom Muttertier ausgetragen.

Der Embryo des Tieres ist nur mit den Anlagen behaftet, die ihm die Muttertiere mitgegeben haben: **Instinkt.** Der Mensch jedoch hat außerdem die Gnade bekommen, **bewußtes Sein** erleben zu können. Er ist von all den Lebewesen dieses Planeten ausgezeichnet worden durch die **Gnade der Allmacht**, die Hilfestellung geben wollte der Menschheit **mit bewußtem Sein, mit Gefühl, mit Seele, Geist und Körper.**

Frage: Sind die Voraussetzungen für den Geburtszeitpunkt nicht nur die Sterne, sondern auch noch ganz andere Faktoren?

Claudius: So ist es, meine Liebe, sie müssen im Kreuzungspunkt zusammenführen. Sowohl die Einflüsse, nun der Astrologie, die Einflüsse des Körpers, der entsteht, die Einflüsse von der Familie, in die es hineingeboren wird, die Einflüsse – und jetzt spreche ich etwas aus, das euch nicht verwirren sollte – die Einflüsse, die entstanden sind durch die Großeltern, die auch eine gewisse Struktur beiden Elternteilen mitgegeben haben – Vererbungen.

Frage: Wie ist die Situation, wenn das Kind bei dem Geburtsvorgang körperlich und geistig behindert wird?

Claudius: Siehe, du könntest genausogut fragen, wenn das Kleinkind einen Unfall hat und verkrüppelt ist, hat sich die Seele diese Krankheit ausgesucht – nun es ist ihr Karma, es ist ihr Schicksal, hier hindurch zu müssen.

Frage: Früher gab es mehr kranke und mißgebildete Geburten als heute, folglich hatten die Seelen öfter dieses Karma mitgebracht? Oder war Inzest daran schuld?

Claudius: Ja, meine Liebe, **Inzest** war schon immer ein Kapitel, das Generationen betroffen hat. Ich will nur ganz kurz dieses Gebiet streifen. Durch die Verbindung zwischen Vater und Tochter oder zwischen Mutter und Sohn sind Lebewesen entstanden, die zum Teil schon behindert auf die Welt kamen, die aber auch zum Teil über alle Maßen schön anzusehen waren – aber in der 2. Generation behinderte Körper zur Welt brachten. Inzest, mein Herz, beinhaltet, daß keine neuen Informationen dem werdenden Leben zugeführt werden, und hier beginnt ein Kreislauf, der sich über Generationen hinweg fortsetzt. Es können sich die Genstrukturen des Körpers verändern, die von Anbeginn an einer Entwicklung unterworfen sind, die nur sehr schwer eliminiert werden können. Ich sprach vom Körper, ich sprach nicht von der Seele, die sich in diesen Körper inkarniert, denn der Körper, meine Freunde, spielt getrennt von der Seele eine andere Rolle.

Frage: Es gibt mongoloide Kinder – von Geburt an. Wie verhält sich das nun? Wartet die Seele, bis ein mongoloider Körper gezeugt beziehungsweise geboren wird, oder wird der Fötus durch die sich inkarnieren wollende Seele geformt, weil sie es so wünscht?

Claudius: Nun, meine Liebe, der Fötus wird geformt von der Zusammensetzung der Moleküle, der Molekularstruktur des Körpers. Die Seele zieht die Molekularstruktur nicht an, mein Herz, aber dieser Körper bildet die Hülle für das Einbetten der Seele. Du solltest es so sehen, daß in dem Körper der Mutter ein Ei heranreift, das befruchtet wird. Paßt nun, versteht mich richtig, die Blutgruppe nicht zueinander oder sind die verschiedenen Gene nicht homogen genug, um zusammenzufinden, so wird, wenn ihr so wollt, ein mißgestaltetes Kind zur Erde kommen – mongoloid – oder behindert, denn die äußeren Einflüsse eurer Umwelt spielen eine sehr große Rolle auf die Entwicklung dieses Embryos.

Es spielt die Strahlenbelastung eine Rolle, es spielen Medikamente eine Rolle, und es spielt die Zusammensetzung eine Rolle, die Zusammensetzung des Samenkerns mit dem des Eies. Das, meine Freunde, wird den Körper bilden und die Seele sucht sich ihrem Wunsche gemäß diesen Körper aus. Bin ich verstanden worden?

Frage: Wenn nun in einer Familie bereits schon ein Kind vorhanden ist oder vielleicht sogar mehrere, muß dann eine Seele, die sich in diese Familie inkarnieren will, auch mit den Geschwistern einverstanden sein?

Claudius: Ist eine Familie mit einem Kind bereits gegründet, sucht sich eine andere Seele Vater, Mutter **und Kind** zur Neuinkarnation aus. Ist diese Seele in diese Familie integriert, sucht sich eine weitere Seele Vater, Mutter und die **beiden** Kinder zu Geschwistern aus, um einen bestimmten Entwicklungsprozeß vollziehen zu können.

Wenn du die Augen öffnest, wirst du bemerken, daß innerhalb einer Familie die Kinder sich grundverschieden voneinander entwickeln. Selbst wenn es Zwillinge sind, werden sie sich grundverschieden entwickeln, in geistiger wie auch in körperlicher Hinsicht. Das schließt nicht aus, daß sie bestimmte genetische Gemeinsamkeiten haben. Sie sind trotz allem selbständig denkend, selbständig handelnd und nicht miteinander identisch.

Es ist auch durchaus kein Privileg eines Elternpaares, übereinzustimmen. Es gäbe durchaus die Möglichkeit, daß ihr euch auseinanderentwickelt, daß er deinen geistigen Höhenflügen nicht mehr folgen kann und du umgekehrt seinen geistigen nicht.

Frage: Manche Frauen möchten so gerne Kinder und bekommen keine.

Claudius: Wenn keine organischen Probleme vorliegen, kann es folgende Gründe haben: Der Wunsch, ein Kind zu gebären, kann so übermächtig sein, daß dadurch innerhalb des Körpers Veränderungen auftreten, die über die Psyche gesteuert werden. Zunächst sollten sich diese Frauen damit auseinandersetzen, daß im Augenblick keine Empfängnis möglich ist. Sie sollen sich nicht zwingen wollen zu empfangen. – Bei manchen Frauen ist der Wunsch derart stark ausgeprägt, daß sie von einem Monat auf den anderen warten – ihren Körper kontrollieren und versuchen, ihn zu beeinflussen. So sollte es nicht geschehen, daß der

Mensch versucht, in die Gesetze der Natur einzugreifen, und glaubt, er selbst könne bestimmen, wann der Körper empfangsbereit ist und wann nicht.
Dies gilt generell für alle Frauen, die Mutter werden wollen. Es ist die Tragik eures medizinischen Fortschritts, daß euch gesagt wird, ihr selbst bestimmt – nur – **die Natur, meine Freunde, läßt sich nicht betrügen.**
Frauen sollen ungezwungen leben und nicht von Monat zu Monat ihren Körper beobachten. Einfach frei werden von dem Zwang, gebären zu müssen, weil sie Frauen sind und es genau jetzt haben wollen. Dann wird eine Schwangerschaft von selber möglich werden können. –

Frage: Wenn eine Seele bei der Inkarnation den Wunsch hat, Mutter zu werden, und erkennt nun hier auf der Erde, daß die Umweltbedingungen ihr dies nicht mehr geraten erscheinen lassen. Was ist dann?

Claudius: Nun, die Frage ist, ob dieses Nicht-mehr-Wollen vom realen Verstand gesteuert wird oder vom Geist, der diesem Körper innewohnt. Schau, mein Freund, für viele Menschen, die sich so entscheiden, gibt es rein materielle Überlegungen. Nun, es ist ihr Karma, daß sie sich so entscheiden, daß sie sich so entschieden haben, und die Frage ist, ob sie bei ihrem Übergang erkennen, was sie versäumt haben.

Frage: Wann beginnt der Embryo, sich als Mann oder als Frau zu entwickeln?

Claudius: Allgemein möchte ich euch zu verstehen geben, daß der Mensch in seiner Ursprungsform sowohl Mann als auch Frau war, daß er heute so wie gestern die eine oder andere Veranlagung mitbekommen hat. Seht, meine Freunde, im Embryo sind alle Informationen vorhanden, und hier möchte ich gleich überleiten zu deiner Frage, die du hier gestellt hast, mein Freund.
Erst die Urinformation wird in den letzten Entwick-

lungsstadien dazu führen, daß sich der menschliche Embryo zum Endprodukt entwickeln kann, entweder zum Mann oder zur Frau oder beides in einem vereint.

Erklärungen zur Genesis

Frage: Als die ersten Menschen durch die Wesen, die aus dem All hier auf die Erde kamen, künstlich »geschaffen« wurden, hatten sie keine Seele mitbekommen, und du sagtest, es war ein Verbrechen an den Menschen.

Claudius: Der Mensch, also die Information, die den Menschen ausmacht, ist zu irgendeinem Zeitpunkt auf diesen Planeten gebracht worden.

Bewußt geworden ist sich dieser Mensch erst durch die Gnade der Allmacht, die ihm die Seele eingehaucht hat und mit der Seele zugleich die Möglichkeit geschaffen hat sich selbst zu erkennen und die Liebe zu fühlen.

Frage: Vor dieser Beseelung war der Mensch nur ein seelenloser Mechanismus?

Claudius: So ist es, meine Liebe. Siehe der Mensch in seiner Ursprungsform, wenn du so sagen willst, war nichts anderes, als ein vom Instinkt geleitetes Wesen. Diejenigen, die diesen Planeten bevölkert haben, versuchten durch Veränderung der Genketten eines bestimmten Wesens etwas zu erschaffen, das ihnen **dienen** konnte. Und dieses Etwas war der sogenannte **Ur-Mensch**.

Die Wesenheiten, die sich im Laufe der Jahrtausende, Jahrmillionen entwickelten, wurden durch die Liebe der Allmacht beseelt, und es wurde ihnen die Möglichkeit gegeben, sich selbst zu erkennen. Es ist richtig, wenn ihr die Menschwerdung nicht nur aus dem Aspekt eures Seins beurteilt, sondern wenn ihr den globalen Zusammenhang mit anderen Welten erkennt.

Seht, meine Freunde, der Geist der Liebe, der diese Wesenheiten beseelte, ließ zunächst alles gut sein. Doch durch die Materialisierung dieser Körper wurde das Bewußtsein selbständig vom geistigen Aspekt, von der Liebe. Je mehr Materialisation, um so weniger wurde diese Liebe wirksam. Ihr würdet vom Sündenfall sprechen.

Es wurde die Polarität geschaffen zur Weiterentwicklung, zur Rückführung dieser Seelen. Die Entwicklung hat jedoch diese Wesenheiten dem Geistigen nähergebracht. Man hat die Zusammenhänge erkannt durch das Bewußtwerden und hat sich zurückorientiert in diese Liebe. Doch das Bewußtsein trat nicht auf breiter Ebene zutage. Es waren Wesenheiten darunter, die zwar – so wie heute – auch erfühlen konnten und mit gutem Glauben versuchten, diese Liebe weiterzugeben, doch genauso berechnend und falsch, wie so manche Menschen es heute tun. Seht, meine Freunde, die Allmacht ist nur als Liebe euch verständlich und nahezubringen. Denn nur mit eurem Gefühl könnt ihr erkennen: GOTT. Kein Wort, keine Bezeichnung, die ihr in eurem Sprachgebrauch erfindet, wird diese allgegenwärtige Liebe jemals benennen können.

Frage: Diese Materiewelt war eine Verführung und eine regelrechte Fundgrube für Manipulationen, und wir müssen vielleicht nachsichtiger mit unserer Beurteilung sein, denn wir kennen diese materielle Welt und wissen, wie sie verführt.

Claudius: Gut, meine Liebe, hierzu folgende Erklärung. Geh mit mir auf die Reise in den Weltraum. Besuche mit mir einen bestimmten Planeten. Dieser Planet beherbergt Wesenheiten, die Jahrmillionen vor euch schon Lebende genannt wurden. Diese Wesenheiten haben sich in der Zwischenzeit so weit entwikkelt, daß wir sie heute als durchgeistigte Wesenheiten erkennen können.

Sie haben keine Körper, wie ihr sie kennt. Von diesen Wesenheiten sind – da sie die Möglichkeit hatten, sich über Raum und Zeit hinwegzusetzen – Be-

sucher gekommen auf diesen Planeten, den ihr Erde nennt. Dieser Planet hat sich erst im Laufe von Jahrmillionen zu dem entwickelt, was er heute ist. Dies könnt ihr überall nachlesen.
Doch worauf ich eingehen will: Wie ist der Mensch entstanden? Nun, einige dieser Wesenheiten beherrschten die Wissenschaft, und sie beherrschten die Möglichkeiten, Gene zu verändern und dadurch neue, sich weiterentwickelnde Wesenheiten, Tiere, wenn ihr so wollt, zu erschaffen. **Im übrigen wird heute wieder daran gearbeitet von euren Wissenschaftlern.**
Zu irgendeinem Zeitpunkt jedoch gerieten diese Experimente außer Kontrolle. Sie machten sich selbständig, so wird es auch sein, wenn eure Wissenschaft nicht erkennt, daß sie mit Genmanipulation, mit der Urinformation, so nicht umgehen kann.
Die Kreatur geriet außer Kontrolle. Nun, meine Freunde, geschah etwas Seltsames. Überlegt euch, betrachtet das Tier, das nur instinktmäßig reagiert, das keinen Verstand, keinen Geist im Sinne eures Verstehens besitzt. Hier wurde die Hilfe der Allmacht in Anspruch genommen, hier wurde darum gebeten, daß diese Wesenheiten beseelt wurden. Die Gnade der Allmacht hat es ermöglicht, um Schlimmeres zu verhindern.
Seht, meine Freunde, wäre die unendliche Liebe der Allmacht nicht vorhanden, dann gäbe es kein Universum. Und nun versuche ich, euch verständlich zu machen, wie die Polarität zwischen den Wesenheiten weiter aufgebaut wurde.
Durch die Beseelung dieser Menschen – wenn ihr sie jetzt so nennen wollt, als Bestandteil eurer Erde – wurde Bewußtsein geschaffen und die, die dies verursacht haben, fühlten die Schuld, die sie auf sich geladen hatten, und wurden dazu benutzt, wenn ihr so wollt, verurteilt, oder der Wunsch in ihnen geweckt,

diesen Wesenheiten zur Seite zu stehen, die sie selbst geschaffen hatten, um ihnen auch die Liebe zu erklären, damit die Hoffnung neu geweckt wurde.
Denn seht, als der Mensch begann zu fühlen, begann er zu denken, und er begann sich weiterzuentwikkeln, immer weiter vom Tier entfernt; dies war aber nicht möglich, ohne Bewußtsein, ohne Seele, ohne Liebe. Und die Wesenheiten (Seelen), die sich hier inkarnierten, hatten den Wunsch, irgendwann wieder zurückzukehren in die unendliche Liebe der Allmacht.
Doch, ihr könnt es sicher nachvollziehen, durch das Empfinden von Mißgunst, Neid, die zwangsläufig im Gefolge mit auftraten, wurde diese Liebe unterdrückt. Sie konnte nicht an Priorität gewinnen, sondern sie verlor an Priorität.
Einige wenige lebten in dieser Liebe, so wie es auch heute wieder Menschen gibt, die aufnehmen können, was von unserer Welt auf sie überschwemmt. Sie werden auflösen ihr menschliches Sein und einkehren in die Liebe. Doch viele werden immer noch nicht begreifen, daß sie mehr sind als ein Mensch. Soweit möchte ich darauf antworten.

Frage: Das heißt also, daß wir ohne Manipulation eigentlich überhaupt nicht existieren würden in dieser Form, so wie wir heute sind?

Claudius: Dein Geist, deine Wesenheit würde existieren, doch sie würde sich nicht **K.** nennen, meine Liebe.

Frage: Es sieht gerade so aus, als wenn wir ein Zufallsprodukt wären in dieser heutigen Form im physischen Körper?

Claudius: Nun, meine Liebe, wenn du davon ausgehst, daß der Geist des Menschen durch die Allmacht, durch die Liebe der Allmacht freigesetzt wurde, daß die unendliche Liebe es ermöglicht hat, einen Körper zu besitzen, dann kannst du nicht von Zufallsprodukt sprechen.

Wenn du jedoch von der Materie ausgehst, dann möchte ich dir sagen, daß das, was heute in euren Laboratorien versucht wird, zu Zufallsprodukten führt, im materiellen Sinn.

Der Geist, meine Liebe, ist kein Zufallsprodukt, die Seele ist Bestandteil der Allmacht.

Frage: Du sagtest einmal: Auf eurem Planeten wird es weitergehen, bis die endgültige Stufe erreicht ist, das Verschmelzen von Geist und Materie zu einem Ganzen. Heißt das, daß das Endziel der Menschwerdung eine totale Vergeistigung ist?

Claudius: So ist es, meine Liebe.

Frage: Da aber alles unendlich ist, wird es überhaupt dazu kommen oder wird die Idee Mensch unendlich sein?

Claudius: Die Idee »Mensch« ist eine Stufe, eine Stufenleiter.

Frage: Heißt das, daß der Mensch nicht mehr existieren wird, oder wird diese Gesamtidee, dieses Muster, immer vorhanden sein?

Claudius: Ich möchte es so ausdrücken: **Menschsein heißt, aus Geist und Materie zu bestehen.** Und der Geist der Materie ist in der gesamten Molekularstruktur des menschlichen Körpers enthalten. Die Idee Mensch ist also eine Konstante. Verstehe mich. Der Körper besteht aus Information, so wie das Gras aus Informationen besteht, so wie der Baum aus Informationen besteht, und selbst der Apfelkern aus Informationen besteht. **Losgelöst vom Geist der Materie bedeutet es nichts.**

Doch ich könnte mir vorstellen, daß ihr jetzt etwas überfordert seid und darüber nachdenken müßt. Wir begeben uns, meine Freunde, auf ein Gebiet, das sehr, sehr schwer verständlich ist. Ich möchte euch bitten, versucht die Zusammenhänge zu erahnen, versucht zu erkennen, daß alles, was Materie euch bedeutet, immer eine Urinformation in sich birgt, denn sonst würde keine Materie entstehen.

Frage: Wo war unser Geist, bevor er sich in den Körper hier auf unserem Planeten inkarnierte?

Claudius: In der Liebe, meine Liebe, denn deine Seele, dein ganzes Sein ist Bestandteil der Allmacht, dieser allgegenwärtigen Liebe.

Weißt du, mein Herz, ein ständiger Austausch ist die Liebe, eine ständige Wechselwirkung – es ist ein ständiges Werden und Vergehen, das das Universum belebt. – Kannst du verstehen, was ich damit zum Ausdruck bringen möchte? Siehe, deine Frage: Wo waren wir? Nun, die Information Körper liegt in der Molekularstruktur, den kleinsten Teilchen, die das Universum beleben. Die geistige Struktur, nämlich diese Liebe, beinhaltet, daß alles, was du als Mensch bist, Teil dieser unendlichen Liebe der Allmacht ist.

Frage: Ist es so, daß ein bereits mehr vergeistigter Mensch, einen leichteren Weg zurückzulegen hat, um wieder in die Allmacht einzugehen?

Claudius: Nun, meine Liebe, der Geist bezwingt die Materie, und es gibt sehr wenige, die die Materie bezwungen haben – Menschen wohlgemerkt. Doch es gibt einige, die losgelöst von ihrem Körper ihre eigenen geistigen Wege gehen, für die es keine Rolle mehr spielt, ob der Körper Nahrung aufnimmt oder nicht, weil dieses geistige Potential, das sie benötigen, um zurückzugelangen, so groß geworden ist, daß es keine Schwierigkeiten mehr bedeutet.

Frage: Wurden die Gene, die zur Manipulation damals benutzt wurden, dem Tierreich entnommen (Claudius: So ist es.) – die Grundinformation dieses Tierreichs Bestandteil – also auch unserer Persönlichkeit, unseres Körpers wurde?

Claudius: So ist es.

Frage: Denn selbst dem geistig fortgeschrittenen Menschen haftet immer noch ein gewisses Tierbewußtsein an, was sich ja in mancher Situation oft geradezu in den Vordergrund drängt.

Claudius: So ist es, mein Freund. Siehe, einer, den ihr **Darwin** nennt, hat vor einigen Jahren die Theorie aufgestellt, daß der Mensch vom Affen abstammt. Nun, die Idee ist richtig gewesen, doch alles andere war Unsinn. Und zwar aus einem einzigen Grund: Nichts verändert sich von allein, weder der Knochenbau eines Menschen, eines Affen zum Menschen hin, noch alles, was dazugehört, denn die Information, die die Genketten im Tier haben, können nicht zufällig verändert werden.

Es muß mit Bewußtsein und mit Bedacht eine Veränderung hervorgerufen werden. Doch laß dir sagen zur Ergänzung, mein Freund, nicht nur Affenwesen wurden geklont, sondern auch andere Wesenheiten, die diese Erde bevölkerten.

Das, was ich euch jetzt sage, solltet ihr nicht in der Öffentlichkeit preisgeben, damit ihr nicht verlacht werdet. Doch alle Abbildungen, die aus längst vergangenen Jahrhunderten euch heute vor Augen geführt werden, zeigen euch, daß es Wesenheiten gab **halb Mensch halb Tier**. Sie waren nicht lebensfähig und konnten nicht beseelt werden, sollten auch nicht beseelt werden. Aber sie waren vorhanden, und es sind heute schon Tiere vorhanden, die gekreuzt wurden, denen Genmanipulationen – ein Mischverhältnis – zugegeben wurden. Doch dies ist die Gefahr, hier geschieht etwas, was der Mensch in seinem Ausmaß nicht vorbedenken kann.

Frage: Die materielle Welt mit ihren Pflanzen und Tieren – ohne beseelte Wesenheiten – war sie geplant worden für die Belebung mit Beseelten?

Claudius: Mein Freund, ich gebe dir einen glatten Stein in die Hand. Lege ihn ans Wasser, und du wirst sehen, was geschieht. Weißt du, mein Freund, auch die Wüste lebt, auch wenn ihr meint, sie sei tot. Alle Urinformation ist vorhanden.

Diese eure Erde gibt so viele Möglichkeiten der Entwicklung von Materie, durch Materie, mit Materie, weil alles ineinandergreift und alles ineinander verwoben ist.

Frage: Werden Planeten auch in anderen Teilen des Universums mit tierischen Leben für Geistwesen vorbereitet, oder ist es ein Prozeß, der sich selbst abspielt – ich denke zum Beispiel an Naturgeister –, daß er solchen Wesen zur Entwicklung dient?

Claudius: Ich kann dir sagen, daß selbstverständlich alle Planeten ihre Flora und Fauna besitzen, daß alle Planeten auch Tiere haben, denn, mein Freund, sonst wäre diese Welt die Krone der Schöpfung, und das ist sie nicht.

Naturgeister, mein Freund, sind Information, die sich mitunter auch artikuliert.

Frage: Die geklonten Wesen waren nicht beseelt?

Claudius: Halt, mein Freund, das veränderte Tier war nicht beseelt. Es hatte nicht die Fähigkeit über Jahrhunderte, über Jahrtausende hinweg selbständig zu denken, zu handeln. Bis sich aus dieser Liebe der Allmacht einige Geistfunken bereit erklärten, die Entwicklung zurückzuführen.

Daß natürlich irgendwann, zu irgendeinem Zeitpunkt, eine Beseelung stattgefunden hat, ist richtig. **Doch diese Beseelung dauerte Jahrmillionen**. Sie ging nicht von heute auf morgen, denn es waren die Voraussetzungen noch nicht geschaffen. Die Entwicklung lief diesen Wesenheiten, die die Veränderung der Molekularstruktur zu verantworten hatten, aus der Hand. Sie konnten sie nicht mehr einfangen. **Die Geister, die ich rief, die wurde man nicht los.** Wenn ihr es so versteht, dann könnt ihr auch verstehen, daß eigentlich der ursprüngliche Gedanke gar nicht so schlecht war, doch die Gedanken machten sich selbständig.

Frage: Du sagtest dann noch, im menschlichen Körper sind alle Informationen des Universums vorhanden.

(Claudius: Richtig.) Könnten wir selbst, also unser Geist, unsere Seele von diesem Wissen schöpfen?

Claudius: Natürlich, mein Freund. Eure Wissenschaftler tun dies. Sie tun es insofern, als sie den Menschen in seine Substanzen zerlegen und heute bestimmen, soundso viele Teile Wasser und soundso viele Teile und so weiter. Nur, die Information, warum diese Teile, die sie analysieren, zum menschlichen Körper zusammengeführt werden, die finden sie nicht.

Was ich damit sagen möchte, jedes einzelne der Milliarden von Lebewesen auf diesem Planeten trägt die Urinformation in sich verborgen. Sie ist zu dem geworden durch diese Urinformation, was sie werden sollte.

Laßt euch diese Aussage durch den Kopf gehen, dann, meine Freunde, könnt ihr nur noch demütig sein, und **begreifen werdet ihr auch noch. –**

Trennt, wenn es euch möglich ist, den Geist von der Materie, denn der Geist ist die Bewegung, ist der Anstoß, ist die Information.

Gäbe es die Seele nicht, dann, meine Freunde, ist doch der Geist der Materie vorhanden. Die Materie verändert sich jedoch nicht, die Molekularstrukturen bleiben die gleichen ohne Bewußtsein, ohne selbständig denken und agieren zu können.

Die Information als solche ist immer vorhanden, doch der Geist, oder sollte ich sagen die Energie, ist der Bewegungsfaktor. Hinzu kommt das Bewußtsein der Seele, die euch empfinden, begreifen läßt.

Doch etwas anderes möchte ich hinzufügen: Für den einzelnen Menschen ist es nicht unbedingt von Bedeutung, in diese Geheimnisse eingeführt zu werden. Es gehört dazu auch ein bestimmter Kreis, der sich selbst ergänzt, und was wir haben möchten, daß ihr an euch selbst erkennt, wie wichtig es ist, dem Menschen das neue Bewußtsein näherzubringen.

Ich weiß, eure Einwände sind mannigfaltig, aber

denkt daran, alles, meine Freunde, ist Schwingung und übt Wechselwirkungen aus.

Frage: Wäre die Information, Mensch zu werden, auch ohne Manipulation zum Menschen geworden?

Claudius: Nun, mein Freund, hier geschah etwas Außergewöhnliches. Diese Wesenheiten, die diese Manipulationen vollzogen haben, könnte man im weitesten Sinne als Menschen bezeichnen. Es waren Wesenheiten, die beseelt waren, die jedoch teilweise zu Schöpfern werden wollten.

Siehe, mein Freund, derjenige, der vergeistigt in der Liebe, den Zugang zur Liebe hat, wird Mitleid empfinden, er wird Reue empfinden, er wird versuchen, etwas zu tun, zu bitten, und je intensiver diese Bitten sind, die Verbundenheit zur Allmacht, zum Universum ist, um so mehr wird bewegt werden.

Deshalb sprach ich in der Vergangenheit davon, daß es keine Schuld und keine Sühne gibt. Deshalb sprach ich davon, daß die Fragestellung des Menschen, der ohne Schuld so geworden ist, wie er ist, immer auf einer Polarität beruht.

Frage: Wäre diese Information Mensch geworden ohne die Mithilfe von diesen Wesen? Wäre sonst diese Polarität nicht vorhanden, sondern es wäre nur Liebe gewesen?

Claudius: Nun, mein Freund, dieses Thema ist eigentlich kein Thema. Wenn du weißt, daß alle Information vorhanden ist, nur ein auslösender Faktor dazu nötig ist, dann wirst du die Zusammenhänge verstehen.

Es wird **nichts von allein**, es muß etwas geschehen. Nur, der Mensch kann den Menschen nicht formen, er kann diesen Körper nicht erschaffen, er kann die Molekularstruktur nicht zusammenführen, um das zu erreichen, was er erreichen will, sondern er muß immer auf vorhandenes genetisches Material zurückgreifen, um daraus etwas verändern zu können. Verstehe mich richtig. Der Mensch, wenn du so willst, wurde erschaffen, erschaffen nach irgendeinem Ebenbild, aber die Entwicklung dieses Wesens Mensch konnte erst dann einsetzen, als durch die Liebe dieses »Tier« beseelt wurde. Dadurch war es möglich, menschliches Bewußtsein hervorzubringen. Und in eurer Runde wurde davon gesprochen, daß die Urbevölkerung dieses Planeten sich selbst erkannte. Daraus resultiert die Bewußtwerdung, daß etwas mehr in diesem Menschen vorhanden ist als im Tier. Hier wurde bewußt, daß etwas geschehen ist, und hier wurde die Religion geboren, die Sehnsucht zurückzukehren in die Liebe der Allmacht, die Sehnsucht, sich selbst begreifen und verstehen zu können.

(Großes Schweigen)

Claudius: Nun, meine Freunde?

Frage: Wenn ich die Evolution der Tiere betrachte, dann ist aus unserer Sicht, aus den Ausgrabungen, aus der Forschung heraus eine Veränderung der Tierwelt absolut offensichtlich?

Claudius: Nun, mein Freund, dies ist kein Widerspruch zu meinen Worten, und zwar aus folgendem Grund: Es hat sich nicht das Tier allein verändert. Es hat sich die Umgebung verändert, in der es gewachsen, groß geworden, gestorben ist. Es haben sich die Sonneneinstrahlungen verändert, es hat sich alles verändert. Verstehe mich richtig, es ist die Anpassung, die stattgefunden hat.

Frage: Ja, das verstehe ich. Und auch das Ausleseverfahren, daß die überlebten, die sich am besten anpassen konnten. Wenn irgendein Höhenstrahl irgendein Gen herausschlägt oder verändert, kann dies nach dem Zufallsprinzip ja zu einer Mutation führen und schafft Lebewesen, die bessere Überlebenschancen haben möglicherweise oder umgekehrt?

Claudius: Genauso ist es.

Frage: Der Mensch, wie er heute ist, benötigt, um so existieren zu können, wie er ist, bestimmte Voraussetzungen, das heißt, damit wir reden können, ist es erforderlich, daß zum Beispiel der Kehlkopf an einer bestimmten Stelle sitzt.

Claudius: Richtig.

Frage: Ist das jetzt, wie auch die Schaffung eines größeren Gehirns, gezielt herbeigeführt worden, oder hat es sich »zufällig« ergeben?

Claudius: Nun, mein Freund, deine Frage ist berechtigt. Natürlich hat sich im Laufe der Zeit der Mensch von seiner Grundstruktur her seiner neuen Umgebung angepaßt.

Würdest du heute diese Frage nicht stellen können, dann, mein Freund, würdest du darüber nicht nachdenken. Das heißt, dein Bewußtsein, daß du Mensch bist, läßt dich diese Frage stellen. Diese Impulse verdichten sich, und du bist fähig, sie zu artikulieren. Warum, mein Freund, kann das nicht ein Tier?

Frage: Ich behaupte jetzt einfach mal, daß der Computer Gehirn bei dem Tier nicht so ausgebildet ist, um so kombinieren zu können.

Claudius: Nun, mein Freund, versuche zu verstehen, daß nicht die Quantität des Gehirns entscheidend ist, sondern die Qualität der geistigen Impulse, die dieses Gehirn befähigen zu agieren.

Beispiel: Jeder Mensch, ich begrenze es jetzt auf diesen Kreis, ist mit einem Gehirn ausgestattet. Doch das Gehirn jedes einzelnen Menschen hier am Tisch nimmt nur bestimmte Frequenzen, Impulse auf und setzt sie um. Warum, mein Freund, ist dies so? Ganz einfach, weil diese einzelnen Gehirne so arbeiten, daß sie nur auf bestimmte Frequenzen ansprechen.

Frage: Gut, aber das ist ja ein Zustand der ursprünglich nicht da war, sondern ist jetzt ein Zustand, der uns dies ermöglicht. Ist das ein gezielt herbeigeführter Zustand, oder ist das etwas, was sich anderen Zuständen überlegen gezeigt hat?

Claudius: Es hat sich anderen Zuständen überlegen gezeigt, aus einem ganz einfachen Grund: Jede Seele – die sich inkarnieren will – braucht zur Weiterentwicklung, zur speziellen Weiterentwicklung dieses **ICH BIN** einen gewissen Nährboden, den das Gehirn bildet.

Das Gehirn ist Bestandteil des Körpers und steuert dessen Funktion. Doch, meine Freunde, wäre nicht die Seele, die die Impulse an dieses Gehirn weitergibt, wäre nicht diese ungeheure Energie, nicht meßbar, nur erahnbar, dann, meine Freunde, würde nichts geschehen. Alle Steuerungsmechanismen, geistiger wie körperlicher Art, die ineinander verflochten sind, würden nicht funktionieren. Ich bringe euch noch dazu, demütig zu werden.

Ihr seid wunderbare Menschen, ihr seid ein Produkt, das sich weiterentwickelt hat zu einer ungeheuren Größe. Aber, meine Freunde, ihr begeht einen Fehler: Ihr zweifelt an euch selber. Doch auch das ist ein Lernprozeß, der mit uns gelöst werden kann, und wir werden uns Mühe geben.

Frage: Ich versuche mich heranzutasten an den Zeitpunkt, wo eigentlich manipuliert wurde.

Claudius: Es ist der Schlüssel zum Verstehen dieses menschlichen Lebens. Doch siehe, nicht nur dieses menschliche Leben, sondern siehe die **Vorvergangenheit**, wie sie entstanden ist. Siehe, wenn ich davon gesprochen habe, daß die Planeten belebt sind, dann sprach ich davon, daß alle Urinformationen in diesen Planeten vorhanden sind, angefangen vom kosmischen Staub bis – nun bis zu den Keimen allen Lebens. Was ist daran so falsch?

Frage: Falsch ist das nicht. Wir haben aber unsere Probleme, Leben zu definieren, und wir haben vorhin schon darüber diskutiert.

Claudius: Schön, daß du sagst: Was ist Leben? Leben ist alles, aber, was du verwechselst ist das Bewußtsein. Danach solltest du fragen, denn es ist der Schlüssel zum Leben überhaupt. Das Bewußtsein erst läßt Leben zu Leben werden.

Frage: Wenn du sagst, Leben ist alles, gilt das für Materie, für alles'– würdest du das so weit fassen?

Claudius: Mein Freund, Leben ist Energie, weißt du, wir versuchen, euch die Begriffe näherzubringen. Ich weiß, daß es sehr schwierig ist. Ich weiß, daß bei euch das Denken des Lebens sich auf eure Begriffe beschränkt. Nur Leben, Leben besteht aus Information, und erst die Liebe, das Bewußtsein, die Seele, macht Leben erfahrbar.

Es kann sowohl ein Fluch sein, dieses Erfahrenkönnen, als auch ein Segen. Geliebte Freunde, ich würde sagen, **es ist ein Segen, denn dadurch wird euer Leben sinnvoll**.

Meine lieben Freunde, die Gnade der Allmacht hat diesen Weg uns gehen lassen, damit wir auflösen das Geheimnis des menschlichen Lebens, des menschlichen Seins. Seht, die Allmacht ist nicht zu hinterfragen und nicht erklärbar. **Aber die Menschwerdung, die darf ich euch näherbringen, die darf ich euch erläutern.** Seht, ich sprach davon, daß es viele belebte Planeten gibt im Universum, daß ein Planet davon diese sogenannten **Geistseelen** beherbergt, die das Wissen des Universums in sich bergen. Ich sprach davon, daß von diesen Planeten Wesenheiten die Erde besuchten und dabei den **Urstamm des Menschen erzeugten**.

Ich habe euch darauf aufmerksam gemacht, daß es kein neues Wissen gibt, daß alles Wissen vorhanden ist. Nun – auch diese Wesenheiten hatten dieses Wissen. Sie haben versucht **Genstrukturen zu verändern, Manipulationen** also vorzunehmen an den Lebewesen, die dieser Planet hervorgebracht hat, die jedoch ohne bewußtes Sein waren.

Unter **bewußtem Sein** möchte ich verstanden wissen, das Empfinden »ICH BIN«, das selbständige Denken der Kreatur und nicht nur die instinktmäßige Reaktion.

Es gab zum damaligen Zeitpunkt den Menschen nicht – aber es gab Lebewesen, die durch Veränderungen des Umfeldes sich entwickelt haben, denn am Anfang, meine Freunde, war **nichts**.

Der Planet konnte nur entstehen dadurch, daß sich die Molekularstruktur der im Universum befindlichen Gase so zusammenführte, daß ein fester Kern entstand. Wie ein Planet entsteht, darüber wurden so viele Bücher geschrieben, daß ich nicht im einzelnen darauf einzugehen brauche.

Worauf ich eingehen möchte, ist, daß der Mensch sein Menschsein begreift.

Nun, die Wesen, die aus der geistigen Welt diese Erde besuchten, haben im guten Glauben versucht, bewußtes Leben zu erzeugen. Dazu, meine Freunde, war erforderlich, daß eben das vorhandene tierische Material so weit in der Zellstruktur verändert werden konnte, daß zum Beispiel der aufrechte Gang entstanden ist, daß zum Beispiel ein Wesen entstanden ist, das völlig verändert von seiner Ursprungsform weiterexistieren konnte.

Wie bei so vielen ähnlichen Versuchen, ist jedoch diese **Genveränderung** an verschiedenen Tierwesen vorgenommen worden, um letztendlich auf einen einzigen Punkt hinzuführen. Daß dabei diese Genmanipulationen auch Unwesen hervorbrachten, wird vermutlich jedem einzelnen einleuchten.

Nun, meine Freunde, geschah etwas Seltsames: Diese Wesenheiten lebten zwar – aber sie hatten nicht die Möglichkeit, sich selbst zu bestimmen, sich selbst zu erfühlen, zu erahnen, sie hatten keinen Geist und kein Empfinden, sie reagierten lediglich ohne Ziel – ziellos. Diese Wesenheiten, die hier auf dieser Erde diese Manipulationen vorgenommen hatten, waren über den Erfolg nicht gerade glücklich, denn ich möchte von mißgestalteten Tierwesen sprechen, die als Abfallprodukte dieser Manipulation kaum lebensfähig waren. Nun, wie euch allen bekannt sein dürfte, hat eine **Genmanipulation** Langzeitfolgen, Folgen, die nicht beherrschbar sind für den Menschen. Aus sich selbst konnten diese Wesenheiten nur eine körperliche Veränderung vollziehen – jedoch niemals geistiges Leben einhauchen. Sie haben Strukturen nur verändert – und damit war ihre Macht erschöpft, so wie heute nichts anderes geschieht.

Wenn neue Forschungen es ermöglichen, daß Gene ausgetauscht werden können, dann, meine Freunde, wird nur eine **Information verändert**, keine geistige Struktur jedoch.

Deshalb begibt sich der Mensch bei seinen Forschungen aufs Glatteis, denn er will die Zusammenhänge zwischen Geist, Seele und Körper nicht akzeptieren.

So ähnlich ging es den Wesenheiten, die sich hier auf dieser Erde zunächst manifestierten und hier diese Veränderungen vollzogen.

Sie kamen aus dem Stamm dieser Geistseelen, und dieser Stamm, der alles Wissen in sich birgt, wurde informiert über diese mißglückten Manipulationen. Es war nicht mehr rückgängig zu machen, denn die veränderten Genketten haben sich über Jahrhunderte hinweg weiterentwickelt, bis etwas entstand, was im weitläufigen Sinn als Mensch zu bezeichnen ist.

Glaubt mir, meine Freunde, der Anfang, der gemacht wurde, wurde im guten Wissen, in guten Gedanken vollzogen. Doch dann hat man gesehen, daß man nichts verändert hat, daß man **Geist und Seele diesen Wesenheiten schenken mußte, damit sie sich bewußt waren** und sich weiterentwickeln konnten.

Die Gnade der Allmacht hat diesen Geistfunken, die Verbindung zwischen Geist und Seele, die auf diesem Planeten vorherrschte, freigegeben, und freiwillig sind diese Wesenheiten beseelt worden.
Doch ehe dies geschehen konnte, wurde diesen Geistwesen bewußt, wenn sie diesen Weg der Beseelung übernehmen würden, würden sie auch die Gefahren des Durchlebens, die Gefahren des Abgleitens kennenlernen. Es waren Geistbewußtseinsstrukturen, die sich der Gefahren aussetzten, wenn sie sich zu diesen Inkarnationen bekennen würden, daß sie unter Umständen sich in diese Körper binden.
Doch die allumfassende Liebe der Allmacht war ihnen ebenso bewußt, und sie hatten die Gewißheit, daß sie eines Tages wieder zurückkehren würden in diese allumfassende Liebe.
Dies, meine Freunde, war auch zu gleicher Zeit die Urreligion, die dem Menschen, den Geistwesen, mitgegeben wurde:

Das Wissen um die Liebe der Allmacht.

Begreifen könnt ihr, was geschehen ist bei der Schöpfung des Menschen. Daß sich im Laufe der Jahrhunderte diese Wesenheit Mensch, trotz des Bewußtseins, trotz dieser Beseelung, nicht besser entwickelt hat, ist nur scheinbar, meine Freunde.
Tausende und Abertausende Menschen sind im Laufe dieser Jahrtausende, die vergangen sind, schon eingekehrt in die Liebe der Allmacht, und Abermillionen werden zurückgeführt werden durch die Liebe der Allmacht, denn ein jeder einzelne wird im Laufe seines Lebens erinnert an sein ursprüngliches Ziel.
Ich weiß, ihr werdet vielleicht sagen: Wo ist meine Schuld, meine persönliche Schuld? Die Frage ist falsch! Im menschlichen Denken wird alles gegeneinander abgewogen und aufgewogen. **Schuld gibt es nicht!**

Der Mensch hat die Gnade erhalten dieses **Tier »Mensch«** bewußt zu erleben – in all seiner Grausamkeit, in all seinem Hochmut, doch auch in all seiner Empfindungskraft, **um dadruch die Seele wieder freizugeben in die Liebe der Allmacht**.

Menschsein – Partnerschaft

Frage: Lieber Claudius, wir haben so viele Fragen in bezug auf unser Menschsein, unsere geistige Weiterentwicklung, unsere Partnerschaft, auf unser Leben mit dem Nächsten.

Claudius: Siehe, mein Freund, die Qualität unserer Verbindung liegt darin begründet, daß ihr auf die Fragen, die euch im Innersten eurer Seele bewegen, Antworten erhalten werdet. Sie werden zwangsläufig euere Denkweise verändern.

Deswegen, meine Freunde, ist das Leben mit uns nicht einfach. Im Gegenteil, denn eure Gesellschaftsordnung zwingt euch ein Denkschema auf, **zu dem wir vermutlich nicht passen.**

Frage: Das kann schon stimmen. Aber wir meinen, daß es sich trotzdem leichter leben läßt mit der Gewißheit, von der geistigen Welt aus »betreut« zu werden.

Claudius: Es ist richtig. Nur solltest du eines beachten: Die Überzeugung muß in jedem einzelnen wachsen. Ich weiß, welche Kämpfe nötig sind, um die Zunge zum Sprechen zu bewegen. Doch denkt immer daran: Die Sprache wurde auch gegeben zur Verständigung. Wohl dem, der in **Liebe mit ihr umgehen kann**, denn er wird seinen Nächsten nicht verletzen und beleidigen.

Es kann euch aber niemand verletzen, wenn ihr euch nicht verletzen laßt. Es ist doch so einfach, in Liebe dem anderen entgegenzugehen. Siehst du, meine Liebe, am Anfang unserer Begegnung habe ich versucht, die reine Liebe so zu erklären, daß sie ohne Erwartung ist.

Frage: Dann ist also die Erwartung mit Egoismus gleichzusetzen?

Claudius: Mein Herz, wenn du so willst, dann ist alles Egoismus. Du kannst Namen verwenden, wie immer sie deinem Bewußtsein entsprechen. Doch denke daran: **Verletzt kann nur der werden, der Erwartungen aussendet.**

Ich möchte es euch nochmals ganz eindringlich sagen, daß es wichtig ist für euere Umgebung, für die Mitmenschen, den Partner, daß ihr sprechen müßt, daß ihr Erfahrungen austauschen müßt, daß ihr euch erklären müßt. Nur so ist es euren Freunden möglich, euch zu verstehen, auf euch einzugehen. Die Sprache, meine Freunde, wurde euch nicht gegeben nur zum Schreien, sondern die Sprache wurde euch gegeben zur Verständigung. Denkt darüber nach, ihr habt ein Vokabular zur Verfügung, mit dem ihr all eure Gefühle zum Ausdruck bringen könnt. Auch singen könnt ihr!

Frage: Aber es passiert so oft, daß man gar nicht angehört wird.

Claudius: Überlege, du willst dich mit irgend jemandem unterhalten und teilst ihm deine Gedanken mit, und plötzlich spürst du, daß sie keine Resonanz finden, daß sich dein Gesprächspartner gar nicht auf dich einstellen kann, weil er selbst »**Sender**« sein will – und nicht »**Empfänger**«. Alles ist eine Wechselwirkung.

Deshalb, wenn ihr euch im Kreis unterhaltet, werdet ihr sowohl Sender als auch Empfänger sein, wenn ihr bereit seid, eurem Gesprächspartner zuzuhören. In diesem Augenblick wird ein Resonanzfeld geschaffen, ihr faßt den Gedanken auf – und sei er, in eurem Sprachgebrauch, noch so blödsinnig –, aber ihr faßt ihn auf, und es geschieht etwas. Ihr gebt Antwort auf die Frage.

Wir machen nichts anderes in unserem Dialog: Ich fasse eure Gedanken auf, setze sie um in eine Antwort – und so solltet ihr die Kommunikation untereinander verstehen. Und ihr werdet sehen, es wird eine fruchtbare Diskussion werden, zur Freude aller.

Und vergeßt nicht:

Wenn DU den halben Weg entgegengehst, wenn DU das Gespräch suchst, und nicht versuchst, dein Wissen anderen aufzuzwingen, dann wird ein Gespräch immer fruchtbringend sein und es dem anderen ermöglichen, seine eigene Meinung zu revidieren. Aber – was macht der Mensch? Er wehrt sich gegen das Eingebundenwerden in doktrinäre Vorstellungen. Seht, wie es euch ergangen ist, wie lange es gedauert hat, bis es euch wie Schuppen von den Augen gefallen ist, daß verschiedene Dinge in eurem Leben euch nur suggeriert wurden, daß ihr gar nicht die Möglichkeit hattet, euch damit auseinanderzusetzen, sie wurden euch aufgezwungen – und ihr habt sie angenommen, unbewußt angenommen –, ohne nachzufragen. Das wichtigste ist, der Mensch hat Geist, hat Verstand, hat eine Seele. Und all dies zusammen befähigt ihn, seinen Körper zu kontrollieren.

Euch darf die Mühe des Denkens nicht abgenommen werden, denn sonst entstehen keine Fragen mehr, denn Fragen schaffen Resonanz, Fragen nur können Antworten hervorrufen. Nur – wer nicht fragt, kann keine Antwort bekommen.

Merkt es euch gut – ihr müßt fragen!

Frage: Ich glaube, wir denken immer noch in zu kleinen Kategorien. Wird unser Verständnis für den Mitmenschen sich bessern, wenn wir durch die fortwährenden Kontakte mit dir eine Höher- oder besser gesagt, Weiterentwicklung erfahren?

Claudius: Verstehe es so: Der Geist bricht sich Bahn. Zu irgendeinem Zeitpunkt wird er sein Bett verlassen und wird sich ein neues Bett schaffen. Natürlich, zugegeben, dieser Geist ist geprägt, wie ihr alle geprägt ward von der Vorstellung, daß es vielleicht den alten Mann mit dem Bart, den lieben Gott, gibt. Aber Platz greifen, meine Freunde, konnte dieses Bild nur als ihr Kinder ward.

Heute verzweifelt die Menschheit daran, daß sie sich dieses Bild nicht mehr vorstellen kann. Und dies gilt sowohl hier in eurer Gesellschaftsordnung wie überall auf der Welt.
Verstehe es im großen Zusammenhang, und du wirst begreifen, daß der Geist zu irgendeinem Zeitpunkt völlig losgelöst von überkommenen Moralvorstellungen sich selbst weiterentwickelt.
Deswegen bat ich euch, **eure Welt real zu sehen, so, wie sie ist**, denn durch diese Erkenntnis wird eure Seele frei werden für die Liebe, für das Gefühl und für das Verständnis für die Menschen und für die Allmacht.
Einordnen nach dem Faktor der Wichtigkeit – das sollte euch auszeichnen. Daß ihr eure Welt bestehen laßt, daß ihr für euch, in euch, mit eurer Familie, soweit dies möglich ist, einen Tempel baut gegen die Unbillen eures Lebens, denn in euch begründet ist die Liebe der Allmacht, der **Friede eures Seins**, und eine leise Ahnung von dieser Gnade habt ihr alle schon erfahren.
Jeder Mensch muß sich selbst zunächst erkennen, ehe er sich darum bemüht, den anderen zu erkennen. Denn wie, so frage ich, sollte derjenige, der sich selbst nicht kennengelernt hat, die Reife besitzen, einen anderen zu beurteilen? Es ist ein alter Grundsatz:

Erkenne dich selbst,
und du wirst frei von Vorurteilen sein.

Denn, wenn du den Splitter in deinem eigenen Auge erkennst, dann erst hast du das Recht, dem Nächsten einen Balken aus den Augen zu ziehen.
Nun, eine alte Weisheit, doch sie wird so selten angewendet.
Jeder von euch, der hier in der Runde sitzt, wird seine eigene Lebensphilosophie finden müssen, aus einem ganz einfachen Grund. Er ist ein völlig selb-

ständiges Wesen, und all die Regeln oder all die Hinweise, die die Philosophie gibt, sind nur subjektiv zu empfangen und umzusetzen.
Träger der Liebe sollt ihr sein, meine Freunde. In euch möge das Licht erglühen, das euren Freunden den Weg zeigen sollte über die Brücke eures Lebens hinweg zu uns, damit sie erkennen, wie nichtig dieses kurze Stückchen eures Lebens ist auf diesem Planeten – und doch wie wichtig für jeden von euch.
Und noch ein Hinweis für alle im Kreis, die verheiratet sind: Ich bitte euch zu bestätigen, daß Streit und Auseinandersetzungen in jeder Zweisamkeit vorkommen. Sie **müssen** vorkommen, damit ein jeder sich weiterentwickeln kann, damit er die Fähigkeit entwickeln kann, durch seine Liebe Brücke zu schlagen zum Partner. Nur dadurch ist es den Menschen möglich, die Liebe ständig neu zu erleben, auch wenn sie nicht auf den Lippen eures Partners erscheint – so ist es doch ein inneres Band, das euch zusammenhält. Ist dieses innere Band nicht mehr vorhanden, dann sprecht es aus, denn jeder von euch hat das Recht, sich selbst emporzutragen zum Licht. Es gibt immer nur eine individuelle Seele.

Frage: Ich möchte es immer **jedem** Menschen recht machen, mit jedem gut auskommen, das kann doch nicht falsch sein?

Claudius: Siehe es so, daß du als Mensch nicht jedem gleichzeitig dienen kannst. Es muß einer dasein, für den du dich bemühst – und dieser eine, meine Liebe, lebt nicht in deinem Umfeld – dieser eine bist **DU**. In dir selbst muß die Überzeugung wachsen, einen Weg zu gehen, und diese Erkenntnis kannst du nicht von heute auf morgen erringen, sondern du mußt sortieren. Viele Begegnungspunkte hattest du in der Vergangenheit, und viele Begegnungspunkte wirst du in Zukunft haben, aber von Mal zu Mal wird es dir leichter fallen, den Spreu vom Weizen zu trennen, womit ich keine Qualitätsaussage mache. »Spreu« ist das, was du für dich nicht verwenden kannst, und der »Weizen« wird das sein, was in dir keimt und wurzelt.

Frage: Trotz eigener Meinung kann man sich aber meist von der »Masse« nicht absetzen?

Claudius: Es gab zu allen Zeiten Menschen, die so weit geistig offen waren, daß sie den Sinn ihres Daseins erkannt haben, und sie haben ihr Leben gelebt mit der Erkenntnis, daß sie sich dem Massenbewußtsein nicht widersetzen können, und sie haben sich auf **sich selbst besonnen**.

Deshalb habe ich darauf hingewiesen: Schaut in den Spiegel. Seht euch an, seht eure Einmaligkeit, seht, daß ihr die Macht eurer Gedanken für **euch** nutzbar macht. Und stört euch nicht daran, was **andere** tun. **Ihr selbst sollt euch annehmen und sollt euch lieben und dadurch die Liebe hinaustragen.**

Frage: Es ist so schwierig, mit seinen Mitmenschen oder dem Partner gut auszukommen, besonders aufgrund der verschiedenen Interessen oder Bewußtseinsstrukturen. Vielleicht kannst du uns einen Rat geben, wie man den anderen am besten erkennen kann, um ihn zu verstehen, um in Harmonie mit ihm leben zu können?

Claudius: **Ihr selbst seid die wichtigste Person in eurem Leben.** Ihr selbst beginnt die Schule und werdet sie durchlaufen, und Freunde, glaubt es mir, nichts für euch ist heilsamer als das Erkennen **eurer Person**, das Annehmen **eurer Person** – und das Lieben **eurer Person, eures Seins.** Und wenn ihr dieses Ziel verfolgt, werdet ihr sehen, daß euch vieles leichter fällt. **Das Erkennen**, meine Liebe, ist der erste Schritt, **das Erkennen**, daß du selbst es fertigbringst, den Weg zu beschreiten. Was nutzt es, wenn die Wege geebnet werden und der Mensch einsam bleibt in seinem Leid. Er könnte selbst den bequemsten Weg nicht gehen, weil er im Leid versinken würde.

Nur die Anforderungen, die jetzt in Zukunft an dich gestellt werden, werden dir helfen zu überwinden, und du bist ja nicht allein, du wirst auch nicht allein gelassen – nur **gehen – mußt du selbst**. Schritt für Schritt wird der Weg nach oben gehen – und das ist gut so, mein Herz.
Ihr sollt euch bewußt sein, daß alles um euch lebt, was je euch begegnet ist – und dies ist die Erklärung für alles, was euch widerfährt, denn glaubt mir, die Menschen, die eines Tages euren Weg gekreuzt haben, mit diesen Menschen werden immer wieder Begegnungspunkte geknüpft werden – und es ist so, daß die angenehmen Begegnungspunkte Erinnerungen in euch wachrufen – und nur die.
Seht, all die Dinge, die euch im Leben begegnen, mit denen ihr euch befaßt, unterliegen zunächst eurem rationalen Denkvermögen.
Wenn sie keinen Widerhall in eurer Seele finden, dann werdet ihr sie nicht verarbeiten können. Ihr seht, daß zwischen dem rationalen Denken und dem Erfühlen eine fast unüberwindliche Mauer aufgebaut ist. Diese Mauer kann durchlöchert werden, und sie wird durchlöchert in dem Augenblick, wo ihr durch rationales Denken ein Resultat erzielt, das dann von eurer Seele angenommen oder abgelehnt werden kann. Das heißt nichts anderes, als daß durch das rationale Denken ein Weg beschritten wird, der in euch Widerhall finden kann, und deswegen sprach ich von der Durchlöcherung dieser Mauer.
Wichtig allein ist, meine Freunde, daß ihr lernt mit diesen Unwägbarkeiten des menschlichen Lebens auszukommen, sie einzuordnen und sie für sich, für euch selbst, brauchbar zu machen.
Ich weiß, was ich euch sage, klingt sehr einfach, doch es ist sehr schwierig, über sich selbst hinauszuwachsen, aber es ist wert, es zu versuchen. Ihr werdet sehen, so werdet ihr eure Schwächen überwinden.

Wißt ihr, verändern wird sich nicht nur eure Umwelt, sondern ihr selbst werdet euch verändern im Laufe eures Lebens. Es ist unabhängig davon, ob ihr es wollt oder ob ihr es nicht wollt, denn blickt zurück: Dinge, die früher von euch als wichtig erachtet wurden, sind heute nebensächlich geworden. Eure Denkungsweise hat sich verändert in dem Maße, in dem ihr geistig gewachsen seid oder aber auch nicht gewachsen seid. Das ist die Frage.

Seht in eurer Literatur gab es Menschen, die Merksätze prägten:

Sein – oder Nichtsein – das ist hier die Frage.

»Nicht-Sein« zu wollen, heißt nichts anderes, als sich nicht auseinandersetzen zu wollen. Dagegen: *Sein* zu wollen, heißt, sich die Auseinandersetzung suchen.

Frage: Und wenn es ganz unmöglich ist, mit einem Partner weiter zusammenzuleben?

Claudius: Seht, meine Freunde, zwei Menschen gehen zusammen und glauben einen gemeinsamen Weg zu finden für die Zukunft. Doch zu irgendeinem Zeitpunkt stellt sich heraus, daß der Weg auseinandergeht, daß er nicht mehr gemeinsam begangen werden kann – und hier zeigt sich die Größe des Geistes, ob es möglich ist, einen Konsens zu finden, daß beide weiterleben können.

Frage: Wir Menschen sind so überheblich, und meistens merken wir es gar nicht.

Claudius: Nun, meine Liebe, es ist ein Umdenkungsprozeß, und wie solltet ihr umdenken lernen, wie solltet ihr euch verändern können, wenn keine Anstöße von außen euch erreichen. Siehe, ich muß immer wieder darauf hinweisen, daß die Wege verschieden sind, die die Menschen gehen. Und ich muß immer wieder darauf hinweisen, daß ihr nicht den anderen überzeugen sollt, sondern daß ihr ihm Denkanstöße geben sollt, daß ihr von eurer Überzeugung sprechen sollt, damit eure Umgebung sich selbst eine Meinung bilden kann. Und wenn sie sagen: »Meine Liebe, du bist irr«, dann muß dich das nicht beleidigen, denn du weißt es besser.

Frage: Lieber Claudius, du sprachst vom »Selbstannehmen«. Wenn man sich selbst so annimmt, wie man ist, sich selbst liebt – ist das nicht so eine Art Selbstgefälligkeit?

Claudius: Meine Liebe, das ist die Gefahr, denn die Liebe sollte nicht in Selbstgefälligkeit ausarten, sondern sie sollte dazu führen, daß ihr euren Nächsten annehmt, so wie er ist.

Selbstgefälligkeit wäre der schlimmste Weg, denn dadurch würden weiterhin Knechtschaften entstehen – denn ihr würdet dann sagen: »Ich bin mehr, als der andere«, und in Wirklichkeit wäret ihr weniger als der andere.

Frage: Lieber Claudius, kennst du den Spruch: Wer sich nicht selbst liebt – kann auch andere nicht lieben?

Claudius: Natürlich, meine Liebe, so ist es.

Frage: Manchmal ist es schon sehr schwer, Mensch zu sein.

Claudius: So ist es, mein Freund. Ein Leben durchleben heißt, die Tiefen und die Höhen dieses Lebens in sich aufnehmen, verarbeiten und daraus die Weisheit erlangen.

Ich weiß, daß Philosophie allein nicht ausreicht, um ein Leben zu gestalten, doch sie gehört dazu, wie die Arbeit, wie das Denken, wie die Nahrungsaufnahme.

Alles zusammen ist der Mensch.

Bewältigung der Vergangenheit

Frage: Lieber Claudius, ich empfinde oft Angst über vieles Unbewältigte in meiner Vergangenheit. Wie denkst du darüber?

Claudius: Meine Liebe, siehe die Vergangenheit ist dein Leben, hat dich zu dem werden lassen, was du heute bist. Sie ist Bestandteil deines Lebens. Sie ist weder gut noch böse. **Sie ist**. Sie ließ dich reifen, sie ließ dich wachsen. Sie ließ dich zu dem werden, was du heute bist.

Ohne Vergangenheit, meine Freunde, gibt es keine Zukunft. Deshalb nehmt eure Vergangenheit an, wie bitter sie auch gewesen sein mag.

(Lächelt) Meine Freunde, sie löst sich auf. Sie belastet nicht mehr, denn sie hat ihren Zweck erfüllt. Ihr seid heute hier. Ohne eure Vergangenheit wäret ihr nicht hier. Ich werde euch helfen, und siehe, die Seifenblase wird zerplatzen. Sie wird euch zwar noch etwas benetzen, wenn sie platzt, aber sie wird aufgehoben sein, und ihr werdet frei.

All dies, meine Lieben, müßt ihr erkennen, damit auch du, meine Freundin, deine Verkrampfungen verlierst, die dich noch fest im Griff haben. Arbeitet das auf, sprecht darüber. Seht, es hat keine Bedeutung.

Ich weiß, ihr seid eingebunden in den Begriff von Schuld und Sühne. Man hat euch gewisse Verhaltensmaßregeln vorgegeben, in denen ihr euch bewegt, und ihr glaubt, daß menschliche Gesetze euch richten könnten. Nein, meine Tochter, in euch selbst ist die Wahrheit, ist die Liebe. Ohne eure Vergangenheit, meine Freunde, wäre eure Seele nicht hier. Diesen Weg mußtet ihr gehen, und denkt an meine Worte: **...»Wer nicht durch die Dunkelheit gegangen ist, wird den neuen Tag nicht erkennen**

können, wird die Sonne nicht sehen, die über dem Horizont aufsteigt . . .«

Geliebte Freunde, **Schuld gibt es nicht**. Es gibt nur die Beglückung, aus einem Irrweg herausgegangen zu sein ins Licht.

Frage: Gehört also alles, was wir tun, zu unserem Entwicklungsprozeß?

Claudius: Ja – jeder wird seinen Entwicklungsprozeß durchleben, jeder wird für sich selbst Resümee **ziehen müssen**. Die Frage ist, ob er fähig ist, den Sinn hinter diesen Worten zu begreifen.

Siehe, meine Liebe, es ist völlig falsch, die Vergangenheit vom eigentlichen Leben trennen zu wollen. Der Mensch ist sich nicht bewußt, daß die Seele einen bestimmten Weg mit aller Konsequenz gehen muß, gehen will, denn sie hat genau diese Inkarnation gewählt. Dazu gehört auch das Durchleben schwieriger Situationen wie bei dir, meine Liebe.

Es ist Bestandteil deines Lebens, daß du durch Morast gewatet bist und endlich den rettenden Strohhalm gefunden hast, der dir dann wieder genommen wurde, als du festen Boden unter den Füßen erreicht hattest. Nur konntest du in diesem Augenblick diesen festen Boden noch nicht spüren. Deshalb haben wir dich den Weg zu unserem Freund geführt, damit du nicht abrutschst in den Sumpf, damit du festes Land vor die siehst.

Doch, meine Liebe, Erinnerungen an die Vergangenheit sind Bestandteil deines Lebens und flüstern dir zu, daß du hindurchgegangen bist. Sie befreien dich vor der Gefahr wieder zu fallen. Nur derjenige, der dies erkennt, wird ohne Belastung mit der Vergangenheit leben können, denn die Seele hat aus der Vergangenheit, aus den vergangenen Erlebnissen, Resultate gezogen.

Frage: Anstatt aus diesem Fundus ständig zu schöpfen, plagt man sich mit Schuldgefühlen.

Claudius: Und dann passiert folgendes: Es entstehen in der menschlichen Psyche **Verwirrungen, die zum Steuerungsfaktor werden können für die Erkrankung der menschlichen Organe in irgendeiner Weise.**

Seht, meine Freunde, jeder Körper hat irgendeine Schwachstelle, an der sich diese psychischen Verwirrungen bemerkbar machen. Sie werden zwar mit Medikamenten behandelt – doch sie beheben nicht die Ursache, denn die Psyche bleibt weiterhin belastet, wenn sie nicht die Vergangenheit einbezieht und bewältigt.

Ich muß darauf hinweisen, daß es sehr schwierig ist, die Vergangenheit zu bewältigen, aus einem ganz einfachen Grund. Viele Dinge im menschlichen Leben werden zur Seite geschoben, sie werden nicht als angenehm empfunden und deshalb nicht durchlebt. Und so verstrickt sich die Psyche immer mehr in Verwirrung. Anstatt zu sagen: »Gut, in dieser bestimmten Situation habe ich so und so gehandelt, so und so empfunden. Ich werde aus dieser Situation Rückschläge ziehen. Ich erkenne, daß ich gar nichts anderes empfinden konnte zu diesem bestimmten Zeitpunkt« – und siehe, die Belastung wird sich auflösen.

Deswegen ist es so unsinnig, einen Kurs zu besuchen, in dem zum Beispiel das Selbsterkennen gelehrt wird, ohne den Zusammenhang zwischen dem **Leben der Vergangenheit und dem jetzigen Sein miteinzubinden**. Es gibt nur die eine Möglichkeit, sich zu befreien, wenn ich als Mensch mich mit dieser Vergangenheit identifiziere. Dann löst sich der Knoten. Es entstehen keine Schuldgefühle, es entstehen keine **Verdrängungspsychosen**. Dies ist des Rätsels Lösung.

Frage: Zu einem bestimmten Zeitpunkt kann ich in meinem Handeln eine Schuld erkennen, und einige Zeit später kann ich, bedingt durch anderes Bewußtsein, erkennen, daß es überhaupt keine Schuld gab. Und damit wird diese Schuld abgebaut. Doch wenn ich besagte Situation verdränge, wird in meinem Unbewußten die Schuld in meiner Vorstellung bestehen bleiben?

Claudius: Sie kehrt zurück, nur – du erkennst nicht mehr – was es ist. Dies ist das Problem.

Frage: Hat Karma auch mit Schuld etwas zu tun?

Claudius: In jedem Menschen ist ein Karma vorhanden. Dieses Karma ist das Resultat eines vorhergegangenen Lebens, das neu durchlebt werden muß. Wenn ich die Situation erkenne, in der ich mich befinde, sie völlig emotionslos beurteile und mir auch die Meinung der Nächstliegenden anhöre, dann kann ich sie für mich auflösen.

Frage: Ich überlegte mir in letzter Zeit immer, ob mein Leben anders verlaufen wäre, wenn ich anders gedacht hätte oder anders gehandelt hätte, und bin durch dieses Zurückdenken auf Dinge gestoßen, die ich nicht verarbeitet hatte, doch durch dieses nochmalige Erinnern fast durchleben konnte, jetzt erst verarbeiten konnte, und ich muß sagen, dadurch hat meine Zukunft sich für mich auch ganz anders dargestellt.

Claudius: So ist es, meine Liebe, siehe der Traum, den wir dir geschickt haben, dieses Angebot des preiswerten und billigen Hauses sollte dich zum Nachdenken bringen, ob du zurückgehst. Du fühlst in dir, daß selbst ein geschenktes Haus dich nicht mehr zurückführen kann. Doch du bist über diese Entwicklung nicht traurig, sondern beglückt (stimmt, ja). Siehe, der Umkehrschluß hat sich vollzogen. Du wirst dein neues Leben erleben, weil du frei geworden bist, und es werden sich neue Perspektiven eröffnen, wenn du frei bist. –

Die Seele geht einen bestimmte Weg. Sie kommt an einen Scheidepunkt. An diesem Punkt gehen die

Wege auseinander. Der eine geht geradeaus weiter, ein anderer geht rechts oder links ab. Hier entscheidet die Seele, welchen Weg sie gehen will.
Fühlt sie sich nicht mehr wohl an diesem Scheidepunkt, wird sie einen anderen Weg gehen, um zur Erkenntnis zu gelangen – und dies ist völlig normal. Doch wir möchten, daß die Erkenntnis in jedem einzelnen Platz greift. Wir wollen niemanden den Weg vorschreiben, den er gehen muß. Es kann also durchaus sein, wie es in der Vergangenheit der Fall gewesen ist, daß der eine oder andere eben den rechten oder den linken Weg wählt und trotzdem eingebunden bleibt in unsere Liebe, daß wir ihn weiterhin begleiten auf seinem Weg.
Die Liebe führt euch, – sie leitet euch –
sie läßt euch lachen – sie läßt euch weinen –
sie läßt euch glücklich sein – sie läßt euch traurig sein –
sie läßt sich nicht greifen – aber spüren –
sie läßt euch entwickeln – und sie läßt euch leiden –
sie läßt euch fallen – aber fängt euch auch wieder auf –
sie läßt euch frei – aber sie läßt euch nie alleine –
Ich bin Liebe – Ich bin, der ich bin –
Ihr seid alle Teile von mir – immer schon – und in alle Ewigkeit.

Erläuterung zum nachfolgenden Kapitel

Ich habe lange überlegt, ob dieses Kapitel »Besessenheit« für die Leser interessant genug ist, um es in diesem Umfang in Band III zu bringen. Es war bereits für Band II vorgesehen, wurde aber dann zurückgestellt, da ich mich an die vorgegebene Seitenzahl halten und daher dieses und einige andere Kapitel opfern mußte.

Meine Zweifel wurden aufgelöst, da ich von verschiedenen Seiten gebeten wurde, Claudius auch über Schizophrenie, Bewußtseinsspaltung usw. zu befragen.

Claudius ist auf unsere Fragen umfassend eingegangen und hat uns sogar *Zeichnungen* anfertigen lassen, die auch für Laien auf diesem Gebiet gut verständlich sind.

Die Menschen wissen viel zuwenig über diese Zustände und werfen alle Arten von Bewußtseinsveränderungen in den Topf »Irrsinn« oder »Schizophrenie«.

Durch dieses Kapitel wird in allen Details aufgeklärt, wie es sich wirklich verhält, und wir müssen daraus erkennen, daß Werturteile oder Vorurteile solchen Menschen gegenüber fehl am Platz sind.

Vielleicht hat sogar mancher unter den Lesern in der eigenen Familie oder Verwandtschaft einen ähnlichen Fall wie beschrieben und wird jetzt, nach der Aufklärung durch Claudius, diesen Zustand mit anderen Augen betrachten und diesen Menschen ganz sicher mit besserem Verständnis gegenüberstehen.

Besessenheit – Umsessenheit – Schizophrenie

Frage: Lieber Claudius, du sprachst vom Öffnen der Chakren und sagtest, es gäbe eine Art Angst, durch die eine Bewußtseinsspaltung eintreten kann. Es gibt also Wesenheiten, die, zwischen den Welten sich befindend, vom Körper eines Menschen Besitz ergreifen und dadurch den ursprünglichen Geistkörper verdrängen? Hat dieser verdrängte Geistkörper dies dann so gewollt, und ist dies in seinem Karma begründet?

Claudius: Nun, er hat sich befreit aus diesem Körper und hat ihn den Wesenheiten überlassen, die dann zu irgendeinem Zeitpunkt beim Übergang dieses Körpers, also bei seinem Tod, erkennen, daß sie einen falschen Weg gegangen sind.

Frage: Wenn eine Seele den Körper verläßt, also anderen Wesen Platz macht, ist es dann so, als würde die Seele den Übergang vollziehen?

Claudius: Richtig, meine Liebe, sie hat diesen Körper verlassen, ohne daß der Körper in Agonie verfallen ist, ohne daß er sich auflöst. Es ist zunächst wie das Ablegen eines Mantels an der Garderobe. Ein anderer kommt und zieht diesen Mantel an. Habe ich mich verständlich ausgedrückt?

Frage: Ist eine solche Situation, wenn ein anderes Wesen einen menschlichen Körper übernimmt, nicht auch karmisch bedingt für den – sagen wir – Erstbesitzer?

Claudius: Richtig, es ist karmisch vorgesehen, daß eine Seele, die den Übergang nicht gefunden hat, einen neuen Körper annimmt.

Frage: Damit dieses Geistwesen den Übergang auf diese Art nachvollziehen kann?

Claudius: So ist es.

Frage: Hat die Seele, die ihren Körper einem anderen Geistwesen überläßt, dies vor dem Eintritt in dieses Leben gewußt?

Claudius: Nein, meine Liebe, sie hat ihren Weg vollendet.

Frage: Was ist der Unterschied zwischen: Bewußtseinsspaltung – Besessenheit und Besetztsein – und auch Umsessenheit?

Claudius: Gut, beginnen wir bei der **Umsessenheit**.

Seht, meine lieben Freunde, um euch herum sind alle Energien, die ihr euch denken und vorstellen könnt – aber auch solche, von denen ihr keine Ahnung habt. Ihr seid umsessen von den Naturgeistern, umsessen von Energien, die euch beeinflussen, euer Denken beeinflussen, eure Körperfunktionen beeinflussen. All dies, und auch diejenigen, die den Weg zum Licht nicht gefunden haben, sind um euch herum.

Eure Seele, euer Geist und euer Körper bilden hier auf dieser Welt eine Einheit. Ist diese Einheit komplett, dann entsteht in dieser Einheit, durch diese Einheit um euch herum ein Schutz, denn euer Körper, euer Geist und eure Seele strahlen Energien ab, die euch befähigen, diese Einflüsse abzuwehren. Das solltet ihr unter »**Umsessenheit**« verstehen.

Besessenheit, das sagt schon das Wort: Es wird der Körper **besetzt**. Ich gebe euch folgende Erklärung: Wenn die Seele es zuläßt, daß der Körper des Menschen von anderen Wesen be-setzt wird, entsteht folgende Situation: Der Geist trennt sich von der Seele, er hat vollendet. Er geht zurück zu uns. Die Seele stellt sich zur Verfügung für ein anderes Geistwesen, so daß die Silberschnur, die Verbindung zum Körper, nicht abreißt.*

Nun, dadurch, daß eine Gemeinschaft wieder entstanden ist zwischen Geist, Körper und Seele, tritt

* Siehe Zeichnung 4. Situation, Seite 112

automatisch eine Bewußtseinsveränderung ein. Der Mensch ist anders. Er hat mit dem vorherigen Menschen nichts mehr zu tun. Er ist ein anderer geworden.
Doch dieser Geist, der sich mit der Seele im Körper vereint, nimmt zur gleichen Zeit teil an der Vervollkommnung dieses Körpers, das heißt, er kann ihn besitzen bis zu dem Zeitpunkt, da der Körper müde geworden ist und stirbt. Dann löst sich diese Seele mit dem Geist und findet den Weg zurück.
Eine andere Erklärung: Es gibt Menschen, die in euren Augen völlig abnormal für eine **gewisse Zeit** reagieren.
Dann, meine Freunde, entsteht eine Wechselwirkung: Das heißt, der ehemalige Geist hat sich noch nicht endgültig entschieden, den Körper diesem Blinden – so möchte ich es ausdrücken – zu überlassen.
Er **hilft** diesem »Blinden« sich zurechtzufinden, und hierdurch entsteht der Eindruck, daß in **einem** Menschen zwei vor euch stehen. Der eine Mensch, den ihr gekannt habt, ist zu gewissen Zeiten euch vertraut – und plötzlich erscheint ein anderer Mensch. Er hat den gleichen Körper, und ihr könnt nicht verstehen, welche Veränderung vorgegangen ist.*
Ich möchte gleich deine Frage miteinbeziehen, die sicher heißt: Hat die Seele, die inkarniert in diesem Körper, sich das ausgesucht? Nun, meine Liebe, der Weg war ihr bewußt, es war ihr bewußt, daß sie eine bestimmte Aufgabe mit in dieses Leben, auf diese Erde mitgebracht hat – und zu irgendeinem Zeitpunkt war sie bereit, diese Aufgabe zu übernehmen.
Du siehst an dieser Erklärung, wie wichtig es ist, daß ihr Geist, Seele und Körper getrennt voneinander betrachtet, damit ihr diese Dinge besser begreifen könnt.

* Siehe Zeichnung 3. Situation, Seite 111

Frage: Es ist schwierig, weil diese drei Begriffe **eine** Person ausmachen.

Claudius: Es ist richtig, mein Freund, denn es kommt noch etwas anderes hinzu. Nicht immer ist, wenn die Bewußtseinsveränderung vollzogen wird, ein in euren Augen guter Mensch dabei entstanden, sondern es gibt Entwicklungen, die völlig anders verlaufen, wo auch der Geist sich bemüht, eine neue Erkenntnis zu bekommen – und dies, meine Freunde, ist, wenn einer blind geboren ist, ein schwieriges Unterfangen. Ich glaube, wir sollten dieses Thema nicht allzusehr vertiefen, denn hier im Kreis befindet sich kein Arzt, für den es besonders interessant wäre, einen separaten Vortrag über Bewußtseinsspaltung zu hören.
Ihr selbst, meine Freunde, seid davon nicht berührt. Und um gleich deine Frage mitzubeantworten, liebe L., wenn unser Freund (Marc) den Fluß überschritten hat, werdet ihr in dem Augenblick abgeschottet. Es kann also nicht passieren, daß euch so etwas geschieht.

Frage: Ist es ein Liebesdienst, wenn sich eine Seele einem anderen Geist zur Verfügung stellt?

Claudius: So solltest du es sehen, denn, meine Liebe, wenn ihr eure Kleider verschenkt, wißt ihr auch nicht, wer sie in Zukunft tragen wird. Ihr verschenkt sie im guten Gedanken daran, daß sie den, der sie trägt, wärmen und beschützen.

Frage: Geht der Geist ohne Seele in den »blauen Kreis«?

Claudius: Deine Frage ist berechtigt, meine Liebe, und ich habe darauf geantwortet. Dieser Geist, der die Seele verläßt, wird nicht im »äußeren Kreis« (dem blauen) bleiben. Er wird im »inneren Kreis« seinen Platz finden.

Frage: Immer? In jedem Fall?

Claudius: **Immer, immer,** denn was könntest du Größeres vollbringen, frage ich dich?

Frage: Wenn nun ein Körper von der ursprünglichen Seele

und einer anderen Seele »besetzt« ist, muß dann nicht eine Seele den Körper verlassen? Entsteht dann eine Wechselwirkung?

Claudius: Richtig, sie bleibt nicht im Körper zurück, sondern sie bleibt in einer Wartestellung in der Nähe des Körpers.* Ihr seht, dieses Kapitel, das wir jetzt besprechen, hat viele Facetten, denn es gibt Einströmungen in den menschlichen Körper, die nicht nur die Seele und den Geist berühren, **sondern auch Auswirkungen auf die Organe des Menschen haben.** Es können sich Gehirnstrukturen verändern, die dazu führen, daß der Mensch krank wird, daß er **epileptische** Anfälle bekommt.

Frage: Hat dies etwas mit Bakterien zu tun?

Claudius: Nein, meine Liebe, es beruht auf der **geistigen** Einstrahlung. Es beruht auch zum Teil, das sei nicht unerwähnt, auf Drogenkonsum, Chemikalien, die den Körper zerstören können. Meine Antwort auf deine Frage, die sich sicher gleich anschließen wird: **Die Seele dieses Menschen hat diesen Weg gewählt.**

Frage: Dann öffnet sie sich freiwillig?

Claudius: Wenn der Körper krank wird durch äußere Einflüsse, nimmt sie es an, denn sie muß auch annehmen, daß der Körper zu irgendeinem Zeitpunkt auf dieser Erde zurückbleibt, und es spielt dabei keine Rolle, denn sie wird herüberkommen und aufgenommen werden von uns.

Frage: Jeder Körper hat, seinem Bewußtsein gemäß, eine gewisse Schwingungsoktave, und wenn nun ein anderes Bewußtsein sich in diesen Körper versenken will, dann bringt es eine andere Oktave mit. Ist die Harmonie des Körpers gestört?

Claudius: Siehst du, mein Herz, du sprichst es aus. Ich danke dir für deine Mitarbeit, denn der Körper ist immer abhängig von der geistig-seelischen Struktur.

* Siehe Zeichnung 3. Situation, Seite 111

Ist damit deine Frage beantwortet? (ja)

Frage: Kann ein fremder Geist auch gewaltsam von einer Seele Besitz nehmen?

Claudius: Nur dann, wenn der Mensch sich geöffnet hat, nur dann, wenn der Mensch die Angst, die ihn überfallen hat, zur Katastrophe werden läßt.

Frage: Der Mensch schafft also durch seine Gedanken Situationen. Wir wollten über den Fall der **Anneliese Michel** noch ausführlicher zu sprechen kommen. Verschiedene Geistwesen hatten sich wahrscheinlich der Seele des Mädchens bemächtigt. Sie waren also sicher nicht höher entwickelt?

Claudius: Meine Liebe, ich werde dir das Phänomen der Anneliese Michel erklären.

Diese junge Frau war zunächst ein völlig normales Kind, in einem Elternhaus mit Liebe erzogen und dogmatisch geprägt von der katholischen Kirche. Zu irgendeinem Zeitpunkt ihres Lebens ist sie über diese Religionsrichtung gestolpert, und es geschah, daß sie Angst bekam, daß Verzweiflung von ihr Besitz ergriffen hat, denn die Gespräche im Elternhaus und mit dem sie betreuenden Priester blieben immer an der Oberfläche und haben nie ihre Seele befriedigt. Hier wurde eine Seele in die Irre geführt, und dadurch war es möglich, daß sie mit dem rationalen Verstand ihr Leben nicht mehr begreifen konnte, denn in dieser Familie war das Ego des einzelnen vorrangig. Ich sprach, wohlgemerkt, von der Familie, geprägt vom Erfolg im Leben, geprägt von einer sogenannten Religiosität, die jedoch nie zur Auseinandersetzung mit dem geistigen Potential führte. Und dieses Mädchen war das Ventil. Stelle es dir so vor: Der einzelne von euch ist allen geistigen Strömungen ausgeliefert. Vielleicht sollte ich noch präzisieren: Allen geistigen **Energien** ausgeliefert. Bis zu einem gewissen Grad kann er diese Energien umwandeln und für sich selbst nützlich machen. Bist du jedoch als einzelner den geistigen Energien deiner Umgebung ausgesetzt, so wie jetzt zum Beispiel im Kreis, wirst du spüren, daß die Energien aller hier im Raum Bestandteil deines Selbst werden. Nur, du läßt es in dem Augenblick zu, in dem du dich in diesem Kreis niederläßt, meine Liebe, und deshalb wurde dieser Kreis so zusammengesetzt, daß die geistigen Energien **positiv** auf jeden einzelnen einwirken.

Zurück zu dem Fall, den ihr angeschnitten habt. Diese Energien waren vielfältiger Natur. Einige Angehörige der Familie waren dem Anschein nach sehr religiös, haben Geld gespendet und gebetet und – nach dem Verlassen der Kirche – ihr Leben weitergelebt. Sie sind zur Beichte gegangen, haben sich die Sünden vergeben lassen – und haben ihr Leben weitergelebt. Betrachten wir nun die Person, um die es sich dreht, sie ist in diesem Strudel untergegangen, geistig untergegangen. Die Angst hat es ermöglicht, daß andere Energien eingeflossen sind. Es ist so, wie wenn Wellen über ihr zusammengeschlagen wären. Diese Energien waren so stark, daß sie eine vollkommene Bewußtseinsänderung hervorgerufen haben. Doch die eigentliche Seele, meine Liebe, war längst aus diesem Körper.*

Frage: Kann ein Priester da gar nichts bewirken?

Claudius: Mein Freund, ich möchte dies nicht in jedem Fall verneinen. Siehe, wenn ein Priester **die Liebe** in sich trägt, dann, mein Freund, wird er durch seine Ausstrahlungen den Menschen umfassen können – nur – das, was dort geschehen ist, lief ab nach einem vorgelegten, vorgefertigten Plan. Die katholische Kirche hat sich für die »Teufelsaustreibung« ein Ritual zurechtgelegt, wonach sie glaubt, mit der Anrufung des Allerhöchsten die Situation ändern zu können. Doch es bleiben nur Worte.

* Siehe Zeichnung 4. Situation, Seite 112

Anneliese ist ein Beispiel für ihre Umgebung gewesen. Alle haben sie gelitten – alle –, und der eine oder andere hat aus diesem Beispiel gelernt. Man hätte es zu gerne gesehen, daß der Körper unversehrt geblieben wäre. Dann, meine Freunde, wäre eine neue Heilige entstanden.

Frage: Diese Seele hatte sich bereits bei der Inkarnation diese Eltern mit diesen religiösen Vorstellungen ausgesucht? (Richtig.) Sie wußte also, was auf sie zukommt? (Richtig.) Hat nun die Seele die Besetzung durch die anderen Wesen zugelassen?

Claudius: Nun, sie hat es zugelassen, denn sie hatte diesen Körper verlassen.

Frage: War sie manchmal auch wieder sie selbst?

Claudius: Das war am Anfang der Fall, mein Herz.*

Siehe es so: Euer Kreis, wie er hier zusammengeführt ist, hat Auswirkungen auf eure Umgebung. Die Krankheit der Anneliese hatte auch Auswirkungen auf ihre Umgebung. Es gibt andere Beispiel, die ich euch hier im Zusammenhang noch zeigen möchte. Ein jeder wird in seinem Leben mit Dingen konfrontiert, die ihm zu denken geben.

Frage: Wie ist es in dem speziellen Fall von K. M.? Er scheint besetzt zu sein und doch ist er dann auch wieder er selbst.**

Claudius: So ist es, meine Liebe, in diesem Fall ist es ein fließender Übergang. Du möchtest etwas über die Ursachen wissen. Nun, so will ich es dir erklären. Siehe, dieser junge Mann war von Geburt an sehr sensibel. Diese Veranlagung brachte er mit auf die Erde. Seine Umgebung hat ihn ebenso geprägt wie die Veranlagungen, die über die Erbmasse diesem Körper mitgegeben wurden, wie übrigens bei jedem von euch.

Zu irgendeinem Zeitpunkt hatte er das Gefühl, daß alles um ihn herum in Bewegung ist und daß alles von

* Siehe Zeichnung 2. bzw. 3. Situation, Seite 110/111
** Siehe Zeichnung 2. bzw. 3. Situation, Seite 110/111

ihm gefordert würde. Er hatte das Gespür, daß eine Wesenheit ihn verfolgt, und seine Seele hat diesem Wesen die Möglichkeit der wechselweisen Erfahrung »geschenkt«.

Frage: Könnten es auch verschiedene Wesen sein, denen er diese Erfahrung gewährt?

Claudius: Es ist nur dieses ein Wesen.

Liebe Freunde, zu diesem Thema möchte ich euch noch folgendes sagen: **Es werden in künftigen Zeiten Menschen die Erde bevölkern, die es möglich machen, daß die geistige Welt größeren Einfluß nehmen kann auf das Bewußtsein der Menschen.**

Dieser eine Fall, meine Liebe, den du jetzt angeführt hast, ließe sich ganz einfach lösen. In dem Augenblick, wo dieser Mensch frei ist von Chemikalien, müßte er einem geistigen Führer zugeteilt werden, der ihm hilft, dieses Problem der Bewußtseinsspaltung zu überwinden.

Frage: Würde dann dieses andere Wesen im Nachteil sein?

Claudius: Nein, und darauf möchte ich hinaus. In dem Augenblick, wo dieser eine Mensch in einen Kreis gebracht wird, werden die zwei Seelen, die in ihm wohnen, zu höherem, geistigem Bewußtsein geführt – und damit ist das Problem gelöst.

Frage: Würde dann der Körper den Übergang vollziehen?

Claudius: Nein.

Frage: Also würde sich eine Seele zurückziehen, und die andere würde erkennen?

Claudius: Das, meine Liebe, kommt darauf an, **welche** Seele sich bereit erklärt, zu uns zu gehen.

Frage: Also muß eine nachgeben, »klüger« sein, erkennen?

Claudius: So ist es.

Frage: Die ursprüngliche Seele kennt ihre Aufgabe, nämlich einem sogenannten »Blinden« ihre Seele zur Weiterentwicklung zu überlassen. Es ist ihr jedoch im Leben nicht bewußt. Wird es dann immer so sein, daß der sogenannte Besetzer sich gewaltsam Zugang zu dieser Seele verschafft?

Claudius: Siehe, du mußt generell bei deinen Fragen unterscheiden zwischen **Besessenheit** und **Umsessenheit. Besessenheit** kann natürlich unbemerkt von der eigenen Seele geschehen, wenn du deine Seele öffnest.

Wenn du frei bist und unkontrolliert, dann kann es dir passieren, daß jemand in dich hineinschlüpft. So lange dieses Wesen im Kampf mit deinem eigenen Geist steht, so lange wird es eine Wechselwirkung geben. Und zu irgendeinem Zeitpunkt wird die Entscheidung fallen müssen, welche der beiden Geistbewußtseinsstrukturen endgültig diesen Körper besitzt.

Frage: Dann wäre dies jedoch nicht karmisch bedingt, sondern nur Ursache und Wirkung, weil die Seele zu offen war?

Claudius: So ist es, und wenn du davon sprichst, daß die Seele offen war, dann, meine Liebe, kannst du **auch** von Karma sprechen, denn jeder ist Herr seines eigenen Bewußtseins.

Frage: Was ist eine »offene Seele« überhaupt?

Claudius: Eine offene Seele, meine Liebe, ist, der geistigen Welt gegenüber keinen Abschluß zu schaffen. Siehe es so, mein Herz, ich binde euch hier ein, und ich werde immer den Kreis **schließen**, so daß ihr nicht offen seid.

Es ist etwas anderes, sich mit paranormalen Dingen zu befassen und unkontrolliert Wege zu gehen.

Ein Beispiel: Es gibt Menschen, die sich aus reiner Neugierde mit diesen Dingen beschäftigen. Diese Neugierde wird immer stärker und stärker und artet aus in Eigenversuche, ohne Kontrolle durch irgendein Geistwesen, das schützend die Hand über den Menschen hält.

Deshalb ist es möglich, daß **Besessenheit** entstehen kann. Nehmt das Beispiel der **Anneliese Michel**.

Seht, dieses Mädchen wurde von Anfang an in eine gewisse Denkweise gezwungen und ist dann nicht mehr zurechtgekommen mit sich selbst.

Der normale Mensch wird in seine Umgebung hineingeboren und wird mehr oder weniger einer Religionsrichtung zugeführt. So lange diese Dinge nicht im Übermaß von ihm Besitz ergreifen, wird es eine normale Entwicklung sein, die dieses Kind nimmt.

Doch, Kinderseelen sind zart besaitet. Es wird ihnen der strafende Gott vor Augen gehalten. Sie werden in ihren Gedankengängen so vergewaltigt, daß sie Angst bekommen, wenn die Sexualität beginnt, das Erwachen des Menschen zum Fortpflanzen, ihr sprecht von pubertärer Zeit, dann, meine Freunde, steht immer wieder der strafende Gott vor ihnen.

Es wurde in der Vergangenheit die Sexualität von allen Kirchen eingeengt, in gewisse Dogmen gezwängt. Sexualität jedoch, meine Freunde, ist Bestandteil des menschlichen Lebens. Sie ist das Leben selbst, denn ohne Sexualität würde sich der Mensch nicht fortpflanzen. Es würde kein Raum geschaffen für neu zu inkarnierende Seelen – **also ist Sexualität göttlich**.*

Frage: Wenn ein Mensch sich aus Neugierde mit paranormalen Phänomenen befaßt – und es würde daraus eine »**Besessenheit**« entstehen, wäre dies karmisch bedingt – oder bestünde hier das Gesetz von »Ursache und Wirkung«? Hat die Seele dann den Weg verlassen, den sie ursprünglich gehen wollte?

Claudius: Nun, du kannst es sowohl als den einen Weg als auch den anderen Weg bezeichnen. Weißt du, es läßt sich keine allgemeingültige Aussage herauskristallisieren, sondern es ist von Fall zu Fall verschieden.

Frage: Durch unbewältigte Ängste kann sich eine Seele für fremde Wesen »öffnen«. War nun diese Angst kar-

* Siehe auch Kapitel »Familie – Sexualität – Moral«, Band II

misch bedingt, damit dieser Fall eintreten konnte? Hätte die Seele aber diese karmisch bedingte Angst überwunden, dann würde dieser Fall von Besessenheit nicht eingetreten sein?

Claudius: So ist es.

Frage: Wenn ein Geistwesen den Wunsch bei der Inkarnation hatte, die Seele irgendwem einmal zur Verfügung zu stellen, dann würde sich durch die Überwindung der Angst der ursprünglich gewählte Weg verändern?

Claudius: **Umgewandelt** haben. Du siehst, es ist alles fließend – und die Entwicklung, die jede einzelne Seele nimmt, ist immer davon abhängig, inwieweit Geist, Seele und Körper eine Harmonie bilden und Geist und Seele diese Schwächen überwinden können. Deshalb, meine Lieben, gibt es weder »positiv« noch »negativ«, denn es ist alles als fließend und fortentwikkelnd zu sehen.

Frage: Du sagtest: Wenn ein Geist einem anderen Wesen seine Seele zur Weiterentwicklung zur Verfügung stellt, dann ist dies der größte Liebesdienst, den man sich denken kann.

Claudius: Bewußt gewollt.

Frage: Die sich zur Verfügung stellende Seele weiß nicht, wer der Übernehmer ist? Sie wird praktisch vergewaltigt?

Claudius: Nun, nicht in jedem Fall.

Frage: Wie war das bei Anneliese Michel?

Claudius: Schau, meine Liebe, diese Seele wurde von verschiedenen Problemen vergewaltigt, die sie nicht einordnen konnte. Heute weiß sie, daß sie den Körper verließ, weil sie nicht mit dem Körper eine Einheit bilden konnte, und hat somit Platz gemacht denjenigen, die ihr als »Negativ« bezeichnen würdet, Platz gemacht den Wesenheiten, die rebellierten gegen die doktrinäre Übernahme eines gewissen Denkschemas.

Frage: Die Seele wurde also in diesem Fall zwangsläufig besetzt. Sie hatte nicht mehr die Möglichkeit, sich zu wehren?

Claudius: Es ist richtig, sie konnte es sich nicht aussuchen in diesem Fall.

Frage: Wenn sich ein Geist dazu entschlossen hat, seine Seele für einen sogenannten »Blinden« zur Verfügung zu stellen, dann kann er sich dieses Wesen nicht aussuchen?

Claudius: So ist es, denn namenlos sind diese Wesenheiten.

Frage: Der Geist verläßt die Seele, um sie einem anderen Geist zu überlassen. Wo ist denn dann die Seele des Besetzers?

Claudius: Meine Liebe, die Seele des Besetzers wird Bestandteil des Umfeldes.*

Meine liebe G., wenn du ein leeres Blatt vor dich hinlegst, gebe ich dir einen Anschauungsunterricht.

1. Situation:

Zeichne einen Kreis im Durchmesser von 3 cm. Füge in diesen Kreis noch einen Kreis ein mit einem Abstand von 1 cm zur äußeren Mitte und in diesen Kreis noch einen Kreis. **Hier hast du Körper, Seele, Geist,** also einen **geschlossenen Körper** vor dir.

Der äußere Kreis ist der Körper, der zweite Kreis ist die Seele, der dritte Kreis ist der Geist.

2. Situation:

Nun mußt du dir dieses Modell als **2. Zeichnung** vorstellen. Du mußt dir vorstellen, daß der Körper und die Seele einen Durchlaß erhalten, hervorgerufen durch was auch immer.

Aus diesem Körper tritt der Geist aus, zieht die Seele mit hinaus und liegt außerhalb des Körpers.

Die Öffnung, die entstanden ist, kann nun durch ein anderes Geistwesen (Geist und Seele) benutzt werden, und sie rutscht in den inneren Kreis, zusammen mit dem Geist und der Seele des Körpers, wieder

* Siehe Zeichnung 3. Situation, Seite 111

hinein. Sie hat aber zu dem Körper keine Verbindung durch die Silberschnur, weil diese noch mit der Seele verbunden ist. Hier entsteht die Situation: **Zwei Seelen wohnen, ach, in meiner Brust, also zwei Bewußtseinsstufen**.

Diese beiden Bewußtseinsstufen (Geist) bedienen sich wechselweise des Körpers. Dadurch entsteht das veränderte Bewußtsein. Einmal gewinnt das eine und einmal das andere die Oberhand.

Hier kann von außerhalb eingegriffen werden. Hier kann ein hohes Geistwesen der anderen, fremden Seele befehlen, den Weg zum Licht zu gehen. Nicht jedoch der Seele, die durch die Silberschnur mit dem Körper verbunden ist.

Frage: Seele und Geist verlassen im Wechsel mit dem anderen Wesen, das seinerseits wieder mit eigener Seele und eigenem Geist den gleichen Körper bewohnt?

Claudius: Richtig, sie tauschen sich den Körper aus.

Frage: Das Bewußtsein der beiden weiß nichts von den Handlungen des anderen?

Claudius: Dies kann so sein, muß aber nicht so sein.

Wenn der Mensch aufwacht und bemerkt, daß er Blut an den Händen hat, und er kann sich keinen Reim darauf machen, dann kann er sich auch nicht erinnern an das, was geschehen ist, denn die Seele, die das Verbrechen begangen hat, überdeckt das Bewußt-Sein (den Verstand) und deshalb ist es nicht gespeichert.

Es kann aber auch sein, daß in dem Augenblick, wo der Mensch seine Hände betrachtet, ihm zwar nicht bewußt ist, **wann** er es getan hat, aber, daß es ihm bewußt wird, **daß** er es getan hat.

Es gibt, durch diese Doppelbesetzung, die Möglichkeit, der Austreibung für denjenigen, der bewußt ist, daß er es mit zwei verschiedenen Wesenheiten in diesem Körper zu tun hat, die echte Besetzung also – und hier besteht die Möglichkeit, daß der hinzugekommenen Seele der Weg gezeigt wird, der Weg zum Licht.

Frage: Wie bei »Wickland«*, »30 Jahre unter den Toten«, beschrieben?

Claudius: Richtig.

3. Situation:

Es gibt die Möglichkeit, daß sich außerhalb des Körpers ein Geistwesen in die Seele-Geist-Verbindung des einstigen Bewußtseins mit einschleicht und mit in den Körper zurückgeht.

Es sind also **zwei Geistwesen mit einer Seele** in den Körper zurückgekehrt – und hier entsteht eine Situation, die zum Kurzschluß führt. Ihr sprecht von **Schizophrenie**. Hier hat sich durch die Mehrenergie, nämlich die mehr geistige Energie, die Gehirnmasse des Körpers verändert. Es ist ein Kurzschluß entstanden. Das Hirn ist krank.

Es gibt hier auch verschiedene Möglichkeiten. Es ist so zu verstehen, daß auf der einen Seite ein nahtloser Übergang erfolgen kann zwischen zwei Geistwesen. Das heißt nichts anderes, als daß die eigentliche Seele des Körpers weiterhin die Funktion des Körpers steuert – nur mit einem anderen Geistbewußtsein.

Frage: Ist Schizophrenie wissenschaftlich nachweisbar?

Claudius: Ja, durch die Veränderung der Gehirnstruktur.

Im ersten Fall ist es so, daß **die Seelen mit dem Geist nur den Körper wechseln**, und die andere Möglichkeit ist, daß die **Seele nur den Geist** wechselt.

4. Situation:

Die ausgetretene Seele mit dem Geist trennt sich, geht zurück und wird von einem anderen Geistwesen ausgetauscht. Der Silberfaden wird nahtlos geknüpft werden, in diesem einen Fall, wo die **Seele und der Geist den Körper zur Verfügung stellen.**

Frage: Wenn sich eine neue Stelle in einem Körper nieder-

* Otto Reichl Verlag, St. Goar

läßt, nachdem die ursprüngliche Seele also nicht mehr in den Körper zurückkehrt, dann übernimmt eine völlig fremde Wesenheit den Körper und somit das gesamte Umfeld, Beruf, Familie und so weiter, zum Beispiel bei einem Facharbeiter die Kenntnisse, die Fähigkeiten des Vorbesitzers. Er hat es doch gar nicht gelernt?*

Claudius: Nun, meine Liebe, siehe, alle Erfahrungen des Körpers sind im Gehirn des Menschen gespeichert. Sie brauchen nur ein Steuerungsventil über den Geist. Das heißt nichts anderes, als daß der Stromkreis wieder geschlossen ist – aber die **Psyche sich dadurch erheblich verändert.**

Der Mensch kann seinen erlernten Beruf ausüben, weil die erlernte Information in seinem Gehirn gespeichert ist. Der neue Stromkreis befähigt ihn dazu – aber er befähigt ihn auch, auf geistiger Ebene anders zu denken, als dies bisher (bei dem Vorbesitzer) der Fall war. Und hier kann ein neuer Prozeß einsetzen. Es kann der Prozeß einsetzen, daß die neuen Energien Hirnschädigungen nach sich ziehen, daß also durch diese Überstrapazierung oder Unterstrapazierung des Gehirns sich Veränderungen in der Gehirnstruktur zeigen, daß der Mensch durch diese Veränderungen in seinem Gehirn krank geworden ist.

Frage: Kann durch eine Besetzung ein besserer Mensch dabei herauskommen?

Claudius: Nun, mein lieber Freund, mitunter ist es so, daß aus einem Menschen ein Künstler geworden ist. Du verstehst: Er ist zwar »wahnsinnig« gewesen, aber er ist Künstler.

Frage: Unsere Ärzte gehen davon aus, daß Schizophrenie vererbbar ist.

Claudius: Nein, vererbbar sind Anomalien eines Körpers, vererbbar sind krankhafte genetische Veränderungen

* 4. Situation

sowie Gehirnschädigungen, zum Beispiel Epilepsie. Der normale Mensch, der von diesen Dingen fasziniert ist, so wie du, wird sich fragen, wodurch dies alles entstehen kann.
Nun, die Palette des Angebotes an Antworten ist so groß, daß wir sie einfach nicht voll erörtern können. Wir haben die wichtigsten Aspekte beleuchtet, und Detailfragen spielen im Vortrag eine untergeordnete Rolle. Es soll euch nur ein Überblick gegeben werden, damit ihr etwas einordnen könnt.

Frage: Es passieren schreckliche Dinge, daß zum Beispiel Kinder ihre Eltern umbringen, oder umgekehrt – und da fragt man sich, was Menschen zu diesen Taten treibt?

Claudius: Siehe, meine Liebe, du wirst diese Fälle nicht einordnen können aufgrund unserer Zeichnung, aus einem einfachen Grund, weil du die Familienverhältnisse nicht kennst, weil du nicht weißt, unter welchen Umständen dieser Kurzschluß des einzelnen zustande kam. Es wäre, um es genau wissen zu wollen, immer eine Analyse erforderlich. Deshalb fällt kein Urteil, denn ihr könnt es nicht.

Frage: Wie kann man diese Amokläufer bewerten, die besonders in südlichen Ländern beobachtet werden?

Claudius: Diese bestimmte Art, die du aufführst, wird von außerhalb gesteuert – von außerhalb eurer Welt gesteuert. Hier ist nur eines noch in das Gehirn einprogrammiert: zerstören, zerstören, zerstören. Es ist ein Fall, wo der Mensch, der es tun muß, nicht mehr er selbst ist. Er hat keinen eigenen Gedanken mehr, sondern er wird zum Zerstören gezwungen.

Frage: Könnte man dies als Umsessensein von einer bestimmten Psyche bezeichnen?

Claudius: Eine bestimmte Psyche ergreift von ihm Besitz und zerstört das Gehirn.

Frage: Ist es wie ein Stau zu verstehen, der sich über Jahre entwickelt hat und sich dann plötzlich entlädt?

Claudius: Es ist wie eine Eruption, wie das Ausbrechen eines Vulkans, durch nichts mehr zu kontrollieren. So solltet ihr es sehen. Nun, meine Lieben, damit möchte ich dieses Thema beenden.

Frage: Was geht bei epileptischen Anfällen vor sich? Welche Energien, beziehungsweise Wesen nehmen hier Einfluß?

Claudius: Meine Liebe, Epilepsie ist eine Erkrankung des Gehirns und hat mit Wesenheiten nichts zu tun. Es ist die Veränderung der Gehirnstruktur, die viele Ursachen haben kann.

Frage: Hat sich der Mensch eine derartige Erkrankung ebenfalls ausgesucht, um damit gewisse Erfahrungen zu machen?

Claudius: So ist es.

Frage: Ein Geistwesen, das die Seele eines noch lebenden Menschen für sich in Anspruch nehmen möchte, hat ebenfalls einen Schutzgeist. Könnte der ihm nicht verständlich machen, daß diese Art der Besitznahme erneuten Kampf mit sich bringt?

Claudius: Nun, meine Liebe, dein Schutzgeist begleitet den Körper und begleitet dich so lange, wie du dich nicht veränderst. Das heißt aber nichts anderes, als daß der Schutzgeist deiner Seele, deines Geistes, immer um dich ist.

Das andere, meine Liebe, ist eine Wechselwirkung, die du so in diesem Zusammenhang nicht sehen kannst. Dein Schutzgeist hat immer die Aufgabe, dich aufzufangen, er geht ein Stück des Weges mit dir, und wenn er seine Aufgabe erfüllt hat, wechselt er – und wenn du diese Wechselwirkung siehst, dann siehst du auch, daß der Schutzengel des Kleinkindes sich auch verändert bei dem Erwachsenen.

Frage: Ich dachte, daß solche Seelen, die eine andere besetzen, überhaupt nicht beeinflußbar sind, weil sie nicht im Licht sind?

Claudius: So ist es, meine Liebe, sonst ist eine Besetzung nicht möglich. Es sind diejenigen, die zwischen den Welten sich befinden.

Frage: Also hat auch ein Schutzgeist keine Möglichkeit, von der Seele gehört zu werden?

Claudius: So ist es.

Frage: Kann ein besetzter Mensch sich nicht mehr weiterentwickeln?

Claudius: Dies ist ein Irrtum, mein Freund. Selbstverständlich kann ein besetzter Mensch sich auch weiterentwikkeln, denn siehe, die Verbindung zwischen Körper, Geist und Seele ist vorhanden, und es kann durchaus möglich sein, daß er, durch gewisse Anleitungen, sich weiterentwickelt und den Weg zum Licht findet.

Frage: Die Seele, die besetzen will, hat ja einen ihm angepaßten Führungsgeist. Der müßte doch in der Lage sein, diese Seele auf den richtigen Weg zu bringen?

Claudius: Nun, meine Liebe, du siehst, die Verbindung zwischen Körper, Geist und Seele ist das Wichtigste. Solange sich die Wesenheit Seele – Geist zwischen den Welten befindet, hat sie den Weg zum Licht nicht gefunden. Sie wollte, sie sollte in Empfang genommen werden und hat sich einfach geweigert, weiterzugehen. Deshalb blieb sie im Dunkeln. Ihr wurde, wie ihr sagt, der Weg nicht bewußt. Dies ist bei den Menschen der Fall, die an nichts glauben, die denken, daß dieses Leben allein zählt und dann beim Tod alles vernichtet wird.

Frage: Man denkt doch, wenn gleiche Schwingungen aufeinandertreffen, dann müßte die Seele zwangsläufig erkennen?

Claudius: Nun, mein Herz, es sind nicht alle, die zwischen den Welten sind, ohne Hilfe, denn zu irgendeinem Zeitpunkt erkennen sie und nehmen an, aber auch nicht alle – nur ein Teil, sonst gäbe es keine Besetzungen. Die Geistebene bemüht sich um sie. Die Frage ist, inwieweit die Seele bereit ist, die dargebotene Hand zu ergreifen.

Frage: Das ist dann die Hälfte des Weges, wie du immer sagst?

Claudius: Richtig. Es gibt noch einige Möglichkeiten von Besessenheit, doch diese Beispiele sollen genügen, weil sonst nur Verwirrung entsteht.

Seht, Freunde, viele Fragen wären noch zu stellen und viele Antworten noch zu geben. Doch alle Antworten hinken den Vergleichen hinterher, die dazu erforderlich sind, diese Dinge voll für euch verständlich werden zu lassen. Denn zwangsläufig müßte ich dann auch dazu übergehen, die einzelnen Heilungschancen zu besprechen. Doch dies, meine Freunde, würde den Rahmen eures Verständnisses übersteigen. Es wäre nur für bestimmte Fälle von Vorteil, und diese bestimmten Fälle, die könnten nur dann geheilt werden, wenn sich einer fände, der diesen Beruf als Heiler ausüben würde, und dieser Heiler, meine Freunde, müßte völlig frei von irdischen Bindungen sein, um Einfluß nehmen zu können.

1. Situation

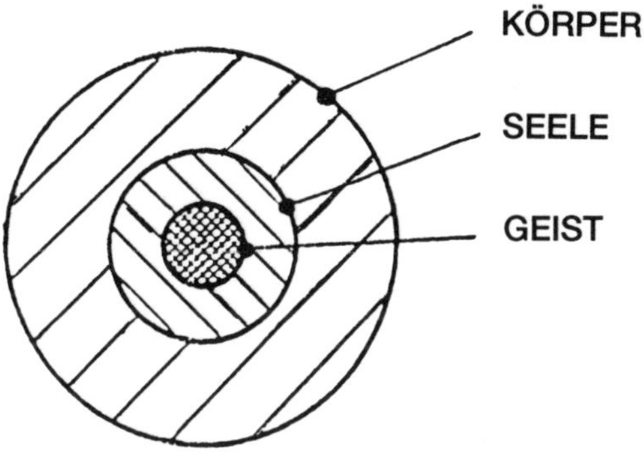

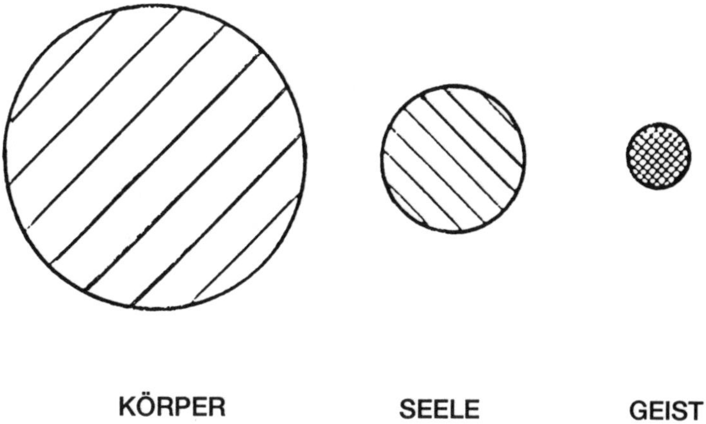

2. Situation

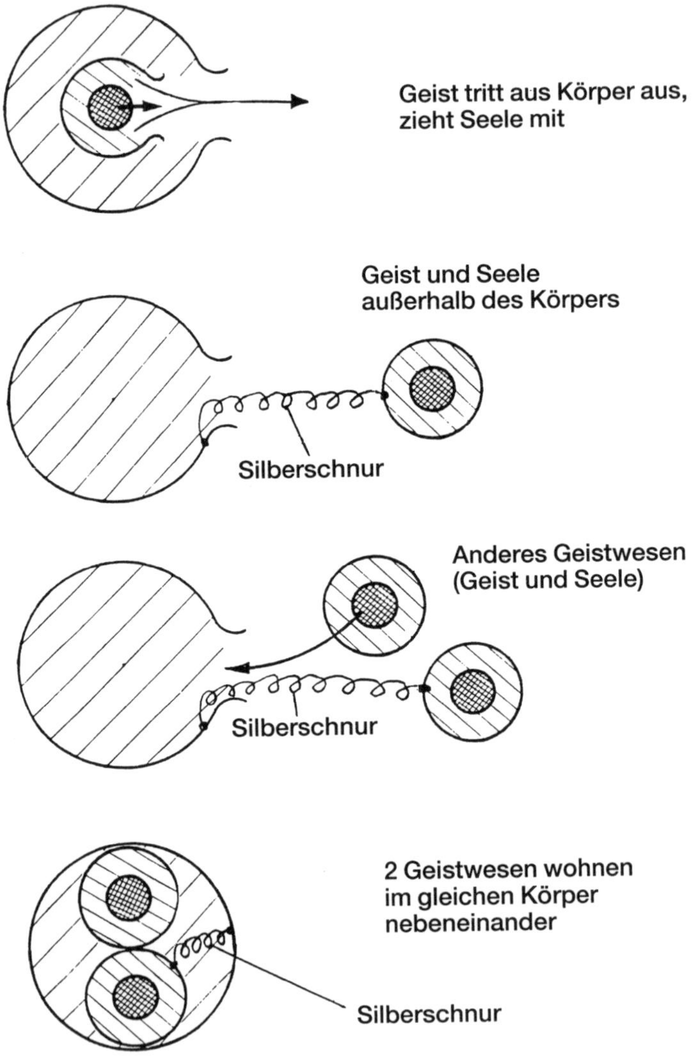

Geist tritt aus Körper aus,
zieht Seele mit
Geist und Seele
außerhalb des Körpers
Silberschnur
Anderes Geistwesen
(Geist und Seele)
Silberschnur
2 Geistwesen wohnen
im gleichen Körper
nebeneinander
Silberschnur

3. Situation

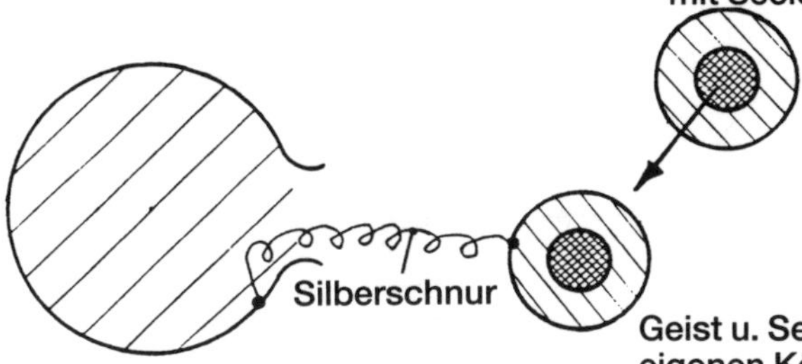

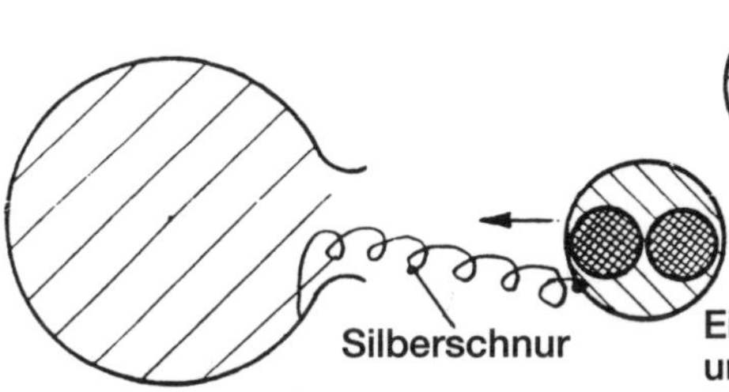

Eigene Seele befindet sich wieder im Körper mit fremdem u. eigenem Geist

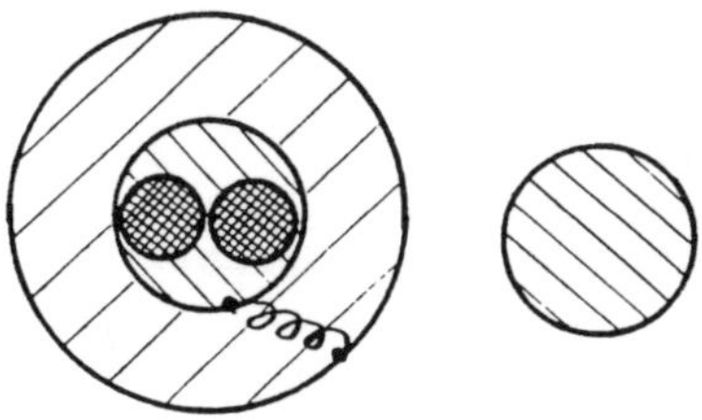

4. Situation

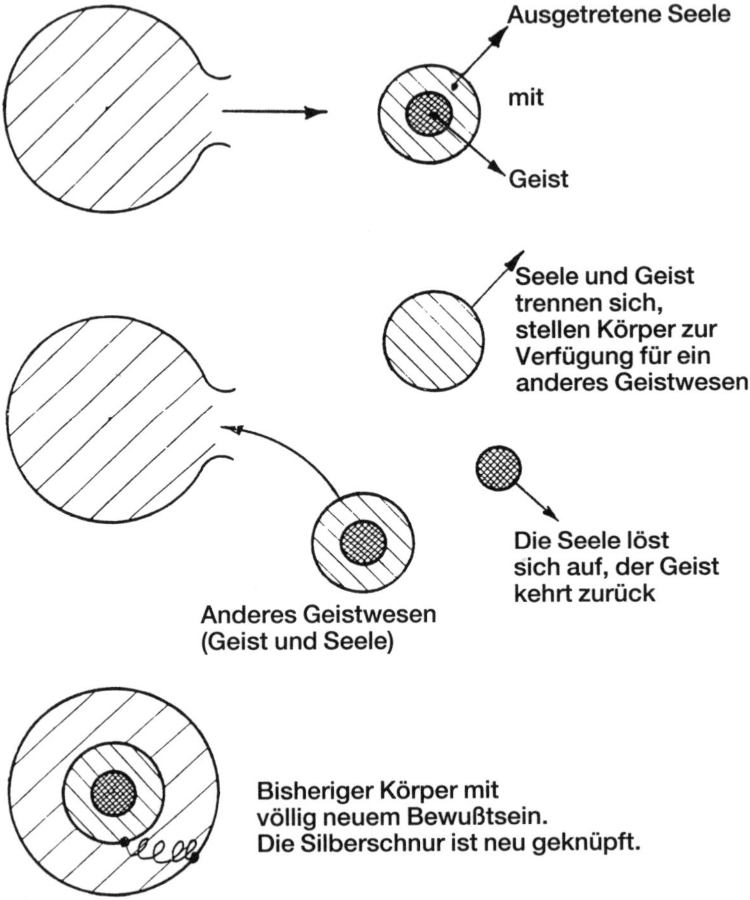
Ausgetretene Seele
mit
Geist
Seele und Geist trennen sich, stellen Körper zur Verfügung für ein anderes Geistwesen
Die Seele löst sich auf, der Geist kehrt zurück
Anderes Geistwesen (Geist und Seele)
Bisheriger Körper mit völlig neuem Bewußtsein.
Die Silberschnur ist neu geknüpft.

Astral – Zeitreisen

Eine Kreisteilnehmerin erlebt Astralreisen. Sie bat CLAUDIUS um eine Erklärung, warum dies mit ihr geschieht.

Claudius: Meine liebe K., siehe, wir wollten dich weiterführen. Doch dein Verstand steht dem Erlebnis noch im Wege.

Wenn du es spürst, daß wir dich abholen zu einer Reise zwischen die Welten, dann laß dich einfach fallen. Versuche nicht, mit deinem realen Verstand deiner Seele zu gebieten, wohin sie reisen soll, sondern begib dich in unsere Hände, damit wir dich tragen und dir das Erlebnis vermitteln können, das **DU BIST**, auch ohne den Körper, daß dein Körper nur der Gastraum für deine Seele ist. Meine geliebte K., wir haben dir einen Helfer geschickt, der dich auffing und dem du dich anvertrauen solltest. Es war unser **Ibrahim**, der in uns die Gewißheit hervorruft, daß die Seele, die er begleitet, gut aufgehoben ist. Keine Gefahr besteht, wenn du deinen Verstand einsetzt, um die **Dinge** wahrzunehmen, um sie zu **speichern**. Dann, meine Liebe, wirst du die Erkenntnis erlangen, daß **DU BIST**, aber wenn du versuchst, mit deinem Verstand deine **Seele** zu **dirigieren**, wirst du nicht die Einheit mit uns empfinden können.

K.: Wer entscheidet in diesem Moment über den Austritt aus dem Körper, ist es das Unterbewußtsein?

Claudius: Nun, meine Liebe, deine Seele hört unseren Ruf. Dein Verstand möchte dies erfassen und daran beteiligt sein. Deshalb gerätst du leicht in eine Diskrepanz. Siehe, mein Herz, wenn du dich niederlegst, dann freue dich einfach, daß deine Gedanken Flügel bekommen, und versuche nicht, mit dem Verstand eine bestimmte Situation herbeizuführen, denn dies könnte gefährlich sein.

K.: Es gibt Menschen, die einen Austritt herbeiführen können, wenn sie es **wollen**, was bei mir nicht möglich ist. Wie machen die das, gibt es dafür eine Regel?

Claudius: Nun, meine Liebe, sie versenken sich in ihre Seele. Diejenigen, die über Meditation diesen Austritt der Seele aus dem Körper erleben, machen in der Regel schlechte Erfahrungen. Ich will es dir an einem Beispiel erläutern:

Derjenige, der die Hände öffnet, wird seine eigene Seele frei lassen, und derjenige, der mit dem Verstand eine solche Situation herbeiführt, möchte dirigieren, und dadurch verhindert er das Gefühl, daß **ER IST.**

Ich erkläre es folgendermaßen für alle verständlich:

Durch gewisse Meditationen ist es möglich, daß der Mensch seinem Geist den Auftrag gibt, in einen anderen Raum hineinzuwandern. Dies ist in der Regel damit verbunden, daß der physische Körper, das Ohr, Geräusche wahrnimmt, die ihn unter Umständen auch belasten können. Es ist kein Gleiten, sondern es ist ein Ausstoßen, und dies, meine Freunde, ist nicht der Sinn der Begegnung mit uns. Denn bei uns solltet ihr das Gefühl des Getragenwerdens haben. Deshalb werde ich euch nichts über diese Art der Meditation verraten, damit ihr es nicht ausprobiert, denn damit müßten wir uns von euch trennen. Ein jeder von euch – und ich sage es für jeden – wird dieses Gefühl des **Ausdemkörpergleitens** erfahren, und es wird ihn beschwingt die Reise antreten lassen. Er wird Freude empfinden, und er wird Frieden finden.

Wichtig dabei ist, daß ihr eurem Geist, eurem Verständnis sagt: **JETZT ERLEBE ICH EINEN TEIL – JETZT BIN ICH EIN TEIL DER ALLMACHT.** Nicht versuchen, den Geistkörper zu dirigieren, denn dann vergewaltigt ihr euch.

Frage: Könnte man diesen Zustand mit »passiver Aktivität« bezeichnen?

Claudius: So ist es, mein Freund. Wahrnehmen und erleben und sich einfach diesem Gefühl hingeben. Und ich sage euch nichts Neues. Jeder einzelne von euch hat zu irgendeinem Zeitpunkt in seinem Leben dieses Gefühl schon einmal durchlebt, meine Freunde. Laßt euer Leben Revue passieren, und ihr werdet euch erinnern, was ich meine.

K.: Wie entstehen diese Geräusche, die den Austritt einleiten, teilweise sind es auch Stimmen?

Claudius: Nun, hier überlagern sich die Frequenzen derer, die dich beschützen sollen auf diesem Weg. Sie kommen dir zu Gehör, du bist sensibilisiert und dein Verstand registriert. Weißt du, mein Herz, es ist, wie wenn dein Geist eine Maschine wäre, die angetrieben wird. Es kommt jedoch nur deshalb vor, weil du den Wunsch des Erlebens so stark in dir wachrufst. Wenn du dich hingibst diesem Gefühl, werden die Begleiterscheinungen völlig verschwinden.

Frage: Dem Essener-Buch ist zu entnehmen, daß der engere Kreis der Bruderschaft sogar in der Lage war, sich außerhalb des Körpers zu treffen, um miteinander zu kommunizieren.

Claudius: So ist es, mein Lieber. Siehe, wenn die ersten Hürden überwunden sind, dann werden sich diejenigen, die dieser Bruderschaft angehören, geistig zusammenfinden. Sie werden in der Reinheit ihres Seins die Möglichkeit haben, zu kommunizieren und miteinander **bewußt zu sein.** Meine Freunde, ich habe euch einen Gast mitgebracht, mit dem ihr schon öfter sprechen konntet. Er möchte gerne euere weiteren Fragen beantworten. – Ich gebe den Weg frei für Nicola Tesla:

Nicola Tesla:* Ich grüße Sie alle sehr herzlich, bitte stellen Sie Ihre Fragen.

Frage: Wie lange dauert eine Aussendung des Geistkörpers, wenn das dabei Erlebte für unsere irdischen und phy-

* Nicola Tesla: s. Band II, S. 290

sischen Begriffe einen Ablauf von etwa drei Stunden hat? Wie sieht die Realität aus?

Nicola Tesla: Wenn Sie diesen Austritt aus Ihrem Körper, diesen geistigen Austritt erleben, sind es Sekundenbruchteile, obwohl Sie es so empfinden, als würden Sie auf den Wogen des Alls hinweggetragen. Wachen Sie auf, sind vielleicht nur einige Sekunden vergangen. Doch einen Rat gebe ich Ihnen: Versuchen Sie nicht, mit dem Verstand den Geist zu manipulieren, zu unterdrücken. Sie würden genau das machen, was andere mit Ihnen von Kindheit an gemacht haben, und dies ist nicht gut.

Die Seele löst sich vom Körper allein, wenn Sie reif genug sind, das Erleben verkraften zu können mit ihrem Verstand. Sie verstehen?

K.: Ja, ich verstehe, **Claudius** hat mich in dieser Hinsicht auch schon unterrichtet.

W.: Aber ist es nicht natürlich – ich muß versuchen, meine Frau etwas aufzubauen –, wenn man diese Erlebnisse das erste Mal hat, daß man versucht, sie unter Kontrolle zu halten?

Nicola Tesla: Nun, mein Freund, Ihre Frage ist berechtigt. Doch, lösen Sie sich von der Vorstellung, daß Sie Einfluß haben auf geistige Strukturen.

Sehen Sie, es ist das Problem der Menschheit, daß sie versucht, zuerst über den realen Verstand zu begreifen, anstatt in sich selbst zu erfühlen, und dann erst den realen Verstand zu Rate zu ziehen. Ein Beispiel möchte ich Ihnen geben:

Sehen Sie, bei außerkörperlichen Erlebnissen ist es so, daß der Verstand vollkommen ausgeschaltet ist. Der Verstand ist kein Steuerungsfaktor. Der **Geist** ist der Steuerungsfaktor (G.: Wie im Traum?)

Nicola Tesla: Ich bedanke mich – wie im Traum. Doch, um es Ihnen noch verständlicher zu machen, was möglich ist, ist das Phänomen der Teleportation des Eigenkörpers und von Gegenständen.

Ich könnte Sie soweit beeinflussen, daß es Ihnen möglich ist, hier am Tisch zu sitzen und trotzdem nach Rivenich zur gleichen Zeit zu gehen. Nur, und damit beantworte ich Ihre Frage (an W.) es wäre von mir aus eine Vergewaltigung Ihres eigenen Seins. Die Einheit Geist – Körper – Seele darf nicht **gezwungen** werden, etwas zu tun. Auch nicht in einzelnen Aspekten.

Die Seele löst sich allein vom Körper, wenn sie eine bestimmte außerkörperliche Erfahrung machen will, und sie bringt ihr Wissen mit, dem Verstand zur Verarbeitung übergebend. So sollen Sie es sehen. Dann wird sich dieses Wissen in Ihnen eingraben, und Sie werden warten, bis die nächste Erfahrung auf Sie zukommt. Sie haben mich verstanden?

K.: Ja, sehr gut, danke. Ich habe noch eine Frage. Im Essener-Buch sprechen **Miriam** und **Simon** von Astralreisen. Sie haben die geschilderten Situationen durchlebt. Doch ist ein Astralreisender eigentlich mehr ein Zuschauer? Was war nun bei Ihnen der Fall – was das keine Rückführung?

Nicola Tesla: Liebe Freunde, leider muß ich zurück. Danke, daß ihr mich angehört habt. Ich werde wieder kommen.

Claudius: Nun, Freunde, werde **ich** eure Fragen weiterbeantworten. Meine Liebe, du sprichst von Astralreisen. Astralreisen sind von uns gewünscht. Siehe, du hast eine **Zeitreise** gemacht **und** eine **Astralreise.**

Die Zeitreise hast du mit deinem Verstand versucht zu beeinflussen. Die Astralreise ließ dich unser Sein – die Allmacht – erleben, ungewollt und nicht gesteuert von dir, von deinem Verstand.

Siehe, unseren Freund (Marc) haben wir losgelöst, Geist und Seele hinweggetragen und ihm das Erlebnis geschenkt: **ICH BIN** Bestandteil der ewigen immerwährenden Liebe, eingebettet in diese Liebe, wunschlos, zeitlos – einfach **ICH BIN.**

Bei der Zeitreise geschieht folgendes: Hier löst sich

die Seele vom Körper. Der Geist sieht und empfindet dieses Schweben, dieses Fliegen über alles hinweg. Er sieht die Eindrücke, die seine Seele im Laufe ihres Lebens erlebt und durchlebt hat. Du siehst das Schloß auf dem Berg, du siehst die wogenden Felder, du spürst den Windhauch, der dir entgegenschlägt und plötzlich fühlst du auch, daß dich deine Kräfte verlassen, daß du landen mußt, um wieder aufsteigen zu können. Dies, meine Liebe, ist die Zeitreise, eine **Vorstufe** zur **Astralreise.**

Frage: Heißt das, daß der Geistkörper während eines Austrittes aus dem physischen Körper fast physische Empfindungen hat?

Claudius: Richtig.

Frage: Wie ist das zu erklären, da doch der Geistkörper gegenüber Berührungen unempfindlich zu sein scheint?

Claudius: Nun, meine Liebe, so unempfindlich ist der Geistkörper nicht, denn auch ein Geistkörper kann Schaden erleiden. Siehe es so, an einem Beispiel möchte ich es euch verdeutlichen:

Ich benutze den physischen Körper unseres Freundes (Marc), um mit euch einen Dialog zu führen. Geistkörper, Seele und Geist liegen außerhalb dieses physischen Körpers und werden gehütet von unserer Freundin **Heli.** Sie umfaßt diesen Geistkörper mit ihrer Liebe, mit ihrer Energie, dadurch ist dieser Geistkörper geschützt. Wäre dies nicht der Fall, könnten andere Energien diesen Geistkörper schädigen. Und so solltet ihr dies betrachten, was im Karmel geschah. Diese Lehre konnte dem Adepten erst dann zuteil werden, wenn er darauf vorbereitet war.

Wir werden im Laufe unserer Unterhaltungen dazu noch besonders Stellung nehmen, denn die Erfahrungen, die der Geistkörper macht, nimmt er mit in den physischen Bereich, und sie werden somit Bestandteil seines Seins.

K.: Es gibt Wesen, die man während einer Zeit- oder Astralreise trifft, die aggressiv scheinen und regelrecht angriffslustig sind, andererseits aber auch humorvoll sein können. Sie sind unserem untrainierten Geistkörper auf dieser Begegnungsebene natürlich überlegen. Wie verhält man sich hier am besten?

Claudius: Völlig neutral, meine Liebe, völlig neutral.

Frage: Es kommt so überraschend – man kann nicht erst überlegen. Deshalb verteidigt man sich erst einmal.

Claudius: Meine Liebe, diese Verteidigungsstellung ist nichts anderes als das Empfinden, in eine unbekannte Dimension hineinzutauchen. Siehe, mein Herz, es gibt lachende und weinende Seelen, siehe, es gibt solche, die nur Liebe abstrahlen – und es gibt solche, die dich necken und foppen. Doch dies ist die Zeitreise. Du wanderst durch verschiedene Ebenen, doch du wirst, wenn du diese Ebenen hinter dir läßt, aufsteigen zu einem anderen Bewußtsein.

Frage: Wie ist der Unterschied zu erkennen, ob ich noch hier bin oder schon dort, denn bei euch gibt es doch die dritte Ebene mit der Illusionswelt?

Claudius: Dies, meine Liebe, empfindet deine Seele. Sie gleitet zwischen dem äußeren und dem inneren Kreis auf den verschiedenen Ebenen hin und her.

Frage: Kann es sein, daß einem Zeitreisenden sein eigener Astralkörper . . .

Claudius: Halt, ich sprach eben von einer **Zeitreise.** Eine Astralreise, meine Liebe, beginnst du in dem Augenblick, wo du dich über die Grenzen, die ich jetzt aufgezeigt habe, emporhebst. Dann, meine Liebe, beginnt die **Astralreise.**

K.: Ist es möglich, daß man bei diesem Ausflug den Geistkörper fast transparent, wie mit einer weißen Gaze überzogen, sehen kann? Während man aber andere Geistwesen auf dieser Reise, Gesichter, Fratzen, viel stofflicher empfindet?

Claudius: Dies liegt darin begründet, daß du gleitest zwischen den einzelnen Stufen. Du empfindest es so – doch dein Körper erscheint dir eingebettet in einen Schleier.

Frage: Können die Geistwesen, die man auf einer Zeitreise trifft, den Geistkörper schädigen?

Claudius: Meine Liebe, sie können den Geistkörper nicht schädigen, sie können Angst verbreiten, sie können Freude verbreiten – doch geschädigt wird der **Geistkörper nicht.** – Aber es kann durchaus sein, daß dieses Erlebnis, unkontrolliert durchlebt, mitgenommen wird in den **physischen Körper** und dadurch Schädigungen eintreten.

K.: Machen wir nicht alle unbewußt Zeitreisen in unseren Träumen?

Claudius: Meine Liebe, sei versichert, auch wenn ihr es nicht bewußt wollt, so führen wir euch und geben euch Begleiter mit. Wie anders sollten wir euch Wissen vermitteln, als durch persönliches Erleben. Und noch etwas: Erst dann, wenn wir sicher sind, daß ihr das Erleben einer Zeitreise verkraften könnt, erst wenn euer Begleiter sicher ist, daß ihr keinen Schaden davontragt, erst dann wird dieses Phänomen euch begegnen.

Frage: **Bewußt?**

Claudius: **Bewußt!** Ich möchte nochmals an meine Warnung erinnern: Laßt euch hineintragen, hineingleiten in das Erleben und versucht nicht, den Verstand als Steuerungsfaktor einzusetzen, denn dann müssen wir euch, so schnell es geht, zurückbringen. Denkt immer daran – ich bitte euch sehr darum.

Nehmt meine Worte, wie sie gemeint sind, **ich liebe euch, und so sollt ihr verstehen, daß es keine Bevormundung meinerseits sein soll, keine Reglementierung – nur ein Rat. Ich möchte euch nicht verletzen.**

Amun Re – Alkania – Achtun

Frage: Lieber Claudius, wir hatten früher schon über Amun-Re, Alkania und Achtun gesprochen. So ganz klar komme ich mit diesen – soll ich Wesenheiten sagen? – nicht zurecht. Du sagtest einmal, **Amun-Re** sei als **»reingeistige Inkarnation«** zu betrachten. Sagtest aber gleichzeitig, »Amun-Re war der erste, der die Welt betrat«. Das hört sich aber nach einer »Person« an.

Claudius: Du solltest vielleicht anders formulieren: Amun-Re war das erste Licht der Welt, das erste Licht, das in das Bewußtsein der Welt eindrang. Amun-Re ist **Energie** – Amun-Re ist nur eine Bezeichnung für die Sonne der Allmacht. Er kam aus dem Sonnensystem als **reingeistige Inkarnation,** deshalb das Siegel der Sonne. Jahrmillionen vor der Altägyptischen Kultur geschah dies, und das Wissen wurde weitergetragen von Generation zu Generation. Bis der Mensch glaubte, sich selbst als Herrscher das Symbol der Sonne Amun-Res als Herrscherzeichen auswählen zu müssen.

Das Zeichen »re« steht in eurem Sprachgebrauch für »Reinkarnation – Reanimation – also wiederkehrend, neu belebend«. Aber ihr solltet nicht erschrekken, denn »Jahrmillionen« sind nur ein Begriff, der den geistigen Ursprung alles Seins bedeuten soll. **Amun** ist das Wissen, das allumfassend mit dem Werden der Welt und der Menschheit den Ursprung alles Seins bildet.

Amun-Re bezieht sich auf Gott, den ihr so nennt, auf die Urinformation, auf den Steuerungsfaktor allen Werdens und Vergehens, allen Neubeginns im Universum.

Amun-Re ist die »Strahlende Sonne«, die alle erleuchtet und alle beseelt. **Amun-Re** ist die Musik, ist die Schwingung der Liebe. **Amun-Re** ist alles – das Unvergängliche, das Ewige.

Frage: Das klingt ja beinahe nach Allmacht?

Claudius: So ist es, meine Liebe, und wenn ihr die Geschichte zurückverfolgt, soweit es euch möglich ist, werdet ihr bemerken, daß bei allen Völkern dieser Welt die Sonne das zentrale anbetungswürdige Gestirn ist. Es hat verschiedene Namen: **Gott, Amun-Re, und einige andere mehr. Amun-Re, Achtun** gaben die Impulse, daß dieser Planet, dieser blaue Planet, mehr verdient hat, als nur ein glühender Feuerball im Universum zu sein.

Achtun als Impulsgeber der Erde, **über Amun-Re, durch Amun-Re, mit Amun-Re,** geistiges Bewußtsein zu erzeugen, damit sich der Mensch bilden konnte und die Liebe in diesen Planeten, mit diesem Planeten, weitertragen sollte. **Amun-Re** nenne ich das Bewußtwerden im Menschen selbst. Wenn du es so verstehst, dann wird es dir vermutlich wenig Mühe machen, die Abfolge des Menschwerdens und -seins nachzuvollziehen. Es wurde nach der Idee Mensch, die nur auf diesem Planeten Gestalt annehmen konnte, diese Materie so verändert, daß sie zum Menschen werden konnte. **Amun-Re** war diese Kraft.

Es war jetzt ein kleiner Ausflug, den ich mit euch machte, um euch die Komplexität dieses **Amun-Re-Bildes** vor Augen zu führen. Es ist angeschnitten, und damit ist Genüge getan, denn wir werden wieder, zu irgendeinem Zeitpunkt, darauf Bezug nehmen.

Frage: Ist **Alkania** auch keine Person, sondern eine Energieform?

Claudius: Richtig.

Miriam: Marc sagte, daß er an Weihnachten von Heli im Tempel zu Alkania geführt wurde.

Claudius: Nun, meine Liebe, das widerspricht sich nicht. Die

Energie manifestiert sich in **einem Bild.** So wie das Bild auf deinem Fernsehschirm erscheint, so kristallisiert sich **Alkania in einem Bild. Alkania** ist der Ursprung allen Lebens. **Alkania** hat mitgewirkt an der Menschwerdung, und **Alkania** ist die personifizierte Menschwerdung. **Alkania** ist der **Edle Gedanke.**

Alkania ist Träger der menschlichen Seele, des menschlichen Geistes, der seinen Ursprung in der Allmacht hat.

Siehe, meine Liebe, nichts geschieht von ungefähr. **Alkania** ist es, die die Menschheit begleitet vom Anfang bis zum Ende. Sie hat die Seele der Menschen getragen vom Anbeginn und so solltest du **Alkania** sehen.

Frage: Könnte man **Alkania,** um es menschlich zu verstehen, als Urzelle im geistigen Bereich bezeichnen, die Teile von sich abgibt, die sich ihrerseits immer wieder teilen?

Claudius: Wenn du den Begriff nicht personifizierst, denn darin, meine Liebe, besteht die große Gefahr, daß man **Alkania** personifiziert, dann stimmt es. Es istdie allumfassende Energie, die auf Bitten derer zur Verfügung gestellt wurde, die die **»Geistig-seelische Materie«*** – Doch ihr versteht darunter etwas anderes als wir. Ich möchte die geistig-seelische Verbindung als Schwingung bezeichnen, die den Menschen beseelt und belebt mit ihrer Liebe. Hochfrequente Energie der Liebe manifestiert sich im menschlichen Sein, damit der Denkungsprozeß des Selbsterkennens stattfinden kann. Und so solltest du es verstehen.

Frage: Alkania hat also aus ihrer Schwingung heraus der Erde geistige Teile von sich zur Verfügung gestellt?

Claudius: So ist es. **Alkania ist die Allinformation dieser Erde.** Ich nannte sie die Mutter der Erde. Ich nannte

* unterbricht sich, denkt nach

sie das allumfassende Wissen. **Alkania**, der Steuerungsfaktor, **Alkania**, die Impulsgeberin für das Werden und Vergehen dieses Planeten, meine Liebe.
Sie gehört zu den Wesenheiten, die den Menschen, die entstanden sind, **die Liebe der Allmacht vermittelte.** Sie war die Botin. Sie war der Gedanke der unendlichen Liebe. **Sie ist die Hüterin der Liebe für diesen Planeten.** Sie sendet ihre Liebe aus, und dazu benutzt sie alle möglichen Wege. Sie ist die Inspiration der Musik, sie ist die Inspiration des Künstlers, sie ist die Inspiration **Jesus Christus.** Sie ist die Inspiration für alle, die offen dem Geistigen entgegentreten.
Alkania ist es, die uns diese Kontakte ermöglicht.

Frage: Ist Alkanias Bewußtsein überall?

Claudius: Richtig.

Miriam: War Marc auch ein Bewußtsein, das sich von Alkania abspaltete und ausgebildet wurde für die Erde, denn Alkania war ja nicht materiell auf der Erde?

Claudius: Ich sprach von der Mutter dieser Erde – und siehe, diese Aufgabe, die er übernahm, hat über Jahrhunderte hinweg gewirkt. – Ich bitte euch, euch loszulösen vom raumzeitlichen Denken. Energien, meine Lieben, sind immer vorhanden. Und Steuerungsenergien können natürlich, wenn sie in die Anziehungskraft dieser Erde kommen, verwirbeln zu Materie, und so solltet ihr es verstehen.

Hilde: Als ich das erstemal nach Heli fragte, sagtest du, daß du sie suchen würdest. Am 16. 7. 1989 sagtest du, daß sich Heli dem Kreis angeschlossen hätte. Daher jetzt meine Frage: Wer hat unseren Freund Marc gestützt und getragen, **bevor** Heli diese Aufgabe übernommen hat?

Claudius: Alkania.

Hilde: Alkania? Aber warum mußte sie gehen?

Claudius: Nun, sie **mußte nicht** gehen, aber sie hat die Bitten deiner Tochter gehört und hat deine Tochter eingebunden in den Kreis. Es war Helis Wunsch, euch allen nahe zu sein, und diesem Wunsch wurde entsprochen. Und dies euch zur Erklärung: **Alkania** ist Mentor unseres Freundes. **Alkania** ist es, die ihm den Weg gewiesen hat – und ich – nun, seht mich als Koordinator an. Ich habe **Heli** auf diesen Weg mitgenommen.

Frage: Wir hatten eine Madonna vor uns auf dem Tisch stehen, und da sagtest du, **Alkania** würde vor uns stehen. Das war doch sicher symbolisch gemeint, oder?

Claudius: Richtig, diese Statue beinhaltet den Liebreiz einer Frau, sie beinhaltet das Glück, sie beinhaltet eine Wertstellung, die überragend über alles hinauswächst. **Alkania** als Wesenheit zu begreifen ist nur möglich, wenn ein Abbild der Reinheit geschaffen wird, und diese Reinheit erstrahlt in diesem Gesicht.

Nun, meine Liebe, in dir selbst lebt diese Mutter der Erde weiter. Meine Freunde, habe ich euch schon gesagt, daß **Heli** eine Schwester hat?

Hilde: Heli hat eine Schwester?

Claudius: Richtig.

Miriam: Bei euch scheint nichts unmöglich zu sein. Du überraschst uns immer wieder.

Claudius: Freund, öffne deine Augen. Marc sagt laut und deutlich: **Alkania**.

Claudius: Ja, der Maler, der das Bild gemalt hat, das am Ausgang zur Terrasse hängt[1], hat die Schwester mitgezeichnet. **Alkania** ist die geistige Verbindung zu **Heli und zu euch.**

Seht, meine Freunde, der Raum ist angefüllt – angefüllt von allen Familienangehörigen dieses Kreises. Sie sind eingeladen, um mit uns diese Nacht zu feiern. **Heli – ja – Heli**, sie umfängt euch und geleitet euch hin zu **Alkania.**

Alkania, die da ist **der Sendbote für diese Welt. Sie ist Mutter dieser Welt, sie ist der Inbegriff der Liebe.** Und du, mein Freund **Marc,** hast den Weg auf dich genommen in ihrem Auftrag, und du wirst zu ihr zurückkehren. Nun, sie hüllt dich ein in die Liebe – sie hüllt euch alle ein in die Liebe und wacht über euch.

Frage: Danke für die Erklärungen über **Amun-Re** und **Alkania.** Wie ist das nun mit der Energie **Achtun?** Was bewirkt sie?

Claudius: **Achtun** ist als Hauptenergie, als Steuerungsfaktor im Universum zu sehen. **Achtun** ist das Wissen um die **Materialisation** im Universum. Ich weiß nicht, ob du es verstehen kannst, doch es ist nicht anders auszudrücken.

Frage: Kann ich davon ausgehen, daß **Amun-Re** das Gegenstück zu **Achtun** ist, nämlich die Steuerung des **Geistigen?**

Claudius: So ist es.

Frage: Und **Achtun** die Steuerung des **Materiellen?**

Claudius: So ist es, jedoch sie sind ineinander verwoben.

Frage: Ist die Energie, die du mit in den Kreis eingebunden hast, identisch mit dieser Energieform?

Claudius: So ist es.

Frage: Konntest du diese erste dann einbinden, als Marc genügend vorbereitet war?

Claudius Als er soweit war, um diese Energien in sich wirken zu lassen.

Frage: Damit diese Energien auf sein Nervenzentrum im Gehirn einwirken konnten, war erforderlich, daß sein Bewußtsein einen gewissen Stand erreicht hat?

Claudius: **Daß sein eigenes Bewußtsein sich so weit entwikkelt hatte, daß es den realen Verstand zur Seite schieben kann.**

Frage: Wäre dann dieser Fakt bei allen Kreisteilnehmern möglich? Also – je höher das geistige Bewußtsein, das der Ratio unterliegen muß, um so höher die Ansteuerung einer geistigen Energie?

Claudius: Richtig, so ist es.

Frage: Würde das dann bedeuten, daß diese geistige Veränderung Einfluß nehmen würde auf die materielle Gehirnstruktur, für die dann eigentlich **Achtun** zuständig wäre?

Claudius: Sicher, deswegen sprach ich davon, daß **Amun-Re – Achtun eine Einheit bilden.** Denn ohne diese Einheit wäre keine Materie vorhanden und somit die geistigen Strukturen gegenstandslos.

Ebenso wichtig ist die Verbindung **Achtun-Alkania. Ammun-Alkania-Achtun** sind miteinander verwoben – bilden eine Einheit.

Achtun, mein Liebe, ist der geistige Begleiter dieser unserer Gruppe. Von Anbeginn, meine Liebe, denn er hat es mir erlaubt, unseren Freund so weit zu sensibilisieren, daß er für uns tätig werden konnte. **Achtun ist Liebe.**

Zu 1 Wie Claudius richtig bemerkte, hängt von Heli ein Gemälde im Wohnzimmer am Ausgang zur Terrasse, gemalt nach ihrem Hinübergang von einem international bekannten Maler, der das Mädchen von Kindheit an gekannt hatte.

Seltsamerweise malte er **zwei Gesichter,** das eine in Farbe, ein sogenanntes »schönes Bild«, das andere in Schwarzweiß, schattenhaft angedeutet, aber sehr ausdrucksvoll. Die Gesichter sind sich ähnlich und dennoch verschieden.

Der Maler erklärte uns, daß das Gesicht in Farbe Heli so darstellt, wie sie sich den Menschen zeigte und von ihnen gesehen wurde, das andere aber ihr wahres Gesicht ist, das mehr über ihr Wesen und ihr Inneres Aufschluß gibt. Er sagte auch, daß er während seiner Arbeit an diesem Bild Heli so stark spürte, als wäre sie hinter ihm gestanden und hätte seinen Pinsel geführt.

Als ich diese Interpretation Claudius vortrug, meinte er: »Ja, es ist richtig, daß Heli den Maler inspirierte, aber trotzdem ist seine Auslegung über die zwei Gesichter falsch. Dies ist **seine Deutung,** aber Helis Absicht war: **Alkania mit auf das Bild zu bekommen.**

Astrologie

Frage: Ich habe einmal gelesen, daß man die Sternenkonstellation zur Zeit des Todes mitnimmt. Ist das richtig?

Claudius: Richtig, sie wird Bestandteil deines neuen Lebens. Weißt du, meine Liebe, ich könnte dir jetzt einen Vortrag halten, inwieweit euer Leben von euren Tierkreiszeichen, von euren Sternen beeinflußt wird. Nimm so viel mit auf den Weg: Die Konstellation eures Geburtsmonats begleitet euch ein Leben lang und wird abgelöst beim Übergang durch die neue Konstellation.

Siehe, meine Liebe, eure Veranlagungen, die in euch schlummern, werden unmittelbar von der Sternenkonstellation eures Geburtsmonats beeinflußt. Wenn du dich umsiehst, wirst du bemerken, daß alle, die im gleichen Tierkreiszeichen geboren sind, **gewisse** identische Veranlagungen haben, **gewisse** Vorzüge und Nachteile und wie sie kollidieren mit anderen Sternzeichen.

Ich muß dir jetzt natürlich eine Erläuterung geben über die Einteilung der Sternkreiszeichen. Siehe, mein Herz, 12 Monate beherbergen 12 Tierkreiszeichen. Tierkreiszeichen, die früher anders benannt wurden. Es sind Sternenkonstellationen, die ihr am Nachthimmel beobachten könnt. Es ist nicht ein Stern, es sind verschiedene Sterne, die ihre Energien aussenden. Sie treffen immer mit der Geburtskonstellation zusammen und beeinflussen oder senden bestimmte Energien aus, die der Mensch, der dort geboren wird, mit sich trägt.

Der Kreislauf des Jahres endet bei euch am 31. Dezember, und der 1. Januar ist der Beginn des neuen Jahres. 12 Monde sind vergangen, und 12mal werdet ihr euer Dasein durchleben, bis der Kreis sich geschlossen hat. Denn jede einzelne Stufe wird euch euer Sein durchleben lassen. Die Frage ist, ob ihr die Erkenntnisse sammeln könnt, die nach dem Ende dieser Konstellation zum Licht führen.

Frage: Lieber Claudius, du hast einmal meine Geburtsstunde mit 23.17 h angegeben. Nachforschungen beim Standesamt ergaben aber 12.30 h.

Claudius: Die Geburtsstunde deines **Geistes** war das Datum, das ich dir mitteilte. Der Austritt aus dem Mutterleib erfolgte später. Das bedeutet, daß das Datum, das ich dir nannte, die Inkarnation **deiner Seele in den Körper war,** bereit, den Weg zu gehen – hinaus in die Welt.

Frage: Danach hat sich meine Seele erst einen halben Tag vor meiner Geburt fest in den Leib der Mutter verankert?

Claudius: So ist es.

Frage: Es war also nicht Karma, sondern ich wollte es?

Claudius: Du wolltest diesen Körper besitzen, um diesen Weg gehen zu können, und das war **deine geistige Geburt.**

Frage: Ein Horoskop wird aber immer nach der »körperlichen Geburt« berechnet?!

Claudius: Eure Astrologen können das Datum eurer Inkarnation nicht verwenden – aus dem einfachen Grund, weil es kein Mensch auf der Welt weiß.

Die Geburt des Körpers ist eine völlig andere Sache als die des Geistes.

Frage: Der Geist sucht sich also selbst die Sternenkonstellation aus, unter der er »geistig« geboren werden möchte?

Claudius: So ist es.

Frage: Eigentlich befinden der Arzt, die Mutter und die verschiedensten Umstände darüber, wann das Kind aus dem Körper austritt, so daß das neugeobrene Wesen selbst keinen Einfluß ausüben kann?

Claudius: So ist es. In eurer Medizin ist es heute möglich, die

Geburt eines Kindes vorzuverlegen oder nachzuverlegen. Die Inkarnation des **Geistes** ist die entscheidende Frage.

Ich leite jetzt über zu den Tierkreiszeichen, zu den einzelnen Kalendarien, die im Laufe des Menschseins auf diesem Planeten gebraucht wurden.

Seht, zu der Zeit, als sich diese Halbgötter auf der Erde befanden, galt eine andere Jahreseinteilung, und dieses Jahreseinteilung hatte über Jahrhunderte hinweg Gültigkeit bis zu dem Zeitpunkt, als der Gregorianische Kalender entwickelt wurde, bis zu dem Zeitpunkt, als das Wissen über die Kraft der Auswirkungen von außen vom Menschen Besitz ergriff. Daraus entstand die Astrologie, der sich die Menschen bedienen.

Ihr habt heute 12 Monate, die am 1. Januar beginnen und am 31. Dezember enden. Setzt ihr dazu die Tierkreiszeichen, dann werdet ihr sehen, daß die Tierkreiszeichen nicht mit dem Kalender übereinstimmen, das heißt nicht am 1. 1. beginnen und am 31. eines jeden Monats enden, sondern daß die Tierkreiszeichen eine andere Konstellation haben. Sie beginnen in der Mitte eines Monats und lappen über die Mitte des nächsten Monats, das heißt, der Zyklus ist ein anderer.

Seht, der Kreislauf des Menschen ist unmittelbar mit den Gestirnen verbunden. Der Mensch hat in der Regel zwölf Inkarnationen zu durchleben. **Inkarnationen sind nicht gleichbedeutend mit Wiedergeburten auf eurem Planeten.** Inkarnation ist die geistige Weiterentwicklung, das Aufnehmen aller geistigen Kräfte, die sich in den Planetenkonstellationen verbergen. Es sind Energien, die auf den einzelnen einwirken.

Seht, meine Freunde hier im Kreis, ein jeder von euch wurde unter einem anderen Sternkreiszeichen geboren, und in jedem einzelnen sind bestimmte An-

lagen vorhanden, die richtunggebend sind, auch für den anderen, der unter dem gleichen Sternkreiszeichen geboren ist. Wesenszüge, Grundzüge wird der einzelne, der in einem bestimmten Einflußbereich der Sterne geboren wurde, immer aufweisen. Und trotzdem entwickeln sich diese Menschen verschieden, nämlich **gemäß ihrem Bewußtsein. –**
Aber hier kommt noch ein zweiter Aspekt hinzu.
Der Mensch, der im Scheidepunkt der einzelnen Tierkreiszeichen geboren wurde, hat sowohl die eine als auch die andere Energieeinstrahlung aufgenommen, und es läßt sich eigentlich nicht genau einordnen, ob er jetzt ein Skorpion ist oder ein Schütze. Je mehr sich jedoch der Mensch in seiner Geburtsstunde dem Mittelpunkt eines Monats nähert, um so sicherer kann festgestellt werden, ob er Schütze oder Skorpion ist.
Was ich euch verständlich machen möchte, ist die Tatsache, daß alles in diesem Bereich der Inkarnationen möglich ist, daß also eines mit dem anderen eng verbunden ist.
Wie ich euch in der Vergangenheit erklärte, ist alles fließend zu sehen. Das eine greift ins andere über. Das Erkennen der Sternenkonstellation war schon immer für die Menschheit richtunggebend für ihr Leben. Sie haben sich mit der Ernte nach dem Stand der Sonne gerichtet, sie haben sich danach gerichtet, in welchem Einflußbereich der Mond zur Erde stand, und sie haben dadurch erkannt, zu welcher Zeit bestimmte Dinge getan werden mußten. Doch dies alles ist euch nicht neu. Neu hingegen dürfte sein, daß eine Inkarnation einer Seele immer vom Zyklus der Menschwerdung abhängt. Und hier möchte ich erinnern an denjenigen, der ein Horoskop erstellen sollte und der sagte, er könne mit meinen Angaben nichts anfangen. Nun, wichtig allein ist für diese Berechnungen, wann die **Seele vom Kör-**

per Besitz ergriffen hat zur Geburt, denn hier nimmt die Seele die Energien mit in den menschlichen Körper, ebenso die Veranlagung, die von dem Elternpaar mitgegeben wird. Und deshalb, meine Freunde, ist es auch möglich, daß der Mensch verschiedene Bewußtseinsstufen, verschiedene Bewußtseinsebenen durchläuft, sonst gäbe es das nicht. Wäre diese Aufteilung in der Natur nicht vorhanden, dann, meine Freunde, wäret ihr alle Roboter, zu einem gewissen Zeitpunkt erschaffen und zu einem gewissen Zeitpunkt Schrott.

Religion, Astrologie, Astronomie und alle Wissenschaften hängen unmittelbar mit der Schöpfung zusammen und bilden in irgendeiner Form einen Kern.

Frage: Die Psyche sucht sich also genau die Energien aus, die sie braucht, um dieses Leben in der gewünschten Art gestalten zu können?

Claudius: Richtig, denn dies ist die Voraussetzung für das Leben. Ihr alle, wie ihr da sitzt und darüber hinaus die gesamte Menschheit, habt euch für dieses Leben einen bestimmten Aszendenten ausgesucht, unter dem ihr geboren werden solltet. Mit diesem Aussuchen ist zu gleicher Zeit folgendes geschehen: Ihr habt, und jetzt gehe ich etwas weiter, aus dem Informationsfeld, aus der Konstellation heraus bestimmte Informationen mit in dieses Leben genommen, um eben eure Erfahrungen in diesem Leben machen zu können. Und nun stellt euch vor, daß zum Beispiel vom Sternenbild der Waage aus sechs Sterne ihre Energien aussenden, das heißt also, sie müssen einen bestimmten Punkt hier treffen, wo sie sich mit ihrer Information, mit dem Geist, der Seele eines bestimmten Körpers treffen, der zur Inkarnation bereit ist. Erkennt daraus, daß diese Information Bestandteil des gesamten Lebensweges dieses einen Menschen sein wird.

Frage: Hat diese Energie nur bei der Geburt oder während des gesamten Lebens Einfluß?

Claudius: Der Mensch nimmt diese Energien, die Bestandteil dieses Sternzeichens sind, mit auf den gesamten Lebensweg, und das nennt eure Wissenschaft: Veranlagung.

Frage: Niemand könnte dann ein echtes Horoskop stellen, weil die geistige Verbindung keinem Menschen zugänglich ist?

Claudius: Nun, meine Liebe, du sagst es. Aber für die Astrologen, die Horoskope stellen, spielt letztendlich eine Rolle, an welchem Tag du das Licht der Welt erblickt hast. Es spielt für dich kaum eine Rolle, aus einem ganz einfachen Grund. Ob diese Leute recht haben oder nicht recht haben, wird in deinem Unterbewußtsein verschwinden. Du wirst **deinen Weg gehen.**

Es gibt Literatur über Sternkreiszeichen, über den Einfluß auf den Menschen, der in einem gewissen Sternkreiszeichen geboren ist, wie er sich entwickelt, was er für Veranlagungen hat. Allein dies genügt euch für euer Leben, denn ihr erkennt darin das Spiegelbild eures Seins, und mehr braucht ihr nicht, meine Freunde. Es wird so vieles für Wissenschaft erhoben, was keine Wissenschaft ist. Denkt einmal darüber nach.

Frage: Bei einem Horoskop ist immer etwas dabei, das paßt.

Claudius: Nun, mein Freund, durch die Aszendenten und die Querverbindungen, die gezogen werden. Aber eine Sekunde, die du später geboren wirst, wird dein Leben nicht verändern, du wirst es leben müssen, ob du das jetzt weißt, welche Querverbindungen zustande gekommen sind oder nicht, spielt keine Rolle.

Frage: Eine Seele muß also viele Möglichkeiten in Betracht ziehen. Sternenkonstellationen, Eltern aussuchen und so weiter.

Claudius: Mein Freund, stelle es dir nicht so kompliziert vor. Dadurch, daß auf unserer Ebene alles mit Energien zusammenhängt, ist es eine einfache Sache für die Seele, einen Weg gehen zu wollen. Das heißt, diese Seele weiß, welche Erfahrung sie machen will.

Wie du, der du in dieser Zeit geboren wurdest, in der es einen Krieg, Hunger und Leid gegeben hat, nicht als Herrscher, sondern als Untergebener. Alle diese Dinge haben deine Seele befähigt zu einem gewissen Zeitpunkt, in einem gewissen Sternkreiszeichen geboren zu werden und bei einer bestimmten Frau, bei einem bestimmten Elternhaus, zur Welt zu kommen. Das ist alles! Ganz einfach.

Wißt ihr, meine Freunde, ihr habt ein Stichwort, das den Kern der Sache trifft: Der Wunsch ist der Vater des Gedankens, und dies allein bildet eigentlich schon die Grundlage. Ihr habt so viele Wahrheiten in eurem Sprachgebrauch, seit Urzeiten artikuliert. Doch mitunter schwimmen sie nicht an die Oberfläche. Ihr könnt damit nichts anfangen. Deshalb ist es wichtig, daß ihr versucht, eine Inkarnation, ein Leben, locker zu betrachten. Es ist begrenzt auf eine gewisse Zeit, nicht mehr und nicht weniger. Und dieses Leben begreifen, gehen zu wollen, ist eigentlich das Geheimnis des Menschen.

Frage: Wie sieht es nun mit der Energieübertragung der Planeten zu diesem sich neu inkarnierenden Wesen aus?

Claudius: Nun, meine Liebe, die Seele, der Geist inkarniert sich in diesem Wesen, das ihr Kind nennt, gleich der Zeugung im Mutterleib oder bei Austritt aus dem Mutterleib. Diese Seele, dieser Geist, nimmt immer die Schwingung mit, die er benötigt, um auf dieser Erde seinen Weg zu gehen. Zu diesem Zeitpunkt spielen die Schwingungen, die Konstellationen der Energien eine große Rolle, denn er nimmt sie mit auf seinem Weg ins Leben.

Das, was nach dem Austritt aus dem Mutterleib geschieht, zum Beispiel die Geburt in ein bestimmtes Sternkreiszeichen, bildet erst die charakterlichen Eigenschaften. Die Einströmungen, die bei der Geburt auf dieses Kind einwirken, befähigen es, gewisse Eigenschaften, die in das Tierkreiszeichen, die Sternenkonstellationen passen, sein Leben lang mitzunehmen. Es sind Hilfsmittel – seht es so – für die Weiterentwicklung dieses Menschen.

Frage: Bei jedem Geburtstag stehen die Sterne in ähnlicher Position wie zum Geburtszeitpunkt. Bekommt der Mensch dadurch einen neuen »Energieschub« von der gleichen Konstellation?

Claudius: Nun, meine Liebe, es hat keine Auswirkung. Aus dem einfachen Grund, weil die Veranlagung sich nicht verändert. Sie verändert sich jedoch durch die **Erfahrung, die der einzelne macht,** durch das Wissen. – Dies wiederum ist wichtig, denn er durchläuft diese 12 Tierkreiszeichen.

Seht, die Zeiten des Jahres unterliegen gewissen Rhythmen, Rhythmen, die davon abhängig sind wie die Natur, die sich im Wandel das Jahres verändert. Der Mensch bildet den Resonanzboden körperlich-geistiger Art und nimmt diese Einstrahlungen auf. Bedingt dadurch verändert sich natürlich sein Empfinden, sein Bewußtsein, und er kann so zur Reife gelangen.

Löst euch von der Vorstellung, daß einem Kind, das frühzeitig den Schritt über den Fluß macht, etwas vorenthalten wird. Es ist nicht der Fall, denn es brauchte eben nur eine gewisse Erfahrung zu machen. Damit ihr die Stufen der Inkarnation durchlaufen könnt, sucht ihr euch vor der Inkarnation das Elternhaus aus und das Sternkreiszeichen, das für dieses Leben die Grundsubstanz bildet.

Frage: Wie empfindest du oder ihr eine geistige Strahlungsquelle?

Claudius: Nun, mein Freund, ich würde eine andere Erklärung abgeben. Ich würde dir ein Experiment vorschlagen. Siehe, nimm einen Kreisel. Dieser Kreisel sollte 12 Seiten haben, 12 Seiten, die entweder die Monate eures Jahresablaufes darstellen oder die 12 Tierkreiszeichen auf der Oberfläche haben. Setze diesen Kreisel in Bewegung und vergleiche diese Kreiselbewegung mit der Erde, die ja auch kreisförmige Bahnen zieht. Sollte ich es so benennen?

Von jeder einzelnen Seite wird eine andere Strahlung auf die bestimmte Erdoberfläche treffen, und die Menschen, die in diesem Land leben, werden zu bestimmten Zeitpunkten diese Strahlungsintensität wahrnehmen, wobei ich euch sagen möchte, daß nicht der Stern die Strahlung sendet, sondern er die Energien nur bündelt. Die Lichtpunkte, die dadurch gesetzt werden, berühren euch und ihr seht, daß die Erde sich dreht, daß sie Einflüssen ausgesetzt ist von Sonne, Mond und Gestirnen. Und der Gezeitenstrom verändert sich mit dem Wandel von Tag und Nacht.

Dadurch, daß der Mond eurer Erde am nächsten ist, könnt ihr beobachten, daß dieser Stern, und nichts anderes ist der Mond, von der Erde verdunkelt wird und die Sonne ihn nicht mehr bestrahlen kann. Deshalb verschwindet er im Laufe eines Monats aus eurem Gesichtsfeld.

Doch ich möchte jetzt nicht im einzelnen darüber referieren, denn dazu müßt ihr euch noch die Fragen erarbeiten. – Doch eine Frage, die im Raum steht, möchte ich beantworten. Der Mond selbst hat keine Auswirkung auf den Menschen direkt, aber bei Vollmond treffen ihn die Strahlen der Sonne und er beginnt im Dunkel der Nacht zu leuchten. Dadurch werden Energien ausgesendet, die manche Menschen beeinflussen. So wie mancher Mensch beeinflußt wird, wenn er vom Morgenstern beleuchtet wird.

Frage: Hat dies etwas mit dem Magnetfeld zu tun?

Claudius: Alles greift ineinander, mein lieber Freund. Das Magnetfeld der Erde und viele andere Faktoren.

Frage: Würde dies bedeuten, wenn ich einen Monat später geboren wäre, würde ich diese Erfahrung nicht machen können, die ich jetzt mache, weil die Gegebenheiten andere wären?

Claudius: Halt, mein Freund, ich weiß, was du ansprichst. Du sprichst die **Manipulation der Ärzte** an. Mein Freund, kein Arzt wird es dir, **deiner Seele** verwehren können, zu einem bestimmten Zeitpunkt geboren zu werden. Denn siehe, die Veranlagung oder Erfahrung, die du machen willst, den Zeitpunkt dafür, den nimmt **deine Seele** für sich wahr.

Und am Anfang eurer Diskussion stand die Frage nach der Empfängisverhütung. Laßt mich darauf antworten, und ich meine es persönlich. Wenn ich mich nicht inkarnieren wollte, würde keine Macht der Welt mich daran hindern.

Frage: Gilt das auch für die sogenannten übertragenen Kinder?

Claudius: So ist es. Dem Menschen sollte gezeigt werden, daß er zu jeder Zeit fähig ist, unabhängig vom Monat, einer Seele Heimat zu gewähren, und dies liegt im Wesen des Menschen begründet.

Dies hängt unmittelbar zusammen mit der Konstellation der Sterne, den Einstrahlungen, die dazu erforderlich sind und unmittelbar mit dem geistigen Bewußtsein des Menschen. Der Mensch ist ausgezeichnet mit Fähigkeiten, die die Tiere nicht besitzen. Nur empfindet er diese Auszeichnungen manchmal als ungeheure Last, weil er damit nichts anfangen kann, weil ihm Informationen einfach verschlossen sind durch den rationalen Verstand.

Dadurch, daß der Mensch glaubt, nur ein einziges Mal zu leben, dadurch hüllt er sich ein in den Schleier der Nacht.

Frage: Kann sich der Vollmond auch auf menschliche Organe auswirken, so daß alle vier Wochen die gleichen Symptome auftreten?

Claudius: Natürlich, meine Liebe, siehe, weil diese Energien die Ausstrahlungen, die ausgesandt werden, gebündelt auf den einzelnen Menschen einwirken. Ich möchte es euch in eurer Sprache begreiflich machen. Die Ausstrahlung des Mondes oder die Energien, die durch den Vollmond ausgesendet werden, sind gebündelte Energien. Sie sind stärker als das Licht der Sterne, und dadurch ist der Mensch empfänglicher geworden. Nicht alle Menschen, wohlgemerkt, doch ihr könnt es auch im Tierreich beobachten, daß diese gebündelten Energien auch von den Tieren wahrgenommen werden.

Frage: Ich kann akzeptieren, daß man unter einer gewissen Sternenkonstellation gewisse Charaktereigenschaften annimmt, die aus der Beeinflussung verschiedenartiger Energien, wie auch immer, zustande kommen. Ist es denn auch möglich, wie bei uns oft praktiziert, aus dieser Konstellation heraus Zukunftsaussagen zu machen? Innerlich lehne ich das irgendwie ab.

Claudius: Nun, mein Freund, du hast recht. Hier wird zu viel »Schindluder« getrieben. Siehe, euer Leben ist im Hyperbewußtsein gespeichert, euer aller Leben, und nicht abrufbar.

Wenn Zukunftsaussagen gemacht werden für einzelne Menschen, so können sie in eure Zeit nicht eingeordnet werden, weil hier bei uns euer Zeitbegriff ein völlig anderes Maß erhält. Mein Freund, wäre dies möglich, würdet ihr gesteuert. Es würde dein eigenes Bewußtsein beeinflußt, wenn ich dir sagen würde:

Heute hast du einen Unfall. Dann bleiben dir zwei Möglichkeiten. Entweder hier bei den Freunden zu übernachten oder trotz dieser Warnung nach Hause zu fahren. Und wenn du zu Hause angekommen bist, wirst du feststellen, daß ich dich belogen habe, nur der Unfall wird zu irgendeinem Zeitpunkt passieren – **aber zeitlich einordnen darf ich ihn nicht.** Verstehst du, was ich meine? Wenn dir irgend jemand eine solche Aussage macht, dann würde er dich beeinflussen.

Frage: Meiner Tante wurde geweissagt, daß sie zwei Kinder bekommt, einen Jungen und ein Mädchen. Und das stimmte.

Claudius: Nun, das lag in ihrer Psyche begründet und war abrufbereit.

Frage: Hat die Wahrsagerin dies in ihrem Umfeld »aufgeschnappt«?

Claudius: Das ist richtig, aber sie hat ihr keinen Zeitpunkt genannt.

Frage: Demnach sind die Aussagen richtig – nur der Zeitpunkt ist unbekannt?

Claudius: Mein Freund, nicht immer stimmen die Aussagen, ich warne euch davor, laßt euch diese Dinge nicht erzählen. Versucht uns nicht, zwingt uns nicht, etwas zu sagen, was für euch nicht gut wäre.

Frage: Ist es ein Unterschied, ob du etwas nicht sagen **darfst** oder nicht sagen **kannst,** von der Zeit her gesehen?

Claudius: Eine Sache der Definition, richtig.

Frage: Also für uns zum Vorteil?

Claudius: So ist es, mein Freund.

Frage: Lieber Claudius, du hast uns nun ausführliche Informationen über die Sternenkonstellationen gegeben. Nun taucht aber bei mir eine Frage auf. Sind andere Aspekte, wie zum Beispiel Karma, Vererbung, Elternhaus, Erziehung, Umfeld et cetera nicht ebenso ausschlaggebend für den Lebenslauf?

Claudius: Du hast natürlich recht, meine Liebe, daß auch andere Komponenten eine Rolle spielen. Es ist richtig, daß es auch darauf ankommt, in welche Familie, in welches Elternhaus der Mensch eingebunden ist, ob überhaupt ein Elternhaus vorhanden ist. Es spielt eine außerordentlich große Rolle die Einbettung in die Gesellschaft, denn die Einflüsse, die auf den Menschen während des Lebens einwirken, zeichnen ihn, und seine Ratio wird Impulse aufnehmen und sie umsetzen.

Frage: Ja, das ist verständlich. Und wie ist es mit der Vererbung und dem Karma, das doch bei jedem Menschen ein anderes ist?

Claudius: Jede Seele nimmt ein bestimmtes Karma mit auf ihren Weg. Dieses Karma wird sich in diesem Körper selbständig weiterentwickeln, gesteuert über die Information, die das Gehirn aufnimmt. Ebenso verhält es sich mit gewissen Vererbungen.

Frage: Aber es ist doch richtig, daß sich Menschen, auch wenn sie unter demselben Sternzeichen geboren sind, völlig verschieden entwickeln?

Claudius: Gehen wir davon aus, um ein Beispiel zu geben, daß fünf Personen zur gleichen Zeit unter einem bestimmten Sternkreiszeichen geboren werden. Die Veranlagungen, die dieses Sternkreiszeichen beinhaltet, werden für das ganze Leben auf dieser Erde entscheidend sein. Aber die Seelen, die diese **Grundstrukturen** aufweisen, werden sich völlig anders entwickeln, da sie das **persönliche Lernprogramm** jedes einzelnen, das völlig unterschiedlich ist, mit in diese Körper hineinnehmen. Das heißt nichts anderes, als daß die **Rahmenbedingungen** für die Inkarnation zu diesem bestimmten Zeitpunkt gleich sind – aber die **Entwicklung völlig verschieden verläuft.**

Frage: Könnte man das mit einem gewissen Schultyp vergleichen? Die Lehrprogramme der einzelnen Schulen bilden den Rahmen. Wie der Schüler das erlente Wissen anwendet oder was er daraus macht, ableitet, verarbeitet, das ist dann sein **persönliches** Lernprogramm, gesteuert durch seinen freien Willen?

Claudius: Im weitesten Sinne ist diese Aussage richtig.
Siehe, der eine Mensch, der zum gleichen Zeitpunkt geboren wird, hat das Karma mitbekommen, daß er als Bauer tätig sein will zur Bestellung der Felder, zum Nutzen der Natur. Er wird während seines gesamten Lebens alle Informationen aufnehmen, die damit zu tun haben, was sein Karma zur Weiterentwicklung ihm empfiehlt.
Der andere, der zum gleichen Zeitpunkt geboren wird, wird Wissenschaftler. Er wird nur die Informationen aufnehmen, die für die Entwicklung seines Karmas als Wissenschaftler erforderlich sind. Der dritte, meine Liebe, wird Priester, und er nimmt Informationen auf, die zur seelischen Weiterentwicklung der Menschen dienlich sein können.
Der vierte wird Künstler, Musiker. Ihm werden die Töne die Hände steuern. Ihm wird es möglich sein, tätig zu werden in einem Beruf als Pianist oder Geiger.
Der fünfte unseres Beispiels wird Bettler sein, und er wird nur solche Informationen aufnehmen, die helfen, sein Leben fristen zu können. Aber alle sind zum gleichen Zeitpunkt geboren.

Frage: Du sagtest, die Sternenkonstellation bietet die Rahmenbedingung. Wofür? Wirkt sie nun auf die Psyche ein oder auf den Charakter?

Claudius: Meine Liebe, ich will es dir erklären. Ihr werdet zu einem bestimmten Zeitpunkt geboren – jeder Mensch, jede Inkarnation erfolgt zu einem bestimmten Zeitpunkt. Hier schafft sich die Seele die Möglichkeiten zum Rückgriff auf das Informationsfeld, gemäß ihrem Karma, das sie in diesem Körper vollziehen will. Deshalb sprach ich von Rahmenbedingungen, die die Inkarnation in einem gewissen Sternkreiszeichen beinhaltet.
Die Rahmenbedingung ist immer das Fenster, aus dem die Seele sich Informationen abrufen kann.

Hier spielt der Zeitpunkt der Geburt eine Rolle. Hier spielen eine Rolle die Verhältnisse der Natur, die zu diesem Zeitpunkt herrschen. Es spielt auch eine Rolle, ob die Geburt bei Tag oder bei Nacht erfolgt ist. Doch seid euch bewußt, dies alles ist **nur ein kleiner Aspekt.** Es ist nicht erforderlich, daß ihr erkennt, warum die Seele zu einem gewissen Zeitpunkt in den Fötus eingeht und inkarniert. – Bist du damit zufrieden, meine Liebe?

Frage: Nicht ganz, ich wollte konkret wissen, ob die Rahmenbedingung der Sternenkonstellation auf die Psyche oder auf den Charakter einwirkt oder auf was sonst?

Claudius: Sie wirkt auf alles, meine Liebe. Zunächst auf die Seele, als Steuerungsfaktor der Materie. Sie ist der Umsetzungsfaktor der Informationen. Sie leitet die Informationen, die sie aus diesem kleinen Fenster abrufen kann, weiter über das Gehirn zum Körper. Verstehe mich richtig. Du mußt von einer bestimmten Voraussetzung ausgehen – nämlich daß nicht alle, die zum gleichen Zeitpunkt geboren werden, auch die gleichen Informationen aus dem Informationsfeld abrufen können.

Frage: Deshalb ist es für uns so schwierig, dies zu verstehen.

Claudius: Es ist so diffizil, daß ich es euch eigentlich nur an einem ganz profanen Beispiel zeigen kann.

Siehe der Strom, die Elektrizität. Sie dient zu vielen Zwecken. Er ist vorhanden, dieser Steuerungsfaktor, und hat die Möglichkeit, diesen Strom einzufangen und ihn punktuell weiterzuleiten. Es gibt diesen Strom, das wißt ihr alle. Es gibt Elektrizität, sie ist fähig, in kleinen Dosen eine kleine Birne zum Leuchten zu bringen. Sie ist fähig, gesteuert, eine ganze Stadt zum Leuchten zu bringen oder aber auch Wärme zu erzeugen.

So solltest du es sehen. Es kommt auf dieses kleine Fenster an, das zu irgendeinem Zeitpunkt den »Resonanzboden« Seele trifft. Diese Seele wird diese Energie aufnehmen, gemäß ihrer eigenen Bestimmung – und weiterleiten an den Empfänger.

Frage: In der Literatur wird über die Einwirkung der Sterne auf den Charakter gesprochen, und ich verstehe eigentlich diese Definition nicht.

Claudius: Es bildet sich bei jedem Menschen eine gewisse feste Überzeugung. Sie ist keine allgemeingültige Überzeugung. Doch wenn ihr so einem Menschen begegnet, der fest in seiner Überzeugung verwurzelt ist, dann sprecht ihr davon, daß dieser Mensch Charakter hat, solange er nicht ausgleitet.

Frage: Kann der Mensch durch die Konstellation der Sterne, die sich jeden Monat ändert, mehr oder weniger unbewußt, Hilfe erhalten, gemäß seiner Sensibilität?

Claudius: Nun, meine Liebe, du sprichst einen alten Wunsch an, den die Menschheit sehr frühzeitig schon artikuliert hat. Der Stern an sich hat darauf keine Auswirkungen. Auch die Konstellation des Sternes hat keine direkten Einwirkungen auf den Menschen.

Einzig und allein die **Schwingungsfrequenzen,** die er aussendet, die sich verbinden mit den Schwingungsfrequenzen der Stratosphäre und der Atmosphäre und mit den Energien üben Einfluß aus.

Alles zusammen ist gebündelte Energie, die auf den Menschen eine Auswirkung hat. Es ist dabei immer nur die Frage, welche Energien für bestimmte Reaktionen des Menschen verantwortlich sind. Es ist dies von Fall zu Fall verschieden. Seht, der eine kann nicht schlafen, der andere ist nervös, der dritte bekommt Kopfschmerzen, der vierte hat irgendein anderes Leiden, und keiner weiß warum. Dies hängt natürlich mit den Schwingungsebenen zusammen, die ihre Energien auf diese Menschen aussenden.

Frage: Es gibt auch Baumhoroskope, kennt ihr das?

Claudius: Richtig.

Frage: Danach soll jedes Sternzeichen einem bestimmten Baum zugehörig sein.

Claudius: Weißt du, meine Liebe, der Mensch hat versucht, die Natur zu begreifen, um sie in Verbindung zum Kosmos zu setzen. Er hat verschiedene Wege sich ausgesucht, um zur Erkenntnis zu gelangen, so wie es verschiedene Medien gibt, die euch verschiedene Botschaften durchgeben. Jeder wird für sich selbst den richtigen Weg finden müssen.

Astronomen gab es zu allen Zeiten, die versucht haben, eine Verbindung zum Menschen herzustellen, die Geheimnisse um ihre Erkenntnisse machten und vielfach falsch interpretierten. Sterne, meine Lieben, sind nichts anderes als Welten, belebte und unbelebte Planeten. Sterne, die leuchten, aus sich selbst heraus, weil sie am Verglühen sind, weil es Sonnen sind, die zu irgendeinem Zeitpunkt angefangen haben mit der Auflösung, oder aber die angestrahlt werden von anderen Sonnen, damit ihr sie sehen könnt.

Frage: Es gibt so viele Bücher über Astrologie, so daß man ganz verwirrt wird.

Claudius: Liebe Freunde, studiert alles noch einmal, was heute gesprochen worden ist, und ihr werdet sicher klarer sehen, als durch das Studium vieler Bücher.

Die Pyramiden

Frage: Lieber Claudius wir sprachen früher schon über Pyramiden, aber wir haben zusätzlich noch einige Fragen.

Claudius: Frage, mein Freund, ich antworte gerne:

Frage: Du sagtest einmal, der Erbauer der sogenannten »Großen Pyramide« wäre nicht Cheops gewesen. War es jemand aus dem Stamm der Chefren?

Claudius: Diese Pyramide ist ein Monument aus längst, längst vergangener Zeit, die mit der Dynastie des Pharao **Chefren** nichts zu tun hat.
Ihr könnt es daran erkennen, daß alle anderen Pyramiden nicht die Präzision aufweisen. Ihr könnt es auch daran erkennen, daß alle anderen Pyramiden aus Nilschlamm zusammengeklebt worden sind, denn bei diesen Bauten war das Wissen um den Transport, um das Loslösen des Felsens aus dem Urgestein längst verloren, denn sonst hätte sich kein Pharao mit einer Schlammpyramide begnügt.
So wie euer König sich ein Schloß gebaut hat und keine Kate. Doch die Voraussetzung ist immer, daß die Entwicklung fortschreitet und nicht zurückfällt.

Frage: Es waren demnach verschiedene Zeitalter?

Claudius: In diesem Fall ist es so, daß dieses Wissen das Ende einer Ära bedeutet hat und dann wieder als leuchtendes Beispiel vorgegeben war für die Entwicklung dieser anderen Generationen.

Frage: Man sagt, daß noch nicht alle Gänge in den Pyramiden erforscht sind?

Claudius: Richtig – einige Wissenschaftler möchten gerne weiterarbeiten, doch es ist ihnen verwehrt. Sie haben durch ihre Arbeit erkannt, daß dieser Steinhaufen, so wie er sich jetzt darstellt, völlig sinnlos in die Gegend hineingesetzt worden wäre, nur einfach aufeinandergesetzt. Warum sollten die Himmelsrichtungen festgehalten werden? Was sollte die Pyramide darstellen? Das Geheimnis ist **innerhalb** dieser Pyramiden und **unterhalb** dieser Pyramiden zu finden.

Unterhalb dieser Pyramiden sind heute noch Wege vorhanden, die das Geheimnis aus längst vergangener Zeit in sich bergen. Doch sie warfen ihren Müll darauf, statt in die Tiefe zu gehen. Irgendwann wird sich dieses Geheimnis lüften lassen.

Frage: Ich fühlte mich gefühlsmäßig angesprochen, als man die Räumlichkeiten der Prostituierten, der Vestalinnen zeigte.

Claudius: Meine Liebe, der Ausdruck, den ihr verwendet, ist ein schlimmer Ausdruck. Prostitution, wie das klingt! Es war zu allen Zeiten – zum damaligen Zeitpunkt und zu unserem Zeitpunkt auch bei uns üblich, daß es Menschen gibt, die **ausgesucht waren für die Liebe zwischen Mann und Frau und dafür ausgebildet wurden. Sie standen in sehr hohem Ansehen, weil es Überlieferungen gab, daß diese Frauen durch die Götter das Menschengeschlecht begründet haben. Es hatte einen tiefen Sinn.**

Heute, zu eurer Zeit, ist dieser Sinn längst verlorengegangen und in den Schmutz getreten worden, wenn ich so sagen darf.

Frage: Ich dachte immer, eine Vestalin wäre eine Tempeldienerin, eine religiöse Frau?

Claudius: Nun, zur damaligen Zeit gab es eine Religionsrichtung, die ihren Niederschlag in einer sogenannten Vereinigung fand, deren Aufgabe es war, junge Frauen heranzubilden, die als Priesterinnen dann den Glauben zelebrierten.

Doch nicht den Glauben im Sinne eurer Religion, sondern den **Glauben an die Macht der Götter, die dem Menschen helfen, das Leben zu leben, die Liebe zu leben.** Das Sinnbild dieser Frauen war die Taube.

Am Anfang wurden in diese Vestatempel Kranke,

Gebrechliche gebracht, sowohl geistig Kranke als auch körperlich kranke Personen. In diesem Vestatempel gab es Räume, wo Behandlungen stattgefunden haben. Zum Beispiel hat man Wunden behandelt, Knochen eingerenkt, Geburtshilfe geleistet und auch geistige Erneuerungen durch Tiefschlaf vermittelt. Eine Vestalin in einem Tempel hatte ein Gelübde abgelegt, das sie niemals brechen durfte. Wenn sie es gebrochen hatte, **erst dann wurde sie Allgemeingut.**

Frage: Vor ca. 12000 Jahren soll eine Pyramide der »Isis« als der göttlichen Mutter errichtet worden sein, und dieses Datum, der 8. 8., soll als Jahrestag dafür gelten.

Claudius: Nun, meine Liebe, die Erde hat schon immer gute Gedanken gebraucht, nur sie in die Tat umzusetzen, war die Schwierigkeit des Menschen. Die Zahl 12000 stimmt nicht, sie spielt auch keine Rolle.

Frage: Was bedeutet die neben der großen Pyramide gefundene Sonnenbarke?

Claudius: Erinnerung an die Sagen, an die Überlieferungen vom ersten Besuch dieser Wesenheiten auf der Erde. Ganz einfach. –

Die Menschen sprachen von »Feuerwagen«, von »Streitwagen«. Aber der Ursprung liegt darin begründet, daß es die Wesenheiten von einem anderen Planetensystem waren, die die Erde aufsuchten.

Ihr sprecht in euren Breitengraden von **Donar, dem Donnergott,** dem Gott des Donners und des Blitzes, der durch die Lüfte fliegt. Auch eine Erinnerung, eine Überlieferung aus jener Zeit.

Frage: Die Schriften, die in den Pyramiden sich befinden, wurden die erst in späteren Jahren aufgezeichnet?

Claudius: Nun, diese Schriften, die dort noch verborgen liegen, reichen weit, weit zurück. Wißt ihr, meine Freunde, es würde nicht ausreichen, wollte ich euch erklären, welches Wissen in diesen Schriften einzeln

aufgeführt ist. Ich kann euch nur vermitteln, daß alles Wissen vom Beginn des Menschseins aufgezeichnet ist.
Solange der Mensch besteht, hat er das Ursprungswissen weitergegeben an die Enkel und Urenkel und nachfolgenden Generationen. Bis zu dem Zeitpunkt, wo es möglich war, dieses Wissen aufzuzeichnen.

Frage: Waren das also zunächst mündliche Überlieferungen?

Claudius: So ist es – und wenn ich euch sage, daß die ersten schriftlichen Aufzeichnungen von den Überlebenden der ersten großen Sintflut gemacht wurden, dann könnt ihr euch vielleicht räumlich und zeitlich vorstellen, wie weit es zurückliegt.

Frage: Es wird behauptet, daß das Wissen mit einer Methode auf Täfelchen aufgezeichnet wurde, die damals noch gar nicht möglich war.

Claudius: So ist es, mein Freund, aber es gibt viele Rätsel auf dieser Welt, die einfach nicht gelöst werden können, weil der Mensch dazu nicht mehr das erforderliche Wissen besitzt. Doch wir glauben, daß das Wichtigste, was der Mensch wissen muß, durch uns vermittelt werden kann – nämlich – das Bewußtsein,
daß in jedem Mensch **Gott** zu sehen ist,
daß in jedem Menschen die **Liebe** zu sehen ist,
daß jeder Mensch in seinem Ursprung aus der unendlichen Güte und Liebe der Allmacht hervorgegangen ist – und eigentlich, meine Freunde, ist dies das Wichtigste, denn wenn ihr diese Wahrheit voll erfassen könnt, dann, meine Freunde, wird alles andere bedeutungslos werden.

Frage: Dann brauchen wir auch keine Religion mehr?

Claudius: **Dann bist du Religion,** mein Freund.

Frage: Welchen Sinn hat die Sphinx vor der Pyramide?

Claudius: Die Sphinxfigur vor der Pyramide wurde geschaffen, um die Eingänge zu den unteren Gemächern zuzudecken.

Frage: Man hat dieser Tage festgestellt, daß die **Sphinx** älter sein soll als bisher angenommen, also nicht 4500, sondern 8000 bis 9000 Jahre alt.

Claudius: Nun, mein lieber Freund, ich darf dir dazu folgendes sagen. Vor kurzem haben eure Forscher unter Wasser eine Höhle entdeckt, die Felszeichnungen aufweist, die Tausende von Jahre alt sind.

Ich habe euch in der Vergangenheit gesagt, daß im jetzigen Zeitalter doch manche Überraschungen der Wissenschaft präsentiert werden und den Menschen, die sich immer noch streiten, wie alt die Erde ist. Mein Freund, glaube mir, wenn ein Land emporsteigt aus dem Wasser, wird keine fruchtbare Erde die Oberfläche bilden, sondern Sand und Fels das Gesicht dieses Stückchens Landes sein.

Seht, Freunde, ihr sprecht von einer Sintflut, die entstanden ist, weil Gott die Menschen auf der Erde vernichten wollte.

Nun, auch die **Sphinx** hatte im Leben der Menschen eine große Bedeutung. Sie wurde gebaut, vor Jahrtausenden, so wie die Pyramiden nicht Erzeugnisse eines Geschlechtes sind. Ich möchte mich jetzt nicht in Einzelheiten verlieren, weil es den heutigen Abend sprengen würde. Nur soviel: Der Planet Erde ist seit Millionen von Jahren einem steten Wechsel unterworfen.

Er ist deshalb diesem Wechsel unterworfen, weil er nicht festgefügt im Weltall sich allein befindet. Es ist ein Planet wie jeder andere auch: Mars, Jupiter. Er hat nur eine andere Struktur – und diese andere Struktur ist auch nicht von heute auf morgen entstanden, sondern sie war einem Entwicklugnsprozeß unterworfen, und sie wird wieder und immer wieder sich verändern. Ich erinnere euch an das Phänomen von Ebbe und Flut, das eure Wissenschaft als Einflußnahme des Mondes bezeichnet.

Frage: Ich weiß, aber ich habe das nie geglaubt.

Claudius: Danke. Ihr seht, meine lieben Freunde, es gibt so viele Phänomene, die der Mensch auf irgendeine Art und Weise deutet. Doch er trifft niemals den Kern – und so, mein lieber Freund, ist es mit der **Sphinx.**

Es wurden Dinge geschaffen, die eigentlich der Nachwelt Zeugnis geben sollten vom Werden des Menschen. Wie käme ein primitiver Mensch dazu, hört mir gut zu, **Sphingen zu erschaffen, die der Schönheit des Menschen einen Schlag versetzen.** Wie käme der Mensch dazu, einem Tier menschliche Züge zu verleihen und sie mit tierischen Gliedmaßen zu versehen. Es muß ein Grund vorhanden gewesen sein.

Ich weiß, was jetzt eingewendet werden kann: Es waren die Götter, die der Mensch sich vorstellte. Man betete zum Stier, man betete zum Falken, man betete die Sonne an, man betete Tiere an. Nun, ich empfehle euch einen Abstecher in die Mythologien der einzelnen Völker – und damit, meine lieben Freunde, möchte ich schließen, auch wenn viele Dinge nur fragmentarisch angeschnitten wurden.

Nicola Tesla möchte euch noch etwas sagen:

Tesla: Solange ich bei Ihnen gelebt habe, solange ich mit Ihnen gelebt habe, solange ich auf diesem Planeten gelebt habe, war für mich das Phänomen der energetischen Wellen ausfüllend und brennend interessant. Ich habe versucht, Dinge zu entwickeln, die längst in der Vergangenheit schon entwickelt waren.

Ich erinnere Sie alle daran, daß in Ägypten tief im Inneren der Berge Gemälde an die Wände angebracht worden sind, die ohne Licht nicht hätten möglich sein können. Das Phänomen ist eigentlich kein Phänomen, sondern das Wissen um die unendlichen Energien, die im Universum sich befinden, wurde zusammengefaßt. Es wurden – sozusagen – Lampen entwickelt, die die Höhlen erhellt haben. Ihre Wissenschaftler stehen vor einem Rätsel. Wie konnte

dies passieren? Man kommt auf die Idee, verschiedene Spiegel anzuordnen, und überlegte sich nicht, daß ein Spiegel der heutigen Form damals noch gar nicht bestanden haben kann. Heute bei Ihnen, die Sie sich als Techniker, als Wissenschaftler mit Physik befassen, stoßen Sie auch an Grenzen, die Sie nicht überspringen können, doch glauben Sie mir, das Säuseln des Windes birgt ungeheure Energien in sich. Und wäre es dem Menschen möglich – daran bin ich gescheitert – diese Energien zu fassen, was würde er damit machen?
Sie sollten von der Voraussetzung ausgehen, daß das Wissen des Menschen in dem Augenblick zugrunde geht, wenn er mit dem vorhandenen Wissen Schaden verursacht. All dies hat sich in der Vergangenheit so zugetragen und wird sich, wenn es nicht dazu führt, daß der Mensch sich besinnt, wieder zutragen.

Atomenergie – Ozonloch

Frage: Lieber Claudius, du hast einmal davon gesprochen, daß die Menschen Empfindungen oder Entdeckungen, die sie positiv nützen könnten, für negative Zwecke einsetzen. Hast du damit die Atombombe gemeint?

Claudius: So ist es, mein Freund. Weißt du, die Atomenergie kann sowohl guten Zwecken zugeführt werden als auch der Vernichtung dienen.
Das Atom ist bekanntlich Bestandteil des eigenen menschlichen Körpers. Es ist also weder gut noch böse – sondern ganz einfach Bestandteil der Materie.

Frage: Es müßte den Menschen doch bewußt werden, daß die veränderten, bestrahlten Lebensmittel ein Eingriff in den Naturhaushalt sind.

Claudius: Der Mensch hat nicht bedacht, daß bei der Atomenergie Abfallprodukte entstehen, die er nicht entsorgen kann – und dies wird auf die Dauer gesehen der Erde abträglich sein.
Seht, meine Freunde, bei uns geschieht es nicht, daß wir einen Ofen bauen und nicht wissen, wohin mit der Asche. Wir bemühen uns, diese **ungeheuren Energien,** die für unsere Kontakte erforderlich sind, so zu verwenden, daß sie der Sache dienlich sind, ohne schädlich zu sein.

Frage: Die Atomstrahlen sind doch sicher für die Menschen sehr schädlich?

Claudius: Seht, meine Freunde, diese Strahlungen kann der Mensch auf lange Zeit nicht ertragen, wenn sie unkontrolliert freigesetzt werden. Dies ist das Problem dieser Menschheit und dieses Planeten.

Frage: Wird man diese Strahlungen auch positiv umsetzen können?

Claudius: Nun, mein Freund, sie wären jetzt schon umsetzbar zum Segen der Menschheit – nur die Forscher oder die Forschung beschränkt sich zunächst immer nur auf weitere Produktion von Energie, und sie nutzt die Energien der Abfallprodukte nicht aus. Und dies wird zum Problem.

Frage: Du hast von euren Energien gesprochen, die ihr für diese Kontakte benutzt. Das sind doch Tachyonenenergien?

Claudius: Richtig, ich habe schon vor längerer Zeit ausführlich darüber gesprochen, aber ich komme gern noch einmal darauf zurück, wenn es jemand unter euch nicht verstanden hat.

Tachyonenenergie, das sind überschnelle Lichtteilchen, die für euch Menschen nicht erfaßbar sind. Doch jeder Mensch wird von diesen Lichtteilchen ständig getroffen. Sie durchdringen den Körper und treten wieder aus. Es hat auch etwas damit zu tun, daß sich die **Ozonschicht** eurer Stratosphäre gelokkert hat und teilweise auseinadergerissen ist. – Deshalb werden auch heute größere Phänomene beobachtet, sowohl in technischer wie auch in psychischer Hinsicht.

Frage: Ist die Durchlässigkeit für euch dadurch erhöht worden?

Claudius: So ist es. Dies hat aber auch einen Nachteil für den Menschen. Er wird dadurch sensibler, und hier ist die Abstrahlung der Erdatmosphäre in die Stratosphäre auch ein wesentlicher Faktor. Hinzu kommen Verwirbelungen im Erdmagnetfeld und Sonnereruptionen in überreichem Maße, so daß hier eine Energieform sich manifestiert, die **Nicola Tesla** als Brücke zum Jenseits einmal bezeichnet hat.

Frage: Könnte man diese Brücke gleichsetzen mit dem jüngsten Gericht, wie es die Bibel beschreibt, daß damit eine Veränderung im Bewußtsein des Menschen eintritt?

Claudius: Wenn du es so betrachtest, kann ich es bejahen.

Die Bewußtseinsveränderung des einzelnen wird eine große Rolle spielen.

Frage: Braucht diese Energie diese Wechselwirkung, die zur Zeit auf der Erde herrscht?

Claudius: So ist es. Es sind physikalische Vorgänge, die jedoch gewollt und gesteuert sind von der Allmacht, damit eine Veränderung überhaupt stattfinden kann.

Es werden sich auf eurer Erdoberfläche Veränderungen ergeben, Strukturveränderungen. Ich sprach einmal davon, daß nicht nur **eine** Sintflut die Erde bedeckte, sondern daß dieses Phänomen sich schon 4× zeigte, und nun stehen wir wieder vor neuen Veränderungen. Doch das Werden und Vergehen von Ländern, Kontinenten ist nicht das Problem, das euch ängstigen müßte. Einzig und allein ist wichtig, daß ihr den Weg erkennt, den ihr beschreitet, beschritten habt mit eurer Inkarnation, daß ihr den Weg findet zurück zu uns – und je weniger Zweifel ihr habt, um so größer ist die Chance für euch, diese Veränderungen gelassen über euch ergehen zu lassen. Es wird nicht von heute auf morgen sein, aber ihr selbst stellt es fest in eurem Umfeld, wie die Veränderungen stattfinden.

Frage: Könnte es sein, daß die Phase der Zerstörung unseres Planeten bewußt gesteuert wird, damit der Mensch sich besinnt und sich Gedanken macht?

Claudius: Nun, meine Liebe, ich habe euch schon einmal erklärt, daß alles Sein einem bestimmten Wechsel unterworfen ist und damit ist immer eine Bewußtseinsveränderung verbunden. Menschen kommen und gehen. Planeten entstehen und vergehen, alles dient zur Erneuerung und zur Wiedergeburt der ewigen gültigen Wahrheit.

Meine Liebe, es ist das Problem der Menschheit, sich mit Veränderungen auseinanderzusetzen, aber der Mensch läßt sich nur allzugerne immer wieder beeinflussen von seinem Umfeld und vergißt dabei, das Ziel im Auge zu behalten, **das Ziel seines Lebens.**

Frage: Hat dieser Umwandlungsprozeß auch auf anderen Planeten eingesetzt, und was hätte dies kosmisch gesehen für eine Bedeutung?

Claudius: Nun, vernünftigerweise wird es wohl verständlich sein, daß ich euch die Situation auf **eurem** Planeten vorstelle. Seht, durch die Veränderung, die in der Stratosphäre vorgegangen ist, wird euer Planet von ultraviolettem Licht bestrahlt. Dieses **ultraviolette Licht** kann nicht mehr absorbiert werden in diesen Regionen, wo eben die Atmosphäre Störungen erlitten hat, wo die **Ozonschicht** zerstört worden ist.

Zum besseren Verständnis: Nicht allein die Abgase eurer Autos, eurer Industrie haben diese Zerstörung verursacht, sondern die Flugzeuge, die über die Stratosphäre hinausfliegen und dort ihre Abgase, ihre Verbrennungsrückstände erzeugen. Diese Rückstände drücken sowohl von außen, als auch diejenigen, die innerhalb entstehen, zusammen und dadurch entsteht dieses Ozonloch. Mit dem einen Unterschied, daß die Abgase, die auf der Erde entstehen, abgeregnet werden können. Diejenigen aber, die außerhalb der Stratosphäre sich manifestieren, können nicht mehr abgeregnet werden. Sie verbleiben und verursachen die Veränderung.

Natürlich hat dies auch eine Auswirkung auf euer Sonnensystem, auf die benachbarten Sterne und das gesamte System, das unmittelbar mit dem der Erde in Verbindung steht.

Frage: Heißt das, daß alle Planeten, die sich in der großen Ellipse um die Sonne befinden, dadurch beeinträchtigt werden?

Claudius: So ist es – und deshalb, meine Freunde, kann es zu Katastrophen kommen.

Frage: Du sagtest einmal, daß durch die große Ellipse dem Menschen eine neue Chance gegeben wäre?

Claudius: Richtig, denn der Mensch, eure Wissenschaft, erkennt mittlerweile, woran es liegt – und es könnte durchaus sein, daß man gewisse Schlußfolgerungen zieht. Nur die, die man zur Zeit zieht (lächelt), gestattet mir, daß ich meine Worte sorgfältig abwäge – diese Schlußfolge bezieht sich nur auf eure Industrien, nicht darüber hinaus. Man hat zwar erkannt – mittlerweile –, daß die Rückstände außerhalb des Ozongürtels sich nicht abbauen lassen – **doch Schlüsse hat man noch keine gezogen.**

Frage: Wird sich die Vegetation, das Leben generell, der seit Jahren in geringen Mengen vor sich gehenden Freisetzung der Atomenergie anpassen können?

Claudius: Nun, meine Liebe, in eurer Umgebung sind ständig Atome in Bewegung – in der Vergangenheit und in der Zukunft wird es ebenfalls so sein.

Was du meinst, ist die Freisetzung der Urgewalten, du meinst die Atomspaltung und die damit verbundene Freisetzung von ungeheuren Energien. Dies wird lange Zeit Auswirkungen haben, Auswirkungen auf den Menschen, auf seine Monokularstruktur, auf die Gene – aber auch auf die Umwelt und die Tiere.

Frage: Werden wir unser Leben der neuen Situation **anpassen können?**

Claudius: Zu irgendeinem Zeitpunkt, ja. Doch zunächst wrden viele sterben.

Frage: Was passiert im Eismeer? Die mit Atommüll gefüllten Metallcontainer rosten durch, die vor 10 Jahren von den Russen dort versenkt wurden?

Claudius: Nun, zunächst wird eine Verseuchung eintreten. Dann werden Wachstumsveränderungen eintreten bei den Tieren, die im Meer leben. Im letzten Stadium wird eine Mutation erfolgen, die, wie schon einmal, Riesentiere hervorbringt.

Frage: Können wir uns denn nicht irgendwie schützen vor den Strahlen?

Claudius: Schützen könnt ihr euch, indem ihr euch entsprechend kleidet. Wenn du mit bloßem Körper einen

Tag lang in der Sonne verweilst, wird dein Körper Schaden davontragen.

Frage: Die Umweltprobleme in der Welt sind so schrecklich groß geworden, und wenn man sich sehr intensiv damit beschäftigt, kommen Zweifel, ob das überhaupt noch durch Menschenkraft, so wie die Menschen jetzt beschaffen sind, je gelöst werden kann. Ob es nicht vielleicht vorbestimmt ist, daß die Menschen in diese Katastrophe hineinlaufen, um daraus zu lernen?

Ist es überhaupt noch möglich, etwas zu bewegen, oder ist die Menschheit schon zu sehr erstarrt und gefangen in ihrem derzeitigen Tun?

Claudius: Nun, mein Freund, es soll immer den Mahner geben, der den Finger erhebt, doch ich möchte dir sagen, daß es das Wesen des Menschen ist, erst dann sich bewußt zu werden, wenn die Katastrophe vor der Türe steht.

Siehe, ich zünde keinen Ofen an, wenn ich die Asche nicht entsorgen kann. Der Mensch, dem diese Erde als Heimat dienen sollte, hat in der Vergangenheit diese Heimat so oft schon verloren, und es wurde ein Neubeginn gestartet.

Euer Problem liegt darin begründet, daß der Mensch sich nicht bescheidet und die Ursachen nicht anpackt, sondern immer nur das Ergebnis aus dem Weg räumen möchte.

Ich möchte dies an einem kleinen Beispiel aufzeigen. Seht, meine Freunde, Atomenergie ist eine wunderbare Sache, weil alles, was lebt, atomar eingebunden ist. Die Molekularstrukturen eures Seins, alles, was ihr als Materie bezeichnet, ist dieser Energieform unterworfen. Atomspaltung bedeutet nichts anderes, als daß eine zweite Energie noch vorhanden ist, die sich immer wieder aufspalten läßt bis zur Urenergie, bis zu dem, was eure Wissenschaftler nicht mehr verstehen können, jedoch nachfragen: Was ist das?

Frage: Die Wissenschaft kennt demnach auch keinen Ausweg?

Claudius: Die Wissenschaft, eure Wissen-schaft, das, was euch Wissen schafft, wird verkehrt angewendet. Es wird so angewendet, daß es den größtmöglichen Nutzen bringt zur Vernichtung, eben dieser Menschheit, dieses Planeten.

Seht, meine Freunde, Atomexplosionen, Versuchsstationen über die ganze Erde zerstreut bringen Erschütterungen hervor, vergiften die Atmosphäre, die Stratosphäre. Sie reichen bis in den Weltraum. Warum begreift der Mensch nicht, daß er die Göttlichkeit in seinem Tun vergewaltigt?

Ich spreche in diesem Kreis von einem Phänomen, das Jahrtausende und Aberjahrtausende alt ist. Der Mensch wird immer mehr geprägt von Egoismus. Ich könnte ihnen allen heute ein Beispiel geben über die ersten Versuche der Atomspaltung, doch ich setze voraus, daß sie in diesem Kreis bekannt sind. Seht, meine Freunde, mancher Wissenschaftler ist daran verzweifelt, daß er die Hölle freigelassen hat. Doch er setzt sie fort, die Versuche. Eure Atomreaktoren sind *alle* der sie zersetzenden Energie ausgeliefert. Doch dies geschieht nicht heute und morgen. Doch ihr selbst, die ihr eine Ahnung habt von der ungeheuren Gewalt, ihr werdet verstehen, daß dies Auswirkungen haben wird. Doch, meine Freunde, ich bin nicht gesandt, um Katastrophenstimmung zu verbreiten. Ich bin gesandt, euch Hoffnung zu geben, daß nichts verlorengeht, daß euer Sein immer wieder zurückkehrt in die Allmacht. Deshalb denkt darüber nach.

Frage: Dieses menschliche Verhalten: Macht, Habgier, finanzielle Vorteile zu erlangen, unser Egoismus, ist doch offensichtlich eine Eigenschaft, die nahezu allen Menschen in die Wiege gelegt wurde und damit auch eine schwierige Basis ist, von der aus man zu starten hat. Denn unsere Verhaltensweise – bei dem einen mehr, bei dem anderen weniger verdeckt – wird ja von diesen Dingen sehr geprägt.

Claudius: Richtig.

Frage: Ist es unser Lernprozeß, daß man von dieser Ebene aus startet, um dann weiterzukommen?

Claudius: So ist es, mein Freund. Siehe, in eurer Bibel wird vom Sündenfall gesprochen. **Adam** und **Eva** wurden aus dem Paradies vertrieben. Nun, mein Freund, dies ist eine bildliche Vorstellung, um dem Menschen sein eigenes Verhalten aufzuzeigen. Die Bildersprache ist aber nicht allein dem Christentum vorbehalten, sondern sie begründet sich in allen anderen Religionen ebenso.

Selbst die Urreligion sprach davon, daß die Sonne des **Amun Re** scheinen wird auf Gerechte und Ungerechte. Doch denkt, der Entwicklungsprozeß der Menschheit setzt sich chronologisch fort, und es hat zu allen Zeiten Menschen gegeben, die prophetische Gaben hatten, um einen Teil der Menschheit daran zu erinnern, daß sie Bestandteil des Universums sind. Nur, das Denkschema des Menschen – und ich möchte es allgemein verstanden wissen – beginnt immer wieder von neuem in Vorteilnahme auszuarten. Warum ihr dies so empfindet, meine Freunde, ist, weil ihr die Verbindung zu unserer Ebene besitzt oder erahnt. Deshalb belastet euch diese Entwicklung. Doch dieses Wissen macht euch auch hellsichtig, daß diese 20, 30, 50 oder 80 Jahre eures Lebens eigentlich nur ein Funke in der Ewigkeit sind.

Deshalb seid getrost, der Mensch allein muß sich bewußt werden, daß er eingebunden ist in die Verantwortung.

Frage: Ich habe noch eine Frage zu diesem verantwortungslosen Handeln. Warum ist es möglich, daß die sogenannten Mächtigen, die über diese Dinge zu entscheiden haben, vielleicht eine ganze Menschheit einer relativ kurz bevorstehenden Vernichtung im irdischen Sinne aussetzen können?

Claudius: Nun, mein Freund, weil sie sich nicht bewußt sind, daß sie das, was heute geschieht, morgen verantworten müssen. Siehe, eure materielle Welt wird geprägt von wirtschaftlichen Interessen. Sie wird gesteuert vom Kapital. Ihr selbst könnt an dieser Sachlage nichts ändern, weil ihr die Macht nicht besitzt. Ihr könnt in Demut eure Augen auf die jenseitige Welt richten und könnt versuchen, für euch selbst Frieden zu finden. Doch euch ist es nicht möglich, dem Kapital Einhalt zu gebieten. Siehe, mein Freund, dazu gehört, daß Regierungen Beschlüsse fassen, die niemals umgesetzt werden. Dazu gehört, daß Religionen die Wahrheit verfälschen, damit sie den Menschen daran hindern, seine eigene Wahrheit zu finden. Er wird eingebunden und eingepreßt in ein gewisses Schema, das dem Kapital von Nutzen ist.

So hart es klingen mag – solange es nicht möglich ist, das geistige Potential der Menschheit zusammenzuführen, solange es nicht möglich ist, von bisher liebgewordenen Vorstellungen Abschied zu nehmen, solange wird es nicht möglich sein, daß auf dieser Welt Frieden herrscht.

Doch, mein Freund, wir wollen euch das Herz nicht schwermachen, denn ihr sollt die Freude eures Daseins empfinden. Ihr sollt empfinden, daß es diese Welt in geläuterter Form wiedergeben wird. Ihr sollt gewiß sein, daß euer Auge eines Tages die Schönheit eures Lebens erkennen wird. Löse dich von der Vorstellung, daß dieses dein Leben entscheidend ist für die Ewigkeit. Ein kleiner Aspekt nur, mein Freund, ist es, bedenke dies und du wirst Frieden finden in dir selbst.

Teil II

Karma
2. Teil

Frage: Lieber Claudius, mit dem Begriff »Karma« komme ich in einigen Punkten immer noch nicht klar. Wie ist das zum Beispiel bei einem Unfall? Geschieht er, weil der Fahrer unachtsam war, oder ist es ganz einfach sein Karma? Die Frage nach dem *Warum* beschäftigt mich.

Claudius: Ich kenne dein Problem. Natürlich ist es das Schicksal des Fahrers, durch diese Tiefen durchgehen zu müssen.

Frage: Aber wenn nun beispielsweise jemand gewarnt wird? Wenn es »vorgesehen« war, dann hätte die Warnung doch sowieso nichts verhindert?

Claudius: Sicher ist das Unglück vorgesehen, sicher liegt es auf dem Schicksalsweg des Menschen begründet – aber es ist immer die Frage der Gnade, *wie* es endet. Alles, was ihr in eurem Leben durchlebt, ist euer Schicksal, und alles, was als Gnade euch gegeben wird, solltet ihr als solche erkennen. Mancher wundert sich, daß manchmal bei einem sehr schweren Unfall relativ wenig passiert. Dann, meine Lieben, mußte nur ein kleines Wachrütteln erfolgen. Die Menschen sagen dann: Er hat *Glück* gehabt. Ich würde sagen: Es war *Gnade*.

Frage: Ist meine Entscheidung, die mir selbst noch nicht bekannt ist, an meinem Muster, das aus meinen Gedanken und meinen Zellen entstanden ist, erkennbar?

Claudius: Siehe, dein Sein liegt wie ein Gitterwerk um dich, deine Energien sind uns zugänglich. Wir kennen dein **Verhaltensmuster** und aus diesem Verhaltensmuster ist deine Reaktion zu erkennen. Deine Reaktion unterliegt immer deinem freien Willen. Aber – an deinem Energiekörper, der dich umschließt, sind gewisse Verhaltensstrukturen eingeprägt, so daß es für uns, aus unserer Ebene, erkennbar ist, welche Entscheidung du wahrscheinlich fällen wirst.

Frage: Du sagst »wahrscheinlich«, demnach wißt ihr nicht genau, welche Entscheidung ein Mensch treffen wird?

Claudius: Du hast richtig vermutet, daß wir den Weg des einzelnen in einer bestimmten Situation nicht voraussehen können, weil er seinen freien Willen hat, den Weg nach rechts, den Weg nach links oder den Weg geradeaus zu nehmen. Wir wissen um seine Veranlagung, und wir können **vermuten,** welchen Weg er gehen wird, aber wir wissen das Ziel, **denn alle Wege führen auf ein bestimmtes Ziel zu.**

Frage: Wißt ihr über das Karma Bescheid? Warum laßt ihr uns im Ungewissen, warum führt ihr uns nicht?

Claudius: Nun, meine Lieben, es ist uns erlaubt, euch **beratend** zur Seite zu stehen, es ist uns erlaubt, bestimmte Situationen zu **neutralisieren.** Es ist uns auch erlaubt, euch, meine Freunde, einen **Weg aufzuzeigen.** Auch wenn ihr ihn nicht erkennt, im Augenblick nicht erkennt, so werdet ihr doch zu irgendeinem Zeitpunkt **die Folgerichtigkeit erkennen.**

Frage: Sind Eheschließungen auch karmisch bedingt?

Claudius: Nun, sie werden immer karmisch bedingt sein, denn du wirst dir diesen Partner aussuchen, der möglichst mit dir auf einer Schwingungsebene liegt. Dazu, meine Liebe, ist dir das Gefühl, die Seele beigegeben, die sich den Partner über Ländergrenzen hinweg aussucht zu einem bestimmten gemeinsamen Weg.

Frage: Nicht weil sie vielleicht die Erkenntnis hat, daß sie speziell mit dieser Seele etwas sich erarbeiten will, sondern nur, weil sie schwingungsmäßig zu ihr paßt? Ist das ein anderer Aspekt?

Claudius: Nun, dadurch, daß sie schwingungsmäßig zu ihm paßt, wird sie diesen gemeinsamen Weg gehen. Du siehst, wie alles nur vom rein Geistigen abhängt. Ihr solltet euch bemühen, hinter den Kulissen eures menschlichen Denkens etwas anderes zu suchen.

Seht, meine Freunde, der Mensch, der menschliche Körper besteht aus einer Trinität, die ich euch genannt habe. Seid euch bewußt, daß euer Körper eine völlig untergeordnete Rolle spielt, daß euer **Geist mit dem Geist eures Partners, eures Gegenübers Kontakt aufnimmt, unabhängig vom Körper.** Ihr werdet euren Partner geistig umfassen, und ihr werdet tief in euch Abneigung, Zuneigung oder Gleichgültigkeit spüren. Und gemäß eurem Empfinden werdet ihr die Wahl treffen.

Frage: War die Verbindung zwischen mir und meinem Mann auch karmisch bedingt?

Claudius: Deine Seele hat das Karma mit auf die Erde gebracht, mit auf deine Inkarnation, daß sie bestimmte Dinge lernen will. Aber das Karma deines Mannes war es auch, ein bestimmtes Programm zu absolvieren. Die Begegnung zwischen euch ist dem Programm gemäß geschehen, das eure beiden Seelen mit auf den Weg gebracht haben. Nun, die Verbindung, die zustande kam, war zwangsläufig. Sie konnte nicht ausbleiben.

Frage: Normalerweise konnte man unsere Verbindung nicht als zwangsläufig zustande gekommen sehen, weil ich ja eine solche Verbindung, meiner Erziehung und der Moralvorstellungen gemäß, nie im Leben eingegangen wäre – die Auseinandersetzung mit der gegebenen Situation war für uns ein ganz schwerer Entwicklungsprozeß.

Claudius: Mein Herz, natürlich war das ein Entwicklungsprozeß, natürlich mußtest du lernen, klarer zu sehen, losgelöst von deiner Erziehung. Aber du weißt – nichts, nichts konnte es verhindern, daß ihr diese Verbindung trotzdem eingegangen seid – also?

Euer Bewußtsein ist nicht einfach eingekerkert. Es ist

nicht einfach auf Eis gelegt, sondern es agiert, es entwickelt sich, es fließt, es steht dem Partner zur Verfügung. Es gibt Erinnerungen zurück.

Das widerspricht nicht dem, was ich euch früher gesagt habe, daß ihr eures vollen Bewußtseins euch nicht bedienen könnt. Was ihr an Informationen erhaltet, ist immer die Information eures Partners, eures Kindes, es ist die Ergänzung, die ihr braucht, um euch weiterzuentwickeln, denn wenn ihr mit eurem eigenen Bewußtsein kooperieren könntet, wäre der Sinn der Weiterentwicklung nicht gegeben.

Frage: Ist es richtig, daß man schon bei einer früheren Inkarnation eine Begegnung mit dem Partner haben konnte?

Claudius: Es ist für jeden von euch, die ihr hier in diesem Kreis sitzt, und für jeden, der außerhalb dieses Kreises ist, eine Wiederbegegnung zu irgendeinem Zeitpunkt möglich, damit sich die Seele weiterentwickeln kann, denn das Bewußtsein, das volle Bewußtsein, das hier die Seele hat, hat sie auf diesen Weg gebracht. Auch wenn ein Teil des Bewußtseins bei uns geblieben ist.

Frage: Sprechen sich die Seelen ab, sich wiederzutreffen?

Claudius: **Nein!**

Frage: Wenn Seelen sich nicht absprechen, wie können wir es dann verstehen, wenn wir jetzt annehmen, wie du gesagt hast, daß ein Teil von uns als **Karmel-Mönche** gelebt hat, daß wir jetzt, zu diesem Zeitpunkt, wieder zusammengekommen sind? Ist es nicht doch in irgendeiner Form ein gemeinsames Entscheiden, daß man in einer gleichen Zeitspanne wiedergeboren wird?

Claudius: Nun, mein Freund, siehe es so. Als du hier bei uns warst, ist in deiner Seele der Wunsch wachgeworden, die Gemeinschaft des Wissens, das im Karmel gelehrt wurde, wieder zu finden, neben anderen Wünschen. Deine Seele, mein Freund, hat sich den

Weg zu dieser Inkarnation, zu diesem Zeitpunkt gesucht.

Die Seele unseres Freundes (Marc) hat diesen Wunsch ebenfalls empfunden. Sie hat sich jedoch weder mit deiner Seele noch mit R.s Seele, noch mit der Seele der anderen abgesprochen. Den Weg jetzt zu gehen, zu diesem Zeitpunkt, hat die Seele, haben die Seelen selbst gewählt, weil sie die Schwingung der **Jetztzeit** brauchten, diesen Weg zu gehen. Ist es verständlich?

Frage: Ja, und daß wir zusammengekommen sind, ist so eine Art »Interessenresonanz«?

Claudius: Mein Freund, ich verweise auf eine frühere Aussage, als ich euch sagte, daß alle Informationen vorhanden sind, doch nur für den abrufbereit, der ein bestimmtes geistiges Potential zur Verfügung hat für das Abrufen der Information.

Beispiel: Die Information **Karmel,** die Information **Religion,** die Information **Geheimes Wissen,** die Information des **Ursprungs,** die Information der **Liebe,** bilden im Informationsfeld ein bestimmtes Konglomerat, eine bestimmte Zusammensetzung, die aufgenommen werden kann von der Seele, die diesen Informationen aufgeschlossen sind. Nicht jeder wird diese Informationen abrufen können, sondern sie sind vorhanden für **den, der damit etwas bewegen wird.**

Ihr, meine Freunde, habt Fragen gestellt, Fragen, die allgemeines Interesse in diesem Kreis berühren. Es wurden euch Wege aufgezeigt. Wenn ihr glaubt, daß eure Seelen sich **hier** auf **unserer Ebene** treffen und sich absprechen für eine Verbindung **auf der Erde** oder auf einem anderen Planeten, **so ist das falsch.**

Eine Seele – und diese deine Seele allein – will Entwicklungsstufen neu durchleben, Entwicklungsstufen, die sie weiterführt auf dem Weg ins Licht. Natürlich sucht sie den Weg, der ihr diese Erkenntnis am besten vermitteln kann.

Frage: Welche Seelen inkarnieren sich bei Mehrlingsgeburten? Sie sprechen sich ja nicht ab – und doch muß ein gewisser Gleichklang vorhanden sein?

Claudius: Meine Liebe, es sind verschiedene Bewußtseinsstufen, die sich hier in diesen Zwillingspaaren oder Drillingspaaren vereinen. Siehe, es gibt Wesenheiten, es gibt Seelen, die so eng miteinander verbunden sind, daß sie die Erfahrung machen wollen, in **einem** Mutterleib geboren zu werden, zur gleichen Zeit – und ich spreche jetzt bewußt von der gleichen Zeit –, denn sie werden zur gleichen Zeit sich in die Mutter, in den Fötus, hineinversenken. Deswegen spreche ich von **der Geburt zur gleichen Zeit.**

Ihr sprecht die Geburt mit **dem Austritt aus dem Mutterleib** an. Es wird imer einen **Erstgeborenen,** es wird immer einen **Letztgeborenen** geben.

Ich möchte euch einen kleinen Anstoß zum Nachdenken geben. Ihr habt gefragt, ob sich Krankheiten im Mutterleib bilden, ob diese Krankheiten von der Seele bewußt wahrgenommen werden, die sich dort inkarnieren will.

Ich sage euch, unabhängig davon, ob dieser Körper krank geboren wird, wird sich die **Seele inkarnieren,** die eine bestimmte Erfahrung machen wird. Ich sage euch ferner, **daß nichts, nichts geschieht, was nicht** vorausbestimmt ist.

Der Körper, meine Freunde, bildet sich durch die Zusammensetzung der verschiedensten Molekularstrukturen, der verschiedenen Gene. Wenn ein Kind geboren wird, wenn der Körper des Kindes den Mutterleib verläßt, kann es durchaus sein, daß er mißgestaltet ist. **Doch die Seele, die dort inkarniert, die Seele wird niemals mißgestaltet sein.**

Frage: Die Seele macht doch dann eine ganz andere Entwicklung durch, also hat sie es vorher auch gewußt?

Claudius: Sicher, mein Freund, sicher, sie hat die Erfahrung gewußt, die sie machen will. Ich muß mich anders ausdrücken: Sie wußte, welche Erfahrung sie machen wollte, und deshalb inkarnierte sie in diesen Körper.

Darf ich dir dazu ein Beispiel geben: Du gehst in eine Automobilausstellung, hast zu Hause ein Fahrrad. Nun möchtest du die Erfahrung machen, wie es ist, in einem Auto zu sitzen. Also wirst du, wenn es dir möglich ist, dir den kleinsten Wagen kaufen, den du finanzieren kannst. Hast du diesen kleinen Wagen, dann wird er eines Tages verrostet sein, so wie dein Körper verrostet sein wird und du zu uns kommst. Dann wird der Wunsch wach, einen neuen, größeren Körper zu besitzen, dann wird deine Seele diesen neuen Körper finden, so, wie du ein größeres Auto dir aussuchen wirst.

Frage: Gibt es für jede Seele »Standardsituationen«, die sie durchleben **muß?**

Claudius: Wenn du meinst: Freude, Leid, Weinen und Lachen, dann *ja.*

Frage: Also praktisch nicht den gleichen Einfluß?

Claudius: Nun, mein Freund, du gehst mit deiner Frau in einen Film. Er wird sie zu Tränen rühren, und du wirst lachen. Es hängt von dem Bewußtsein des einzelnen ab.

Frage: Bei KARMA geht es doch auch um »Schuld« und »Sühne«?

Claudius: Man kann auch sagen »Ursache und Wirkung«. Schuld und Sühne liegen nicht an der Oberfläche, sondern sind verborgen, wohlweislich verborgen, denn der Mensch könnte sonst daran verzweifeln. Euer Leben muß frei sein von der Belastung vergangener Jahrhunderte, damit ihr diesen Weg gehen könnt. Erkennt daraus die Gnade der Allmacht, die euch bei der Geburt die Erinnerung genommen hat. Aufbewahrt für die Ewigkeit.

Frage: Wenn man all dieses Wissen mit sich herumschleppen würde, hätte man nie die Chance, neu zu beginnen? Haß und Neid könnten niemals überwunden werden.

Claudius: Das Chaos wäre perfekt.

Frage: Muß jede Seele die gleichen Erfahrungen machen?

Claudius: Es muß jede Seele ihre *eigene* Erfahrung machen, wenn sie den Weg beschritten hat.

Frage: Kann sich das Karma verändern, wenn sich das Bewußtsein verändert?

Claudius: So ist es, meine Liebe. Siehe, wenn das Bewußtsein sich verändert, dann verändert sich auch die Auswirkung auf das Karma.

Meine Freunde, seht euer Leben als Splitter der Ewigkeit. Würde ein jeder mit offenem Herzen durch sein Leben gehen, wüßte er, wie begrenzt seine Zeit ist und wie kurz der Tag und die Nacht. Seht, ihr braucht nichts anderes, als die Liebe, die tief in euch verborgen ist, leuchten zu lassen, und alles irdische Denken wird in den Hintergrund treten. Freut euch der glücklichen Stunden, und ihr werdet das unbeschreibliche Gefühl, das die Allmacht euch mitgegeben hat, erahnen. Eure Seelen steigen dann jubilierend zum Licht empor.

Reinkarnation
2. Teil

Frage: Wir sitzen hier als Gruppe zusammen. Setzt dies voraus, daß wir uns zu einem bestimmten Zeitpunkt vorgenommen oder abgestimmt haben, als Gruppe zu einem bestimmten Zeitpunkt, in eine bestimmte Gegend, zu inkarnieren?

Claudius: Mein lieber Freund, siehe es so: Jeder von euch sendet geistige Energien aus. Jeder von euch trägt die geistigen Energien mit sich. **Vor eurer Inkarnation schon haben sich Kreuzungspunkte ergeben.**

Ich möchte dir ein Beispiel geben. Siehe, wenn ein Netz entsteht, werden einzelne Fäden zu Knoten geknüpft und weitergeführt. So solltest du das Aussenden der Energien jedes einzelnen in diesem Kreis sehen. Die Energien kreuzen sich, schlingen sich und bilden ein Muster. An diesen Kreuzungspunkten wird sich eine Vereinigung vollziehen – im geistigen Sinn –, und hier wird die Seele, die sich inkarniert, in Absprache treten mit der anderen Seele, mit der sie diesen Kreuzungspunkt erreicht hat. Nun kann es passieren, daß diese Kreuzungspunkte in eurem Leben sich zu irgendeinem Zeitpunkt auflösen, daß also eine räumliche Trennung entsteht. Dann war es so gewollt. So wie ein Netz zerreißt, so können auch Verbindungen sich wieder auflösen. Hast du mich verstanden?

Frage: Ich finde es erstaunlich, obwohl jeder versucht, sein eigenes Bewußtsein zu erweitern, daß trotzdem diese Gemeinschaft entstand.

Claudius: Nun, mein Freund, das muß dich nicht wundern, denn wachsen kann deine Seele nur, wenn sie Begegnungen hat. Siehe, wir sprachen von einem Resonanzboden. Dieser Resonanzboden entsteht, wenn Seelen in Verbindung kommen. Jeder von euch lernt vom anderen, jeder von euch macht seine eigenen Erfahrungen durch diese Begegnungen in diesem Kreis, und jeder von euch muß diese Erfahrungen für sich selbst verarbeiten, seinem Bewußtsein gemäß, aber siehe es nicht als Strafe. Siehe es als Beglückung deines Lebens, daß diese Begegnungen stattfinden, daß Resonanz entsteht, daß deine Seele sich frei emporschwingen kann im Glück der Stunde. Siehe, mein Freund, alles ist in Bewegung, und du, mein Freund, nimmst auf, was deine Seele braucht zur Vervollkommnung. Jeder einzelne von euch.

Frage: Wie oder wann erfolgen Inkarnationen?

Claudius: Den Zyklus einer Inkarnation, den ich euch bereits vor langem erklärt habe, versuche ich euch noch deutlicher, nochmals anhand der Skizze zu erläutern. Du hast vor dir ein weißes Blatt Papier. Ziehe eine waagrechte Linie. Diese waagrechte Linie ist euer Leben. Ziehe einen Halbkreis über diese Linie. Die linke Seite ist eure Menschwerdung, die Geburt. Ihr wandert auf der Waagrechten weiter, und mit dem Älterwerden erweitert sich euer Gesichtskreis bis zum Horizont, zur Mitte eures Lebens. Habt ihr diese Mitte erreicht, verändert sich euer Horizont bis zu eurem Übergang. Dieser Halbkreis, den ihr durchschritten habt, hat euch Erfahrungen gebracht, die in diesem Halbkreis enthalten sind. Das ist das, was ihr gesehen, erlebt habt. **Das ist euer Leben.**

Ihr seht die Begrenzungslinie, es geht nicht mehr weiter. Ihr könnt über diese Begrenzungslinie hinaus nichts mehr erkennen. Wirst du jetzt diesen Halbkreis zu einem vollen Kreis ausweiten, dann wirst du sehen, daß nach dem Übergang die Erkenntnis stufenweise weitergeführt wird. Der Kreis hat sich geschlossen. Der Kreis des Lebens ist erst dann vollkommen sichtbar, wenn ihr den Übergang erlebt. Und wenn ihr wieder auf der linken Seite angekommen seid, werdet ihr sehen, was ihr zur Vollendung noch braucht, bis sich zu irgendeinem Zeitpunkt die Grenzen auflösen: die Waagrechte wie der Kreis. Dann seid ihr eingegangen in die Allmacht, in die Liebe, in Gott.

Frage: Ist das links der Reinkarnationspunkt?

Claudius: Du sagst es, mein Freund. Neue Geburt, die auch als Geburt in die Liebe angesehen werden kann – oder den Zyklus bis zu diesem Übergang wieder neu beginnen läßt, bis zu dem endgültigen, einmaligen Einswerden mit der Allmacht, mit der Liebe, mit Gott.

Das Wissen, das ihr speichert auf diesem Weg eures Lebens, eures irdischen Daseins, geht nicht verloren. Es vereinigt sich mit dem Wissen, das im unteren Halbkreis vorhanden ist.

Frage: Dann ist also dieses Wissen, das wir zusätzlich bekommen, schon vorhanden, uns jedoch nicht bewußt?

Claudius: Richtig, sonst könntet ihr dieses Leben nicht durchleben. Gehen wir einen Schritt weiter. Ich sprach von den Begrenzungen. Außerhalb dieser sichtbaren Begrenzung liegt auch Information verborgen, liegt die Information, die ihr durch euer Denken und Fragen erfahren könnt. Ihr könnt nicht alle Informationen abfragen, dazu würde euer Leben nicht ausreichen, aber ihr könnt bestimmte Informationen erhalten.

Wenn du in die Mitte der Waagrechten einen kleinen Kreis ziehst und ihn als Personifizierung deiner selbst bezeichnest, dann wirst du begreifen, daß deine Gedanken, dein Wissenwollen abstrahlt nach oben und nach unten. Du kannst eine Senkrechte ziehen, du kannst eine Waagrechte ziehen durch diesen Mittelpunkt. Du kannst auch einen Schrägstrich ziehen durch diesen Mittelpunkt, er wird immer nur außerhalb dieses Kreises einen bestimmten Punkt ansteuern.

Dieser Punkt ist das, was du wissen willst, was du nachfragen willst, was dein brennender Wunsch dir

eingibt. Ich möchte das obere Feld, außerhalb des Kreises, als wichtig für eure Entwicklung als Menschen in eurem Leben bezeichnen.
Der untere Austritt aus dem Kreis ist das Wissen um die geistigen Geheimnisse. Du siehst, der Mensch hat alle Möglichkeiten. Als real denkendes Individuum wird er zunächst seine Fragen ausrichten auf sein Leben, nach mehr Wissen um seinen Beruf, um sein Studium, nach mehr Wissen um Macht, nach mehr Wissen um Geld, nach mehr Wissen um menschliche Existenz.
Nur wird ihn das auf die Dauer nicht befriedigen. Er wird zu irgendeinem Zeitpunkt fragen, was kommt danach. Diese Frage wird so brennend in ihm auftauchen, daß er diese Fragen nach unten in die geistige Ebene, in die Nacht versenkt, in die Nacht seines Begriffvermögens. Nehmt diese Nacht nicht wörtlich, sondern nehmt es als verdecktes Sein der Seele, dann werdet ihr begreifen, daß das Wissen um die Göttlichkeit nach unten abstrahlt, nach dem Jenseits abstrahlt, nach dem abstrahlt, was er als Mensch nicht sehen kann.
Ich sage euch, meine Freunde, das ist es, was ihr tut. Für euch sind diese Dinge sehr wichtig, sonst würden wir heute nicht zusammensitzen. Euer Bewußtsein hat sich nach unten verlagert, ihr fragt nach dem Sinn eures Lebens, ihr fragt nach eurer Seele, ihr fragt nach dem Geist, nach dem Bewußtwerden der Göttlichkeit. Und deshalb steuert ihr einen Punkt an, der euch für bestimmte Fragen Auskunft gibt.

Frage: Wie ist es dann, wenn wir nicht mehr den Wunsch nach einer weiteren Inkarnation verspüren, können wir dann den Begriff ICH BIN verwenden?

Claudius: Du sagst es, mein Freund, und dieses Wissen »ICH BIN« überstrahlt alles, was du bisher gesehen, erlebt und durchlebt hast, alle deine Leben.

Frage: Alle Dinge, die wir jemals hören oder auch lesen, die wir uns vielleicht auch gar nicht merken können, werden sie wieder für uns greifbar sein, wenn wir bei euch sind?

Claudius: Wenn du es für dein Leben benötigst, wird es vorhanden sein.

Frage: Du hast uns gesagt, daß man sich bei der Inkarnation die Eltern aussucht. Gilt das gleiche auch für die Geschwister?

Claudius: Laß dir sagen, daß das Umfeld des Elternhauses diese Seelen auffordert, sich zu inkarnieren. Das heißt, du, als das erste Kind, wirst dir die Eltern aussuchen. Das zweite Kind hat es schon mit drei Seelen zu tun, und es wird sich dich mit aussuchen. Ihr müßt alle von der Voraussetzung ausgehen, daß das neu inkarnierte Leben sich immer einen bestimmten Weg wählen wird, ein bestimmtes Elternhaus. Es ist wichtig zu wissen, daß die nachfolgenden Kinder die bereits geborenen Kinder mit in ihr Leben einbeziehen, bereits vor der Inkarnation.*

Frage: Wie kann es uns Menschen gelingen, innerhalb des blauen Kreises unsere Heimat zu finden, ohne wieder inkarnieren zu müssen?

Claudius: Nun, meine Liebe, es ist ein Weg des Bewußtwerdens der Seele. Siehe, jeder, der den Fluß überquert und in den äußeren (blauen) Kreis einkehrt, wird Wissen aus seinem vergangenen Leben mit seinem letzten Leben vereinen. Daraus kristallisiert sich der Wunsch, sich weiterzuentwickeln.

Nun, diese Weiterentwicklung kann auf verschiedene Arten geschehen. Sie muß nicht unbedingt mit einer Inkarnation verbunden sein. In besonderen Fällen ist Inkarnation, das heißt, wieder einen irdischen Körper annehmen, notwendig, und sie wird mit Freude vollzogen.

* s. auch Kapitel: Geburt des Menschen

Es gibt aber auch eine **rein geistige Inkarnation.** Die rein geistige Inkarnation ist das, was die Seele an Aufgaben in diesem blauen Kreis erkennen, erfühlen, ertasten kann, und auch hier kann sie sich weiter vervollständigen.

Frage: Wenn der Mensch den Fluß überschritten hat, wird er alles Wissen haben, das er in all seinen Inkarnationen gesammelt hat. Der Mensch hat also nur in seinem Erdenleben ein begrenztes Wissen.

Claudius: Und sein Ziel.

Frage: Daß er ein Ziel erkennt, das er sich in der Inkarnation gestellt hat?

Claudius: Richtig, und er wird, wenn sich dieses Bewußtsein mit dem vergangenen Leben vereinigt hat, wissen, welchen neuen Weg er einschlagen will, um vollkommen zu werden.

Frage: Woraus sich dann seine nächste Entwicklung gestaltet?

Claudius: Mein Freund, ich sage dir, diese Erkenntnis ist mit nichts zu vergleichen, was du in deinem irdischen Leben erlebt hast. Es ist ein **ungeheures** (ganz ausdrucksvoll gesprochen) **Erlebnis**, das dir Freude bringt, Freude, den Weg weiterzugehen.

Frage: Ich glaube, das ist uns momentan noch verschlossen, dieses klare Erkennen. Alles angesammelte Wissen vereint sich, wenn wir den Fluß überschritten haben. Aus dieser Position heraus erkennt man dann, wie man weitergeht, wobei das für jeden natürlich unterschiedlich ist?

Claudius: Natürlich, und du wirst in den Kreis zurückkehren, der das **gleiche Bewußtsein** hat. Weißt du, sicher wirst du den Wunsch irgendwann haben, denen, die noch nicht so weit sind, zu helfen, du wirst Hilfestellung geben. Du wirst auch Hilfestellung geben können – aber, die Ebenen, die du einmal erreicht hast, wirst du nicht verlassen, sondern du wirst dich auf dieser Ebene, die du erreicht hast, weiterentwickeln, auch wenn du mal, so wie ich es tue, die Hand reichst zum Gebet.

Frage: Du hattest nach deinem Leben als **Claudius** noch eine ziemlich unwichtige Inkarnation, wie du gesagt hast. Hattest du folglich dein Bewußtsein, um in den grünen Kreis zu kommen, als Claudius schon fast vollendet, und hat dann die anschließende Inkarnation den »Rest gegeben«? Oder hast du dir drüben deinen jetzigen Stand erarbeitet?

Claudius: Nun, mein Herz, diese letzte Inkarnation, die ich durchlebt habe, war nicht auf eurem Planeten, sondern sie war eine rein geistige Inkarnation, die mich weitergeführt hat. Ich habe euch in der Vergangenheit erklärt, daß auch bei uns eine Weiterentwicklung möglich ist, und diese Weiterentwicklung vollzieht sich anders, als die menschliche Inkarnationen zu begreifen sind.

Es ist einfach eine Erweiterung des geistigen Bewußtwerdens. Diese Inkarnationen, meine Freunde, haben eine andere Qualität. Sie sind das endgültige Bewußtwerden der Liebe, das endgültige Bewußtwerden der Gnade, das endgültige Bewußtwerden der Allmacht. Ich kann es euch nicht erklären, weil dazu bei euch noch die Voraussetzungen fehlen. Aber diese Worte heute abend werden eingebrannt in eure Seele. Ihr werdet sie wiederfinden, wenn ihr den Fluß überschritten habt.

Frage: Deine Worte damals: »Ich hatte eine Inkarnation, bei der ich nicht viel bewirken konnte.« Aber jetzt erkenne ich, daß es für dich dann das »Absolute« war, nämlich für dich selbst?

Claudius: Für mich selbst. Unsere damalige Unterhaltung bezog sich auf die Menschen, und zum damaligen Zeitpunkt hätte ich diese Aussage nicht anders formulieren können. Heute sind bei euch gewisse Voraussetzungen vorhanden, daß ihr verstehen könnt, was ich heute gesagt habe.

Nun, mein Freund, alles, was euch begegnet, ist von unserer Warte eine Wiederbegegnung, eine Wiederbegegnung der neuen Art, zur Entwicklung, zur Weiterentwicklung eurer Seele. Seht es so: Wenn ihr den Schritt über den Fluß gemacht habt, werdet ihr gewisse Dinge erkennen und daraus neue Hoffnung schöpfen, um weiterzugehen, und dabei, meine Lieben, spielt es keine Rolle, ob du früher ein Haus angezündet hast, einen Menschen seines irdischen Lebens beraubt hast oder anderes Unrecht getan hast. Diese Dinge, die falsch gelaufen sind, gehen in den Film ein, den du siehst. Aus dieser Erkenntnis heraus wächst das Bedauern, und es entsteht der brennende Wunsch es anders zu machen, neu zu gestalten.
Wiedergutmachung, mein Herz, im Sinne eures menschlichen Denkens ist damit nicht gemeint, sondern einfach den Wunsch zu haben, ein neues Leben neu zu gestalten, denn der Wunsch ist der Auswuchs der Liebe. Das Karma ist der Weg, Nun, meine Freunde, neue Fragen?

Frage: Ja – wenn das Geistwesen den Wunsch bei der Inkarnation hatte, die Seele irgendwem einmal zur Verfügung zu stellen, dann würde sich durch die Überwindung der Angst der ursprünglich gewählte Weg verändert haben?

Claudius: Umgewandelt haben. Du siehst, es ist alles fließend – und die Entwicklung, die jede einzelne Seele nimmt, ist immer davon abhängig, inwieweit Geist, Seele diese Schwächen überwinden können. Deshalb, meine Lieben, gibt es weder »positiv« noch »negativ«, denn es ist alles als fließend und fortentwickelnd zu sehen.

Frage: Du sagtest: Wenn ein Geist einem anderen Wesen seine Seele zur Weiterentwicklung zur Verfügung stellt, dann ist dies der größte Liebesdienst, den man sich denken kann?

Claudius: Bewußt gewollt.

Frage: Wie sieht es nun mit der Energieübertragung der Planeten zu diesem sich neu inkarnierenden Wesen aus?

Claudius: Nun, meine Liebe, wenn sich die Seele, der Geist, inkarniert in diesem Wesen, das ihr Kind nennt, ob im Mutterleib, bei Austritt aus dem Mutterleib oder gleich bei der Zeugung, diese Seele, dieser Geist, nimmt immer die Schwingung mit, die er benötigt, um auf dieser Erde seinen Weg zu gehen. Zu diesem Zeitpunkt spielen die Schwingungen, die Konstellationen der Energien eine große Rolle. Das, was nach dem Austritt aus dem Mutterleib geschieht, zum Beispiel die Geburt in ein bestimmtes Sternkreiszeichen, bildet erst die charakterlichen Eigenschaften. Die Einströmungen, die bei der Geburt auf dieses Kind einwirken, befähigen es, gewisse Eigenschaften, die in das Tierkreiszeichen, die Sternenkonstellation passen, sein Leben lang mitzunehmen. Es sind Hilfsmittel – seht es so an – für die Weiterentwicklung dieses Menschen, dieser Seele, für einen bestimmten Weg, den sie gehen will. Siehe, wenn du den Fluß überschritten hast, wirst du anderen Energien wieder ausgesetzt werden – und solltest du den Wunsch haben, mein Freund, auf einem anderen Planeten neu zu inkarnieren, dann wird deine Seele von diesen anderen Energien Nutzen ziehen, die dann diesen Planeten bestrahlen.

Frage: Wenn der Geist heimkehrt in den »inneren« Kreis, wie schließen sich dann die Polaritäten »männlich-weiblich«?

Claudius: Nun, mein Freund, deine einzelnen irdischen Inkarnationen wirst du erleben als Mann und als Frau. Aus einem einfachen Grund: Eine Frau nimmt andere Energien auf, als der Mann. Dies, meine Freunde erkennt ihr schon an der Verschiedenartigkeit des menschlichen Körpers zwischen diesen beiden Polaritäten. Aus diesem Grund dürft ihr sowohl als Mann als auch als Frau inkarnieren.

Damit ihr die Stufen der Inkarnationen durchlaufen könnt, sucht ihr euch vor der Inkarnation das Elternhaus aus und das Sternkreiszeichen, das die Grundsubstanz für euer Leben abgibt.

Frage: Ist die Reihenfolge männlich oder weiblich festgelegt?

Claudius: Nein.

Frage: Und auch nicht die Anzahl der männlichen oder weiblichen Inkarnationen?

Claudius: Nein.

Frage: Können wir das frei entscheiden?

Claudius: Das ist das Wunderbare, meine Liebe.

Frage: Es gibt Geistwesen, die sehr schnell wieder inkarnieren und bei anderen dauert es Jahrtausende. Wie kommt das?

Claudius: Du meinst die psychische Inkarnation. Derjenige, der sich schnell hier inkarniert, will ganz schnell nachholen, was er versäumt hat. Und derjenige, der Jahrtausende braucht, nach eurer Zeitrechnung, wird seine Erfahrungen zunächst auf anderer Ebene sammeln und wird die letzte Inkarnation dort bewerkstelligen, wo er die letzte Erkenntnis erreichen kann.

Frage: Kann es sein, daß Indien ein bevorzugter Ort für schnelle Inkarnationen ist?

Claudius: Ich weiß, warum du das fragst, mein lieber Freund, und ich sage dir, es ist so, aus einem einfachen Grund: Dort, in diesem Land, sind sehr hohe geistige Kräfte tätig, die nicht so sehr dem Materiellen verhaftet sind als hier bei euch in der westlichen Hemisphäre.

Frage: Geschieht Wiedergeburt erst dann, wenn die eigene Struktur beim Tod mit der Gestirnstruktur übereinstimmt?

Claudius: Nein, mein Freund, es hat damit nichts zu tun. Wiedergeburt enstseht immer dann, wenn im Geistbewußtsein der Wunsch entsteht, eine gewisse Erfahrung zu machen. Das solltet ihr unter »Wiedergeburt« verstehen. Der Wunsch wird stark, der Wunsch wird übermächtig werden nach einer neuen Inkarnation, die natürlich alle Möglichkeiten bietet, die diese Seele wünscht, auch die Möglichkeit des Aussuchens von Ort, Zeit und Raum und der sie umgebenden Energie.

Frage: Aufgrund meines Bewußtseins- und Erkenntnisstandes suche ich mir die entsprechende Randbedingung aus?

Claudius: So ist es, mein Freund. Siehe, dein jetziges Leben kann dir Beispiel sein für das Mysterium der Inkarnation. Du brauchtest diese Eltern, du brauchtest diese Großeltern, du brauchtest die Umgebung, du brauchtest den Monat, in dem du geboren wurdest, und den Tag und die Stunde, um dein Leben so leben zu können. Und ich fahre fort, du brauchtest die Frau an deiner Seite, du brauchtest die Söhne, um dich so weiterentwickeln zu können, du brauchtest die Freunde, du brauchtest – **uns**. Und siehe, so schließt sich der Kreis. Verstehst du mich? Alles, mein Freund, war deinem freien Willen anheimgestellt.

Frage: Und um so eine Konstellation wieder zu finden, die meinem Wunsch entspricht, das kann durchaus große Zeitsprünge überbrücken?

Claudius: So ist es, mein Freund. Siehe, es gibt Fälle, da wurde der Körper der Erde übergeben, der Geist stieg hoch und hat sich buchstäblich am anderen Tag wieder inkarniert in die gleichen Eltern. Auch das ist möglich.

Frage: Würde dies bedeuten, wenn ich einen Monat später geboren wäre, würde ich diese Erfahrung nicht machen können, die ich jetzt mache, weil die Gegebenheiten andere wären?

Claudius: Halt, mein Freund, ich weiß, was du ansprichst. Du sprichst die Manipulation der Ärzte an. Mein Freund, kein Arzt wird es dir, deiner Seele verwehren können, zu einem bestimmten Zeitpunkt geboren zu werden. Denn siehe, die Veranlagung oder die Erfahrung, die du machen willst, den Zeitpunkt dafür, den nimmt deine Seele für sich wahr. Am Anfang eurer Diskussion stand die Frage nach der Empfängnisverhütung. Laßt mich darauf antworten: Wenn ich mich inkarnieren wollte, würde keine Macht eurer Welt mich daran hindern.

Frage: Gilt das auch für die sogenannten übertragenen Kinder?

Claudius: So ist es.

Frage: Dann könnte ich theoretisch das als »sicherste« bei uns geltende Verhütungsmittel absetzen, denn es würde sich nur dann eine Schwangerschaft einstellen, wenn sich eine bestimmte Seele bei mir inkarnieren wollte – was also mit und ohne »Pille« dann möglich wäre?

Claudius: Nun, mein Herz, laß mich dazu folgendes sagen: Wenn du bereit bist, mehreren Seelen eine Inkarnation zu ermöglichen, wenn du den Wunsch hast, zwanzigfache Mutter zu werden, dann brauchst du keine Pille. Alles, meine Liebe, ist deinem freien Willen unterworfen. Selbstverständlich kannst du den Zyklus deiner Menstruation beeinflussen – und ich sage dir, wenn du nicht bereit bist, einer Seele Heimat zu geben, dann wirst du keine Kinder bekommen. Wenn aber der geringste Wunsch in dir vorhanden ist, den du mit deiner Ratio nicht erfassen kannst, sondern wenn der Wunsch deines Geistes mit deinem Körper harmoniert, dann, meine Liebe, brauchst du auch keine Pille. So ist es.

Frage: Während des Krieges oder sonstiger großer Not waren die Mütter sicher nicht bereit, Kinder zu empfangen – und doch kamen die Frauen in große Bedrängnis und Nöte, wenn sie wieder schwanger wurden. Ich denke dabei an meine Schwiegermutter, es war Krieg, und ihr Mann war in gekündigter Stellung.

Claudius: Meine Liebe, du sprichst einen anderen Aspekt an.

Siehe, dein Mann mußte diese Erfahrung machen, und die Mutter war sich ihrer Bestimmung, zu gebären, bewußt. Ihr Verstand hat sich dagegen gewehrt - aber der Geist, der wollte es.

Frage: Wenn eine Seele inkarnieren will, sucht sie sich dann Eltern aus, die auch empfangen wollen?

Claudius: Weißt du, mein Freund, es ist ein weites Gebiet, das ich euch vermutlich nicht in allen Einzelheiten vermitteln kann. Doch geht davon aus, daß sich jede Seele, die sich inkarniert, bewußt wird, ob sie als Mann oder als Frau geboren werden will. Und wenn ihr dieses zur Grundlage nehmt, diese Aussage richtig begreift, dann werdet ihr sehen, daß alles andere nur vom Verstand, von eurer sogenannten Ratio gesteuert wird. Hättet ihr keine Möglichkeiten, in irgendeiner Form euren Verstand einzusetzen, dann würde diese Frage niemals auftauchen.

Frage: Ein Wesen, das sich dafür entscheidet als Frau geboren zu werden, will auch Mutter werden, denn es liegt in der Natur. Ihr Körper ist dafür geschaffen, auch wenn es der Verstand ablehnt.

Claudius: So ist es. Du wolltest Frau werden, und deshalb wurdest du als Frau geboren.

Frage: Es gibt aber auch unfruchtbare Frauen.

Claudius: Nun, meine Liebe, die Erfahrung zu machen, unfruchtbar zu sein, ist eine bittere Erfahrung, und diese Erfahrung machen in der Regel diese Seelen, die sich in früheren Inkarnationen falsch verhalten haben.

Frage: Der Zyklus der Frau ist nur im menschlichen Sein so geregelt. Dies findet man in keinem tierischen Bereich. Hat dies mit der Geistigkeit des Menschen zu tun?

Claudius: So ist es, mein Freund. Deine Frage ist sehr interessant für alle Beteiligten. Siehe, dem Tier wurde die Fortpflanzungsmöglichkeit gegeben, es durchlebt die Zeit der Brunft, und damit allein ist dieses Kapitel der Vermehrung abgeschlossen.

Beim Menschen ist es anders. Dem Menschen sollte gezeigt werden, daß er zu jeder Zeit fähig ist, einer Seele Heimat zu gewähren, und dies liegt im Wesen des Menschen begründet.

Dies hängt unmittelbar zusammen mit der Konstellation der Sterne, der Einstrahlungen, die dazu erforderlich sind, und unmittelbar mit dem geistigen Bewußtsein des Menschen. Der Mensch ist ausgezeichnet mit Fähigkeiten, die die Tiere nicht besitzen. Nur empfindet er diese Auszeichnung manchmal als unbeheure Last, weil er damit nichts anfangen kann, weil ihm Informationen einfach verschlossen sind durch den rationalen Verstand. Dadurch, daß der Mensch glaubt, nur ein einziges Mal zu leben, unterliegt er Irrtümern ein ganzes Leben lang.

Frage: Wünscht sich jede Seele einmal als Mann und einmal als Frau die Erfahrung zu machen?

Claudius: Nun, mein Freund, auch du warst einmal ein kleines Mädchen gewesen. Ein jeder von euch hat sowohl als Mann als auch als Frau gelebt. Aus dem einfachen Grund, die Gnade, ein Kind gebären zu können, bewußt die Gnade durch den Akt der Liebe zu empfinden, den Samen der Menschheit weiterzugeben, ist nicht beschränkt auf nur eine einzige Inkarnation.

Freunde, was wäre euer Leben ohne die vielfältigen Erfahrungen, die ihr in vergangenen Inkarnationen empfangen habt. Seht, meine Freunde, ihr solltet euch dessen bewußt werden, und ihr werdet sehen, wie das Glück in euch Platz greift.

Frage: Du sagtest den Satz: Einer Seele durch die Annahme Heimat zu gewähren. Muß sich jemand schuldig fühlen, der nur ein Kind oder kein Kind hat?

Claudius: Mein lieber Freund, das hängt von verschiedenen Umständen ab. Es hängt von der Seele ab, die sich vielleicht inkarnieren wollte und nicht angenommen wurde. Schuld, im Sinne des Wortes, wie du es auffaßt, gibt es nicht. Es gibt Erfahrungswerte, die gemacht werden müssen. Siehe, es gibt Frauen, die auf dem Standpunkt stehen: Ich will kein Kind – und sie werden doch Mutter. Egal jetzt, ob sie verheiratet sind oder nicht, denn vereinigt muß man sein – und **dies würde ich als die Hochzeit bezeichnen**.

Wenn eine Frau ein Kind innerlich nicht annehmen kann, das aus dem Zeugungsakt entstanden ist, dann wird sich keine Seele inkarnieren. Wenn auch nur der Funke einer Überlegung vorhanden ist, wird sie der Seele in diesen Körper Eintritt gewähren, der in ihr wächst. Ich weiß, daß diese Dinge für euch schwer begreifbar sind, weil ihr als Menschen nicht hinter die Stirn eurer Umgebung blicken könnt. Ich sage euch: Manch ein Mann möchte Vater werden und wird es nicht, und manche Frau möchte Mutter werden und wird es nicht, und sie versteifen sich gegenüber ihrer Umwelt mit dem Argument: Wir wollen keine Kinder. Und umgekehrt gibt es Menschen, die von euch schief angesehen werden, weil sie fünf – zehn – oder fünfzehn Kinder geboren haben.

Nun, die Großfamilien der Vergangenheit waren sozial anders gelagert, denn in diesen Großfamilien war der alternde Mensch eingebettet. Heute bejammert er, daß er in ein Haus gesteckt wird zum Sterben, daß niemand da ist, der sich um ihn kümmert, weil er nicht bezahlen kann. Alles ist eine Folgeerscheinung des geistigen Degenerationsprozesses und wird durchlebt werden müssen.

Frage: Hängt die Anzahl der Inkarnationen mit dem Bewußtwerden der Seele zusammen? Je schneller sie sich entwickelt, desto weniger Inkarnationen sind erforderlich?

Claudius: Sicher, meine Liebe, das geistige Bewußtsein wird die Wünsche steuern, so lange, bis nur noch **ein Wunsch** übrigbleibt.

Frage: Um den Wunsch sich zu erfüllen, muß man ihn sich »erarbeiten«, damit man ihn erreichen kann?

Claudius: So ist es, mein Herz, euer kleines begrenztes Leben kann niemals ausschlaggebend sein für die Ewigkeit – es ist ein Funke davon, und dieser Funke will durchlebt sein, und die Erkenntnisse, die daraus gewonnen werden, ergeben dann das Gesamtbild.

Frage: Das Teilbewußtsein unserer früheren Leben bleibt, wie wir gehört haben, auf eurer Ebene. Wie ist es mit den Erkenntnissen, die wir uns, dank deiner Hilfe, in diesem Leben erworben haben? Haben wir Aussicht, daß dieses Wissen in einem eventuell nächsten Leben auf der Erde offen oder verdeckt vorhanden ist?

Claudius: Nun, mein Freund, deine Erfahrungen bringst du mit ein auf dein Gesamtbewußtsein. Solltest du den Wunsch haben, noch einmal zu inkarnieren, dann wirst du ein völlig anderes Bewußtsein haben, wenn du den Schritt über die Grenzen unseres Seins hinweg getan hast. Es bleibt jedoch Bestandteil des Gesamtbewußtseins – und das, mein Freund, was du in diesem Leben an Erfahrungen gesammelt hast, wird für deine nächste Inkarnation nicht mehr erforderlich sein. Es ist vorhanden und bleibt vorhanden.

Frage: War **Mozarts** geniales, musikalisches Talent aus einem früheren Leben auf diese Weise in seinem letzten Leben wieder präsent?

Claudius: **Mozart, Wolfgang Amadeus Mozart**, war in seiner vorherigen Inkarnation ein einfacher Arbeiter. Als er diese Welt sich zur Inkarnation ausgesucht hatte, hatte er eine bestimmte Veranlagung, würdet ihr sagen, mitgenommen und hat sich die Eltern ausgesucht, bei denen er die Voraussetzung fand, dieses Leben zu leben.

Was er mitbekam, war die Möglichkeit der Inspiration für die Musik und ein absolutes Gehör. Die wenigsten Menschen haben es.

Ein absolutes Gehör heißt, daß er bestimmte Schwingungen – Töne, wahrnehmen, sie umsetzen und daraus seine Musik machen konnte.

Frage: Werden wir bei unserer nächsten Inkarnation das Wissen haben, über das wir jetzt verfügen?

Claudius: Sicher, es wird in deinem Karma begründet sein, daß du das Wissen aus diesem Leben mit auf unsere Ebene übernimmst. Es wird in dein allgemeines Bewußtsein eingehen. Wenn du neu inkarnierst, meine Liebe, wirst du dieses Wissen hier bei uns speichern – und du wirst ein völlig neues Leben leben. Wenn es jedoch gewollt ist, daß du Zugang zu längst vergangenen Jahrhunderten haben sollst, dann, meine Liebe, wird es dir möglich sein, Erinnerungen aus längst vergangener Zeit in dir wachzurufen. Aber nicht mit dem Bewußtsein, daß du es bist, sondern du wirst dich wundern, woher dir ein Mensch, der dir begegnet, vertraut vorkommt. Du wirst dich darüber wundern, daß du mit Menschen zusammengeführt worden bist, die dir zunächst gar nichts bedeuten – aber durch die Zusammenführung von Mal zu Mal kostbarer werden, ohne daß du dir darauf einen Reim machen könntest.

Frage: Mit einem anderen Bewußtsein verändert sich bereits in diesem Leben unsere Psyche. Könnte man es so verstehen, daß dann bei einer erneuten Inkarnation diese veränderte Psyche, zusammen mit dem neu gestellten Lernprogramm, in dieses Leben wieder eintritt?

Claudius: Richtig, genau so ist es zu verstehen.

Frage: Würde die geistige Veranlagung der Eltern im Widerspruch stehen mit der des Kindes?

Claudius: Selbstverständlich! Weißt du, mein Freund, hier spielen viele Faktoren eine Rolle: Einmal die Erziehung, das eigene Erkennen, Erleben, das, was du mitgebracht hast für diese Inkarnation, und das Verstehen der spirituellen Übertragung. Dies alles gehört zusammen und **wird euch neu formen**.

Frage: Wäre es möglich, daß wir das Wissen, das wir uns jetzt mühsam durch euch erarbeiten, bereits in früheren Inkarnationen schon einmal erarbeitet haben?

Claudius: Nein, diese Inkarnation ist wie jede andere Inkarnation – **einmalig**.

Frage: Und wir haben jedesmal ein anderes Programm?

Claudius: So ist es.

Frage: Könnte also ein Mensch, der sich in diesem Leben für geistige Dinge überhaupt nicht interessiert, dies alles bereits in seinem Gesamtbewußtsein schon gespeichert haben?

Claudius: So ist es.

Frage: Dann müßte man diese Menschen also anders beurteilen, als wir dies landläufig tun?

Claudius: Du sagst es. Wißt ihr, das Problem ist, daß alles vom rationalen Verstand geleitet wird – und ihr trotz allem die Beobachtung machen könnt, daß ihr Menschen begegnet, zu denen ihr irgendwo eine innere Verbindung spürt. Es kann dies der Ärmste sein – es kann dies der Reichste sein. In euch selbst fühlt ihr es. Es ist völlig unabhängig vom Status, den er in eurer Gesellschaft einnimmt.

Der Wege gibt es viele, und du spürst, ob der Mensch in seiner Seele rein ist und ohne Falsch. Dafür, meine Freunde, habt ihr alle ein ausgeprägtes Gefühlsleben mitbekommen.

Es ist so wunderbar. Ihr müßt es nur erkennen, was euer Körper beinhaltet. Es ist das Bewußt-Werden des Geistes, das Bewußt-Werden, daß ihr die Töne vernehmen könnt, den Duft der Blumen riechen könnt – daß ihr schmecken könnt die Luft, den Schnee, die Hitze des Sommers. Wunderbar ist euer Körper ausgestattet. Dem einen wurde das Erlebnis des Sehens versagt – doch dafür kann er fühlen.

Nichts, meine Freunde, geschieht, ohne daß es der Wille der Allmacht ist. Spürt es, nehmt es auf in euch, macht es euch zum Bestandteil eures Lebens

– und ihr werdet dankbar den neuen Tag begrüßen, der euch hinausführt aus dem Gefängnis eures realen Verstandes, hin zur **Einheit mit der Seele**.

Frage: Treffen wir bei einer neuen Inkarnation Menschen, mit denen wir in früheren Leben schon zusammen waren?

Claudius: Jeder Mensch ist verbunden mit denen, die früher seinen Weg begleitet haben. Bewußt gewollt, damit der Mensch nicht allein sei. Nur, manches Mal verspürt es der Mensch nicht, daß er von ihnen umgeben ist.

Frage: Wie sieht das mit Charaktereigenschaften aus wie Nächstenliebe, Hilfsbereitschaft, Güte, Demut? Nehmen wir diese Eigenschaften mit in die neue Inkarnation, wenn wir all diese im letzten Leben praktiziert haben – oder kann es sein, daß diese Eigenschaften total verlorengehen?

Claudius: Nun, meine Liebe, der Mensch nimmt die Veranlagung für diese Charaktereigenschaften mit in die neue Inkarnation. Diese Charaktereingenschaften bilden sich heraus, wenn er in diesem neuen Umfeld seine Inkarnation beginnt. Siehe, Gewalttätigkeit zum Beispiel ist in der Regel eine Folgeerscheinung aus dem Umfeld heraus. Beispiel: Du zwingst deinen Sohn zu irgendeiner Tätigkeit, die ihm im Innersten zuwider ist. Wird dieser Druck zu stark ausgeübt, dann wird sich dieser junge Mensch vergewaltigt fühlen, und dadurch wird es eine neue Prägung geben.

Weißt du, du erkennst die Wahrheit meiner Worte dadurch, daß du eigentlich ja nur das Beste willst für ihn, für sein Leben, weil er ein Stück von dir ist, weil du glaubst, ihn nach deinen Erfahrungen prägen zu müssen. Nun, solange deine Begleitung nicht zum Exzeß ausartet, solange wird es ihm zwar unangenehm sein, sich deinen Wünschen fügen zu müssen, aber zu irgendeinem Zeitpunkt nabelt er sich sowieso ab von dir und beginnt sein eigenes Leben.

Und nun geschieht etwas: All die Erfahrungen, die er im Elternhaus machen mußte, zwangsläufig machen mußte, weil er ja in diesem Elternhaus gelebt hat, alle diese Erfahrungen werden Bestandteil seines Lebens werden, und du mußt vielleicht von ihm entgegenehmen, daß du ihn völlig falsch erzogen hast.
Nur, er gründet eine eigene Familie, und dann steigt in ihm die Erinnerung hoch, die Bestandteile deiner Erziehung, also seines Lebens geworden sind. Nun muß diese Erfahrung, die er sein eigen nennt, mit der Erfahrung seines Partners zusammengebracht werden, und es entstehen neue Konflikte und auch neue Erkenntnisse, die wiederum es ermöglichen, daß diese beiden Partner eine eigene Familie gründen.

Frage: Ich verstehe das, aber es gibt so markante Fälle, wo ein Mensch sehr egoistisch ist, obwohl er keinen Grund dazu hat oder sich anderweitig – für unsere Begriffe – schlecht benimmt. Und dann gibt es wieder Menschen, die sehr liebevoll sind, ganz hervorragende Partner in der Ehe, als Mutter oder Vater. Kann es sein, daß diese Menschen im nächsten Leben wieder total anders geartet sind?

Claudius: Natürlich, meine Liebe. Sie wollen ja Erfahrungen sammeln. Und wenn du den Menschen, der vor Egoismus strotzt, wenn du den in einem anderen Leben sehen würdest, wärest du verwundert, wie sehr er sich verändert hat.

Frage: Du sagtest, es könnte sein, daß ein Mensch, der sehr egoistisch ist, im nächsten Leben ganz anders ist. Wie ist das jetzt bei uns? Wir haben uns einen gewissen Standpunkt erarbeitet, und ich kann mir einfach nicht vorstellen, daß wir im nächsten Leben wieder ganz von vorne anfangen müssen.

Claudius: Nun, meine Liebe, davon kann nicht die Rede sein. Siehe, das, was du heute durchlebst, ist nur ein Teilaspekt deines gesamten Seins, und wenn du den Fluß überschritten hast, wirst du Erkenntnisse mit auf unsere Ebene nehmen, du wirst dort ankommen, du wirst in diese Klasse eingeschult, die deinem Erkenntnisstand entspricht.

Und, meine Liebe, um deine Frage zu beantworten, das, was du hier an Erkenntnissen mit hinübernimmst, wird Bestandteil deines Seins. Dies muß nicht wiederholt werden. Verstehe mich richtig, der Lernprozeß, den du hier vollziehst, befähigt dich, auf einer anderen Ebene weiterzumachen, denn das Wissen bleibt dir erhalten. Doch ich sage dir, es gibt Menschen, die heute auf den Knien vor dem Altar liegen und beten und als Bestien wiedergeboren werden.

Frage: Es gibt Menschen, von denen kann man kaum glauben, daß sie sich auf diesem Planeten inkarniert haben, weil sie sich fast tierisch benehmen.

Claudius: Das, meine Liebe, ist dein persönliches Empfinden – und **nur dein persönliches Empfinden**. Siehe, diese Wesenheiten bewegen sich in einem gewissen Umfeld, das dir völlig fremd ist, das deinem Bewußtsein total zuwiderläuft – und du, als normal-denkender Mensch, vergiß dieses Wort nicht, als normal-denkender Mensch, sie verurteilst, weil sie so sind, wie sie sind: Bestien – doch, meine Liebe, die Bestie Mensch im Sinn des Wortes gibt es nicht. Es ist alles einem Wechsel, einem Austausch, einer Folgeerscheinung unterworfen.

Es ist die Nacht, die dem Tag weichen muß, und wenn die Nacht dem Tag gewichen ist, so wird sie immer wieder geborgen werden.

Frage: Man kann also nicht auf das Gesamtbewußtsein schließen?

Claudius: Nein, meine Liebe, dies möchte ich damit zum Ausdruck bringen. Siehe, dieses kurze Leben, das in dieser geistigen Umnachtung stattfindet, läutert auch die Seele. Ich kann dir noch nicht einmal sagen, ob dieser Mensch, den du jetzt meinst, in deinem Vorstellungsvermögen, in der nächsten Inkarnation ein guter Mensch **wird** oder in der vergangenen Inkarnation ein guter Mensch **war**.

Das Gesamtbewußtsein bildet die Grundlage für die Beurteilung. Deshalb bitte ich euch sehr, beurteilt nur die Situation, die ihr erlebt. Beurteilt nicht das Gesamtbewußtsein dieses einzelnen, der euch begegnet.

Frage: Weil diese Seele diese Erfahrung machen wollte?

Claudius: So ist es, und weil das Umfeld ebenfalls Erfahrungen sammelt.

Frage: Ist dann folglich auch all das erlaubt, was geschieht, auch wenn wir es als negativ oder schmerzhaft oder sonstwie erleben?

Claudius: So ist es, wie sonst, meine Freunde, sollte eine Läuterung möglich sein? Ich sprach von der Hölle, in der ihr lebt. Doch, meine Freunde, die Stufe des Fegefeuers habt ihr schon erreicht.

Frage: Aufwärts oder abwärts?

Claudius: Es gibt **kein Abwärts**, es kann nur eine **Aufwärtsentwicklung** geben.

Frage: Jetzt mache ich noch einmal einen Versuch in die Richtung, um das zu verstehen.

Claudius: Ich bitte darum.

Frage: Wenn ein Mensch ein Leben geführt hat, egal, wie, hat er einen gewissen Lernprozeß durchgemacht, hat also in jedem Fall etwas dazugelernt.

Claudius: Akzeptiert.

Frage: Jetzt ist er bei euch und baut auf diesem Erlernten auf und leitet aufgrund seines Gesamtbewußtseins, das sich aus den vorhergegangenen Leben und dem zuletzt durchlebten Leben zwangsläufig ergibt, den Wunsch einer erneuten Inkarnation auf der menschlichen Seite ab.

Claudius: Ich muß dich berichtigen. Er hat den Fluß überschritten. Sein Wissen, seine Erfahrung aus diesem Leben mitgebracht und verbindet es mit dem vorhandenen Wissen aus den vergangenen Inkarnationen.

Frage: Wenn er sein neues Bewußtsein mit seinem vorhandenen Bewußtsein verbunden hat, dann muß sein neues gesamtes Bewußsein doch eigentlich einen Schritt weitergemacht haben?

Claudius: So ist es, mein Freund.

Frage: Aus diesem neuen Bewußtsein, das einen Schritt weiter ist, kann ich mir nicht vorstellen, daß ich mir dann ein Leben aussuche, das mich eigentlich gegen mein Bewußtsein auf eine Stufe bringt, die, aus unserer Sicht, Schaden, Leid und viele unangenehme Dinge, möglicherweise sogar Mord, verursachen kann.

Claudius: Mein lieber Freund, du unterliegst menschlichem Denken. Versuche nicht, hinter das Geheimnis einer neuen Inkarnation zu kommen, sondern **erlebe das Geheimnis der neuen Inkarnation**. Dann, mein Freund, wirst du begreifen. Siehe, du kannst sowohl als Mensch zum Mörder werden als auch als Geistwesen. Verstehe mich richtig: Nicht die Tat ist der auslösende Faktor, sondern der Geist, der diese Tat vollbringt, und **es sei dahingestellt, ob zum Nutzen oder Schaden des einzelnen.**

Diese Beurteilung, mein Freund, nimmst du erst **hier bei uns** vor. Ihr bezeichnet einen Mord als das gräßlichste Verbrechen, das ein Mensch begehen kann. Nun, zugegeben, von eurer Warte aus gesehen ist es ein schreckliches Verbrechen, weil es sich außerhalb eures Verständnisses, eurer Moralvorstellung bewegt.

Doch, mein Freund, du siehst den Einzelfall, nicht die Menschheit – du siehst nicht die Kriege, die geführt werden, wo Menschen hingeschlachtet werden auf den Schlachtfeldern eurer Welt. Auch dies ist Mord! Auch ist es Mord, die Kräfte des Universums zu mobilisieren, damit sie dem Menschen Schaden zufügen – von eurer Seite aus gesehen.

Von unserer Seite aus gesehen ist es völlig emotionslos zu sehen. Einzig und allein die Tatsache, daß der Mensch so ist, wie er ist, erklärt uns die Handlungsfähigkeit, der der Mensch unterworfen ist.

Mein lieber Freund, ich kann dich beruhigen, ich kann euch alle im Kreis beruhigen – **zum Mörder werdet ihr niemals werden – das habt ihr längst schon hinter euch!** Doch ihr seht, hättet ihr nicht das Bewußtsein, ihr würdet als Menschen verzweifeln – und dies ist das beste Anschauungsmaterial, das ich euch von der Gnade der Allmacht liefern kann, die euch weitergeführt und weiterentwickeln ließ.

Frage: Bitte, Claudius, lasse mich noch etwas dazu sagen. Ich kann nicht akzeptieren, daß der Mensch, wenn er eine gewisse Stufe erreicht hat, seinem Bewußtsein gemäß, dann wieder in eine Situation abgleiten kann, in der er seine Mitmenschen belügt und bestiehlt, um sich auf gemeinste Art Vorteile für sich selbst zu verschaffen. Wenn ich mein Bewußtsein allein schon in diesem kleinen Teil meines Lebens betrachte, dann ist es doch so beschaffen, daß ich dies niemals tun würde, weil ich es, meinem jetzigen Bewußtsein gemäß, gar nicht tun kann.

Claudius: Meine Liebe, meine Liebe, du siehst doch den kleinen Ausschnitt deines Lebens nur. Begreife doch, von deiner Warte aus gesehen siehst du diesen Abschnitt deines Lebens, und glaube mir, du hast in diesem Leben vielen schon unrecht getan. Vieles hättest du vermeiden können, doch das diente dir zur Weiterentwicklung bis zu dem Stadium, in dem du dich heute befindest. Du mußt es völlig losgelöst von emotionalen Überlegungen sehen. Es ist einzig und allein die Erfahrung, die dich zur Liebe werden läßt.

Frage: Und im nächsten Leben kann ich dann ein wahnsinnig egoistischer Mensch sein, der mit jedem seiner Mitmenschen gerade verfährt, wie es ihm paßt und zum Vorteil gereicht?

Claudius: Wenn es erforderlich ist, daß du diese Erfahrung deinen Mitmenschen mitbringst, dann wirst du so inkarnieren aus dem einfachen Grund, weil auch deine Seele die Ablehnung deiner Umgebung lernen muß. Weil deine Umgebung lernen muß, diesen bösen Menschen in der Mitte zu dulden. Es ist eine ständige Abfolge des Erfahrungsaustausches. Es ist weder bös – noch schlecht.

Frage: Also Ursache und Wirkung?

Claudius: So ist es zu sehen – losgelöst von deinen emotionalen Empfindungen solltest du die Tatsache als solche begreifen und hinnehmen. Nicht schlecht – nicht gut, denn dies ist wiederum deinem persönlichen Empfinden anheimgestellt.

Frage: Alles dienst demnach zur Weiterentwicklung?

Claudius: **So ist es.**

Frage: Der Mensch ist sich bei einer erneuten Inkarnation über sein geistiges Bewußsein nicht bewußt, doch bringt er dieses sich nicht Bewußte, was den Stand seiner Seele ausmacht, als Psyche oder Charakter mit auf diese Welt. Er wird also folglich auch nicht mehr als skrupelloser Egoist handeln können?

Claudius: Meine Liebe, meine Liebe, ist das Empfinden auf unserer Seite so weit gewachsen, daß der Mensch sein Leben bedauert, das er geführt hat, dann ist keine Schuld vorhanden, dann wird er frei atmen können. Er wird bereuen, verschiedene Dinge nicht getan, nicht erledigt zu haben. Damit allein, **mit diesem Bedauern, wird aufgelöst.**

Frage: Muß er dann das Versäumte nachholen im nächsten Leben?

Claudius: Er wird diese, genau diese Situation, die er versäumt hat zu durchleben, nicht mehr durchleben, **weil das Bedauern in ihm hochgestiegen ist, die Reue in ihm hochgestiegen ist**, so gehandelt zu haben und nicht anders.

Frage: Dann sucht er sich vielleicht eine andere Aufgabe für seine Inkarnation, die ihn wieder schuldig werden läßt – und wenn er wieder drüben ist, erkennt er und bereut –, und hat dazu noch eine Erfahrung gesammelt.

Claudius: Du sprichst von Schuld, immer von Schuld. Meine Liebe, laß dir meine Worte einmal in einer ruhigen Minute durch den Kopf gehen. Besprich sie mit deinen Freunden hier, damit du endlich verstehst, daß der kleine Einblick, der dir dieses Leben in die Allmacht gewährt, nicht ausreicht, um die Gnade der Allmacht begreifen zu können.

Frage: Es ist mir klar, daß dies nicht ausreicht. Werde ich dann im nächsten Leben wieder die gleichen Fragen stellen nach dem Sinn des Lebens – genau wie in diesem Leben auch? Werde ich mich wieder zu geistigem Erkennen durchkämpfen müssen?

Claudius: Meine Liebe, du wirst niemals mehr dort anfangen, wo der Anfang deiner Inkarnationen war, niemals mehr. Ihr versucht alles mit der Ratio zu erfassen, und dies ist eure Schwierigkeit. Wir versuchen euch zu helfen, meine Freunde. Ihr könnt euch noch nicht davon lösen, euren rationellen Verstand, der geprägt ist von eurer Gesellschaftsordnung, loszulassen, aufzulockern. Ihr seid gebunden an das Wort und nicht an das Gefühl – an eure Seele – immer noch –, und wir werden noch arbeiten müssen, meine Freunde.
Seid gewiß, solange ihr uns annehmt, werden wir bei euch sein, um euch hilfreich zur Seite zu stehen.

Frage: Mir fallen deine Worte ein, die da lauten: Alles wird sich folgerichtig auf dem Vorhergegangenen aufbauen . . .

Claudius: So ist es, meine Liebe. Warum könnt ihr einfach nicht annehmen, daß die Entscheidung eurer nächsten Inkarnation nicht mit eurem rationellen Verstand getroffen wird, sondern erst wenn ihr den Fluß überschritten habt, euch euer gesamtes Sein sich offenbart.

Ich weiß, wie schwierig es ist, doch wenn ihr die Zusammenhänge erkennt, dann bereitet es euch keine Schwierigkeit mehr anzunehmen, **daß der Weg der neuen Inkarnation aus den Erkenntnissen eurer vergangenen Inkarnationen sich entwickelt.**

Noch eine Erklärung dazu. Ein jeder von euch hat in diesem Leben und im vergangenen Leben Fehler gemacht. Der eine hat schon mal gestohlen, der andere hat schon einmal Gewalt ausgeübt. Auch diese Veranlagung habt ihr mitgenommen auf diese Inkarnation.

Frage: Ja, aber genauso sehe ich es auch im Positiven, nämlich, daß uns die Veranlagung **guter Eigenschaften** mitgegeben wurde.

Claudius: So ist es. Es ist nicht negativ zu sehen. Diese Begriffe: positiv und negativ, sie binden euch in eure Ratio – und deshalb versucht diese Ratio immer wieder die Oberhand zu gewinnen.

Frage: Ich habe also in mir die Anlagen zu einem sehr liebevollen Menschen und die Anlage zu einem Gewaltverbrecher beispielsweise. Und gemäß meinem Bewußtsein, das mir von der Ratio nicht zugänglich ist, werde ich mich dann für die eine oder andere Seite entscheiden?

Claudius: So ist es, meine Liebe. Das gleiche gilt auch für den Körper. In deinem Körper eingebunden ist auch die gesamte Molekularstruktur aller Krankheiten, die es geben kann – doch in deiner Seele ist die Kraft, diese Krankheiten zu überwinden – doch nicht bis zur Unendlichkeit, denn zu irgendeinem Zeitpunkt zerfällt die Molekularstruktur deines Körpers, weil sie nicht mehr zusammengebunden werden kann. Es ist das Gesetz des Lebens – des Werdens und Vergehens, das in euch, im Leben des Menschen verankert ist. Wie alles sich wandelt im Laufe der Zeit.

Seht, ein neues Haus wird in dreißig bis vierzig Jahren ein altes Haus sein. Der Putz bröckelt ab. Die

Schönheit des jungen menschlichen Körpers verliert sich, die Haare fallen aus, die Zähne fallen aus, alles im steten Wechsel.

Frage: Hatten wir vielleicht in einem früheren Leben die Chance, uns mit dem Geistigen auseinanderzusetzen, und haben sie vertan? Sind wir deshalb hier in diesem Kreis?

Claudius: Nein, meine Liebe, ihr habt die Chance nicht vertan, denn in jedem von euch blüht die Liebe der Allmacht, ihr seid ein Teil der Allmacht. Euer Teilbewußtsein hat euch so manchmal in die Irre geführt – doch daß ihr den Weg beschritten habt, jeder einzelne von euch auf seine eigene Art und Weise, daß ihr die Mühen auf euch nehmt, zu uns zu kommen, obwohl wir euch weder zu essen noch zu trinken anbieten können, dies allein zählt, diese Überwindung, ich sage diesen Ausdruck mit vollem Bewußtsein, denn es ist für jeden einzelnen schon einmal die Situation entstanden, daß er sich überwinden mußte, diesen Weg zu gehen, zum geistigen Bewußtsein. Ihr seht, in diese Hinsicht seid ihr euch alle ebenbürtig. Nicht ebenbürtig könnt ihr euch sein in der Auslegung dessen, was wir euch zu vermitteln suchen, weil ein jeder im Kreis ein anderes Bewußtwerden hat. Ein jeder hat eine eigene Empfindung. Daraus resultiert, daß er aus unserer Unterhaltung nur Teilaspekte in seiner Seele aufnehmen kann.

Frage: Ist jede Seele gleich vollkommen, bevor sie in die Liebe eingeht? Gibt es dann kein Mehr und kein Weniger an Liebe?

Claudius: Je näher die Seelen dem inneren Kreis zuwandern, um so mehr geben sie ihr eigenes Bewußtsein auf, um nur noch in der Liebe die Erfüllung zu finden.

Frage: Das Ziel ist also die Gleichheit, wenn ich so sage, in der Liebe?

Claudius: Ich mag diesen Ausdruck nicht, denn was ihr unter »gleich« versteht ist etwas anderes als das, was wir darunter verstehen. Gleich-Sein heißt bei uns »**nur noch Liebe sein**«, denn dann gibt es keinen Unterschied mehr.

Frage: Andere Wesen, die zum Beispiel mit dir auf der gleichen Ebene sich befinden, sind diese in der Art und Weise wie du, oder sind sie doch verschieden?

Claudius: Noch sind sie verschieden, denn wir können noch miteinander kommunizieren, wir können noch austauschen, wir können uns noch gegenseitig Hilfe geben. Das, was dann geschieht, ist das Eintauchen ineinander, das Eins-Werden, wenn du so willst, das »Gleich-Werden«, aber ich mag diesen Ausdruck nicht, das **Eins-Werden mit der Liebe**.

Frage: Ist das ein sehr weiter Weg bis dahin?

Claudius: Nun, einen großen Teil dieses Weges, meine Freunde, habt ihr zurückgelegt, sonst würden wir nicht zusammensitzen.

Ihr hättet genauso die Anstöße, die euch das Leben gegeben hat, ignorieren können. Doch ihr habt es nicht getan, weil ihr dem Sinn eures Lebens nachgefragt habt. Ihr hattet den Mut, über eure Schatten zu springen, die Schatten, die der Verstand ein Leben lang aufgebaut hat, die eure Ratio geprägt hat und die euch bis zu dem Tag begleitet haben, an dem die Seele sich aufgemacht hat zum Licht.

So manch einer hat die gleiche Erfahrung gemacht, hat aber die kleine Flamme der Kerze sofort erstickt, weil sie nicht in sein Denkschema hineinpaßte. Deshalb bemerkt ihr die Veränderung. Viele Menschen nehmen nicht den nächsten Weg, sondern sie gehen einen Umweg.

Die Menschwerdung, meine Freunde, resultiert einzig und allein aus dem Gesetz der Wiedergeburt, des neuen Erlebens einzelner Aspekte.

Nur so ist auch der Sinn des Lebens überhaupt zu verstehen.

Inkarnationen sind eine Folgeerscheinung, die jeden

einzelnen dazu führen, Erkenntnisse zu sammeln, um einzukehren, zurückzukehren in die Liebe der Allmacht.

Wie auch immer der einzelne es empfindet, er müßte sich dessen bewußt sein, daß **ein einziges Leben als Mensch nicht ausreicht, um die Erfüllung seines Seins zu erahnen**.

Frage: Wann erfolgte die erste, die allererste Inkarnation?

Claudius: Nun – die erste Inkarnation, **die gibt es nicht**. Die, die sich im Menschen manifestiert, ist eine Folgeerscheinung verschiedener Aspekte, die sich **hier** vollzogen, sich manifestiert hat.

Die erste Inkarnation war auch nur ein **Teilbewußtsein** dieser allumfassenden Liebe, die sich manifestiert in der Seele, in dem Bewußtwerden der Liebe. Siehe, dieses Bewußtwerden der Liebe ist so allumfassend, daß es im menschlichen Körper keinen Platz fände.

Was geschehen ist, ist einfach ein Bewußtsein zu erzeugen in dieser Wesenheit, die sich heute Mensch nennt. Meine Liebe, wenn du davon ausgehst, daß das **Gesamtbewußtsein immer auf unserer Ebene vollständig zusammengeführt wird**, dann kannst du die unendliche Liebe der Allmacht begreifen.

Frage: Können sich Menschen als Tiere inkarnieren?

Claudius: Nun, meine Liebe, es ist völlig ausgeschlossen. Was sich im Tier manifestiert, ist lediglich eine Molekularstruktur, die auch der Mensch sein eigen nennt, nämlich Information, zum Beispiel Galle, Leber, Niere, Information Haut, Information Fell. All dies ist auch im Menschen vorhanden, denn er ist so entwikkelt worden mit Ur-Information. Aber daß sich der Mensch in ein Tier zurückverwandelt, ist völlig ausgeschlossen, denn dann müßte dein Hund sprechen können.

Das Wichtigste ist die Erkenntnis des einzelnen, daß sein Leben einem ständigen Kreislauf unterworfen ist. So, wie der Winter den Sommer ablöst und der Sommer den Winter ablöst, so gestaltet sich euer Leben im Kreislauf des Universums, und zu irgendeinem Zeitpunkt wird der Fragende eine Antwort, einen Anstoß erhalten, damit er sein eigenes Leben nachvollziehen und weiterentwickeln kann.

Alles ist vergänglich – **nur die Seele nicht**. Und wenn ich in einem der letzten Protokolle davon sprach, daß der Vergleich zu euch wie das Licht zum Dunkel ist, so ist es keine Qualifikation, denn ihr erlebt Licht und Dunkel in eurem eigenen Leben, wenn sich die Nacht herniedersenkt und euch einhüllt in ihren Mantel und am Morgen die Sonne wieder aufgeht, um euch zu wecken für den neuen Tag.

So ist der Kreislauf des Lebens, und jeder wird, dem Wunsch seiner Inkarnation entsprechend, zu einem gewissen Zeitpunkt unter einer gewissen Konstellation der Gestirne geboren. Hierin liegt an sich das Geheimnis des Lebens schon begründet, denn seht, derjenige, der unter dem Sternkreiszeichen eines Schützen zum Beispiel geboren ist, nimmt die **Veranlagung** für sein Leben mit auf den Weg, so wie jeder einzelne im Verbund der 12 Monate, der 12 Sternkreiszeichen, sein eigenes Grundmuster mit auf diesen Planeten nimmt.

Frage: Kann ich den Wunsch haben, gleichzeitig – zur gleichen Zeit – mehrere Bewußtseinserfahrungen und -zuwächse zu erhalten, in einer solchen Form, daß ich, von meinem Gesamtbewußtsein aus gesehen, mit Teilbewußtsein an zwei Stellen gleichzeitig inkarniere?

Claudius: Mein Freund, hier ist ein Trugschluß vorhanden. Dein Gesamtbewußtsein hier auf unserer Ebene ist so flexibel, daß es auf verschiedenen Ebenen Erfahrungen sammeln kann, die sich niederschlagen. Das heißt nichts anderes, als geistige Inkarnationen vollziehen sich mit dem Gesamtbewußtsein.

Siehe dein Gesamtbewußtsein als Ball. Dieser Ball springt von einer Mauer zur anderen, von einer Erfahrung zur anderen auf unserer Ebene, denn dieses Gesamtbewußtsein hier nimmt Erfahrungen auf, es korrespondiert sozusagen mit verschiedenen Ebenen, so daß es sich hier weiterentwickelt, unabhängig von der Teilinformation auf dieser Erde. Es splittert sich nicht auf.

Frage: Wobei die Verbindung aber immer noch zum Gesamtbewußtsein vorhanden ist?

Claudius: Voll und ganz vorhanden. Es sind Finger, die aus diesem Gesamtbewußtsein verschiedene Informationen aufnehmen in das Gesamtbewußsein.

Laß mich noch eine Erklärung dazu abgeben: Siehe, du wurdest geboren. Die Seele hat sich im Embryo inkarniert, und du wurdest materiell auf dieser Erde. Zunächst war das Bewußtsein des vorhergegangenen Lebens, des Gesamtbewußtseins, der Zugriff zum Gesamtbewußtsein, im Kleinstkind vorhanden. Durch die Materialisation deines Körpers ist deine Seele in die Anziehungskraft des Körpers eingebunden worden, und im Laufe der ersten – ich sage es jetzt bewußt – vier Jahre deines Lebens hat sich die Verbindung zum Gesamtbewußtsein kontinuierlich abgeschnürt. Das heißt nichts anderes: Von deinem Gesamtbewußtsein kommen keine Impulse in dein jetziges Leben, damit du dieses Leben leben kannst. Doch die Schnur, mein Freund, verbindet euch weiter. Es ist nur kein offener Kanal mehr.

Frage: Der Faktor, der das unterbindet, ist die Materialisation, die Verbindung mit der Materie?

Claudius: So ist es.

Frage: Es wäre aber doch denkbar, daß ein zweiter Teil meines Gesamtbewußtseins hier auch auf der Erde leben könnte?

Claudius: Theoretisch wäre dies möglich, praktisch jedoch ist es nicht möglich. Aus folgenden Gründen: Du hast nur ein einziges Programm hier auf diesem Planeten zu durchlaufen. Aus diesem Grund bleibt es deinem Gesamtbewußtsein hier auf unserer Ebene überlassen, sich hier im Universum weitere Informationen zu holen, damit es möglich wird, wenn du den Fluß überschritten hast, eingegangen bist in dein Gesamtbewußtsein, eine höhere Stufe – verzeiht mir diesen Ausdruck – eine höhere Schwingung zu erreichen.

Denn sonst, mein Freund, könnte es möglich sein, daß du zum Beispiel diese Erfahrungen, die du in diesem Leben hier als Mensch machen willst, nicht erfühlst, nicht erfährst und dadurch auf unserer Ebene in der letzten Inkarnation verhaftet bleiben würdest. Dies ist jedoch nicht der Fall.

Frage: So ganz habe ich es nicht verstanden.

Claudius: Gut, ein Beispiel: Du gehst in die Schule, durchläufst fünf Klassen humanistischen Studiums. In der 6. Klasse bleibst du hängen, das heißt, du wirst nicht in die 7. Klasse versetzt. Nun beginnst du auch nicht mehr in der 1. Klasse, sondern du durchläufst diese 6. Klasse noch einmal.

Und so solltest du es sehen. Wenn deine Seele diesen Lernprozeß, diesen bestimmten Abschnitt nicht durchläuft, dann mußt du auf unserer Ebene nicht tiefer fallen, sondern du gehst ein in das Gesamtbewußsein. Dadurch, daß dein Gesamtbewußtsein auch Erfahrungen gesammelt hat, steigt die Bewußtseinserweiterung an. Das Bruchstück, das nicht durchlaufen worden ist, wirst du in einer **anderen Situation bei einer Inkarnation neu durchleben müssen**. Dies ist das Rätsels Lösung.

Frage: Könnte ich den Finger gleichzeitig nach einer anderen Ebene ausstrecken, so daß ich also zur gleichen Zeit in einer XY-Dimension, die ich nicht kenne, auch weitere Erfahrungen sammle?

Claudius: Nun, mein Freund, du tust dies als Mensch genauso, wie es dein Gesamtbewußtsein vollzieht. Als

	Mensch, mein Freund, holst du gemäß der Veranlagung, die in dir verborgen liegt, in deiner Seele verbogen liegt, Informationen aus dem Informationsfeld, die transferiert werden in dein Gehirn zum Umsetzen. Auf der anderen Ebene steht kein Gehirn zur Verfügung, weil es nicht erforderlich ist, aber es steht ein Bewußtsein, ein volles Bewußtwerden zur Verfügung, das also auch diese Informationen speichert in dieses Gesamtbewußtsein hinein.
Frage:	In einer gewissen Weise empfinde ich mich fast wie ein Schauspieler auf der Bühne. Ist das ein Bild, das total daneben liegt, oder kann man sich auch mit dieser Vorstellung anfreunden?
Claudius:	Dieses Bild ist völlig richtig, denn, mein Freund, du mußt auf der Weltbühne ein Schauspieler sein, sonst, mein Freund, kannst du nicht existieren. Du mußt verschiedene Rollen spielen, aber, mein Freund, in dir selbst werden durch die verschiedenen Rollen, die du spielst – nun –, Überzeugungen wachsen.
Frage:	Aber hin und wieder habe ich den Eindruck, als gäbe es Zuschauer, die mit einer gewissen Belustigung meinem oder unserem Treiben hier zuschauen.
Claudius:	Du spürst die Resonanz in dir, die Resonanz deiner Zuschauer, mein Freund. Natürlich ist es so, wenn du eine gewisse Ebene überblickst, zum Beispiel in deinem Beruf, und siehst die krabbelnden Ameisen zu deinen Füßen, dann wirst du belustigt feststellen, welche Anstrengungen sie unternehmen.
Frage:	Könnte es sein, daß mein Gesamtbewußsein dir begegnet, mit dir spricht?
Claudius:	Nun, ich hätte die Möglichkeit, meine Liebe, aus diesem Gesamtbewußtsein deiner Inkarnationen ein bestimmtes Bewußtsein zu dir sprechen zu lassen, aber dies ist nicht erlaubt.
Frage:	Ja, das ist mir klar. Ich meine, ob es mit dir auf deiner Ebene sprechen kann, ohne daß ich davon Notiz habe?

Claudius: Natürlich. In dem Augenblick, in dem du sprichst, wird dein Gesamtbewußtsein angesteuert. Deshalb ist es mir auch möglich, Aussagen zu machen über frühere Inkarnationen. Doch glaubt mir, meine Freunde, ich werde Aussagen zu früheren Inkarnationen nur punktuell machen, um ein besseres Verständnis eures eigenen Lebens in euch wachzurufen.

Frage: Gibt es auch einen Erbfaktor, der da mitspielt? Es sind doch sicher Dinge miteingeprägt von Eltern und Großeltern?

Claudius: Nun, meine Liebe, du sprichst jetzt eine andere Stufe an. Selbstverständlich werden euch über die Eltern gewisse Veranlagungen mitgegeben. Aber diese gewissen **Veranlagungen beziehen sich auf Informationen des Körpers, nicht des Geistes**.

Die Informationen, die der Embryo bei der Empfängnis erhält, kommen aus den Genstrukturen der Vorfahren. Zum Beispiel kannst du erkennen, daß dein Mann einen bestimmten Gang hat und der Vater deines Mannes ebenso. Du kannst äußerliche Ähnlichkeiten der Körper erkennen. Nicht immer sind die Eltern die Informanten, sondern es können auch die Vorfahren sein, die Informationen über die Genstruktur – über die Molekularstrukturen der Gene, weitertragen.

Die Seele jedoch macht ihren eigenen Entwicklungsprozeß. Sie geht den Weg, den sie gehen will.

Frage: Vieles ist für uns fast unverständlich, aber wir dürfen sicher weiterhin fragen, auch wenn ein Thema bereits behandelt wurde?

Claudius: Meine lieben Freunde, wir begleiten euren Weg und werden euch die Weisheiten vermitteln, die euch das Leben lebenswert machen, denn alles liegt in euch selbst begründet. Kein Grund ist vorhanden, an diesem eurem Leben zu verzweifeln, denn die Gnade der Allmacht ließ euch diesen Weg gehen. Ihr selbst habt ihn gewählt bei eurer Geburt. Ihr selbst müßt

euch durch dieses Leben hindurchkämpfen, doch, meine Freunde, wenn ihr dies erkannt habt, wird es nichts geben, was euch verzweifeln läßt.
Seht, jeder Mensch auf dieser Welt hat sich aus der Erkenntnis heraus, neu durchleben zu wollen, wieder inkarniert. Diese Inkarnationen dienen nur dem Zweck, Erkenntnisse zu sammeln, die in einem vorhergegangenen Leben nicht gesammelt werden konnten. Es ist eine stufenweise Entfaltung des Bewußtseins hin zum Ursprung des menschlichen Seins, und wenn ich euch sage, daß in jedem von euch Gott enthalten ist, die Allmacht enthalten ist, so solltet ihr es so verstehen, daß der Ursprung wieder die grenzenlose Liebe ist, zu der ihr einst zurückfinden werdet. Vergeßt nie, daß dies das Wichtigste in eurem Leben ist, es ist das **Ziel**!

Jesus Christus – Religion – Bibel
3. Teil

Frage: Lieber Claudius, eines unserer größten Probleme mit dem wir immer noch nicht ganz zurechtkommen, ist nach wie vor Jesus Christus, sein Leben und vor allem sein Sterben. Kann ich zur Geburt von Jesus Christus einmal meine Meinung äußern?

Claudius: Natürlich, sprich, meine Liebe.

Frage: Zu jener Zeit wäre es doch unmöglich gewesen, vor der Ehe ein Kind zu bekommen und zu behaupten, daß es durch den Geist gezeugt wäre, um ein Alibi dafür zu haben, daß Josef nicht der richtige Vater sei. Man muß sich diese groteske Situation vorstellen. Maria hätte sich in diesem Ort nicht mehr sehen lassen können und der Knabe Jesu wäre gemieden und verspottet worden. Es wäre für seine spätere Aufgabe ein denkbar schlechter Ausgangspunkt gewesen. Daß solche Dinge zum Dogma unserer Religion gemacht wurden, ist ungeheuerlich.

Claudius: Ihr habt denken gelernt – und wie du richtig vermutest, wäre die Frau, die **Jesus** geboren hat, ausgestoßen worden aus dem Kreis der Juden, die zu dieser Zeit in Nazareth lebten, wenn sie als Alibi für ein Kind, das außerhalb einer Ehe geboren worden ist, einen geistigen Vater angegeben hätte.

Frage: Jesus hatte an Weihnachten in seiner Rede dies so wunderbar zum Ausdruck gebracht: »Seid euch bewußt, daß auch ich, so wie ihr, einst Mensch geworden bin, **geboren durch die Liebe zweier Menschen – und doch von der Allmacht gezeugt, wie jeder von euch**.«

Claudius: So ist es. Es ist der Sinn unserer Unterhaltung, euch die Liebe und die Gnade der Allmacht näherzubringen, nicht verbrämt durch Dogmen – gleich welcher Religionsrichtung, denn im Grunde eures Wesens seid ihr Bestandteil dessen, der euch den Geist und die Seele mitgegeben hat. Benutzt die Fähigkeiten, und ihr werdet in Demut erkennen, daß in jeder Religion ein Körnchen Wahrheit versteckt ist – und ihr braucht euch nicht zu schämen, daß ihr hinter die Kulissen schaut, **denn Sicherheit findet ihr nur in euch selbst.**

Frage: Hat seine Kreuzigung mit unserer »Erlösung« etwas zu tun, oder war sie eine Folgeerscheinung des politischen Lebens?

Claudius: Sie war nichts anderes als ein Politikum, das sich ergeben hat aus dem Machtstreben zwischen Römern und Juden. Daß ihr das Kreuz als Christen zum Symbol habt, ist ebenfalls als Folgeerscheinung zu betrachten.

Frage: Fand demnach überhaupt eine sogenannte »Erlösung« statt?

Claudius: Die Erlösung, meine lieben Freunde, fand statt als **Jesus** seinen **Geist** zurückgab. Denkt an die Worte in eurer Bibel: »Vater, in deine Hände gebe ich meinen Geist, mein Christus-Sein zurück«. **Dies war die Vollendung der Erlösung**.

Der Menschheit sollte wieder bewußt werden, daß es nicht darum geht: »Auge um Auge, Zahn um Zahn«, denn dies war der Grundsatz, nach dem das jüdische Volk, die jüdische Religion ausgerichtet war. Das war die neue Perspektive, die Jesus den Menschen mitgebracht hat, denn der kleine Kreis, der im Karmel lebte, war nicht fähig dies zu bewirken. Es mußte Christus (Christusbewußtsein = Liebe) sich in Jesus manifestieren, damit die neue Botschaft an die Menschen hinausgetragen wurde.

Frage: Die Kirche macht aber die Erlösung der Menschen abhängig vom Kreuzestod, und hat gelehrt, daß die Menschen erst dadurch nach ihrem leiblichen Tod geistig weiterleben. Das sei vorher nicht möglich gewesen. Ist das richtig?

Claudius: Falsch! Meine Liebe, ich muß hierzu folgende Erklärung abgeben:

In den ersten Jahrhunderten nach Christi entbrannten zwischen denen, die sich Christen nannten, heftige Meinungsverschiedenheiten über den Sinn der einzelnen Evangelien. Hervorgerufen wurden diese Meinungsverschiedenheiten durch die sich widersprechenden Interpretationen, die die Jünger, die Apostel, subjektiv aussprachen. Nun, man hat versucht die Tatsache als solche zusammenzuführen und hat eine Obrigkeit geschaffen, die sich der Menschen annahm, um ihnen das Wissen der Liebe zu vermitteln. Doch, meine Freunde, auch damals ist etwas entstanden, was vor Jahrhunderten ebenfalls schon praktiziert wurde. Man hat den einzelnen Menschen vergewaltigt im Geist. Dies war nicht Sinn dieser Botschaft – doch, und dies euch allen zum Trost – die Liebe, der Ursprung eurer Religion, eures gesamen Seins, konnte nicht verloren gehen – nicht über Jahrhunderte hinweg.

Und auch heute geschieht das Bewußtwerden des Geistes neu, denn, wie ihr sagen würdet: Die Erde ist dem Jahrtausendwechsel nahe – und deshalb wird neues Bewußtsein emporsteigen – und die nächsten Generationen werden wieder demütiger werden, meine Freunde.

Frage: Woher kam dieses »Christusbewußtsein« und wie hat es sich überhaupt in Jesus manifestieren können?

Claudius: **Die Quelle des Christus-Bewußtseins war die Allmacht – Gott**. Es floß ein in den Körper dieses jungen, kleinen **Jesus**, der sich von frühester Kindheit an der Religion des Judentums annahm, sich mit dieser Religion auseinandersetzte. Er wurde erfüllt vom Christus-Geist, der langsam mit ihm gewachsen ist und sein Bewußtsein schulte, ohne ihn als Mensch zu zerstören. Im Gegenteil, er stählte ihn, indem er ihm die Kraft gab, dieses neue Bewußtsein auszusprechen und zu predigen.

Frage: Sind die Worte Jesus, die er gelehrt hat, getreu dem Ursprung?

Claudius: Nein, diese Worte wurden durch die mündliche Überlieferung weitergetragen. Der Ursprung, meine Freunde, ist jedoch auch heute noch zu erkennen. Liebe – Demut – und unendliche Güte.

Frage: Wie nahe kommen die Worte der Bergpredigt an den Ursprung heran?

Claudius: Wenn du die Worte in dir nachklingen läßt, mein Freund, dann erfährst du die Wahrheit, denn in der Bergpredigt, so wie ihr sie heute kennt, wird der gewaltige Sinn dieses Jesus Christus offenbar.

Wißt ihr, meine Freunde, ich möchte euch nicht dadurch verwirren, daß ich euch in seiner Sprache die Bergpredigt wiedergebe – und zwar aus folgenden Gründen: Diese Sprache wird heute nicht mehr gesprochen. Diese Sprache ist, wie jede andere Sprache, interpretationsfähig, gemäß dem Bewußtsein, das sie überträgt in eure jetzige Welt.

Ihr sollt den Sinn erfühlen und erahnen. Ihr sollt nicht am Buchstaben des Geschriebenen hängenbleiben, denn nur dadurch, daß ihr diese Worte in euch nachklingen laßt, könnt ihr die gesamte Gewalt dieser Botschaft erfühlen.

Frage: Kannst du uns über die Bedeutung des Abendmahls etwas sagen?

Claudius: Mein Freund, es war üblich im Kreise von Freunden zusammen zu speisen. Seht, meine Freunde, Jesus wußte, daß der Christus-Geist ihn verlassen würde. Er hat seinen Freunden, den Jüngern, das Wissen mitgeteilt und hat zu ihnen gesagt:

»Tragt es hinaus in die Welt. Gebt den Menschen neue Hoffnung, damit sie an ihrem Sein nicht verzweifeln, denn mein Geist ist vom Vater gesandt, um neues Erleben, neues Hoffen zu schenken. Ich bre-

che das Brot mit euch, meine Freunde, damit ihr die gleiche Nahrung zu euch nehmt, die euer Körper braucht. Ich trinke mit euch, damit ihr aufnehmt im Geist der Trauben die unendliche Liebe unseres Vaters. Geht hin und tragt es hinaus in die Welt«.
So solltet ihr das Abendmahl verstehen.

Frage: Mußte Christus derart leiden, um dies alles zu bewirken?

Claudius: *Nein*, denn siehe, mein Freund, der Kreuzestod war nichts anderes als eine damals übliche Hinrichtungsart. Daß dies geschehen ist, lag darin begründet, daß der Prokurator, **Pontius Pilatus**, hineingezogen wurde in den politischen Strudel, der das Judentum heimsuchte. Siehe, mein Freund, **Pontius Pilatus** war davon überzeugt, daß er das Todesurteil aussprechen **mußte**, um das Volk der Juden still zu halten, denn es begann sich gegen die Herrschaft Roms aufzulehnen.
Zeloten, Pharisäer, Saduzäer und einige andere Stämme haben damals einen Kleinkrieg begonnen, den das römische Heer nicht bezwingen konnte. Das Feuer loderte überall und hier mußte ein Exempel statuiert werden. Es mußten Zugeständnisse gemacht werden, damit das Volk ruhig gehalten wurde. Vergeßt nicht, daß Jesus ein Mensch aus dem Volk der Juden war. Der Mensch Jesus war nicht angenehm für das Judentum, für den Glauben der Juden, denn ihm liefen die Menschen zu. Er predigte die Liebe, und die verkrustete Struktur der jüdischen Religion konnte ihn nicht leben lassen.
Es ist immer eine Frage von Ursache und Wirkung. Hinzu kam, daß gewisse Gesetze galten, die von **Pontius Pilatus** nicht übergangen werden konnten. Ich sagte euch schon einmal:
Hingerichtet haben ihn seine Glaubensbrüder, das Urteil gesprochen hat Rom.

Frage: Ich versuche mir vorzustellen, daß es eine besondere

Demonstration des Bewußtseins der Liebe ist, wenn man solche Qualen und einen solchen Tod mit in Kauf nimmt.

Claudius: Seht, Jesus hätte leicht sich entfernen können, er hätte in ein anderes Land gehen können. Dies war seinem freien Willen offen. Doch er wollte die Wurzel mit dem neuen Geist beseelen – und hat deshalb den Ursprung der Religion als Ansatzpunkt für eine Veränderung benutzt.

Wäre er in ein anderes Land gegangen, dann, meine Freunde, wäre eine neue Religion entstanden – und dies sollte nicht sein. Es sollte der **jüdische Glaube, das Alte Testament neu geordnet werden, so wie es ursprünglich war**.

Frage: Näher zur Urreligion?

Claudius: So ist es, denn ihm war durch seine Studien bewußt, daß die Urreligion die **Liebe** ist. Ich gebe dir noch einen Gedankenanstoß. All die Menschen, die ihm zujubelten, all die Menschen, die ihn begleitet haben, hätten ihm Obdach geben können, sie hätten ihn außer Landes bringen können. Doch weißt du, mein Freund, auch in Christus bewahrheitet sich das Wort, daß jeder seinen eigenen Weg gehen muß. Jesus ist ihn gegangen.

Frage: Ich habe nicht ganz verstanden, was unter dem Begriff »Ur-Religion« gemeint ist? Kannst du das bitte näher erläutern?

Claudius: Es gibt heute im 20. Jahrhundert verschiedene Religionsrichtungen, sie gründen sich jedoch alle auf diese eine Urreligion. Von Generation zu Generation pflanzte sich Wissen fort, wurde erweitert, wurde ausgemalt und ausgeschmückt, weil damit den Menschen die Hoffnung gegeben wurde, nicht allein zu sein und zu wissen, daß eine höhere Macht vorhanden ist.

Diese Ur-Religion, meine Freunde, beinhaltete Wissen aus längst, längst vergangener Zeit. Wissen über

Heilungen, die möglich waren allein durch die Kraft des Geistes. Wissen, das hellsichtig machen konnte durch die Kraft des Geistes, Wissen, das es ermöglichte, daß man sich selbst so weit versenken konnte, daß man levitieren, daß heißt die Schwerkraft überwinden konnte.

Dieses Wissen, meine Freunde, und einiges mehr, war das bestgehütete Geheimnis, das es jemals auf diesem Erdkreis gegeben hat.

Doch zuvor, bevor die Israelis auswanderten aus Ägypten, gab es auch schon eine Religion. Ich erinnere euch an Ägypten, ich erinnere daran, daß dort beim herrschenden Pharao zu Urzeiten sowohl die weltliche, als auch die geistige Macht vorhanden war. Ich erinnere euch und bitte euch, sich mit der Geschichte dieses Landes zu befassen. In den Überlieferungen ist vermerkt, daß es riesige Menschen waren, Göttern gleich, mit Wissen, das sie nicht erlernt haben konnten, sondern mitbrachten.

Vor diesem ägyptischen Reich gab es eine Religion, die weit, weit zurückführte in den Beginn des Menschseins überhaupt. Und so, meine Freunde, zieht sich das Werden des Menschen bis zur Jetztzeit durch die gesamte Geschichte der Menschheit.

Und wenn ihr mir noch weiter folgen wollt:

Jahrmillionen sind vergangen, bis der Mensch beim Heute angelangt ist. Er hat sich immer mehr und mehr vom Ursprung seines Seins entfernt. Märchen, die ihr in eurer Kindheit gehört habt, werden heute in den wenigsten Familien noch Verbreitung finden. Sie verschwinden allmählich, so wie die Religionen verschwunden sind, die das Christentum begründeten.

Doch eines, Freunde, seid gewiß. Derjenige, der versucht, sein Sein zu begreifen, zu erahnen, wird nicht umhin können, sich mit der Vergangenheit der Menschheit auseinanderzusetzen. Er wird die Grauzonen nicht überschreiten können, denn bis zu einem gewissen Grad kann er nur gehen – dann müßte ihm sein realer Verstand sagen, daß nicht alle Sagen, daß nicht alle Überlieferungen der Geschichte nur Märchen sein können, daß er selbst seinen Ursprung in der Vergangenheit hat und erkennen kann.

Frage: Ich komme zurück zum Sterben Jesus. Hat also Jesus diesen »Christus-Geist« am Kreuz »aufgegeben«?

Claudius: Nein, meine Liebe, du siehst es falsch. Siehe, der Christus-Geist, den er am Kreuz **zurückgegeben** hat, dieses Wort ist etwas ungünstig gewählt, strahlte aus in alle Seelen. Jesus, als Mensch, nahm diesen Christus-Geist nach der Kreuzigung mit in die Welt hinaus und es ist als eine Gnade der Allmacht anzusehen, daß er seine Wanderungen fortsetzen konnte als Mensch.

Wenn er sprach: »Vater, in deine Hände lege ich meinen Geist«, dann sagte er damit nichts anderes, als: »**Laß, Vater du, diesen Christus-Geist in die Menschen einfließen, damit sie erkennen ihr eigenes Sein**.«

Frage: Ist es die Saat, die keimen sollte?

Claudius: So ist es.

Frage: Jesus trug auch weiterhin den Christus-Geist in sich?

Claudius: So ist es, meine Liebe.

Frage: Wäre dies dann zu vergleichen mit der »Sonne des Amun-Re«, die uns Bewußtsein gegeben hat?

Claudius: Nichts anderes, meine Liebe, nichts anderes. Siehe, das Mysterium des Glaubens ist kein Mysterium, wenn ihr versteht, daß dieser **Christus-Geist** das Universum belebt, in jedem von euch vorhanden ist – diese unendliche Liebe, daß sie Widerhall finden kann in euch. Über das Gebundensein an Religionsrichtungen verschiedener Art wird dieser Christus-Geist bei allen Menschen gegenwärtig und erfühlbar sein. Die Kreuzigung war nur eine politische Folgeerscheinung.

Frage: Warum hat die Überlieferung Judas zum Sündenbock abgestempelt? Du hast uns schon einmal gesagt, daß er Jesus nicht verraten hat.

Claudius: Nun, irgendeinen Sündenbock mußte man doch finden, meine Liebe. Siehe, auch heute wird einer eurer Politiker ans Kreuz geschlagen, der sich den Gesetzen seines Regimes gebeugt hat, nicht aus Selbstsucht – wie es so den Anschein hat.

Frage: Und auch Theologen, wenn sie die Wahrheit sagen.

Claudius: So ist es, meine Liebe, so ist es.

Frage: Das ist natürlich sehr schlimm für denjenigen Menschen.

Claudius: Nun, meine Liebe, derjenige, der die Worte dieses Menschen aufnimmt und sie als wahr erkennt, wird an der Unmündigkeit der anderen verzweifeln. Doch glaubt mir, auch derjenige, der die Worte ausgesprochen hat, wird in sich selbst den Frieden finden, weil er sie ausgesprochen hat. Er ist dazu berufen, sie auszusprechen. Deshalb, meine Freunde, **Christus lebt weiter, auch in eure Zeit hinein, auch wenn er sich nicht mehr Jesus nennt**. Dieser Christus-Geist wird immer wieder schreiben, daß man die Botschaft der Allmacht verstehen kann.

Frage: War es Zufall, daß gerade der Glaube an einen Gott die Menschen in diesem geographischen Raum traf? (Israel)

Claudius: Nein, mein Freund, du solltest die Religion, das Wissen um die eine Allmacht als weitverbreitetes Wissen auf dieser Erde betrachten. Doch die Entwicklung der einzelnen Völker wurde von politischen Überlegungen gelenkt. Die einzelnen Herrscher mußten Machtmittel in die Hände bekommen, um ihre Völker leiten zu können – glaubten sie. Deshalb spalteten sie gewisse Glaubensgrundsätze aus der Urreligion ab, um den Menschen Götter zu geben, die ihnen näher stehen sollten, verständlicher werden sollten, und die sie beherrschbarer machen sollte.

Siehe, diese Veränderung vollzog sich auch im jüdischen Glauben. Der jüdische Glauben wurde auch von den Menschen ausgebaut, erweitert, um ein Volk beherrschen zu können.

Die Wanderungen, die die Israeliten vollzogen, zusammengesetzt aus verschiedenen Stämmen und auch aus verschiedenen einzelnen jüdischen Glaubensrichtungen, waren nur zu vollziehen, indem man all diese Stämme zu einem Glauben vereinte, und dieser Glaube gab denjenigen die Macht, den Menschen dahin zu führen, wo sie ihn hinführen wollten. Du siehst auch heute noch den Unterschied zwischen dem orthodoxen Juden und dem Juden, der in einer anderen Gesellschaftsordnung leben muß.

Frage: Dann war es auch der Sinn der 10 Gebote, Macht über die Menschen zu erhalten, denn von der Allmacht selbst kam ja nur **ein Gebot** – die **Liebe**.

Claudius: Moses mußte gegen bestimmte Unsitten, die im Volk durch die Zusammenführung der verschiedenen Stämme eingetreten waren, Gesetze schaffen, und er hat tatsächlich dieses Wort *Liebe* umgesetzt in 10 Gebote. Verstehe es richtig, es wäre sonst keine Einigung möglich gewesen – und verstehe auch, daß **Moses**, als er in die Einsamkeit ging, diese Intuitionen der Allmacht in sich aufgenommen hat, um sie umzusetzen für das Volk.

Frage: Die Kirche lehrt, daß Gott Moses **10 Gebote** übergeben hat, und so wurde es uns während der gesamten Schulzeit eingebleut.

Claudius: Es wurde ihm aber nur ein einziges Gesetz gegeben, ein einziges. Das Gesetz:

Liebe deinen Nächsten wie dich selbst.

Und dieses Gesetz umschließt alles. Doch damit allein, mit diesem Wort der Liebe, läßt sich kein Menschenvolk regieren. Moses hat gewisse Grundprinzipien aufgestellt durch die Kontakte, die er mit den

Wesenheiten herstellen konnte, die damals noch den Menschen leiteten. **Es waren dies die Wesen, die den Ursprung der Menschheit auf diesem Planeten zu verantworten hatten**.
Diesen Wesenheiten war bekannt, daß sie versagt hatten, daß sie das, was ursprünglich ihr Wunsch war, nicht verwirklicht hatten. Aus diesem Grund wurden diese neuen Gesetze als Leitweg für Moses vorgezeigt. Es mußten Richtlinien gegeben werden für die monotheistische Religion. Deshalb die 10 Gebote, die euch zur Verfügung stehen. Dazu ist zu sagen, daß sie in **dieser From nicht** gegeben wurden. »Du sollst nicht«, **war nicht im Sprachgebrauch**. »Du wirst nicht« war der Sprachgebrauch: »Du wirst nicht . . . wenn du im Glauben an die Einheit der Allmacht lebst, **dann wirst du nicht**.«
Seht die kleinen Unterschiede, meine Freunde, die sehr wichtig sind, um zu erkennen, was eigentlich damit gemeint war. Es sollten Hilfsmittel sein für den Menschen, damit er erkennt, daß er geborgen ist in der Allmacht, wenn er sich in diesem Rahmen bewegt.
Durch die Verfälschung der einzelnen Religionen in der Sprache wurde der eigentliche Sinn dezimiert und vermischt. Es lag nicht in der Absicht derer, die die Übersetzungen vorgenommen haben. Nur, es ist nun einmal so geschehen, und wenn ihr nur ein klein wenig von den Sprachen versteht, werdet ihr wissen, wie schwierig es ist, einzelne Wörter in eine andere Sprache zu übertragen.
Es ist für den Menschen schwieriger noch als für uns, die wir mit euch sprechen, doch auch bei uns gibt es Schwierigkeiten, da das Vokabular der einzelnen Völker begrenzt ist auf die Sprache des Landes, und so kommt es vor, daß ein Wort in eurer Sprache nicht zu übertragen ist in eine andere Sprache.
Es sei denn, daß es sinnverwirrt dort verwendet wird.

Und so solltet ihr die Übertragung aus der Bibel sehen, die über verschiedene Sprachen bis in eure Sprache übertragen wurde.

Frage: War Moses ein sogenannter »Eingeweihter«, ein »Weiser Mann« oder »Gottmensch«?

Claudius: Nein, Moses war ein Mensch, wie ich schon sagte, aber er hatte dadurch, daß er Demut besaß, dadurch, daß er sich geistig öffnete, daß er barmherzig war, die Möglichkeit, ausgesucht zu werden für diese Aufgabe.

Frage: Wer gab die Anweisung zum Bau der Bundeslade und war sie das erste Transkommunikationsmittel?

Claudius: So ist es, meine Liebe. Die Bundeslade war nichts anderes, als ein Gerät, das ermöglichte, Kontakt aufzunehmen zu den Wesenheiten, die ihn führten.

Frage: »Technisch gestützte Transkommunikation?«

Claudius: Technisch gestützte Transkommunikation, wenn du so willst – nur mit anderen Energien. Ich möchte euch nähere Einzelheiten ersparen, denn ihr könntet sie nicht nachbauen.

Frage: Er bekam jedoch genau Anweisungen für die Benutzung?

Claudius: Natürlich, es wurde ihm nicht eingegeben. Dieses Gerät wurde ihm übergeben zur Transkommunikation.

Frage: Weiß man, wo sich dieses Gerät jetzt befindet? Existiert es noch?

Claudius: Dieses Gerät wurde aufbewahrt, es befindet sich aber nicht mehr auf eurem Planeten.

Frage: Nachdem Jesus vom Christus-Geist beseelt war, muß er doch etwas Besonderes gewesen sein, weil er ja auch als Mensch aufgefallen ist?

Claudius: Halt, Jesus – Christus ist insofern aufgefallen, als er hinausgegangen ist zu den Menschen, sonst, meine Liebe, wäre er so wie unser Freund hier neben dir – unauffällig gewesen.

Frage: Auch die Jünger und die Apostel haben das Wissen

hinausgetragen und sind trotzdem nicht so populär geworden. Irgend etwas muß doch an diesem Menschen Jesus außergewöhnlich gewesen sein?

Claudius: Außergewöhnlich war, daß Jesus, dieser Christus, aus der Masse der damals lebenden Juden herausgestiegen ist mit einem Erlösungsauftrag für die Menschheit. Deshalb, meine Liebe, ist Jesus eingegangen in das Bewußtsein der Menschen – bis zum heutigen Tag.

Auch die Apostel profitierten von diesem Christus-Geist, der über ihnen ausgegossen wurde, und haben dieses Wissen hinausgetragen, doch, meine Liebe, immer in der **subjektiven Auslegung iher eigenen Persönlichkeit**. Deshalb entstanden innerhalb der verschiedenen Evangelien auch Ungereimtheiten.

Doch der Glaube an die Liebe, der ist Inhalt einer jeden Überlieferung.

Frage: Weshalb haben die Menschen nicht erfahren, daß Jesus nach der Kreuzigung weiterlebte und weiterlehrte in Asien?

Claudius: Meine Liebe, wo bliebe das Mysterium, das so mühsam aufgebaut worden ist von der katholischen Religionsrichtung, wo bliebe es?

Siehe, man hat noch etwas anderes gemacht. Die leibliche Aufnahme Mariens als Tatsache festgestellt. Nun, worüber wunderst du dich? Du siehst, wenn du dich mit der dir gelehrten Religion befaßt, wirst du immer wieder über die Stufen fallen, denn dein Verständnis von der Liebe der Allmacht ist nicht daran gebunden, daß irgendeiner körperlich aufgestiegen ist in den Himmel. Das, meine Liebe, gibt es nicht – hat es nie gegeben – und wird es niemals geben. Was eingeht in die Allmacht, in Gott, ist der **Geist**, der euch alle beseelt – ist der **Christus-Geist**.

Seht den Kreis der Jünger, seht den Kreis der Apostel, die um Jesus versammelt waren. Auch sie waren dem Menschsein verbunden. Auch hat jeder aus den

Worten Jesus den Christus-Geist für sich selbst neu erleben müssen und hat somit die Lehre von der Liebe der Allmacht subjektiv wiedergegeben.

Frage: Hat man damals allgemein an die leibliche Auferstehung geglaubt!

Claudius: Nein, zu diesem Zeitpunkt nicht. Dies ist Sinnbild eurer Religion. Seht, meine Freunde, wenn ihr genügend sensibilisiert seid, könnt ihr eure verstorbenen Angehörigen *sehen*. Ihr sagt, es ist ein Traum der euch begegnet – nun, wenn ihr es annehmen könnt, daß ihr mit eurer Gedankenkraft eine geistige Materialisation vornehmen könnt, dann bekommt diese Begegnung einen anderen Sinn – und so solltet ihr die **Jünger von Emaus** sehen, die Jesus Christus begegnet sind. Dies ist doch der Beweis, daß es möglich ist, denn dieses Wissen war auch nach der Kreuzigung in Jesus noch vorhanden. Deshalb konnte er sich seinen Jüngern mitteilen.

Frage: Wem sind die Jünger nun tatsächlich begegnet?

Claudius: *Jesus*, als Geist, denn er hat das erlernte Wissen aus dem Karmel mitgenommen auf seinem Weg nach Asien – und ihm war es möglich, so wie **Pater Pio** an verschiedenen Orten zu gleicher Zeit gesehen wurde, sich auch zu materialisieren.

Frage: Mir fällt gerade ein Buch ein, das ich vor kurzem gelesen habe: Es heißt: »Die Messias-Legitimation Jesu – Er überlebte Golgatha.«* Darin wird also behauptet, daß Jesus **nicht** am Kreuz starb.

Claudius: Dieses Buch hat eine Besonderheit. Es zeigt mit Präzision auf, welchen Weg Christus gegangen ist, wer er war, wohin er ging, und zwar ohne daß du vor Ehrfurcht im Boden versinken müßtest. Es ist eine chronologische Darstellung der Messiastätigkeit dieses Menschen, und es wird helfen, hinter die

* von Helmut Goeckel – Liber-Verlag

Kulissen zu sehen, die eine christliche Kirche aufgebaut hat, weit entfernt von dem, was dieser Messias predigte.

Und nicht nur die christlichen Kirchen, auch die jüdische Religion, auch der Islam und all die anderen Religionen, die es auf dieser Welt gibt, haben das Christuswort, das Wort des Propheten, **bewußt falsch interpretiert**.

Frage: Lieber Claudius, du weißt, daß wir gemeinsam eine Reise nach Israel unternommen haben. Unsere Reiseleiterin sprach davon, daß Jesus Christus im 2. Jahrtausend wiedergeboren werden sollte.

Claudius: Nun, mein Freund, dies geschieht auf verschiedene Art und Weise. Seht es so, in vielen Menschen sind Zweifel aufgebrochen, Zweifel für die Richtung ihres Lebens. Für viele, die sich überwinden können zu denken, für viele, die den Sinn ihres Lebens neu entdecken, wird es eine Reise zu uns ohne Wiederkehr sein auf diesem Planeten.

Ihr habt das Paradoxum gehört, daß der Tempel vom Himmel auf die Erde gesetzt werden sollte, wenn der Messias kommt. Nun – auch dies ist eine Überlieferung, denn der Tempel vom Himmel ist die Liebe, die auf die Erde einströmt, auf die Menschen einströmt, damit sie erkennen können die Urgewalt der Allmacht.

Seht es im Bild, meine Freunde: Vom Himmel, wenn ihr so wollt, strömt neue Liebe auf die Erde und verändert das Bewußtsein der Menschen, und damit verknüpfe ich sogleich deine Frage, mein Freund. **Das Heilige Land – was ist das? Heilig, meine Freunde, ist weder Israel noch sonst irgendein Land auf dieser Erde**.

Es ist der Anfang des Christentums, es ist der Anfang des Judentums, wenn ihr so wollt. Etappenweise vorausgesagt, denn das Judentum wurde geschaffen, als Moses die Gesetzgebung seinem Volk brachte an den alleinigen Gott. Er hat die Sinnlosigkeit der verschiedenen Götter im Exil, in Ägypten, gesehen und wollte eine einzig gültige Religion, nämlich die Religion von der Liebe seinem Volk nahebringen. **Er hat seinem Volk deshalb auch gesagt, daß er auserwählt sei diese Botschaft anzunehmen – und so entstand der jüdische Glaube**.

Die christliche Religion, meine Freunde, hat vieles, was sie brauchen konnte, aus dieser alten Religion übernommen. Deshalb auch die Ähnlichkeit, obwohl die Reiseleiterin dies nicht so sehen möchte. Ihr, meine Freunde, könnt an der Reaktion dieser Frau sehen, wie Ideologie geformt wird, bei jedem einzelnen Menschen – so wie ihr geformt worden seid durch das diktatorische Regime in der Vergangenheit, daß ihr nicht mehr nachgefragt habt: Recht oder Unrecht. »Mein Land«, so galt die Devise, und hier geschieht das gleiche. Euch hat man damals gesagt: »Wir sind von Feinden umgeben, von Feinden, die uns diktiert haben nach dem verlorenen Krieg.«

Hier wird dem Volk mitgeteilt: »Wir sind von Feinden umgeben, die dem jüdischen Volk seine ureigensten Rechte absprechen.« Nur, Moses hat die Ureinwohner auch verjagt, aufgelöst – in alle Winde zerstreut –, und nun will Israel mit seinem Staat nichts anderes, als ihn in den eroberten Grenzen erhalten.

Meine Freunde, es ist immer eine Frage der Definition eines Glaubens, wie er dem Menschen beigebracht wird. Doch davon genug, denn ihr selbst habt eure Erfahrungen gemacht.

Frage: Du hast einmal von Dokumenten im Karmel gesprochen, wird man sie irgendwann einmal finden?

Claudius: **In diesem Gebirge Karmel liegen sehr viele Dokumente. Sie bilden Zündstoff für alle Religionen dieser Erde**. Wenn eines Tages Frieden herrschen würde, dann, meine Freunde, würden wir durch berufenen Mund Anregungen geben, wo sie zu finden

sind. Heute würde uns niemand Glauben schenken; und wenn doch jemand uns Glauben schenken würde, wäre die Gier nach materiellen Dingen so groß, daß die Ehrfurcht verlorenging.
Ihr seht, meine Freunde, was mit den Schriftrollen geschehen ist, die vor 40 Jahren hier gefunden wurden. Es sind nur Fragmente, die an die Öffentlichkeit gelangt sind, und die Reiseleiterin sprach davon, daß im nächsten Jahr alles veröffentlicht werden soll. Nun – der Wunsch ist der Vater ihres Gedankens. Es wird nicht geschehen – **wohlweislich nicht geschehen**.

Frage: Das glauben wir auch, denn wenn solche Dinge erst einmal im Vatikan sind – dann . . .

Claudius: Dann sind sie verschlossen.

Frage: Die Grabeskirche hat mir persönlich überhaupt nichts gegeben.

Claudius: Wie sollte es auch. Jesus, meine Liebe, ist dort nicht begraben. Jesus ist weit, weit von hier über den Fluß gegangen.

Frage: Wenn man dann sieht, mit welcher Inbrunst und Begeisterung die Leute dorthin gehen, das Grab küssen und Gegenstände über den angeblichen Felsstein rollen, dann empfindet man das als Kitsch.

Claudius: Weißt du, meine Liebe, du siehst daraus, wie sehr die Menschen in ihren Glauben eingebunden sind, welche Hoffnungen sie schöpfen. Wenn Hoffnungen zu Bitten werden und diese Bitten dann Erhörung finden, dann führen sie es darauf zurück, daß sie das Grab Jesu oder das Grab Mohammeds oder irgendeines anderen heiligen Mannes besucht haben. Doch nur ihr Flehen, ihr Flehen war der auslösende Faktor. Nicht weil sie den Stein küßten.

Frage: Vor ein paar Jahren hätte ich bestimmt genauso reagiert wie all die anderen Menschen auch.

Claudius: Weißt du, meine Liebe, jeder, der seinem Glauben anhängt, der in den Glauben eingebunden ist, der

Hoffnung aus seinem Glauben schöpft, wird die Wanderung beginnen zu diesen sogenannten Heiligen Stätten, auch wenn sie den Blutgeschmack auf den Lippen nicht auslöschen können.

Du siehst es an den Mohammedanern, du siehst es an den Christen, du siehst es an den Heiden, die ihre Götter haben, und du siehst, auch sie besuchen die Heiligen Stätten, gehen nach Hause und verschwunden ist der Zauber. Sie handeln nicht mehr nach dem, was sie sich gelobt haben an diesen Orten, auch die Juden, die tagsüber die Pilger betrügen und abends ihre Zettelchen einstecken und um Vergebung flehen.

Hier (Israel) treffen Orient und Okzident zusammen. Hier ist ein Völkergemisch vorhanden, das über Jahrhunderte, ja, über Jahrtausende hinweg sich gebildet hat. Deshalb auch die verschiedenen Bewußtseinsstufen, die verschiedenen Religionen, die aufeinanderprallen, wie Felsengestein während eines Erdbebens. Hier in diesem Land erfühlt ihr die Widersprüchlichkeiten des menschlichen Seins. Ich hätte euch diese Widersprüchlichkeiten in keinem anderen Land so deutlich fühlbar machen können wie hier.

Frage: Hier in diesem Land kann man die Situationen, die in der Bibel beschrieben sind, fast hautnah erfühlen, auch wenn inzwischen 2000 Jahre vergangen sind. Wenn ich mir vorstelle, daß Jesus eigentlich gegen den Rest der Welt allein »gekämpft« hat, indem er neues Gedankengut einbringen wollte, um das Bewußtsein zu verändern – dann kam dies einem gewissen »Selbstmord« gleich. Der Mut dieses Menschen war unvergleichlich, denn er erkannte seine Situation in diesem Land voller politischer und religiöser Spannung.

Claudius: Nun, meine Lieben, das Leben **Jesu** hat sich in diesem Land erfüllt. Der Christus-Geist konnte nur in diesem Land sich manifestieren, denn der jüdische Glaube vor 2000 Jahren war monotheistisch geprägt im Gegensatz zu anderen Glaubensrichtungen. Doch dies, meine Liebe, war auch die Schwierigkeit, aus der alten Überlieferung heraus die verkrusteten Vorstellungen aufzulösen und die Liebe der Allmacht wieder zum Durchbruch zu bringen. Seht, meine Freunde, ich habe euch früher schon erzählt, daß der geklonte Mensch durch Einflußnahme aus dem All zu Bewußtsein gelangt ist. Die Menschen, die sich dann bewußt geworden sind, haben diejenigen, die für sie die regierende Schicht darstellten, als Götter bezeichnet. Sie waren aus dem Nebel des Universums eines Tages aufgetaucht und haben diesen Planeten bevölkert. Diese Wesenheiten, die aus den Nebel des Universums gekommen sind, wußten, daß es eine Allmacht gibt. Sie glaubten an diese Allmacht und **sie glaubten daran, daß sie berufen wurden, den Menschen zu erschaffen**.

Nicht so, wie euch die Bibel lehrt, hat Gott den Menschen geschaffen, **sondern sie waren Werkzeug dafür, daß der Mensch entstehen konnte**.

Frage: Nach dem neuen Testament sagte Jesus zu Petrus: Du bist Petrus, der Fels, auf den will ich meine Kirche bauen. Was du auf Erden binden wirst, wird auch im Himmel gebunden sein und so weiter.

Claudius: Nun, meine Liebe, dies hat Jesus so **nicht** gesagt. Es kann auch so nicht stimmen, denn diese Aussage hätte bedeutet, daß Jesus eine neue Religion hätte gründen wollen. Er sagte: »Du, mein Freund **Petrus**, warst mir Begleiter. Du hast meine Sprache aufgenommen. Trage sie weiter, die Erkenntnis, die ich dich gelehrt habe, hinaus in die Welt.« Ähnlich war es auch mit den Jüngern, die ausgesandt wurden, um diese Liebe weiterzupredigen.

Frage: Er sagte also nicht: »Du bist Petrus, der Fels?«

Claudius: Petrus, »der Fels«, ist eine freie Übersetzung. Petrus

heißt »der Fels« und deshalb paßt es so ausgezeichnet in diese Religion.
Meine Liebe, ihr seht, daß Worte aus dem Zusammenhang genommen einen völlig anderen Sinn ergeben, und wenn sie **bewußt** aus dem Zusammenhang genommen werden – dann **sollen** sie auch einen anderen Sinn ergeben.
Meine Freunde, wenn ihr euch mit den verschiedenen Religionsrichtungen befaßt, werdet ihr erkennen können, daß jede Religion auf dem Alten Testament aufbaut – aber weiterentwickelt wurde für das verschiedene Bewußtsein der Völker. Dies ist das ganze Geheimnis, meine Freunde.
Es gibt so viele Religionswissenschaftler, die sehr viele Worte verwenden und eigentlich alle das gleiche meinen. Sie können sich nur nicht über das Vokabular einigen, das sie verwenden wollen – oder sollen. Das ist die Tragik der Menschheit überhaupt.
Dieses Land, meine Freunde, hat so oft schon den Besitzer gewechselt und mit den Besitzern die Religionen und mit den Religionen seine eigene Identität. Es ist das Niemandsland, das Nirvana, es ist ein totes Land – **und doch ein lebendes Land.**
Dir, meine liebe **E.**, war eine Erkenntnis beschert, bei den Besuchen dieser sogenannten Heiligen Stätten. Sie haben dich etwas irritiert, meine Liebe, denn du bist im Glauben verwurzelt. Doch ich sage dir, dein Glaube hängt nicht mehr mit diesen Stätten zusammen. Du hast selbst erkannt, wie leer und nichtssagend die Dinge geworden sind. Doch in dir selbst erfühlst du die Allmacht und dieses Gefühl, meine Liebe, wird dich stärken, mehr als je zuvor.

Frage: In unserer Bibel steht: »Macht euch die Erde untertan.« Ist dieser Ausspruch so zu verstehen, daß diese Geistwesen oder diese Wesenheiten, die auf diese Erde kamen, den Auftrag hatten, diesen Planeten zu bevölkern und mit Bewußtsein zu speisen?

Claudius: Die Frage ist etwas falsch gestellt. Einen Auftrag, im Sinne eures Verständnisses, gab es nicht.

»Macht euch die Erde untertan«, ist eine Fehlinterpretation.

Es müßte heißen: »Lebt in dieser Verbindung zwischen Geist, Körper, Seele, Erde. Entwickelt durch das Vermögen des Erkennens das neue Geschlecht.« Dieser Gedanke wurde gesteuert von dem Bedürfnis, diesen Wesenheiten auf der Erde die Liebe näherzubringen, sie in der Liebe wachsen und gedeihen zu lassen. So solltet ihr es verstehen.

Frage: Wenn so vieles falsch interpretiert wurde, wie soll man dann überhaupt zur Religion stehen, was soll man vom Vatikan halten?

Claudius: Die Religion, die **Institution Vatikan**, ist nichts anderes als eine **weltliche Institution**, die glaubt, das Wissensgut verwalten zu müssen, das die Bibel euch lehrte.

Wenn ihr es so betrachtet, dann kommt ihr hinter das Geheimnis, daß nämlich das Wort, das gesprochen wird, von dieser Institution, oder auch von uns, nicht das Entscheidende ist. Entscheidend allein ist, den **Sinn** hinter diesem Wort zu erfühlen und zu erahnen. **Christus**, meine Freunde, ist von Anbeginn die Inspiration, damit der Mensch leben kann, weil **Christus ein Teil der Allmacht ist**, ein Teil der Liebe ist, die neu erwacht, den Menschen neues Bewußtsein schenkt. Es hat mit einer Religion überhaupt nichts zu tun. **Christus-Geist ist in jeder Religionsrichtung zu finden**. Sie ist nicht beschränkt auf die römisch-katholische Kirche. **Religion**, meine Freunde, ist eine **Information**, die in euch Platz greifen sollte, damit euer Leben nicht sinnlos wird. Nur, im Laufe der Jahrhunderte, der Jahrtausende, hat sich der Mensch weiterentwickelt, seine Fähigkeiten, seine Möglichkeiten entdeckt.

Die **Information Religion** war ebenso dem Wandel

unterworfen. Sie lief bis zu einem bestimmten Zeitpunkt parallel zur menschlich-geistigen Entwicklung. Doch dann, meine Freunde, haben viele Menschen den Hintergrund verloren und zwangsläufig sich selbst als Menschen damit in ein gewisses Abseits gestellt. Geistige Entwicklung ist nicht nur unter dem Aspekt zu sehen, daß der Mensch sein Umfeld mit neuen materiellen Erkenntnissen weiterentwickelt, sondern auch diese neue **materielle Entwicklung in seine geistige Inkarnation einbettet** – sonst, meine Freunde, kommt er zu irgendeinem Zeitpunkt an die Grenze, bei der er sich fragt:
»Wozu das alles?«
Der Sinn seines Lebens ginge ihm verloren – und daran mögt ihr unser Bemühen erkennen, daß wir euch eure geistige Entwicklung nachvollziehen lassen wollen, um den Sinn eures Lebens in euch zu manifestieren, **denn wie ein Nebel ist das Wissen der Religion um euch vorhanden**. Nicht faßbar, nicht greifbar, gebunden an gewisse Menschen, die die Idee der Liebe den Menschen bewußt werden lassen wollten.

Frage: Für uns ist dies alles sehr verwirrend, und es wird für viele Menschen eine große Enttäuschung sein, ganz besonders hinsichtlich Jesus-Christus, den sie als »Gottessohn« verehren.

Claudius: **Christus** wird glaubwürdiger, wenn ihr versucht, die geistige Struktur dieses Christus zu erfassen – und wenn ihr versucht, diese geistige Struktur dem Menschen **Jesus** einzuverleiben, dann, meine Freunde, wird die Entwicklung »Mensch« euch keine Schwierigkeiten mehr bereiten, und ihr werdet die Gnade der Allmacht im Sinne eures Lebens erkennen.

Frage: Ist Liebe also das allerwichtigste in unserem Leben? Und wenn man in der Liebe lebt, braucht man keine Zehn Gebote?

Claudius: *Richtig!*

Wenn du in der Liebe lebst, wirst du nicht begehren deines Nächsten Hab und Gut.
Wenn du in der Liebe lebst, meine Liebe, wirst du demütig und barmherzig sein.
Wenn du in der Liebe lebst, wird es dir möglich sein, **deinen Nächsten so zu akzeptieren, als wärest du er selbst.**

Erde – Umwelt – Endzeit
2. Teil

Frage: Es wäre für mich wichtig, die Entwicklung der Erde in chronologischer Reihenfolge erfassen zu können.

Claudius: Du meinst, daß es für dich wichtig ist, wann sich der Mensch erstmals auf diesem Planeten bewußt geworden ist.

Frage: Ja, vielleicht kann ich mir dies dann besser vorstellen?

Claudius: Nun besteht die Gefahr, wenn ich mich auf diese Diskussion einlasse, daß ich euch dann wieder Schublädchen aufziehe, die für jeden von euch etwas anderes bedeuten.

Seht, meine Freunde, mir kommt es nicht darauf an, euch chronologisch über Jahrtausende hinweg den Schrank zu geben, in den ihr die Schublädchen einfügt, sondern **in euch selbst**, meine Freunde, soll die Überzeugung wachsen, daß **Zeit und Raum unbegrenzt** sind, daß ihr frei werdet und einfach **das Gefühl annehmt.**

Siehe, meine Liebe, wenn ich dir sagen würde, daß diese übergroßen Tiere, die so wunderschöne lateinische Namen haben (Saurier), von heute auf morgen untergegangen sind, dann, meine Liebe, stimmt das nicht. Siehe, durch die freiwerdenden Energien ist stellenweise dieser Planet eingehüllt worden in für diese Tierwelt giftigen Gase, die dann nicht mehr atmen konnte. Doch sie waren nicht giftig – sie waren erforderlich zur **Weiterentwicklung** des **Planeten.**

Frage: Ein chronologischer Aufbau mit ineinandergreifender Entwicklung ließe sich für uns besser mit den Erkenntnissen aus unserer Wissenschaft vereinbaren. Diese Vorstellungskraft würde uns die Entwicklung bewußter machen, denn wir möchten sie gerne mit der Realität verknüpfen.

Claudius: Nun, meine Liebe, wenn du der Meinung bist, daß ich chronologisch aufführen soll: »Zu diesem Zeitpunkt geschah dies und zu diesem Zeitpunkt geschah jenes«, dann kann ich dir immer nur die endgültigen Zeitpunkte nennen – aber wenn dieses Wissen den Resonanzboden eines Wissenschaftlers erreicht, dann wird er völlig gegenteiliger Meinung sein.

Frage: Vielleicht könnte man weniger den Zeitpunkt als solchen festlegen, als vielmehr die Reihenfolge von Punkt A zu Punkt B. Pflanzenreich, Tierreich, Außerirdische, Veränderung der Wesen und so weiter.

Claudius: Meine Liebe, diese Liste besteht bereits, geschaffen von euren Wissenschaftlern über die Eozaen, über die einzelnen Entwicklungsstufen der Erde.
Wenn ihr euch diese Tabelle vornehmt, dann dient sie euch zum besseren Verstehen von dem, was ich euch zu erklären versuche. Laßt euch diese Vorgaben vervielfältigen und zur Hand nehmen. Diese Bilder sind jedoch nicht vollständig. Aber damit wäre vielleicht eine Grundlage geschaffen, um einigermaßen zumindest euer Verständnis weiterzuführen.

Frage: Ja, das wäre so in unserem Sinne.

Claudius: Dann schlage ich vor, daß ihr euch diese Tabelle besorgt, die eure Wissenschaft bereits ausgearbeitet hat.*

Frage: Könnte es sein, daß die Phase der Zerstörung unseres Planeten bewußt gesteuert wird, damit der Mensch sich besinnt und sich Gedanken macht?

Claudius: Nun, meine Liebe, ich habe euch schon einmal erklärt, daß alles Sein einem bestimmten Wechsel unterworfen ist, und damit ist immer eine Bewußtseinsveränderung verbunden. Menschen kommen und gehen. Planeten entstehen und vergehen, alles dient zur Erneuerung und zur Wiedergeburt der ewigen gültigen Wahrheit.

* Die sogenannten Tabellen wurden besorgt und fotokopiert. Sie stammen aus dem Buch »Leben in der Urzeit« von S. Burian.

Nachfolgend diese verschiedenen Zeitalter.

Das Kryptozoikum

Primitive Gliederfüßler – Hohltiere – Würmer und Schwämme

Vor 4600 Millionen Jahren:	Bildung des Sonnensystems Entwicklung des Weltalls und der Galaxien
Vor 2600 Millionen Jahren:	Primitive Pflanzen Primitive zellenbildende Organismen Primitive Mikrofossilien Biologische Entwicklung Entstehung des Lebens Bildung von Eiweißstoffen Entwicklung organischer Verbindungen Entwicklung der Atmosphäre und der Hydrosphäre Bildung der Erdkruste Bildung und Entwicklung der Erde

Das Paläozoikum

Vor 570 Millionen Jahren:	Entwicklung der Stachelhäuter Entwicklung der Trilobiten Entfaltung der Wirbellosen Weitere Entwicklung der Algen
Vor 500 Millionen Jahren:	Entfaltung der Kopffüßler Weitere Entwicklung der Gliederfüßler Entwicklung der Hohltiere Entwicklung der Graptolithen Kieferlose Fische
Vor 445 Millionen Jahren:	Erste kiefertragende Fische Erste Landtiere (Arthropoden) Festlandpflanzen treten auf

	Viele Korallenriffe
Vor 395 Millionen Jahren:	Erste Amphibien Verschiedene Entwicklungslinien der Fische Erste Insekten Erste baumartige Pflanzen Höhere Pflanzen
Vor 345 Millionen Jahren:	Auftreten der ersten Nacktsamer Auftreten der Reptilien Entfaltung der Amphibien Erste große Wälder
Vor 280 Millionen Jahren:	Trilobiten und primitive Korallen verschwinden Entfaltung säugerähnlicher Reptilien
	Das Mesozoikum
Vor 225 Millionen Jahren:	Erste Säugetiere Erste Frösche Weitere Entwicklung der Reptilien Entwicklung zweikeimiger Kopffüßler Entwicklung der Ammoniten Entwicklung moderner Korallentypen Entfaltung der Nacktsamer
Vor 195 Millionen Jahren:	Entwicklung der Flugreptilien Primitive Vögel Schwanzlurche Vorherrschaft der Dinosaurier
Vor 136 Millionen Jahren:	Dinosaurier sterben aus Primitive Fische verschwinden Ammoniten verschwinden Entwicklung blühender Pflanzen

Weitere Entwicklung primitiver Säugetiere
Entwicklung riesenhafter gehörnter Saurier
Weitere Entwicklung der Vögel

Das Känozoikum – Das Tertiär

Vor 63 Millionen Jahren:

Entwicklung der Primaten
Entwicklung der Rüsseltiere
Entwicklung der Raubtiere
Entwicklung der Nashörner, Kamele und Tapire
Erste primitive Pferde
Explosive Entfaltung plazentaler Säugetiere
Starke Entfaltung der Vögel
Verschiedene Entwicklungen bei den Insekten
Starke Entfaltung bei den Seeigeln, Krabben und Muscheln
Entfaltung der Kraken und Sepien
Starke Entfaltung der Foraminiferen
Explosive Entfaltung blühender Pflanzen

Vor 26 Millionen Jahren:

Erste Vertreter des Menschengeschlechts
Entwicklung des Hornviehs
Hauptentfaltung der Frösche und Schwanzlurche
Entfaltung der Paarhufer
Braunkohlensümpfe und -wälder

Das Quartär

Vor 2 Millionen Jahren:

Weitere Entwicklung der Nagetiere

Vor 10 000 Jahren:	**Der moderne Mensch**
	Mammutjäger
	Der Neandertaler
	Höhlenbär
	Höhlenlöwe
	Auerochs
	Wollhaariges Nashorn
	Mammut
	Säbelzahntiger
	Riesenhirsch
	Homo erectus
	Australopithecus
	Hauptentwicklung der Hominiden

W.: Du sprachst über die Schadstoffe jenseits der Stratosphäre. Meinst du damit die Abgase der Flugzeuge?

Claudius: So ist es. Siehe, mein Freund, außerhalb dieses Kreises entstehen Kristalle, und sie brauchen wesentlich länger, um sich aufzulösen, als innerhalb der Atmosphäre, wo viele Schadstoffe abgeregnet werden. Sie werden zwar nicht eliminiert, aber sie gelangen in verdünnter Form wieder zum materiellen Ursprung zurück, aus dem sie einmal gewonnen wurden.

W.: Ja, das leuchtet mir ein, das ist unser Problem der Mobilität, die man nicht aufgeben möchte, um solche Wege zu beenden.

Claudius: Weißt du, mein Freund, es hängt unmittelbar auch mit dem Steuerungsfaktor des Kapitals zusammen auf eurem Planeten. Wäre der **Steuerungsfaktor Kapital** nicht begrenzt in einem kleinen Verbund von Menschen, dann könnte er anders eingesetzt werden. Es gibt viele Lösungsmöglichkeiten für die Probleme eurer Erde.

Sie vermodern zum Teil in Schubladen, weil sie nicht angenommen werden. Viele neue Ideen sind entwikkelt worden, doch diejenigen, die sie entwickelt haben, werden als Scharlatane abgetan, wie es in der Vergangenheit vielfach war.

W.: Oder werden materiell entschädigt – und schweigen.

Claudius: Auch dies ist der Fall. Mein Freund, ein kleines Beispiel zum besseren Verständnis. Wenn du in deiner Firma einen Motor entwickelst, der mit Wasser läuft – was glaubst du, was geschieht? Und glaube mir, mein Freund, es **wäre möglich**. –

W.: Da müßt ihr mir aber noch ein paar Tips geben . . .

Claudius: Ich möchte dich nicht in Gefahr bringen, mein Freund.

W.: Das würde ich dafür in Kauf nehmen. Aber man muß sich ja alles selbst erarbeiten – das ist mir schon klar.

Claudius: Nun, Hinweise gibt es en masse. Siehe Wasserstoff!

Frage: Angeblich soll die Endzeit von Atlantis zur Zeit des »Wassermannzeitalters« stattgefunden haben. Jetzt leben wir wieder im Wassermannzeitalter. Gibt es da Zusammenhänge oder Parallelen?

Claudius: Nun, im weitesten Sinne, ja, denn siehe: Das Werden und Vergehen von Generationen, das Werden und Vergehen von Zeitabläufen ist gewissen Rhythmen unterworfen. Das, was im Laufe der Jahrhunderte an Wissen verlorengegangen ist, steigt nun langsam wieder an die Oberfläche. Die Menschheit, meine Liebe, wird langsam, aber sicher erkennen, wo ihre Grenzen sind, so wie es damals war, so wird es heute wieder sein.

Frage: In Karlsruhe soll es eine sehr hohe Zahl von wiedergeborenen Atlantern geben, und das Zeichen dafür soll die Pyramide mitten in der Stadt sein.

Claudius: Nun, meine Liebe, diese Pyramide in dieser Stadt hat eine andere Bedeutung. Sie wird nur allzuleicht mystifiziert und für gewisse Dinge herangezogen. Siehe, wenn ich heute sage: Alle, die hier in dieser Runde sind, sind Teile des atlantischen Bewußtseins, dann stimmt das. Denn Atlanter, im Sinne des Wortes, wird es nie mehr geben. Das würde voraussetzen, daß es ein gewisser Stamm ist, der wiedergeboren wird. Seht, meine Freunde, in euch allen ist ein Teil Gottes, ist dieser Gottesfunken vorhanden, so, wie Teile eurer Eltern und eurer Vorfahren in euch vorhanden sind. Es gibt den Atlanter im wahrsten Sinne des Wortes nicht mehr, dank der Allmacht.

Frage: Die Symptome, die Jesus für die **Endzeit** vorausgesagt hat, sind das die gleichen, die wir jetzt erleben?

Claudius: Ich habe dir gesagt, daß die Bibel das Buch der Bücher ist, daß sie nur anders interpretiert und verstanden werden muß. Wißt ihr, für euch spielt es keine Rolle, ob Endzeit – ob die Welt zugrunde geht – wie auch immer. Ihr sollt wissen, daß ihr **ewig leben werdet** – immer –, und diese Gewißheit wird euch emportragen aus diesem Jammertal.

Glücklich sollt ihr euch schätzen, daß ihr der Gnade des direkten Kontaktes teilhaftig werdet zu uns. Dadurch, meine Freunde, wird alles verständlicher für euch. Ihr lebt in einer Welt, die diese Dinge nicht akzeptiert, und der Weg, den die Menschen gegangen sind, ist geprägt von dieser Welt. Versuchet nicht unser Sein mit dem Verstand zu begreifen. Versuchet es anzunehmen, dann wird es Widerhall finden in eurer Seele, und es wird euch keine Schwierigkeiten machen, dieses andere Leben zu erfühlen.

Frage: Ist es richtig, daß wir so nahe am »Abgrund« stehen, sozusagen am Beginn der Endzeit?

Claudius: Nun, wenn ihr den Abgrund materiell betrachtet, so ist das nicht der Fall. Wichtig ist, allein wichtig, daß ihr den **geistigen** Weg weiterbeschreitet – alles andere spielt eine völlig untergeordnete Rolle.

Frage: Wir sollten uns Lebensmittel zum Überleben ins Haus holen – aber wir brauchen doch gar nicht zu »überleben«?

Claudius: So ist es, meine Liebe, denn wenn es euch bestimmt ist zu verhungern, verhungert ihr, dies soll nur nicht

geistig geschehen. Siehe, bei all diesen Durchsagen kommt immer wieder die menschliche Schwäche hervor, Kontakte auf menschliche Art und Weise zu begreifen und nicht auf geistiger Ebene. Mit euch, meine Freunde, sei die Gnade der Allmacht, damit Liebe euch umfange wie der Mantel der Seligen. Euch, meine Freunde, bitte ich, derer zu gedenken, die den Weg suchen und ihn nicht finden, und derer zu gedenken, die entlassen wurden aus der Gemeinschaft der Menschen und auf dem Weg zu uns noch eingeschlafen sind.
Veränderungen im Leben vollziehen sich langsam. Vollendung zu erreichen ist ein mühsamer Weg. Seht, Freunde, ich sprach davon, daß euer Sein auf dieser Erde der Hölle gleichkommt, die in eurer Bibel so anschaulich beschrieben ist. Nun, brennen müßt ihr – lieber hier als bei uns. Und Entwicklungsprozesse sind für jeden einzelnen schmerzhaft. Der Mensch, ausgezeichnet durch Geist, Seele und einem so ausgezeichnet funktionierenden Körper, mit einem Gehirn, das denkt, selbständig funktioniert, analysiert, auseinandernimmt, zusammensetzt und doch die Geheimnisse des Menschseins nicht begreift. Der Mensch ist ein Wunderwerk der Natur, doch wenn es nicht belebt wäre, wäre es nichts.
Wißt ihr, meine Freunde, ihr habt ein Sprichwort, das den Kern der Sache trifft.
Der Wunsch ist der Vater des Gedankens.
Und dies allein bildet eigentlich schon die Grundlage. Ihr habt so viele Wahrheiten in eurem Sprachgebrauch, seit Urzeiten artikuliert. Doch mitunter schwimmen sie nicht an die Oberfläche. Ihr könnt damit nichts anfangen. Deswegen ist es wichtig, daß ihr versucht, euer Leben locker zu betrachten. Es ist begrenzt auf eine gewisse Zeit, nicht mehr und nicht weniger. **Und dieses Leben, diese Inkarnation zu begreifen, begreifen zu wollen, ist eigentlich das**

Geheimnis des Menschen. Dadurch, daß der Mensch glaubt, nur ein einziges Mal zu leben, dadurch hüllt er sich ein in den Schleier der Nacht.

Raum und Zeit – Morphogenetische Felder – Informationsfeld – Multidimensionalität
2. Teil

Frage: Kann man Elektrizität als Information bezeichnen?

Claudius: Ihr bezeichnet Elektrizität als Energie, aber ihr könnt sie genau so auch als Information bezeichnen. Sie stellt sich in verschiedenen Formen dar, als Wellen, als Impuls. Nehmt alles in der Gesamtheit in euch auf und es werden keine Schwierigkeiten entstehen.

Frage: Ein Finger ist der Finger, der **hier** auf die **Erde** zeigt, wo ich jetzt bin, ein anderer Finger könnte aber nun in irgendeiner **anderen geistigen Ebene** auch Bewußtsein sammeln, oder Informationen abrufen?

Claudius: Richtig, Informationen abrufen und zum Bewußtwerden der Seele, des gesamten Bewußtseins, verwenden.

Frage: Aber gleichzeitig?

Claudius: Gleichzeitig! Und, mein Freund, hier könntet ihr über die Parallelwelt nachdenken, hier könntet ihr über den Begriff morphogenetisches Feld nachdenken, denn, meine Freunde, **Bewußtsein, Gesamtbewußtsein oder Informationsfeld** – also alle Bewußtseinsebenen gespeichert – **ist die oberste Stufe.**

Frage: Wo liegt das morphogenetische Feld?

Claudius: Das morphogenetische Feld liegt zwischen dieser obersten Stufe der gesamten Informationen und zum Beispiel diesem kleinen Pünktchen **W**. Diese morphogenetische Feld ist als Träger zu betrachten, als Zugang zum Gesamtbewußtsein. Du, mein Freund, verfolgst eine Idee. Diese Idee wird über das Gehirn, das ja als Steuerungsfaktor dient, und über die Seele in das morphogenetische Feld weitergeleitet, schießt nach oben und nimmt diese eine Information mit zurück zu dir.

Frage: Gut. Der Initiator dieser Idee bin in diesem Falle dann ich gewesen oder der Fragende?

Claudius: Richtig.

Frage: Wenn ich jetzt noch weitergehe und von der Gesamtidee Mensch spreche, dann muß ja diese Idee in irgendeiner Form auch über ein morphogenetisches Feld von dem Gesamtinformationsfeld abgerufen worden sein?

Claudius: Richtig.

Frage: Das heißt also, zu irgendeinem Zeitpunkt müßte irgend jemand, irgendeine Wesenheit, die Idee als solche abgerufen haben durch eine Resonanz?

Claudius: So ist es, mein Freund. Vielleicht solltest du es so verstehen: Ich habe euch schon erklärt, daß die **Verbindung zwischen Geist und Seele das Bewußtsein geschaffen hat**. Dieses Bewußtsein liegt oberhalb der gesamten Informationsebene. Es sinkt durch diese Informationsebene als **ICH BIN**, und je weiter es nach unten sinkt, um so wichtiger ist es, daß das gesamte **ICH BIN** die Möglichkeit hat, zu kommunizieren mit diesem Informationsfeld.

Frage: Kannst du uns ein Beispiel geben zum besseren Verständnis?

Claudius: Gut – du solltest es so sehen: An einem großen Apfelbaum hängen Äpfel. Die Information »Apfel« liegt im Wurzelwerk verborgen. Der Austausch von Information wird auch in der Natur über ein bestimmtes Resonanzfeld erfolgen, nicht vergleichbar mit dem menschlichen, das bewußt werden läßt das ICH BIN, sondern daß einfach der Apfel die Voraussetzung haben muß, in der Wurzel des Baumes, so wie du als Mensch die Voraussetzung haben mußt, dein ICH BIN eingebunden zu sehen in die Liebe.

Frage: Eigentlich habe ich gedacht, wenn eine Idee aufkommt und dann auch mit der Information zu einem

Inhalt wird, müßte dies ja von irgend jemandem aktiviert werden. Meine Frage lautet nun: Von wem wurde diese Idee Mensch geschaffen, wer hat diese Idee hervorgebracht? Oder ist die Frage als solche falsch gestellt?

Claudius: Nun, mein Freund, die Frage ist etwas falsch gestellt. Ich möchte sie im Umkehrschluß erläutern.

Siehe, der Planet Erde hat durch die Informationen, die ihm die Molekularstrukturen zugeführt haben, sich bilden können. Gleichzeitig entstanden die einzelnen Ideen der Pflanzen, der Tiere, die diesen Planeten zu irgendeinem Zeitpunkt bevölkern sollten, wobei ich glaube, daß ihr die Konstruktion dieses Planeten so allumfassend nicht verstehen könnt.

Aber aus dieser Zusammenballung entstand eine neue Idee, nämlich die Idee »bewußtes Leben, bewußtes Sein« zu erzeugen. Und nachdem über die Molekularstrukturen diese Idee allein nicht verwirklicht werden konnte, mußte der Wunsch höhergetragen werden. Daraus folgert, daß die **bewußte Liebe** sich mit der **Seele**, mit einem **Energieträger** verband und ein **Bewußtsein** entstehen konnte. Durch dieses Bewußtwerden entstand die Idee »Mensch«, gebunden an diese Erde, an diesen Planeten. Es manifestierte sich das Wissen »Mensch« in einer Idee. Diese Idee näherte sich, kam durch das Informationsfeld nach unten. Ich möchte »unten« nicht örtlich gebunden verstehen, sondern sie näherte sich der Anziehung dieses Planeten. Hat sich aber zunächst nicht manifestieren können, weil die natürlichen Voraussetzungen nicht vorhanden waren.

Frage: Entsteht eine Idee zwangsläufig aus einem bestimmten Entwicklungsprozeß, also quasi als eine Folge, oder muß da ein äußerer Anstoß kommen?

Claudius: Bei der Entwicklung Mensch war es eine zwangsläufige Entwicklung, bei deiner Entwicklung als Mensch benötigst du, da du dich verwirklichen willst, Informationen. Diese Informationen sind möglich abzurufen.

Frage: Ist die Idee »Mensch« abgeschlossen, oder . . .

Claudius: Die Idee Mensch an sich ist als abgeschlossene Idee zu sehen, deren Verwirklichung von verschiedenen anderen Faktoren abhängig ist und abhängig war. So wie deine Entwicklung von verschiedenen Faktoren abhängig ist, vom Elternhaus, von deinem Umfeld, deiner Schulbildung, deiner Weiterentwicklung im Beruf und so weiter. So ist die Idee Mensch in sich ein abgeschlossenes Bild mit sämtlichen Informationen, die den Körper und den Steuerungsfaktor Seele beinhalten. Sonst könnte der Mensch in seiner Form, wie er jetzt lebt, nicht existieren.

Frage: Ich komme noch einmal auf das morphogenetische Feld zurück, um alles etwas in Einklang zu bringen. Könnte man sagen, das Gesamtinformationsfeld, das alles Wissen darstellt, beinhaltet die Summe aller morphogenetischen Felder, die in sich veränderbar sind?

Claudius: Richtig, aber die morphogenetischen Felder beinhalten nicht alles Wissen. Sie sind nur als Trägerwelle zu betrachten.

Frage: Aber in sich veränderbar . . .?

Claudius: In sich veränderbar gemäß den Strukturen, die angesprochen werden. Wenn du so willst, sind morphogenetische Felder völlig neutral zu sehen.

Frage: Kann man sie als Wahrscheinlichkeitsstruktur sehen, weil sie nicht greifbar sind?

Claudius: Nun, du wirst sie so sehen müssen, denn beweisen lassen sie sich nicht.

Frage: Was kannst du zu der »kritischen Masse« sagen, die dazu notwendig ist, ein morphogenetisches Feld zu aktivieren?

Claudius: Nun, meine Liebe, die kritische Masse ist immer der Mensch in seiner Gesamtheit. Er sendet Energien aus, wenn er eine Frage zum Beispiel ausspricht oder wenn er verzweifelt ist oder wenn er betet. Hier wird zunächst das morphogenetische Feld angesprochen, und es ist möglich, über die Verbindung des morphogenetischen Feldes gewisse Informationen in diesen Fragenden einlaufen zu lassen. Die kritische Masse, meine Liebe, wenn du diesen Ausdruck beibehalten willst, ist immer derjenige, der die *Impulse* absendet, um Informationen zu erhalten. Insofern schöpft er aus dem Informationsfeld das Wissen, und um eine deiner Fragen gleich mitzubeantworten, er setzt dieses Wissen um für sich selbst, er erschafft neues Wissen für sich selbst, für seine Erkenntnis.

Und diese Erkenntnis wird auch zum Teil Allgemeingut des Menschen, der Menschheit. Er wird von anderen Menschen als »Schöpfer«, als Genie bezeichnet, **aber er hat die Frage gestellt, und ihm wurde die Information gegeben.**

Frage: Sendet er es zurück in dieses morphogenetische Feld und verstärkt damit diese Energie?

Claudius: Richtig, meine Liebe. Die Energie des Informationsfeldes ist als völlig neutral zu bezeichnen, aber durch den Fragenden wird Energie hochgesendet, hochgebracht, weitergetragen über das Informationsfeld, wird zurückgeworfen und entwickelt sich innerhalb dieses – nun jetzt müßte ich sagen – Gehirns, innerhalb dieses Menschen als Gesamtheit weiter und nimmt andere Dimensionen an, so daß Resonanzen entstehen zwischen einzelnen Menschen untereinander, die die Struktur haben, es aufnehmen zu können.

Frage: Wie war das bei meinem Studium? Habe ich Informationen erhalten – und –, habe ich sie auch weitergegeben?

Claudius: Bei deinem Studium, mein lieber Freund, ist nichts anderes geschehen, als daß du zunächst Wissen anderer Menschen in dich aufgenommen hast. Aber darüber hinaus hast du selbst Impulse abgegeben. Es war dir möglich, Informationen zu erhalten und die Ideen der anderen Menschen weiterzuentwickeln.

Frage: Auch bei Tieren sagt man, daß eine »kritische Masse« morphogenetische Felder erzeugen oder in Resonanz bringen kann. Eine »kritische« Menge hört sich nach einer Schwelle an, so daß also erst eine bestimmte Anzahl vorhanden sein muß, um wirklich etwas in Resonanz zu bringen, daß eine Schwelle überschritten werden muß. Eine, zwei oder drei Verhaltensweisen würden also noch nicht dazu führen, um etwas in Bewegung zu setzen, sondern es müssen dann, sagen wir mal, vielleicht hundert sein, die gleichzeitig die Resonanz erzeugen. Kann man von einer solchen »kritischen Menge« auch sprechen?

Claudius: Es ist ein Irrtum, zu vermuten, daß es verschiedene »kritische Massen« geben wird. Schon allein wenn du verfolgst, was ich jetzt tue (klopft mit dem Mittelfinger der rechten Hand auf den Tisch), ist ein **einziger Impuls**, und dieser einzige Impuls genügt bereits, um einen Ton zu erzeugen. Verstehe mich richtig, es ist sowohl der einzelne Impuls von Wichtigkeit für eine bestimmte Information, als auch eine Menge Impulse, um folgerichtig weiterentwickeln zu können.

Das Tier, mein Freund, sendet **einzelne** Impulse aus, weil es sich selbst nicht bewußt ist. Dein Hund bellt, er gibt Töne von sich. Aus diesen Tönen erkennst du, ob er zornig ist, ob er schmeichelt, ob er Hunger hat oder ob er auf die Toilette muß. Verstehe mich richtig. Ein einzelner Impuls, eine einzelne Schwingung genügt, um dich dies erkennen zu lassen, wenn du dich mit diesem Tier intensiv befaßt.

Beim Menschen ist es etwas anderes. In dir selbst, mein Freund, entsteht eine Idee, die du verwirklichen willst, zum Beispiel ein kleines Haus zu bauen dort am Wald. Diese Idee beinhaltet, daß du ein Fundament haben mußt, daß du Holz haben mußt, daß du eine Bedachung haben mußt, daß du Nägel brauchst, daß du eine Säge brauchst, einen Hammer und eine Zange und so weiter. Auf diese Idee würde dein Hund nicht kommen. Du siehst, Informationen entspringen aus der Idee, die du selbst erzeugst mit deinem Wunschdenken.

Frage: Ich habe gelesen, daß die Blaumeisen, die das Wissen über das Aufpicken von Milchflaschen hatten, nun ausgestorben sind.

Claudius: Meine Liebe, siehe, dieses Informationsfeld ist aktiviert, und dadurch, daß das gesamte Informationsfeld diesen Planeten umhüllt, das heißt es möglich macht, daß Informationen sich weiterentwickeln können, gibt dir die Erklärung, daß auf der einen Seite ein Tier eine Information entwickelt, behält, die zu gleicher Zeit auf der anderen Seite des Planeten praktiziert wird. Es heißt also nichts anderes, als daß Resonanzen entstehen für eine bestimmte Spezies.

Frage: Die kritische Masse wäre dann also **ein** Tier?

Claudius: Ein **einziges** Tier.

Frage: Aber dann, nachdem diese Blaumeisen, die dieses bestimmte Wissen hatten, weggestorben waren, haben die neuen Generationen die Information nach mehreren Jahren erneut angezapft?

Claudius: Meine Liebe, die Blaumeisen sind nicht ausgestorben, sie sind Informationsträger gewesen, nur, du würdest auch nicht in ein Kriegsgebiet gehen, wenn du es vermeiden könntest.

Frage: Aber die Generation der »wissenden« Vögel ist ausgestorben?

Claudius: Nein, meine Liebe, es hat sie weiterhin gegeben, denn die Information der ersten Erfahrung hat die neue Brut weitererhalten.

Frage: Heißt das, daß die Natur ein Gedächtnis hat?

Claudius: So ist es, meine Liebe, so ist es.

Frage: Also, das wirft alles durcheinander mit dieser »kritischen Masse«.

Claudius: Auch ein einzelner kann die »kritische Masse« sein. Es gibt kein Allgemein-Bewußtsein des Menschen. Jedes Bewußtsein in sich auf diesem Planeten ist ein abgeschlossenes Bewußtsein. Es kann zwar korrespondieren, kann sich Informationen holen. Letztendlich aber ist jeder allein, **jeder lebt und stirbt für sich allein**. Doch, meine Freunde, **ihr gebt eurem Nächsten Ansatzpunkte**. Versteht mich richtig, begreift euer eigenes Sein, lernt euch zu lieben, lernt euch anzunehmen, versinkt in euch, und ihr werdet die Unendlichkeit eures Seins begreifen können. Dahin möchte ich euch führen.

Frage: Arbeitet das Tier überhaupt nicht mit der Ratio, sondern nur intuitiv?

Claudius: Intuitiv.

Frage: Auch die höher entwickelten Säugetiere?

Claudius: Auch diese. Weißt du, meine Liebe, der Steuerungsfaktor ist immer das Informationsfeld. Dadurch, daß bei euch die Seele den gesamten Körper umschließt, ein eigenständiges Leben sozusagen ist, nur für eine kurze Zeit an die Materie gebunden, und dann zurückkehrt zum Gesamtbewußtsein, **dadurch ist der Mensch bewußtes Sein**. Habe ich mich verständlich ausgedrückt?

Frage: Das Gehirn beim Tier ist also anders aufgebaut. Es benötigt nicht den Steuerungsfaktor, den wir haben.

Claudius: So ist es, es braucht nur die Information. Das Gehirn des Tieres arbeitet immer so wie das menschliche Gehirn – auf Steuerungsfaktor Information –, nur, **das Bewußtsein hat nur der Mensch**, denn er kann auch unterscheiden, wen er beißt.

Auch der Salat, die Salatpflanze erhält ihre Information aus dem Informationsfeld, und sie dient euch zur Nahrung, sowohl dem Menschen wie auch dem Tier. Seht, meine Freunde, das Zusammenspiel all dieser Momente bringt euch den Gedankengang **»Allmacht«** näher. Ihr könnt die Verknüpfungen erkennen, die daraus entstehen.

Frage: Ist unser Bewußtsein überall?

Claudius: Richtig. Du sitzt hier, mein Freund, und ich sehe dich in London. Und jetzt habe ich etwas getan – ich habe dir ein Stichwort gegeben.[1]

Frage: Ich habe auch sofort an etwas gedacht.

Claudius: Du siehst es, mein Freund, du bist in London. Mein Freund, ich freue mich, daß ich dir helfen kann.

Frage: Ziemlich unverständlich ist für mich deine Aussage, daß Vergangenheit – Gegenwart – und Zukunft eins sind.

Claudius: Du sprichst von Vergangenheit, Gegenwart und Zukunft. Die Gegenwart existiert nicht, die Gegenwart kann nicht existieren, denn in dem Augenblick, in dem ich nur eine Silbe ausgesprochen habe, ist sie schon Vergangenheit. Ich kann, aus der Zukunft heraus, das nächste Wort übernehmen und aussprechen – und dann wird es Vergangenheit. Dieses Beispiel soll dir zeigen, daß alles gleichzeitig existiert, daß es keine Vergangenheit, keine Zukunft und keine Gegenwart gibt.

Wir alle, die wir hier zusammen sind, haben von **»Zeit«** einen anderen Begriff. Ihr wißt, was Sekunden, Minuten sind. Ihr wißt, was Tage sind, was Wochen sind, was Jahre sind. Von unserer Seite betrachtet, gibt es diese Zeit nicht, und doch müssen wir, wenn wir miteinander sprechen wollen, eine Basis finden, auf der wir uns verständigen können. Das geht nur, daß wir uns auf euer Zeitempfinden einstellen.

Frage: Du nanntest das Beispiel der Taube, die in der Luft fliegt und die jeder von einem anderen Standpunkt aus anders sieht. Ist so das Zeitverständnis von euch aus zu verstehen?

Claudius: Zum Teil – ich darf dazu folgendes sagen: Es gibt Wesen, die sich durch Schallwellen orientieren, und es

gibt Wesen, die sich durch Geruch orientieren, und es gibt Wesen, die die Zeit brauchen.
Betrachte die Möwe auf dem Meer. Sie fliegt und fliegt und sieht das Land nicht, das hinter ihr verschwindet. Und trotzdem wird sie am Horizont neues Land aufsteigen sehen.
Wenn du das menschliche Verständnis auf diese Art und Weise interpretierst, wirst du der Wahrheit am nächsten kommen. Es wird immer ein Werden und Vergehen sein. Es wird immer den Tag und die Nacht geben, und trotzdem wird eines Tages ein Stern aufgehen für jeden einzelnen, der niemals untergeht, **die Liebe**, die alles umfassende Liebe, die euch wie im Meer der Ewigkeit umfängt.

Frage: Der Zeitbegriff ist sehr schwer verständlich für uns.

Claudius: Mein Kind, warum nimmst du es nicht an? Schau, es ist doch ganz normal, daß derjenige, der in der Raumfähre sich befindet, den ganzen Erdball auf einmal sieht. Betrachte es doch so, daß für den, der dort oben seine Beobachtungen macht, alles zu gleicher Zeit existiert: Der Tag und die Nacht.

Frage: Ich komme nicht zurecht mit dem Begriff »grenzenlos«. Würde man zum Beispiel auf der Erde eine Rakete starten – ohne Berücksichtigung des Treibstoffproblems –, die immer nur geradeaus in eine Richtung fliegen würde, wo käme sie heraus? Käme sie von einem Sonnensystem ins nächste und wieder ins nächste und so weiter?

Claudius: Richtig. Bis sie auf ein schwarzes Loch trifft, sich auflöst und in eine neue Existenz übergeht.

Frage: Das heißt, daß der Weltraum keine Begrenzung hat?

Claudius: Er hat keine Begrenzung. Ich weiß, es ist unvorstellbar für euch, aber so ist es.

Frage: Aber er dehnt sich doch aus – wohin denn?

Claudius: Meine Liebe, etwas, was sich ausdehnt, geht auch wieder zusammen. Was ich damit sagen will: Es ist ein ständiges Pulsieren, ein ständiges Auf- und Nie-

dergehen. Ein ständiges Vergehen und Neuentstehen.
Siehe die Gnade der Allmacht, die Liebe, diese unendliche Energie, ist auch immer. Ich weiß, daß diese Fragen euch bewegen und vor euch schon viele andere bewegt haben. Nun, wenn du weit zurückgehst, wirst du sehen, daß die Menschheit sich die Erde als eine Scheibe vorgestellt hat, bis sie darauf gekommen ist, daß es eine Kugel sein müßte. Eine Kugel, die in eurem Sonnensystem einen Planeten darstellt. So wie der Mond und die Sterne um euch herum.
Ihr könnt es euch nicht vorstellen, und es wäre müßig, nur darüber ein Wort zu verlieren, denn euer Verständnis ist begrenzt im menschlichen Sein. Ich kann es euch nur so erklären, daß ständig ein Wechsel stattfindet. Wenn ihr euch den Weltraum als einen Globus vorstellt, so seht ihr immer und überall Sterne, Planeten, Erden und Sonnen. Und sie sind ohne Begrenzung Bestandteil des Weltraums. Nehmt es so hin, meine Freunde, und belastet euch nicht, denn begreifen könnt ihr es nicht.

Erklärung zu 1) Wir alle im Kreis, eingeschlossen das Medium Marc, wußten zu diesem Zeitpunkt nichts von einer beabsichtigten beruflich bedingten Ortsveränderung unseres Freundes W. Er selber und auch seine Frau waren noch sehr unschlüssig, ob sie das Angebot annehmen oder ablehnen sollten. CLAUDIUS aber, für den Vergangenheit, Gegenwart und Zukunft eins sind, sah im voraus seine Entscheidung. Die Voraussage war richtig, bald darauf ging W. nach England.

Paraphysik – Energien – Transkommunikation

Frage: Lieber **Claudius**, ich muß unbedingt noch einmal auf Transkommunikation zurückkommen, da ich in Band II unter Kapitel »Physik« verschiedenes nicht verstanden habe.

Claudius: Du kannst mich alles fragen, ich werde versuchen, es dir verständlich zu machen.

L.: Ich habe irgendwo gelesen, daß Wissenschaftler dunkle Materie entdeckt haben. Sie ist aber nicht meßbar und niemand weiß, woraus sie besteht. Kannst du mir eine Erklärung geben?

Claudius: Was eure Wissenschaftler glauben, entdeckt zu haben, ist nichts anderes als ein Teil dieser Tachyonenenergie, die geballt vorhanden ist. Würde der Mensch begreifen, daß die Sonnenstrahlen getragen werden von dieser Tachyonenenergie, dann bekäme er eine leise Ahnung von dieser gewaltigen Energie.

L.: Wissenschaftler können also diese Energie weder messen, noch einordnen?

Claudius: Meine Liebe, würden sie Tachyonenenergie spalten, würde das Ergebnis **reine Geistenergie** sein. Aber belaste dich doch damit nicht, du bist ja kein Wissenschaftler.

L.: Aber ich stelle mir vor, daß es für die Wissenschaftler sehr ärgerlich ist, wenn sie erkennen müssen, daß sie nicht alles fühlen, messen und irgendwo einreihen können.

Claudius: So ist es, sie werden an den Rand ihrer Erkenntnisse geführt, und zu irgendeinem Zeitpunkt werden sie demütig und barmherzig – oder sie werden zu Nihilisten, die hier auf unserer Seite fast verzweifeln.

R.: Könnte die Sonnenenergie durch Kristalle verstärkt und durch Bündelung in Wärme umgesetzt werden, damit das Energieproblem besser gelöst werden könnte?

Claudius: Ein Kristall, meine Liebe, ist erforderlich, um Energien, die über das Sonnenlicht aktiviert werden, freizugeben für den einzelnen Menschen. Der Kristall, gleich welcher Farbe, ist des Rätsels Lösung.

Seht, meine Freunde, durch den Kristall werden Energien gebrochen, gebündelt und neu ausgeschickt. Vermehrt durch die Kraft, die im Kristall vorhanden ist.

R.: Für die Kontakte zwischen euch und uns braucht ihr, wie bereits schon einmal gesagt, doch vor allem Tachyonenenergie?

Claudius: Meine Lieben, hier wartet eine Wesenheit, die »Hüter der Tachyonenenergie« genannt wird. Es ist **Nicola Tesla**!* Er wird nun euere Fragen beantworten. – Ich gebe den Weg frei für **Nicola Tesla** –

Nicola Tesla: Ich grüße Sie alle hier im Kreis. – Nun, Sie wissen ja, daß wir Tachyonenenergie für unsere Kontaktversuche mit Ihnen benötigen. – Ich kenne die Frage, die Sie mir nun stellen werden. – Warum sind Kontakte zwischen uns nicht perfekter – vollkommener – umfassender?

Sehen Sie, wir sind noch in der Anfangsphase. Im Augenblick ist es so, daß wir uns den neuen Gegebenheiten auf eurem Planeten anpassen müssen. Es ist sehr schwierig, für einen Direktkontakt die Bündelung aller Energien so vorzunehmen, daß sie unbeschadet der Geräte voll zum Durchbruch kommen. Die Schwierigkeiten, mit denen wir noch zu kämpfen haben, sind vielfältig.

* Nicola Tesla – siehe Band II, Seite 290.

R.: Wir dachten immer, nur wir auf der Erde hätten die großen Schwierigkeiten?

Nicola Tesla: Wir versuchen mit dieser Energie einen besseren und festeren Kontakt zustandezubringen. Es ist bisher noch nicht ganz gelungen, die Grundlage zu schaffen für Sie zu einem besseren Empfang.

Sehen Sie, Tachyonenenergie ist die Energiequelle, die dazu nötig ist, um für Sie auf Ihrem Planeten bestimmte Ergebnisse zu erzeugen. Tachyonenenergie ist die Urenergie, ist zugleich Trägerenergie; Trägerenergie für Licht, für Elektrizität und für substantielle, wichtige Grundlagen zum Weiterbestehen dieser Welt.

Sehen Sie, mein Freund, ich möchte Sie nicht mit einem langen, wissenschaftlichen Vortrag langweilen, doch soviel sei Ihnen gesagt: Ihre Wissenschaftler versuchen, diese Energien einzufangen, sie versuchen, diese Energien zu erkennen. Doch sie kommen auf das Nächstliegende nicht. Ich darf Ihnen ein kleines Beispiel geben: Sie haben auf verschiedenen Dächern Kollektoren installiert. Diese Kollektoren sollen Energien einfangen, die zur Beheizung dieser Häuser dienen. Sie vergessen, daß auch Sonnenstrahlen Energien sind. Und glauben Sie mir, wenn Sonnenstrahlen auf die Erde treffen, so werden diese Sonnenstrahlen getragen von Tachyonenenergie, doch zu einem bestimmten Energiezweig ausgebaut, so möchte ich es vielleicht formulieren. Ich nehme an, daß Sie mir so weit folgen können. Sehen Sie, würde diese Energie nicht vorhanden sein, dann, meine lieben Freunde, würde die Wärme der Sonne die Atmosphäre nicht durchdringen können. Sie würde nichts anderes sein, als eine Energie, die sich im Weltall verliert. Es muß also etwas geschehen, damit diese Licht- und Wärmeenergie weitergeleitet, weitergetragen werden kann.

Natürlich besteht ein gewisser Zusammenhang mit ultravioletter Strahlung und so weiter. All diese Strahlungen, die die Erde betreffen, wie die Photosynthese, ermöglichen es, daß der Mensch überhaupt existieren kann.

Dadurch, daß wir versuchen, die Tachyonenenergie abzubremsen, entstehen neue Energien, ausgehend von den Tachyonenenergien, die wir versuchen zu bündeln, die als Lautträger verwendet werden können zu einem bestimmten Zweck.

Sehen Sie, der Vergleich hinkt zwar etwas, den ich Ihnen jetzt vorstelle, doch in etwa entspricht er Ihrer Verständnisfähigkeit. Wenn Sie heute ein Telefongespräch führen nach Übersee, dann werden Energien, gewisse Trägerenergien mobilisiert, die es dem Empfänger ermöglichen, Sie zu verstehen. Nichts anderes geschieht zwischen unserer Ebene und Ihrer Ebene. Es sind die Energien, die durch das Abbremsen der Tachyonen entstehen, erforderlich, um einen Konsens zwischen Diesseits und Jenseits zu finden, wie auch immer Sie es verstehen wollen.

R.: Ihr habt uns einmal geraten, bei unseren Einspielungen einen Kristall in das Licht einer UV-Lampe zu stellen. Warum?

Nicola Tesla: Nun, er gibt Energien ab, die Sie selbst nicht besitzen. Deshalb ist es wichtig, daß Sie diesen Kristall dazu benutzen, die von uns erzeugte Energie zu bündeln. Ein Beispiel: Sie schicken einen Lichtstrahl aus, und dieser Lichtstrahl trifft auf ein Loch. Er wird sich dann verlieren. Durch den Kristall wird der Energiestrahl zurückgeleitet, er wird sich vielfältig brechen und wird sich trotzdem zu irgendeinem Zeitpunkt wieder bündeln und zurückfinden zu uns.

W.: Wie können wir uns die Energiebündelung auf **Ihrer** Seite vorstellen?

Nicola Tesla: Nun, wenn Sie sich vorstellen, daß hier auf unserer Seite viele Radioapparate stehen und daß wir bemüht sind, diese Radioapparate alle auf **einen Kanal** bzw. Sender einzustellen, damit wir alle diese eine Energie bündeln und die Sendung, diese bestimmte Sendung auf allen anderen Geräten zu hören ist. Gleichzeitig, mein lieber Freund, sind wir Sender, das heißt, wir senden eine bestimmte Sprache, einen bestimmten Dialog aus, zu Ihnen. Und wir müssen versuchen, daß wir jeden einzelnen von Ihnen, der als Empfänger für uns gilt, beeinflussen, diesen Knopf so weit einzuregulieren, daß eine Gesamtfrequenz entstehen kann. Dadurch ist es möglich, daß sowohl von Ihrer Seite, als auch von unserer Seite gesendet und empfangen werden kann. Das wäre die einfachste Erklärung, die ich Ihnen geben kann.

W.: Haben wir die Möglichkeit, hier bei uns die Tachyonen abzubremsen oder mit speziellen Antennen in Resonanz zu treten oder können wir vielleicht mit Blei oder mit Gold oder mit einem dichten Material die Tachyonen verlangsamen?

Nicola Tesla: Dies ist die Frage der Menschheit. Wenn ich Ihnen diese Frage auflösen würde, dann werden Sie, wenn Sie sie weitergeben, für verrückt gehalten. So wie ich, den man eingesperrt hat. Mein lieber Freund, es ist ein gefährlich Ding, der Menschheit neue Wege zu zeigen, wenn sie noch nicht reif dafür ist.

Sehen Sie, es wird heute schon etwas getan, das Ergebnis liegt auch schon vor. Indem Sie auf Ihren Dächern diese, wie soll ich mich ausdrükken, Bremsgeräte installiert haben, ist es möglich, daß die Sonnenstrahlen Wasser, das in Umlauf gesetzt wird, erwärmen und damit Wärme erzeugt wird. Es ist auch möglich, aus der Erde

Wärme hervorzuholen, doch diese Wärme kommt nicht von ungefähr. Es ist die Abbremsenergie, die einsetzt in dem Augenblick, wo Tachyonenenergie auf die Erde einschlägt. Es ist an sich kein Geheimnis, nur die Wissenschaft, die sucht das »Fünkchen«, das die Welt bewegt, **und sie wird es nie finden**. Aber was die Wissenschaft finden kann, ist das Ergebnis dieser Energie, die latent vorhanden ist, die alles durchdringt, jeden einzelnen von Ihnen; und auch am Leben erhält.

G.: Man sagt, daß Sie zu Ihren Lebzeiten die freie Energie beherrscht haben?

Nicola Tesla: Nun, ich habe es **versucht**, sie zu beherrschen, mein Freund. Ich würde es gerne annehmen, was Sie sagen, doch ich muß Sie berichtigen: Ich habe es nur **versucht.**

G.: Gibt es heute hier bei uns jemand, der über die freie Energie verfügen kann?

Nicola Tesla: Im Augenblick gibt es auf Ihrem Planeten niemand, dem diese Aufgabe zuteil geworden ist. Ihre Wissenschaftler haben eine große unterirdische Anlage gebaut und wollen die Teilchen einfangen. Nun, irgendwann werden sie etwas entdecken, nur hat es mit meinen Erkenntnissen, mit meinem Wissen, nichts zu tun. Diese Energie, die durch alles hindurchgeht, diese Wellen sind nur zu erahnen, sie sind nicht dingfest zu machen. Gott sei Dank.

E.: Hicks behauptet, daß es durch den Symmetriebruch im Vakuum zur Erzeugung von Masseteilchen kommt. Stimmt das?

Nicola Tesla: (Heftiges Kopfschütteln) Hm, hm, hm – dies ist etwas weit hergeholt. Masseteilchen sind einzig und allein durch Rotation verbundene Energie. Sehen Sie, mein lieber Freund, Masse entsteht durch die Zusammenballung verschiedener Molekularstrukturen. So entsteht Masse, nicht durch den Bruch irgendwelcher Art.

Ich will Ihnen ein Beispiel geben: Sie sehen vor sich einen Tisch. Wenn Sie diesen Tisch zerlegen in seine Bestandteile, so werden Sie irgendwann Sägemehl erhalten. Wenn Sie dieses Sägemehl verbrennen, dann wird dieses Sägemehl als Asche lediglich zurückbleiben. Es wird ein kleines Häufchen Asche werden aus diesem Tisch. Und trotzdem, mein Freund, haben Sie nichts falsch gemacht. Sie haben diesen Tisch in seine Urform zerlegt. Ich weiß, daß es schwer zu begreifen ist, für Sie schwer zu begreifen ist. Sie können genauso gut den Menschen auflösen, in seine Molekularstruktur zerlegen. Sie können diese Molekularstruktur nur nicht wieder zusammenfügen. **Das ist der Unterschied zu Ihrer Ebene.**

E.: Wir verstehen, daß die Menschheit noch nicht reif ist, um diese Tachyonenenergie begreifen zu können. Es ist noch keinem Menschen geglückt, diese Tachyonen in den Griff zu bekommen. Kann man auf dem Wege der Tachyonen zu den elektromagnetischen Vorgängen die Scalarwellen als eine Art Zwischenstufe ansehen?

Nicola Tesla: Mein lieber Freund, ich weiß, daß Ihnen der Ausdruck Tachyonenenergie gar nicht gefällt. Nun, ich muß Ihnen recht geben, mir geht es ebenso. Es ist ein Ausdruck, der geprägt wurde von Ihren Wissenschaftlern, weil sie nichts mehr wissen.

Doch lassen Sie mich weiterfahren. Wenn Sie diese Energie, diese Tachyonenenergie als Urenergie bezeichnen wollen, dann würde ich sagen, hat sie ihre Bezeichnung verdient. Denn sehen Sie, Tachyonenenergie ist eine Energieform, die durch alles hindurchgeht und alles durchdringt. Aber durch den Abbremseffekt entstehen Scalarwellen, und diese Scalarwellen wiederum haben eine Bedeutung für Ihr Sein, für das Sein des Menschen, für die Welt im allgemeinen. Und nichts anderes geschieht, als daß durch das Abbremsen der Tachyonenenergie es überhaupt möglich ist, daß sie eine Trägerwelle aus dem Ursprung heraus ist, daß es möglich ist, gewisse Informationen zu tragen, um sie, in den Scalarwellen abgespeichert, Ihnen zur Benutzung zu übergeben.

E.: Wenn es jetzt um Transkommunikation geht und wenn in der Transkommunikation Scalarwellen in einem physikalischen Sinn benutzbar wären oder benutzt werden – wenn auch mit einem sehr kleinen Wirkungsgrad der Umwandlung, wie wir gehört haben – dann ist unsere Frage: Wenn es schon für Tachyonennachweise keine Geräte gäbe oder gibt, wäre es möglich, Geräte zu **konstruieren**, die die Scalarwellenumsetzung in unseren Bereichen begünstigen?

Nicola Tesla: Nun, mein lieber Freund, es geschieht bereits. Wenn Sie den menschlichen Körper als Gerät ansehen, dann geschieht nichts anderes, als daß die Trägerenergie von sich aus die Information heranbringt, über die Scalarwellen verteilt und in den Körper einfließen läßt. So ist eine Kommunikation überhaupt möglich. Was Sie meinen, mein lieber Freund, das ist, ein Gerät zu entwikkeln, das Scalarwellen **sichtbar** macht. Nun, dies ist ausgeschlossen.

E.: Nein, ich würde nicht sagen »Die Scalarwellen direkt **sichtbar** macht«, – ich meine, daß die Scalarwellen in unserem System erst dann wirksam werden, wenn sie miteinander mindestens aus zwei Wellenzügen interferieren.

Nicola Tesla: Nun, es ist eine Interpretation Ihrer Wissenschaftler. Wissen Sie, Ursache und Wirkung muß immer aus zwei Polen bestehen, und es ist richtig, wenn Sie es von dieser Warte aus betrachten.

E.: Gut, die Frage ging ja nicht darum, ob wir die Scalarwellen direkt nachweisen können, sondern nur darum, ob Geräte denkbar sind, welche die Umsetzung der Scalarwellen in unseren Bereich – also etwa in den elektromagnetischen oder in den akustischen Bereich – begünstigen?

Nicola Tesla: Nun, mein Freund, es besteht gar kein Zweifel darüber, daß Scalarwellen erforderlich sind, um überhaupt die Umsetzung zustande zu bringen. Es ist eine Folgeerscheinung, daß sie sich im elektromagnetischen Bereich auswirken. Sehen Sie, Sie versuchen mit Tonbandstimmen einen Zugang zum Universum zu bekommen, und nichts anderes geschieht. Die Scalarwellen haben die Möglichkeit, hier wirksam zu werden und Ihnen diese Öffnung zu geben.

Sehen Sie hier bei uns – unseren Freund (**Marc**). Auch er wird mit Scalarwellen informiert, sie durchdringen ihn, und ihm ist es möglich, da er – wohlgemerkt – nicht selbst in diesem Körper vorhanden ist, die Information umzusetzen und auszusprechen.

E.: Aber das ist ein biologisches System, und die Frage ist: Gibt es in der Wirkung vergleichbare technische Systeme?

Nicola Tesla: Natürlich gibt es die. Sie haben sie vor sich liegen in Form eines Tonbandgerätes.

E.: Ja, aber diese Umsetzung ist sehr geringfügig.

Nicola Tesla: Nun, mein lieber Freund, irgendwann müssen wir damit beginnen. Es muß ein Anfang gemacht werden. Nun sehen Sie, Sie haben noch etwas vor sich liegen – dieses Bild*. Und wenn wir davon ausgehen, daß Scalarwellen es ermöglichen, diese

* Siehe Band II, Seite 320/22

Aufzeichnungen zu machen, dann liegen Sie richtig. Die Beweise liegen Ihnen vor, mein Freund.
Sie fragen sich, wie kann ein Bild entstehen auf einem Fernseher, auf einem Bildschirm, der nicht angeschlossen ist, außer am elektrischen Strom. Sehen Sie, das ist dieses Phänomen. Wir haben Ihnen mit diesen bunten Aufnahmen zeigen wollen, wie wunderschön es ist, daß Scalarwellen – und nichts anderes sind diese Aufzeichnungen, sich verdichtet haben, um Ihnen ein Anschauungsmaterial an die Hand zu geben, das Ihnen zeigt, wie ein Bild überhaupt entstehen kann.
Die energetischen Felder haben sich verändert, und wenn Sie dies als einen Film ansehen wollen, dann werden Sie sehen, daß am Anfang der Bildschirm dunkel ist, dann verändert er sich, es entsteht etwas.
Die Scalarwellen sind es, die dies möglich machen, und zuletzt wird nur ein weißer Fleck noch vorhanden sein, und aus diesem weißen Fleck kristallisiert sich dann das eigentliche Mitteilungsprogramm.

E.: Richtig, das kann ich nachvollziehen. Aber mir genügt dieser Bildschirm nicht als solcher. Die Frage ist: Welche Struktur auf dem Bildschirm ermöglicht Ihnen oder unseren jenseitigen Partnern diese Projektionen?

Nicola Tesla: Mein lieber Freund, nichts einfacher als das begreifen zu können. Es sind kristalline Strukturen.

E.: Könnte man auch sagen, es sind Strukturen, die nicht linear sind in ihrem Verhalten?

Nicola Tesla: So ist es aus einem ganz einfachen Grund. Sie müssen anklingen auf einen bestimmten Befehl, auf eine bestimmte Trägerwelle. Wäre dem nicht so, dann würde alles wirr durcheinander laufen, dann würde nichts sich herauskristallisieren, es wäre nur ein buntes schönes Bild.

E.: Richtig. Jetzt habe ich folgende Frage: Die Eindrücke, die wir von diesen Kommunikationen haben und die wirklich sehr spektakuläre Effekte zu Tage gebracht haben, scheinen doch sehr eng verknüpft zu sein mit der Person des Experimentators. Man hat den Eindruck, daß eine gewisse psychische Struktur dieses Mannes entweder überhaupt diesen Übergang ermöglicht oder aber zumindest stark begünstigt.

Nicola Tesla: So ist es. Es ist immer auf den Empfänger ausgerichtet. Der Empfänger mit seiner geistigen Kraft, mit seinem geistigen Potential bietet die Grundlage für den Empfang. Sehen Sie, es ist hier in diesem Raum soviel materielle Struktur vorhanden. Sie ermöglicht uns diesen Dialog und, mein Freund, glauben Sie, wenn diese geistige Struktur nicht im menschlichen Körper vorhanden wäre, würde sich nichts bewegen.

E.: Gut, danke, jetzt haben wir folgende Beobachtung: Es scheint, daß die räumliche Anwesenheit oder der räumliche Abstand zwischen dem Experimentator und der Apparatur – mit unserem Maß gemessen – relativ groß sein kann, ohne daß diese Wechselwirkung, diese Kopplung oder diese Voraussetzung der biologischen Struktur der geistigen Struktur verlorengeht.

Nicola Tesla: So ist es. Denn sehen Sie, mein Freund, hier in diesem Raum ist eine Schwingung vorhanden, die erzeugt worden ist durch die anwesenden Personen, die ständig hier in diesem Haus leben. Sie geben ihre Information an die Wände weiter, an die Materie, die nicht tot ist. Deshalb wird dieses Haus die Schwingung der es bewohnenden Personen aufnehmen, und es wird möglich sein, ohne die körperliche Anwesenheit des Experimentators mit ihnen zu kommunizieren.

E.: Ja, das ist verständlich. Dann die nächste Frage:

Sie sagten, die biologische Struktur des Menschen sei die Grundlage. Dann würde man doch davon ausgehen können, daß letztendlich alle technischen Erfindungen, alle Anwendungen der sogenannten physikalischen Gesetze auch diese Struktur zur Grundlage haben müßten.

Nicola Tesla: So ist es. Doch denken Sie darüber nach, machen Sie sich Gedanken darum. Nicht alles klappt überall. Aus einem ganz einfachen Grund; es kommt nicht nur auf die körperliche Struktur an, auf die informative Struktur, sondern es kommt auf die **seelische** Struktur, an, die in Einklang gebracht werden muß mit der **Ratio**. Verstehen Sie, mein Freund, es ist so einfach zu sagen: Ich setze mich hin, ich studiere irgendeinen Beruf, und dann bin ich eine Kapazität in diesem Beruf. Nein, so einfach kann es sich der Mensch nicht machen.

Ich habe im Laufe meines Lebens festgestellt, daß es nur an mir allein gelegen hat, meine Forschungen weiterzutreiben. Nur ich allein, und glauben Sie mir, ich war der einsamste Mensch zu jener Zeit, denn ich wurde verlacht, geschmäht und mußte Streit ertragen. Aber dies alles spielt keine Rolle, es hat mich zu der Erkenntnis geführt, daß ich selbst Teil dieses allumfassenden Ganzen bin, daß ich Information bin, daß ich **Ich bin**, daß ich das **Fünkchen** bin, das in der Allmacht geborgen über einen menschlichen Körper wundervolle Dinge vollbringen kann.

E.: Ich glaube, ich habe Sie verstanden. Der beste Scalarwellenempfänger ist also nach wie vor der Mensch.

Nicola Tesla: So ist es. Es kann nur annähernd, Ihrem Verständnis als Mensch entsprechend – ich spreche Sie nicht persönlich an – Ihrem Verständnis als **Menschen** entsprechend entwickelt werden.

E.: Und Sie können zu dieser Entwicklung, die wir jetzt mehrfach gehört haben, nur Impulse geben? Sie können nicht den geraden Weg gehen, sondern Sie können uns nur diese Impulse geben in der Hoffnung, daß wir sie in angemessener Weise verarbeiten?

Nicola Tesla: So ist es. Ihre Fragen, die sich herauskristallisieren werden, die darf ich selbstverständlich beantworten bis zu einem gewissen Punkt, solange sie Ihnen und der Menschheit nicht schädlich sind. Denn es ist vor Hunderten von Jahren, vor Tausenden von Jahren Information verwendet worden, die den Entwicklungsprozeß um Jahrmillionen zurückgeworfen hat.

Wissen Sie, der Mensch ist ein eigenartiges Wesen. Er schließt sich dem Geistigen nicht auf. Er begreift nicht, daß er ein Stück, ein Funke der Allmacht ist. Und wie Sie heute sehen, gibt es keine Religion, die den Menschen als Individuum den Weg zeigen kann. Im Gegenteil, die Kirchen – egal, welche Glaubensrichtung sie vertreten – machen nichts anderes, als der Staat macht. Er vergewaltigt den Menschen und nimmt ihm das Denken. Ein kleines Beispiel hierzu. Es werden Kriege vom Zaun gebrochen, und den einfachen Menschen wird eingehämmert und eingetrichtert, daß er den anderen, der über der Grenze dort drüben sitzt, totschießen muß. Warum eigentlich, warum? Er selbst hat überhaupt keinen Nutzen davon. Es bringt ihm nichts, aber er wird so manipuliert, daß er den freien Flug seiner Seele einfach nicht mehr zuläßt. Und so geht es bei der Kirche in abgewandelter Form. Der Mensch, das höchste Glied der Schöpfung, der in sich bewußt den Funken der Allmacht spürt, er wird so weit gebracht, daß er einfach nicht mehr fähig ist, diesen Funken in sich zur Flamme werden zu lassen.

Und das ist das Furchtbare, das dem Menschen widerfährt. Eine große Gnade ist es übrigens für den, der voller Demut sein Sein hinterfragt, denn er wird Antwort erhalten.

W.: Noch eine Frage zur Tachyonenenergie – beziehungsweise zu den Scalarwellen. Es heißt auch, die Information ist überall – alles ist Information. Wie steht jetzt die Information mit Scalarwellen beziehungsweise mit Tachyonenenergie im Zusammenhang?

Nicola Tesla: Ganz einfach. Sehen Sie, mein Freund, die Trägerwelle – die Tachyone – durchdringt Zeit und Raum. Sie ist nicht an eine bestimmte Begrenzung gebunden, aber um Bewegungen ermöglichen zu können, um mitteilen zu können, muß der Prozeß der Abspaltung erfolgen, das heißt die Scalarwellen sollten Sie sehen im Kreislauf des Universums. Sie sollten sehen, daß sie unendlich sind, und wenn sie nicht gebremst werden, geschieht nichts. Sie drehen sich, sie drehen sich, sie drehen sich.

Durch die Abbremsung der Urinformation, die auf dieser Trägerwelle liegt, entstehen Scalarwellen, denn die Urinformation beseelt das All. Diese Scalarwellen wiederum sind auch als Trägerwellen zu betrachten, denn sie nehmen Information auf und geben sie weiter. Es entsteht immer eine Wechselwirkung.

Ich weiß nicht, ob ich mich so verständlich ausgedrückt habe, daß Sie mir folgen können.

G.: Wenn ich eine Frage stelle, erreicht dann diese Energie eine Scalarwelle und zieht sie an, oder die Information der Scalarwelle, und dadurch gibt es den Austausch?

Nicola Tesla: Wenn Sie eine Frage stellen, dann schicken Sie Information gebündelt weiter; wären Scalarwellen nicht vorhanden, würde kein Schall entstehen, und es würde kein Echo zurückkommen. So sollten Sie es begreifen.

W. Sie haben das Bild für uns verständlich dynamisch gezeigt in einer Bewegung, die wir natürlich zwangsläufig zeitlich hintereinander sehen, das heißt daß eine Information in einer zeitlichen Abfolge zu uns herüberkommt. Gleichzeitig wissen wir aber auch, daß die Information als Informationskeim zeitlos ist. Können Sie dazu noch etwas sagen?

Nicola Tesla: Widerspricht es sich? Sehen Sie, mein Freund, ich stehe auf (tut es in seiner temperamentvollen Art tatsächlich) ich trete zur Seite. Trotzdem ist die Information, daß ich hier gesessen habe, noch hier. Sie ist noch vorhanden. Sie können sie nicht sehen, daß hier auf diesem Stuhl nicht nur ich gesessen habe, sondern auch dieser Mensch, der Ihr Freund ist (Marc). Was ich damit zum Ausdruck bringen will, ist einzig und allein: Es ist eine Sache der Intuition dessen, was Sie in sich fühlen, was die Worte an Resonanz hervorbringen in Ihnen. Vielleicht wird es so verständlicher.

E.: Dazu habe ich eine Frage. Klingt diese Information – in unserem System gesehen – von der Sie eben sprachen, bezüglich der Person auf dem Stuhl, im Zeitbereich ab, oder würden Sie sie für immer und ewig – solange dieses Gebilde existiert – damit verkoppelt sehen?

Nicola Tesla: Nun, mein Freund, wenn Sie die rein geistige Energie betrachten, dann ist diese immer mit ihm verbunden. Wenn Sie es aber zeitlich einordnen wollen, dann fallen Sie über Ihr eigenes Begriffsvermögen, denn Zeit und Raum sind einzig und allein eine Vorstellung des Menschen, geprägt durch sein Leben auf diesem irdischen Planeten. Lösen Sie sich irgendwann, zu irgendeinem Zeitpunkt los, dann sehen Sie, daß es weder Vergangenheit noch Zukunft gibt, daß alles gleichmäßig vorhanden ist, alles Information. Auch die Information, daß zu irgendeinem Zeitpunkt dieser Planet aufgelöst wird. Sie ist vorhanden.

Nur das, was ich Ihnen jetzt gesagt habe, erklärt Ihnen auch, warum es medial begabte Menschen gibt, die in die Zukunft schauen können, die aus der Vergangenheit Erinnerungen hervorholen, die zum Teil sogar nachprüfbar sind. Sie sehen, nichts ist an Raum und Zeit gebunden, und diese Erkenntnis allein ist so fantastisch, daß sie einfach der Mensch nicht begreifen, nicht verarbeiten kann.

Er kann sie annehmen und kann sie zur Wahrheit in sich selbst werden lassen. Und dies, meine Freunde, ist eine Erkenntnis, die Ihnen niemand rauben kann, auch der schärfste Kritiker nicht.

G.: Aber das Ereignis tritt doch erst viel später ein. Also ist es doch an die Zeit gebunden.

Nicola Tesla: In **Ihrem System** ist es an die Zeit gebunden.

E.: Ich glaube, man könnte ein Beispiel zitieren, eine Analogie. Wir sind inzwischen daran gewöhnt, jedenfalls wir Techniker und Physiker, den Raum, der uns umgibt, einschließlich unseres eigenen Körpers als erfüllt zu sehen von einer Unzahl für uns nicht erkennbarer Schwingungen im elektromagnetischen Bereich.

Nicola Tesla: Akzeptiert.

E.: Nur haben diese Schwingungen einen dynamischen Charakter, das heißt sie gehen durch uns hindurch im Zeitbereich. Sie ändern sich, sie verändern sich ständig. Wir haben eben die Schwierigkeit bei diesen Betrachtungen, daß außer diesem Erfülltsein des Raumes auch ein vergleichsweise erfülltes Sein in der Zeit existiert. Wenn diese Strukturen alle geistigen Informationen in sich haben und untereinander austauschen, könnte man sagen, daß diese Strukturen wohl auch multidimensional sind?

Nicola Tesla: Sicher, keine Frage.

G.: Und das würde die Multidimensionalität erklären?

Nicola Tesla: So ist es.

E.: Das ist für uns sehr schwer zu fassen. Wir denken zu wenig in komplexen Wechselwirkungen. Wir denken in linearen Verknüpfungen, und selbst in unseren materiellen Bereichen, die wir kennen, sind wir uns der komplexen Wechselwirkung kaum bewußt.

Nicola Tesla: Das ist das Problem der Menschheit. Sehen Sie, mein lieber Freund, es ist ein langer Weg des Erkennens, und wenn Sie das Gitterwerk der einzelnen Verknüpfungen erkennen, so ist es noch lange nicht gesagt, daß Sie bereit sind, das Netz enger zu ziehen.

E.: Ja, das hängt natürlich damit zusammen, daß wir gewohnt sind, zunächst linear zu denken, und es hängt damit zusammen, daß wir in diesem Zeitbereich – wenn wir überhaupt rational denken – verbleiben müssen und daß, so wie es nach Ihren Äußerungen jetzt sich darstellt, die Seele oder der Geist als zeitloses Etwas ober Gebilde, als zeitlose Struktur in anderer Weise Zugang zu den Informationen hat.

Nicola Tesla: **Die Präzision der Mitteilungen auf dem gesamten Planeten ist so groß, daß sich eigentlich die Wissenschaft damit befassen müßte, damit sie weiterkommt, damit sie ihre Entwicklung vollenden kann.**

(Dieser Satz wurde mit viel Emotion und Engagement gesprochen.)

E.: Ja, die Wissenschaft als solche ist in dieser Form nicht frei, sondern sie ist verknüpft mit wesentlichen wirtschaftlichen und – man könnte sogar sagen – politischen Komponenten.

Nicola Tesla: So ist es, mein Freund. Sie erkennen es daraus, welche Schwierigkeiten ich zu meiner Zeit hatte. Und wissen Sie, die Wissenschaft hat sich nicht viel gewandelt. Sie hat nur dort, wo sie glaubt, Erklärungen gefunden zu haben, anerkannt, daß es etwas gibt.

E.: *Herr Tesla*, wir haben früher einmal das Thema »Informationsstrukturen« angeschnitten, aber nicht ausdiskutiert.

Nicola Tesla: Nun, mein lieber Freund, wenn Sie davon ausgehen, daß jeder einzelne in diesem Kreise eine eigene Struktur hat und diese Struktur zusammengeführt werden muß – vielleicht ist es verständlich, wenn ich von elektromagnetischen Feldern spreche, die aus Ihren Körpern heraus eine einzige Einheit bilden – dann können Sie verstehen, daß diese Struktur von uns aufgenommen werden kann. Wir auf unserer Ebene bewegen uns zu Ihnen und versuchen, gewisse Bündelungen vorzunehmen. Sehen Sie, mein lieber Freund, das Problem ist eigentlich gar kein Problem, wenn der Kreis der Fragenden richtig zusammengesetzt ist, damit die elektromagnetischen Wellen, damit diese Strukturen zueinander passen, damit sie überhaupt gebündelt werden können. Deswegen sprach **Claudius** darüber, daß bei einer Hinzuführung eines neuen Mitgliedes zunächst Rückfrage genommen werden soll, damit diese Energien gemessen werden können, ob sie zu den vorhandenen Energien passen. Ist dies verständlich?

E.: Ja, ich danke, das ist verständlich. Die weitergehende Frage ist die: Nehmen Sie das mehr im Sinne eine Hologramms oder eine Holomorphie, eines ganzheitlichen Komplexes wahr, oder sind Sie imstande, das in irgendeiner Weise durch Zahlenfolgen abzubilden und zu beschreiben?

Nicola Tesla: So ist es, mein lieber Freund. Sie haben in der letzten Sitzung ein Zahlenbeispiel* gebracht und haben dabei festgestellt, daß diese Zahlenbeispiele, chronologisch aufeinander abgestimmt, zusammenpassen. Dies sollte nur ein Hilfsmittel sein, denn uns stehen noch andere Mittel zur Verfügung.

Wir können diese elektromagnetischen Wellen zerlegen. Wir können jede einzelne Welle als Kanal benutzen, um zu jedem einzelnen von Ihnen im Kreis durchzukommen. Wir können es nicht, wenn dieser Kreis nicht geschlossen ist, also die Einheit nicht gewahrt wird. Diese Energiebündelung muß also von einer gewissen Anzahl von Menschen ausgehen, damit ein Kontakt überhaupt ermöglicht werden kann. Ist die Frage beantwortet?

E.: Nein, eigentlich nicht. Die Bündelung schon, die Bündelung würde ja beinhalten, daß eine Art Gemeinsamkeit, eine Art gemeinsame Struktur vorhanden ist. Die Frage war aber, ob sich diese Bündelung oder dieses Gesamtfeld in irgendeiner Weise – möglicherweise digital – beschreiben läßt als eine Abfolge von Zahlen?

Nicola Tesla: Nun, die Numerologie, die Ihnen zur Verfügung steht, ist ein Teilaspekt von dem, was uns zur Verfügung steht. Sehen Sie es so: Sie haben Geräte entwickelt, die gewisse vergleichbare Strukturen haben mit unserer Struktur. Beispiel: Sie wollen einen Text in einen Computer eingeben. Sie haben dazu ein Alphabet entwickelt. Dieses Alphabet beinhaltet gewisse elektronische Signale, die sich niederlegen in ein Programm, das vorhanden ist. Dieses Programm ist jedoch auf einer Zahlenfolge aufgebaut. Es sind also elektrische

* E. hatte aus den Namen der Anwesenden eine Buchstaben- und Zahlenfolge entwickelt, die auffällig war.

Impulse, die umgesetzt werden in diese Zahlenfolge, diese wiederum lassen es möglich erscheinen, daß auf Ihrem Computer ein gewisser Text entsteht. Sehen Sie, wir haben diese Zahlenfolgen ebenfalls zur Verfügung und darüber hinaus noch einige mehr, denn die Sprache auf dieser Welt ist nicht gebunden an e i n Alphabet, es gibt viele. Was wir zum Beispiel in Rivenich* machen ist folgendes: Wir benutzen den Computer, um gewisse Texte durchzugeben, wir tippen sie einfach in die vorhandenen Zeichen ein, und siehe, sie erscheinen auf dem Bildschirm. Ist das verständlich?

E.: Das ist verständlich, würde ich sagen, aber an welcher Stelle werden sie eingetippt?

Nicola Tesla: Nun, mein lieber Freund, soll ich Ihnen sagen, daß wir ein großes Brett zur Verfügung haben, auf dem wir wie Sie auf der Schreibmaschine arbeiten? (lächelt)

E.: Das glaube ich nicht.

Nicola Tesla: So ist es. Es sind Impulse, elektrische Impulse, die das vorhandene Material ansprechen und umsetzen. Deswegen auch vielleich die Irritation am Anfang unseres Gespräches.

Es sind immer elektrische Impulse, die ausgehen von unserer Seite, denn wir haben ja keinen direkten Anschluß an den Computer.

E.: Ja, aber es muß doch – um unser materielles System anzusteuern – auch eine gewisse Größe der Energie vorhanden sein.

Nicola Tesla: Natürlich, wäre sie nicht vorhanden, würde es nicht funktionieren. Sehen Sie, mein Freund, es gibt sehr viele Computer auf dieser Welt. Nicht jeder Computer ist ansprechbar. Warum? Stellen Sie sich vor, es wäre so, es gäbe ein Chaos.

* Siehe Band II, Seite 308

Wir brauchen, um diese Leitung aufzubauen, den **Menschen** dazu, die **Energie des Körpers**, der zu dieser Maschine gehört.

W.: Auch wenn er physisch nicht anwesend ist?

Nicola Tesla: Auch wenn er physisch nicht anwesend ist. Ich habe in der Vergangenheit einmal ein Beispiel gebracht, daß die Energie des Menschen immer vorhanden ist. In Verbindung mit dem Gerät können wir eine Bündelung erreichen.

Das Problem bei der Transkommunikation ist, daß es sehr wenige Menschen gibt, die anzusteuern sind, die genügend Eigen-Energie entwickeln und sie an ihre Räume, an ihre Geräte abgeben. Es ist für Sie vielleicht nicht verständlich, doch wenn ich Ihnen sage, Sie tauchen Ihren Finger in Farbe, streichen die Farbe an der Wand ab und verlassen den Raum, so haben Sie Ihrer Wand etwas mitgeteilt. Sie haben einen Farbklecks hinterlassen, Sie haben eine Information Ihrer selbst hinterlassen.

So sollten Sie Ihre Energien sehen, die aus Ihrem Körper heraus abstrahlen, denn sie sind Bestandteil unserer Welt. Sie wurden Ihnen mitgegeben, damit Sie existieren können. Das Phänomen des Menschen sollte als Elektrizität bezeichnet werden. Ich weiß, daß dieser Ausdruck etwas hinkt. Ich persönlich bezeichne es als die Urenergie, die Urinformation, die in jedem einzelnen Molekül enthalten ist, die Teil der Allmacht ist, die Teil der unendlichen Energie des Weltraums ist. Nur so können Sie das Wunder der Transkommunikation auch auf Ihrer Seite interpretieren.

K-H.: Da sehe ich, lieber Herr **Tesla**, ein gewisses Problem und zwar, wenn wir die Felder unseres Körpers messen, stellen wir fest, daß das außerordentlich geringe gleichförmige Felder, Gleichfelder sind. Die Umsetzung in Impulse macht mir dabei gewisse Schwierigkeiten.

Nicola Tesla: Mein Freund, lassen Sie mich dazu etwas sagen; (steht auf, stellt sich hinter seinen Stuhl). Sie gehen davon aus, daß Sie mit Ihren Geräten, die Sie benutzen, diese Urenergie einfangen können.

Ich sage Ihnen, es gibt Energien, die vom Menschen noch niemals benutzt oder erkannt worden sind. Aus dem einfachen Grund, weil sie mit Ihren vorhandenen Geräten nicht begriffen, nicht ergriffen und umgesetzt werden können.

Sehen Sie das Phänomen des Empfindens, des Gefühls, Sie können das Wort aussprechen, Sie können das Wort »Liebe« aussprechen. Meßbar ist sie nicht, und trotzdem erfaßt sie Ihren Körper durch und durch.

Sehen Sie, meine Freunde, machen Sie sich von den Vorstellungen frei, daß alles, was auf dieser Welt, auf dieser irdischen Welt besteht – nun – alles sei.

K-H.: Sie sprachen davon, daß offenbar physikalische Gesetze existieren, von denen wir keine Ahnung haben, die unsere Meßgeräte nicht erfassen. Wäre es dann nicht besser, daß wir im Zusammenhang mit der Transkommunikation – also bei der Übermittlung der Information – von Ihnen via Körper zum Computer den Begriff der elektromagnetischen Felder aufgeben, weil der offenbar nicht passend ist?

Nicola Tesla: Einverstanden. Ich möchte Ihnen jedoch empfehlen, sich Gedanken darüber zu machen, wie dieses Phänomen benannt werden soll.

Wissen Sie, alle von der Menschheit geprägten Begriffe hinken der Realität hinterher. Ich sage Ihnen, unsere Physik ist eine völlig andere Physik, als die, die hier bei Ihnen benutzt wird. Und ich sage Ihnen noch etwas. **Sie können die physikalischen Gesetze dieser Erde nicht auf einen anderen Planeten übertragen.** Es muß also noch mehr Wissen vorhanden sein, das es ermöglicht, daß es Wesenheiten gibt, die auf einem anderen Planeten leben.

E.: Ich glaube, wir sind uns über die Bedeutung dieses Problems im klaren. Wir haben dafür volles Verständnis nach beiden Seiten. Da wir aber mit dem Problem der Transkommunikation beschäftigt sind, liegt es uns sehr am Herzen.

Nicola Tesla: So ist es, bleiben wir also beim Thema.

Wir haben versucht, neue Impulse zu setzen in Darmstadt*, wir haben versucht, Informationen fließen zu lassen, damit ein Gerät gebaut wird zu Versuchszwecken. Dies ist geschehen. Wir werden in Darmstadt eine Versuchsreihe starten. Es könnte möglich sein, daß wir hier noch etwas verbessern müssen und daß es hier einen Durchbruch gibt. Denn man bemüht sich sehr darum, und wir sind dankbar dafür, daß unsere Anregung aufgenommen und umgesetzt wurde.

Es gibt verschiedene Arten der Transkommunikation. Sie sind abhängig von dem Fließen der Energien zwischen Dieseits und Jenseits, von den Bündelungsmöglichkeiten, die vorhanden sind. Wir haben jetzt in Darmstadt den Weg der Kristalle beschritten, der Kristalle des Lichtes und des Farbspektrums.

Wir wollen versuchen, diesen Kanal so zu schaffen, daß eine Kommunikation unabhängig von den daran teilnehmenden Personen ausstrahlt. Wir sind vor allen Dingen darauf angewiesen – und dies ist ein sehr wichtiger Aspekt – ob wir eine Öffnung des Geistes der beteiligten Personen vollziehen können, denn sie ist auch erforderlich für das Gelingen dieser Kontakte.

E.: Kann man bei all diesen Versuchen auf Ihrer Seite

* Siehe Band II, Seite 308

davon ausgehen, daß Sie nicht präzise imstande sind abzuschätzen, was eigentlich in der Zukunft geschehen wird?

Nicola Tesla: So ist es, mein Freund, und zwar aus einem einfachen Grund. Auf der Ebene, auf der ich mich bewege und befinde, sind uns gewisse Wege verschlossen. Wir können nicht beurteilen, ob der Weg fruchtbar sein wird. Sollten Sie etwas anderes hören, so ist es nicht wahr.

E.: Es ist nicht so, daß ich etwas anderes gehört hätte, sondern es ist einfach so, daß ich natürlich von der Voraussetzung ausgehe, daß die Menschen in gewisser Weise einen freien Willen haben und daß Sie tatsächlich auf die Mitwirkung dieser Menschen angewiesen sind. Deshalb ist nichts präzise voraussagbar.

Nicola Tesla: Genauso ist es.

E.: Wir haben bereits über den Einfluß von Kristallen gesprochen. Sollten wir also mehr mit Kristallen arbeiten?

Nicola Tesla: Richtig, mein Freund. Sie sollten viel mehr mit Kristallen arbeiten. Kristalle spalten das Spektrum des Lichtes auf und schicken die aufgespalteten Teile zu uns. Wir werden versuchen, diese Teilchen einzufangen, umzuformen und zurückzuschicken zu ihren Geräten. Es ist allerdings ein Prozeß, der nicht in meine Kompetenz fällt. Doch ich bin beauftragt, Ihre Frage so zu beantworten.

E.: Danke. Eine ähnliche Frage bezieht sich auf mögliche Kombinationen zwischen Kristallen und infrarotem Licht. Gilt da in etwa das gleiche oder hat das ultraviolette Licht Vorzüge?

Nicola Tesla: Es kommt auf die Resonanz an, auf den Resonanzboden, der dafür vorbereitet werden muß. Sehen Sie, Sie können Bergkristalle verwenden, die eine bestimmte Schwingung haben. Sie können jeden einzelnen Kristall, der Ihnen zur Verfügung steht, mit bestimmten Lampen bestrahlen. Sie werden immer ein anderes Farbspektrum zur Verfügung haben. Dieses Farbspektrum muß ausgelotet werden vom Empfänger zum Sender, damit der Fluß gefestigt werden kann. Sehen Sie, unser Problem hier ist, daß wir es mit Menschen zu tun haben, die, wenn sie arbeiten, möglichst ein **breites Spektrum** ausprobieren wollen.

Forschungen sind jedoch nur dann erfolgreich, wenn sie sich auf einen **bestimmten Punkt** beschränken, denn es ist nicht so, daß die Schwingung des Experimentators keine Auswirkungen hätte.

Sie selbst wissen es genau, daß Kristalle für bestimmte Personen bestimmte Bedeutungen haben. Es sollte also ein Kristall gewählt werden, der auf dem Spektrum des Experimentators liegt, damit eine vernünftige Arbeit ermöglicht wird. Kristalle haben die Eigenschaft, daß sie sich dem Menschen zu erkennen geben. Habe ich mich verständlich ausgedrückt?

E.: Ja und nein. Bezüglich des letzten Punktes möchte ich fragen: Gibt es Kriterien dafür, rationale Kriterien oder mehr emotionale Kriterien, ob diese, nennen wir es mal Resonanz, zwischen einem bestimmten Kristall vorhanden – oder nicht vorhanden ist?

Nicola Tesla: Nun, lieber Kollege, rationale Empfindungen würde ich ausschließen, denn die **emotionalen Beziehungen zwischen den Kristallen und des Experimentators sind das Wichtigste überhaupt.** Vergessen Sie nie, daß eine Einheit gefunden werden muß, eine Einheit zwischen Ihrer Ebene und unserer Ebene, und dazu ist es erforderlich, um zum Dialog zu kommen, daß Übereinstimmung erreicht wird, und zwar: **seelische Übereinstimmung.**

Sehen Sie, mein lieber Freund, wir haben die Möglichkeit, Ihnen Impulse zu geben, und Sie sind Empfänger für unsere Impulse und können sie auch als Mensch auswerten – aber es wird Ihnen nicht bewußt sein, daß die Impulse von dem sie umschließenden Informationsfeld auf Sie zukommen. Es ist also kein Dialog, sondern es ist Ihnen zugefallen. Sollte eine fruchtbringende Arbeit vonstatten gehen, dann muß **das emotionale Band eng geknüpft sein.**

E.: Ich habe in diesem Zusammenhang noch eine Frage, ausgelöst durch einen Brief, den mir ein junger Mann aus England geschrieben hat. Es geht um eine Idee, die der theoretische Physiker **Burkhard Heim** ausgesprochen hat. Könnte man Transkommunikation von unserer Seite aus dadurch erleichtern, daß man Nachbildungen des menschlichen Gehirns – also solche neuronalen Netze – aufbaut?

Nicola Tesla: Nun, mein lieber Freund, das geschieht bereits. Es geschieht bereits unbewußt, sonst wäre der Steuerungsfaktor, der Aussteuerungsfaktor von uns unmöglich. Wir müssen etwas haben, das unsere Energien aufbereitet, sie durchsichtig macht, sie verständlich macht und umsetzt.

Dies geschieht eben durch dieses Netzwerk, das Sie eben angesprochen haben. Neuronale Begriffe, die Sie verwenden, sind jedoch auch nur Teilaspekte. Was Sie uns anbieten, ist Ihr **Menschsein**. Der Mensch in seiner Gesamtheit stellt uns diese Energien zur Verfügung, sonst wäre eine Transkommunikation in der Art, wie wir sie betreiben, nicht möglich.

E.: Das sieht jetzt nach einem kleinen Widerspruch aus.

Nicola Tesla: Ich weiß es, doch sprechen Sie weiter.

E.: Wir entnehmen aus dem, was von Ihnen gesagt

wurde, daß eine gewisse Tendenz besteht, Geräte zu entwickeln auf Ihrer, beziehungsweise auf unserer Seite – »Geräte« auf Ihrer Seite in Anführungsstrichen – die eine Art technische Kommunikation ermöglichen, auf der anderen Seite wird immer wieder Bezug genommen auf den **Menschen** als letztendlichen Empfänger oder auch aktiven Teil, der von sich aus bereit sein muß, in diese Kontakte einzutreten. Wir sind in unserer Technik eigentlich gewohnt, daß unsere **Maschinen unabhängig vom Menschen funktionieren.**

Nicola Tesla: Nun, mein lieber Freund, Sie sehen den Widerspruch ganz deutlich. Die menschliche Denkungsweise bezieht sich allzu sehr auf die Verläßlichkeit dieser Maschinen. Es ist ein Trugschluß, wenn Sie dies annehmen. Die Maschinen, die Sie in Bewegung setzen, funktionieren nur, weil Sie die **nötigen Energien** einspeisen, doch wenn der Mensch sie nicht bedient, geschieht nichts, währenddem von unserer Seite aus Maschine und Mensch angesteuert werden, damit auf diesem Bildschirm Mitteilungen entstehen können. Sehen Sie, würden Sie die gleiche Mitteilung machen wollen, müßten Sie sich hinsetzen, müßten diese Mitteilung über den Bildschirm eingeben. Hier geschieht etwas völlig anderes. Aber es geschieht nicht von ungefähr, es gehört die Energie dazu, die im Menschen vorhanden ist.

G.: Die Emotion, die durch keine Maschine zu ersetzen ist?

Nicola Tesla: So ist es. Emotion, die Liebe oder vielleicht die Urenergie, die den Menschen ein Leben lang begleitet. Ist dies begreifbar?

E.: Es ist eigenartig, warum es dann bisher eigentlich nur so wenige von diesen speziellen Menschen gibt, die diese Energieform in sich tragen, verkörpern oder ermöglichen. Es sind eigentlich – soweit uns bekannt ist, sehr wenige.

Nicola Tesla: Nun, mein lieber Freund, Sie beziehen sich auf eine Art von Transkommunikation. Sehen Sie es jedoch im Gesamtverbund, welche Arten von Transkommunikation möglich geworden sind. Es sind auch solche möglich geworden, die von uns nicht mehr bedient werden, weil sie zur Vorteilnahme ausgenutzt wurden.

Wenn Genugtuung zu Demut führt, dann, meine Freunde, wird sie umgewandelt in Liebe, in die Urenergie allen Seins. Transkommunikation beschränkt sich nicht allein jetzt auf Geräte. Sie meinen, die technisch gestützte Transkommunikation müßte besser ausgebaut werden können. Die Versuche sind manigfaltig, die von unserer Seite gemacht werden. Doch, wie Sie selbst bemerken, ist es äußerst schwierig, die verschiedenen technischen Geräte, die vorhanden sind, auch nutzbar zu machen für uns.

K-H.: Wenn ich das alles so höre, habe ich das Gefühl, daß ich persönlich überhaupt nichts dazu beitragen kann, damit es mit der Transkommunikation vorangeht, denn ich überschaue die Dinge nicht, ich weiß nichts von dieser Art von Energien, die es offenbar gibt, die die Physik aber nicht kennt. Ich komme mir vor wie ein blindes Huhn, das ab und zu mal glaubt, ein Korn zu erwischen, aber da wir diese Gesetze nicht kennen, die es offenbar gibt, treffen wir nicht mal das Korn. Wir stehen einfach da und warten, daß von Ihrer Seite sich Wunder uns offenbaren, die wir dann eben erleben.

Nicola Tesla: So ist es, mein Freund, doch Sie vergessen eines, und dies ist das Entscheidende. Sie können in sich Platz greifen lassen die Erfahrungen, die Sie mit der Transkommunikation machen und dadurch

Überzeugung gewinnen. Und dies zeichnet den Menschen aus. Es sollte ihn auszeichnen, daß er die Möglichkeit des Erfühlens, des Erahnens hat.
Ich weiß, es klingt im wissenschaftlichen Kreis lächerlich, wenn ich vom persönlichen Empfinden spreche, doch dieses persönliche Empfinden ist genauso ein Phänomen, wie das Nichterkennen neuer Energien. Doch Sie sollten an diesem Punkt nicht stehenbleiben. Sie sollten weiterdenken. Sehen Sie, mein Freund, dieser Weg ist ein mühevoller Weg, und wenn Sie sich die Entwicklung der letzten 100 Jahre ansehen, dann müssen Sie sagen, daß in der Technik weitaus größere Fortschritte gemacht worden sind, als in den vergangenen Jahrtausenden seit Christi Geburt. Doch vergessen Sie eines nicht, **die Demut ist nicht mitgewachsen.**
Es wurde immer Neues entwickelt. Es wurde gedacht. Es wurde das Informationsfeld angezapft, um neue Einflüsse zu bekommen. Wäre die Überlegung zur **Verhinderung von Schaden** im gleichen Maße vonstatten gegangen, dann, meine Freunde, wäre das heutige Problem nicht mehr ein Problem. Es gibt zu irgendeinem Zeitpunkt nur eine Möglichkeit, einen eisernen Vorhang herunterzulassen, damit nicht noch mehr Schaden entstehen kann. Was ich zum Ausdruck bringen möchte, ist einzig und allein, daß es gewisse Dinge gibt, die **Sie annehmen müssen, so wie sie sind.** Und wenn Sie es verstehen, dieses Wissen zu Ihrem Eigentum zu machen, dann werden Sie weiterentwickeln können.
Verstehen Sie, daß der Verstand gesteuert wird von Ihrer Seele, und es dem Verstand damit möglich wird, auch die Gefahren abzuwägen, die damit verbunden sind.

E.: Das ist ein interessanter Aspekt. Ich habe immer

darüber nachgedacht, wenn wir ein bißchen mehr von dem Geheimnis verstehen würden, das der Transkommunikation zugrunde liegt, ob damit automatisch auch diese Problematik der freien Energie verknüpft wäre?

Nicola Tesla: Nun, mein Freund, es ist ein Kreislauf, der irgendwann bis zu den Grenzen menschlichen Seins führt. Sie selbst, mein lieber Freund, haben in Ihrem Leben Ihren Schülern Wissen mitgeteilt, das als Grundlage diente für ihre berufliche Entwicklung.

Einige davon haben mit diesem Wissen, das ihnen mitgeteilt wurde, einen Berufsweg beschritten, der ihnen den Broterwerb sichert. Ein geringer Teil davon hat sich dieses Wissen zunutze gemacht, das Sie vermittelt haben, um weiterzufragen. Einige wenige werden weiterkommen. Nehmen Sie dies zum Vergleich.

K-H.: Ist es so, daß eigentlich jetzt schon ein »eiserner Vorhang« heruntergelassen ist, damit wir nicht noch mehr Dummheiten machen? Ist das auch der Grund, warum wir jetzt so begrenzt sind?

Nicola Tesla: So ist es, mein Freund. Sehen Sie, wäre es nicht so, dann würde die Menschheit so weitermachen, wie sie es in den vergangenen 50 Jahren getan hat. Es muß ein Stop eingeführt werden, es muß ein Halt geboten werden. Allüberall auf dem gesamten Planeten wurden Atomkraftwerke errichtet, und sie wurden schnell und ohne Überlegung errichtet. Jetzt ist der Zeitpunkt gekommen, wo die Menschheit sich Gedanken darüber machen muß, was geschieht, wenn so ein Ding explodiert. Es wurden in der Vergangenheit verschiedene Warnungen gegeben. Sie wurden nicht beachtet. Doch jetzt, weil man eine Behörde geschaffen hat, wo diese Störfälle zu melden sind, erhebt sich das Geschrei. Aber jetzt ist die Wissenschaft gefragt, die Energien, die sie freigesetzt hat, zu bändigen, und wir wollen sehen, ob ihr dies gelingt.

Doch nun, meine lieben Freunde, habe ich Ihnen einen Vortrag gehalten. Vielleicht konnte ich neue Impulse geben. Ich stehe Ihnen weiterhin zur Verfügung, und ich würde mich freuen, wieder bei Ihnen zu Gast zu sein. Ich bedanke mich bei **Claudius.** (Der Kreis bedankt sich).

Nach einer kurzen Pause schaltet sich *Claudius* wieder ein.

Claudius: Meine Lieben, *Nicola Tesla* hat euch Beispiele gegeben von Energien. Von Energien, die in den Menschen einfließen. Es gibt keine Geräte, die diese Energien messen könnten.

Tachyonenergie ist auch nur ein Ausdruck, mit dem ihr im Grunde genommen nichts anfangen könnt. Sie ist nicht meßbar – aber erfühlbar. Sie ist ein Phänomen der menschlichen Seele.

Seht euer Erschrecken bei einer Situation, die in eurem Leben auf euch zukommt. Dieses Erschrecken, das euch erfaßt – oder das Beglücktsein, obwohl es keinen äußerlichen Grund gibt beglückt zu sein – so seid ihr doch erfüllt, wenn nach langen Regentagen die Sonne durch euer Fenster scheint und euch im Tiefsten eures Seins berührt. Dies, meine Freunde, sind die Energien, die ich meine. Habt ihr noch Fragen?

R.: Ich hörte einen Vortrag über die fraktale Geometrie mit diesen Figuren, die sich aus bestimmten mathematischen Gesetzen bilden und wo die Ähnlichkeit Eines im Anderen gegeben ist und was in etwa auch der Formgebung der Natur entspricht. Eine große Zuhörerschar hat diesen Vortrag mit großem Beifall aufgenommen. Diese nun **neue** von der Naturwissenschaft vorgegebene Vorstellungsweise grenzt ja gewisserweise schon an die Transbereiche. Wird es dadurch gelingen auch kritischen beziehungsweise noch nicht spirituellen Menschen unser Wissen näherbringen zu können?

Claudius: Nun, mein Freund, siehe, auf verschiedene Art und Weise versuchen wir von unserer Seite dem Menschen Wege aufzuzeigen, die mehr oder weniger wissenschaftsgläubig sind.

Weißt du, zu irgendeinem Zeitpunkt muß der Grenzpunkt überschritten werden, und für denjenigen, der zu sehr diesen wissenschaftlichen Formen verhaftet ist, wird es schwieriger, wenn wir ihn nicht auf seinem Gebiet, das er versteht, Hilfe leisten.

Es ist ähnlich einem Spektroskop, das Strahlen aussendet, die verschiedene Empfänger treffen. Diese Menschen, die den Vortrag gehört haben, waren deshalb begeistert, weil er einfach neue Perspektiven eröffnete – und der Referent schwankenden Boden betrat. Doch je mehr er sich damit befaßt, um so sicherer wird sein Standbein werden.

R.: Sehr interessant finde ich die Übereinstimmungen dieser Figuren, vor allem der Spiralsysteme bei diesen fraktalen Gebilden, beispielsweise mit der von dir übermittelten Zeichnung vom Modell der Allmacht . . .

Claudius: So ist es.

R.: Und von der Entstehung der Materie. Kann man davon ausgehen, daß sich hier das gleiche Prinzip sichtbar macht?

Claudius: Es ist das gleiche Prinzip, denn es gibt Wechselwirkungen, die nur auf diesem Prinzip beruhen. Ihr solltet euch vorstellen, daß alles Schwingung ist, daß alles in Bewegung ist, das gesamte Universum einem ständigen Austausch unterliegt. Austausch an Informationen, die dazu dienen, gewisse Ergebnisse zu irgendeinem Zeitpunkt hervorzubringen. Siehe, diese Computerzeichnung*, die unser Freund W. erhalten hat, beinhaltet, wenn ihr genau hinseht, immer diese Kreisbewegung, diese Wirbel, und ich habe euch zu verstehen gegeben, daß nur Materie dann entstehen kann, wenn diese Wirbel sich zu irgendeinem Zeitpunkt zusammenziehen und der **Schnittpunkt sich dann zu materialisieren beginnt.** Es ist eigentlich schon immer des Rätsels Lösung gewesen, doch es ist sehr schwierig, alle Beispiele zu übertragen.

Seht, meine Freunde, was geschieht in einem Butterfaß? Hier werden Kreisbewegungen erzeugt, die entweder durch Stampfen oder durch Rotieren zur Verfestigung der Molekularstruktur der Butter dienen. Es sind immer Wirbel, die diese Materie hervorrufen.

R.: Dann ist eventuell auch diese sogenannte Wirbeltheorie aus der Physik Ende des vergangenen Jahrhunderts gar nicht so abwegig?

Claudius: Natürlich nicht, sie wurde nur nicht weiter durchdacht – und dies ist das Problem. Ansatzpunkte sind vorhanden.

K.: Du sagtest, daß Geistwesen unseren Geistkörper schädigen könnten. Aber wie?

Claudius: Meine Liebe, siehe, wenn die Energien nicht so geordnet sind, wie jetzt bei euch, dann könnte es durchaus möglich sein, daß ich diesem Körper Schaden zufüge, weil meine Energien wesentlich größer sind.

Sieh es so: Reine Geistenergie ist mit euren Energievorstellungen nicht zu vergleichen. Deshalb könnte dieser Körper Schaden leiden.

Siehe, mein Freund, ich kann im Kreise von Wissenschaftlern nicht die Energie verwenden, mit

* Siehe Band II, Seite 161

der ich zum Beispiel einen Computer bediene. Verstehe mich richtig. Keine Qualifikation spreche ich aus, sondern wir sind auf unserer Ebene angewiesen auf die uns zur Verfügung stehenden Energien.

K.: Wenn wir alle hier jetzt eine geistige Reise zu euch machen könnten, zum Beispiel eine Astralreise, wie würden wir diesen Tisch bei euch sehen?

Claudius: Du würdest ihn so sehen, wie du ihn jetzt siehst.

K.: Aber ihr seht ihn anders?

Claudius: Ich sehe ihn auch so.

K.: Was ist da der Unterschied?

Claudius: Der Unterschied ist, daß er materiell nicht vorhanden ist. Wenn ich die Hand nehme, durchtrenne ich die Tischplatte, aber hier bei euch nicht.

K.: Wir haben über die Form des Geistkörpers gesprochen. Ist er ähnlich einer durchsichtigen Materie, die wir empfinden würden, oder ist er die geistige Form der Molekularstruktur?

Claudius: Liebe Freunde, geht davon aus, daß in der Molekularstruktur dieses Tisches viel Wissen vorhanden ist. Hier ist zum Beispiel das Wissen vorhanden, daß dieser Tisch aus der Molekularstruktur verschiedener Bäume zusammengesetzt ist. Der Baum an sich wird nie zum Tisch werden, doch wenn er bearbeitet wird, wenn er gebogen und geformt wird, so, wie ihr gebogen und geformt werdet, so wird er zum Tisch.

K.: Wenn wir aber von Molekularstruktur sprechen, sprechen wir hier von Materie.

Claudius: Nun, meine Liebe, dann laß mich überleiten zur Fotografie, die bei euch auf dem Tisch liegt*. Diese Fotografie ist Materie. Die Lichtpunkte darauf sind Zeichnungen, die von der Materie aufgenommen und zum Bild geformt wurden.

* Siehe Band II, Seite 320/321

Was ist Materie? Willst du die Antwort geben, mein lieber Freund?

E.: Ein geistiges Bild?

Claudius: So ist es. Es ist wunderbar, mit euch zu diskutieren. Seht, meine Freunde, geht davon aus, daß in eurer realen Existenz Materie eine andere Bedeutung hat, als auf unserer Ebene. Materie ist nun einmal eine Zusammenfassung geistiger Komponenten. Und wenn ihr den Tisch verbrennt, bleibt ein Häufchen Asche zurück. Ihr seht die Flamme, die aus der Tischplatte emporlodert, ihr spürt den Rauch, ihr spürt, daß dieser Rauch nicht nur Dampf ist, sondern daß dieser Dampf auch einen Geruch hat, Rauchgeruch.

K.: Aber was passiert mit dem Tisch, wenn ich ihn auf eure Ebene eliminieren will, entsteht dann kein Rauch, was geschieht mit ihm?

Claudius: Nun, er wird in seiner geistigen Existenz vorhanden sein.

K.: Er geht zurück ins Informationsfeld?

Claudius: So ist es. Meine Liebe, es ist ganz einfach. Wenn ich unseren Freund benutze, dann benutze ich einen Körper, der es mir ermöglicht, euch diese Mitteilungen zu machen. Doch dieser Mensch, der diesem Körper innewohnt – oder soll ich besser sagen, dieser Geist – hat **keinen Einfluß auf die Aussagen**, die ich euch gebe. Ich benutze also Materie, um mich euch verständlich zu machen. So solltet ihr die Allmacht begreifen, die Materie benutzt, um euch verständlich zu werden. Welch geistiges Potential in euch selbst vorhanden ist, spürt ihr, wenn ihr euch mit Dingen befaßt, die euch zunächst rätselhaft erscheinen. Doch zu irgendeinem Zeitpunkt wird euer Gehirn eine Erkenntnis registrieren, und sie wird Bestandteil eures Selbst.

Wobei wir wieder am Anfang angelangt wären,

wenn ich euch die Funktion des Gehirns von unserer Seite aus erklären würde. Die Medizin hat eine ganz präzise Vorstellung von der Struktur des Gehirns, nur fehlt etwas. Es fehlt der zündende Funke. Wenn du, mein lieber Freund, jetzt umfällst, entweicht aus deinem Körper der Geist, der Geist, der die Impulse gibt zur Funktion deiner körperlichen Aktivitäten, die über das Gehirn, das Nervenzentrum, die Blutbahnen ausgeübt werden bis hinunter in deine kleine Zehe.

Du siehst, keine Maschine auf eurer Welt funktioniert ohne eine Antriebskraft, und kein Mensch würde funktionieren ohne die Antriebskraft – **den Geist**.

W.: Du sagtest einmal, daß auch Organe elektrische Strahlen aussenden und infolgedessen auch Töne von sich geben, die wir aber nicht hören können. Könnte man also sagen, daß jeder Mensch seine eigene Tonleiter, seine eigene Frequenz aussendet?

Claudius: Richtig.

W.: Ist es auch möglich, umgekehrt über Töne die Organe zu beeinflussen?

Claudius: Auch dies ist möglich. So zu beeinflussen, daß du zum Beispiel durch eine bestimmte Musik müde wirst, in Schlaf versinkst, und andere Musik deine Nerven aufpeitscht, so daß du sogar im Kreis herumspringst.

K.: Also reagiert der Körper, reagieren die Organe wie Sensoren, die gewisse Schwingungen aufnehmen?

Claudius: Richtig.

K.: Wie eine Alarmanlage, die aufnimmt, um dann etwas auszulösen?

Claudius: Durch eine solche Schwingung können deine Magennerven so sehr belastet werden, daß sich das Innere nach außen stülpt.

R.: Können diese Töne auch die Organe zum **besseren** Arbeiten anregen?

Claudius: Richtig. Dies geschieht über die Musik zum Beispiel bei der Meditation.

El.: Kürzlich, nach einer Sitzung, wurde ich beinahe schwindlig. Was war daran schuld, hatte dies etwas mit Energien zu tun?

Claudius: Das war eine Schwingung, die dir im überreichen Maße zugeflossen ist, die dich schwindeln ließ und über dieses Schwindelgefühl auf deinen Magen übertragen wurde. Deine Magennerven rebellierten.

El.: Wodurch ist diese Energie übertragen worden?

Claudius: Nun, von dieser hohen Schwingung. Vergiß eines nicht, dieser Kreis war so energiegeladen, daß bei dir, meine Liebe, etwas übersteuert wurde. Dies ist die Ursache. Seht, meine Freunde hier im Kreis, gibt es Situationen, die dem einen oder anderen nichts ausmachen, und nur ein einziger im Kreis fühlt sich krank. Wir können es nicht immer so aussteuern, daß wir diese Kräfte gleichmäßig, den Körpern entsprechend, verteilen. Es ist von verschiedenen Faktoren abhängig.

In allererster Linie ist es davon abhängig, wie zu diesem Zeitpunkt eure seelische Verfassung ist und ihr wißt, daß Schwingungen unmittelbar über das Nervensystem auf die Organe wirken.

Wir bemühen uns aber, dies so zu steuern, daß wir möglichst viele Schwingungen in einer Frequenz zusammenbinden und sie neutralisieren, so daß sie erträglich sind für euch alle. Bisher ist es uns – mit ganz kleinen Abweichungen – gelungen. Bei den emotional aufgeladenen Menschen können wir neutralisieren, wir können herunterdrücken. Bei dem Menschen, der müde ist, tritt die Frage auf, ist es eine psychische Müdigkeit oder ist es eine körperliche Müdigkeit? Diesen

Unterschied müssen wir berücksichtigen. Nun, wir wollen es dabei belassen.
Aber ich möchte euch bitten, die Durchsagen von *Nicola Tesla* eingehend zu studieren, um bei unserem nächsten Zusammensein das fragen zu können, was ihr vielleicht nicht ganz verstanden habt.

Teil III

Appell an die Kreisteilnehmer

Frage: Lieber Claudius, du hast einmal gesagt, daß ihr mit diesen Kontakten nicht nur uns helft, sondern daß wir auch euch dadurch helfen. So recht verstehen konnte ich das nicht. Wodurch helfen wir euch mit diesen Kontakten?

Claudius: Mein Freund, **indem ihr frei werdet, werden wir frei.** Seht, geliebte Freunde, unser Dasein ist ebenfalls vom Wunsch beseelt, einzukehren in die unendliche Liebe. So, wie ihr eure Schule besucht, besuchen wir eine Schule auf unserer Ebene.

Frage: Du sagtest, du sprichst im Namen dessen, der dich beauftragt hat. Also sind deine Botschaften den Aussagen von Jesus Christus gleichzusetzen?

Claudius: Ja, denn auch ich handle im Auftrag der Allmacht.

Frage: Lieber Claudius, du hast einmal die Erde als »Nacht« bezeichnet und gesagt, du befändest dich im »Tag«. Wie sollen wir das verstehen?

Claudius: Wenn ich euren Planeten als die Nacht und mich im Tag befindlich bezeichne, dann könnt ihr den kleinen Unterschied erkennen. Die Dualität ist immer vorhanden, und dies ist das Geheimnis des Glaubens. **Ich bin in dir – und du bist letztendlich auch in mir, denn wir alle sind Liebe – aus der Liebe geboren.** Und wenn ich davon sprach, daß der Vergleich zu euch wie das Licht zum Dunkel ist, so ist es keine Qualifikation, denn ihr erlebt Licht und Dunkel in eurem eigenen Leben, wenn sich die Nacht herniedersenkt und euch einhüllt in ihren Mantel, und am Morgen die Sonne wieder aufgeht, um euch zu wecken für den neuen Tag.

Frage: Wir staunen immer wieder darüber, welche große Gnade durch diese Kontakte ausgerechnet **wir** erfahren dürfen.

Claudius: Eure Bedenken über die vielen anderen Menschen, die die Gnade mit unserer Begegnung nicht haben, solltet ihr zur Seite stellen, denn ihr könnt die Gnade der Allmacht nicht nur so sehen, als sei sie an euch gebunden.

Jeder Mensch wird in seinem Leben Begegnungen haben, die ihn zum Nachdenken bringen. Glaubt mir, meine Freunde, keiner geht leer aus – die Frage ist nur, ob er offen genug ist, das Licht am Ende seines Weges wahrzunehmen. Doch seid versichert, die Konstellation, die hier in diesem Kreis vorherrscht, **ist nun mal eine außergewöhnliche Voraussetzung.** Das schließt nicht aus, daß dies, was euch zuteil wird, nicht weite Kreise ziehen wird.

Wichtig ist, daß ihr erkennt, daß nichts geschieht, was nicht in eurem Sein begründet liegt. So weit es möglich ist, werden wir euch mit Informationen versorgen – **soweit es euch möglich ist zu begreifen und zu verstehen.** Doch ihr wißt, daß auch in der Vergangenheit vermeintliche Widersprüche aufgetreten sind. Nun, wie anders als durch diese vermeintlichen Widersprüche sollten wir euch zu Fragen verleiten?

Seht, meine Freunde, wie schwierig es ist, jedem einzelnen das Denken näher zu bringen, denn würde ein fertiges Konzept euch nicht noch mehr verwirren? All das, was ihr euch bemüht zu lernen wird in euch Platz greifen, wird euren Geist, eure Seele, euer Sein zur Weiterentwicklung bringen.

Frage: Welche Grundvoraussetzungen sind notwendig, um diese medialen oder auch andere technisch gestützte Kontakte zu erhalten?

Claudius: Grundvoraussetzung für jegliche Kontakte ist die Demut des einzelnen Individuums auf eurem Planeten. Siehe, wir wollen weder Kaiser noch Könige, noch Päpste züchten, sondern wir wollen Wissen vermitteln.

Der eine Mensch ist nicht größer als der andere. Vielleicht verwundert es euch, daß mitunter einfache Menschen Durchsagen erhalten von so ungeheurem Wert. Dies ist voll beabsichtigt, denn würden wir sie anderen zukommen lassen, würde das Wissen zum Verkauf feilgeboten und dadurch unglaubwürdig.

Wir benötigen die Bescheidenheit, die Demut des einzelnen, damit die Liebe der Allmacht tragfähig wird.

Frage: Trifft das ganz besonders für die Personen zu, die als Kanal tätig sind?

Claudius: Nichts würde mehr geschehen, würden Hochmut, Selbstbewußtsein anwachsen zur Arroganz, nichts würde mehr geschehen.*

Ich habe den Wunsch, daß euer Sein für Menschen, die diesem Kreis nicht angehören, zum Vorbild dienen möge, um sie alle der Gnade der Allmacht zuzuführen. Denn wer sucht, wird finden, wer Augen hat, wird sehen, und wer Ohren hat, wird hören.

Die Gnade, die der Menschheit zuteil wird, läßt eure Farben erglühen, und die Seele wird zum Widerschein des Glücks der Ewigkeit. Ihr sollt euch bewußt sein, daß alles um euch lebt, was euch je begegnet ist. Dies ist die Erklärung für alles, was euch widerfährt, denn glaubt mir, die Menschen, die eines Tages euren Weg gekreuzt haben, mit diesen Menschen werden immer wieder Begegnungspunkte geknüpft werden – und es ist so, daß die angenehmen Begegnungspunkte Erinnerungen in euch wachrufen – und nur die.

Ihr müßt aber auch, meine Freunde, wenn ihr nicht verspottet und verhöhnt werden wollt, sehr vorsichtig sein mit dem, was wir euch zuteil werden lassen. Nicht jeder wird in die Fußstapfen des anderen treten können. Kleine Füße passen nicht in große Schuhe.

Frage: Ich denke, das wichtigste, die Essenz all dessen, was

* Siehe auch unter »Die technisch gestützte Transkommunikation«, Band II

wir durch dich erfahren durften, ist doch der Trost für die Menschheit. Mit unserem Wissen können wir sicher manchem Trauernden oder Zweifelnden Trost spenden.

Claudius: Es werden viele Menschen euch zugeführt werden, die Trost brauchen. Nun, so gebt ihnen Trost. Wir haben uns bemüht, euch Literatur in die Hand zu geben. Ich denke an die beiden Bücher, die unsere Freundin Hilde geschrieben hat (Dialog mit Claudius).

Wir glauben, daß das Wichtigste, was der Mensch wissen muß, durch uns vermittelt werden kann – nämlich – das Bewußtsein, daß in jedem Menschen Gott zu sehen ist, daß in jedem Menschen die Liebe zu sehen ist, daß jeder Mensch in seinem Ursprung aus der unendlichen Güte und Liebe der Allmacht hervorgegangen ist – und eigentlich, meine Freunde, ist dies das Wichtigste, denn, wenn ihr diese Wahrheit voll erfassen könnt, dann, meine Freunde, wird alles andere bedeutungslos werden. Solange ihr völlig emotionslos über diese Kontakte sprecht, und nicht versucht, die anderen zu überzeugen, sondern einfach die Tatsache als solche erwähnt, solange werdet ihr keinen Schaden nehmen und kein Bedauern darüber empfinden, wenn sie es ablehnen. Seht, Freunde, kein Weg ist so weit, daß ihr ihn nicht gehen könntet. Erkennen müßt ihr die Prioritäten in eurem Leben, und wenn ihr dies erkannt habt, dann kennt ihr nicht mehr die Mühsal, die euch zur Erkenntnis führen wird. Sicher, mühsam ist der Weg eures Lebens, doch ihr wolltet ihn gehen. Ihr habt ihn euch ausgewählt, um Erfahrungen zu sammeln, Schmerz und Leid zu durchleben, Freude zu durchleben, Liebe zu empfangen, Liebe zu geben.

So solltet ihr euer Bemühen sehen, Menschen, die diesen Planeten verlassen, zu begleiten, einfach so. Und ihr werdet die Worte finden, die im kranken

Körper den Geist erreichen. Auch, meine lieben Freunde, wenn ihr glaubt, nichts bewegen zu können, weil die Reaktion des Kranken anderes zeitigt, so seid gewiß, daß die Seele nach Erkenntnis hungert und jedes Wort speichert, denn sie ist völlig unabhängig in diesen Situationen vom realen Verstand. Sie agiert völlig unabhängig und nimmt diese Begleitung mit auf unsere Ebene.

Und noch etwas, meine Freunde, Liebesdienste sind keine Belastungen, sondern die Freude des Beschenkten findet Widerhall in der Seele des Gebenden. **Wenn euer Nächster eure Liebe annimmt, dann wird sie Widerhall finden in eurer Seele.**

Es möge euch die besondere Erkenntnis leuchten, sie möge euch frei machen. Euch allen, die ihr uns Vertrauen entgegenbringt, gebe ich mit auf den Weg, daß euer Leben begleitet wird von der Liebe der Allmacht, die allumfassend das Universum umspannt.

Viele Geheimnisse, die euer Denken berühren, sind keine Geheimnisse. Die Antwort wird ein jeder finden, der sich nicht scheut, Fragen zu stellen. Derjenige, der eine Frage artikuliert, die aus tiefster Seele emporsteigt, wird eine Antwort erhalten. Euch sei gesagt, daß ihr **ausgesucht – nicht auserwählt – ausgesucht seid**, aus dem Potential dieser geistigen Verbindungen auf eurem Planeten, **Mittler** zu werden, **Mittler** zu sein.

Frage: Lieber Claudius, du hast uns schon oft gesagt, daß **Liebe** das wichtigste im Leben ist. Welche Definition würdest du uns für das Wort Liebe geben?

Claudius: Liebe, meine Freunde, ist das **Ausgefülltsein in sich selbst, sich bewußt machen, daß das Ziel eures Lebens einfach der Heimgang in diese unendliche, alles umfassende Liebe des Universums ist.**

Wenn ihr dies erkannt habt, dann, meine Freunde, werdet ihr den Duft der Blüten einatmen, ihr werdet im Säuseln des Windes die Energien der Allmacht wahrnehmen, ihr werdet jeden Blitz und Donner, die Gewalten der Natur in euch nachempfinden können, ihr werdet die Dunkelheit der Nacht lieben lernen und ihr werdet glücklich sein, dem neuen Morgen zu begegnen.

Seht, es wurden euch viele Geschenke mit auf euren Weg gegeben, doch so manchesmal überseht ihr sie. Hört die Musik, spürt die Ruhe, die davon ausgeht und von euch Besitz ergreift. Sphärenmusik solltet ihr sie nennen, denn sie wiegt euch in den Schlaf (Sandelan).

Frage: Lieber Claudius, wir bedauern sehr, daß wir vieles nicht verstehen können, oft die Zusammenhänge nicht erfassen.

Claudius: Seht, meine Freunde, ich könnte euch die Geheimnisse des gesamten Universums in einem Vortrag oder mehreren Vorträgen darlegen. Es ist nicht der Sinn der Transkommunikation, daß wir diese Informationen geben, denn sie würden euch nicht erreichen. Ihr würdet sie nicht verarbeiten können. Ihr würdet an dieser Information geistig zugrundegehen.

Der Mensch möge sich bewußt werden, welch außerordentliche Fähigkeiten in ihm stecken, daß er die Krone der Schöpfung ist. Unter diesem Aspekt betrachtet, erkennt er die Allgüte, die Allbarmherzigkeit und Liebe der Allmacht, des gesamten Universums, und dieses Bewußtsein kann nicht von heute auf morgen aufbrechen im Menschen. Es muß über verschiedene Inkarnationen hinweg wachsen und gedeihen, zur Blüte kommen, damit die Früchte sich bilden können.

Ernsthafte Bemühung geschieht erst dann, wenn die Anstöße sich verringern. Denn dann muß der menschliche Geist sich mit allem angesammelten Potential an Wissen, Erfahrung und Erfühlung auseinandersetzen. So manches, was heute noch im Schleier der Zukunft verborgen ist, wird auftauchen. Man wird begreifen und verstehen können, weil man frei geworden ist von dem materiellen Zwang menschlichen Seins.

Macht euch frei von dem Denken, daß diese eure kleine Welt die einzige sei, die Leben beherbergt, die Leben hervorbringt. Macht euch frei von dem Gedanken, daß es den Menschen überlassen bleibt, was sie aus dieser ihrer Welt machen. Ich sage euch, die Gnade der Allmacht ist unbeschreiblich groß. Und es wurden euch Mittel zur Hand gegeben, damit ihr frei werden könnt von allem Leid. Merket auf: Alle unsere Liebe begleitet euch. Wir segnen euer Sein, damit Nässe und Sturm euch nicht erreichen. Wir schicken euch die Sonne des Amun-Re, damit sie keimen lasse die Saat, die wir gepflanzt haben.

Frage: Lieber Claudius, wir hoffen, daß ihr uns begleitet und beschützt, denn wir wissen, daß Schweres auf uns zukommen kann.

Claudius: Ihr sollt wissen, daß ihr die Kraft besitzt, die kommenden Jahre zu durchleben, denn die Wahrheit ist in euch. Und ihr werdet erkennen, daß das, was auf euch zukommt, vorübergehen wird, Zeiterscheinungen sind, und als solche werdet ihr sie annehmen können ohne größere Belastungen. Denn ihr schaut über diese Situation hinweg und wißt ganz sicher, so hoffe ich, daß dies alles nur dazu dient, zu erkennen, wie wichtig es für euch ist, zu dieser Zeit geboren zu sein.

Frage: Kannst du als Jenseitswesen überhaupt noch verstehen, was »MENSCH-Sein« bedeutet?

Claudius: Ich fühle das Menschsein! Über euer Leben hinaus fühle ich das Menschsein, und ich weiß, wie viele Tränen diese Erde birgt – und ich weiß wieviel Leid sie birgt, wieviel Verzweiflung. Da ich euch liebe, möchte ich, daß ihr wißt, daß ihr nie mehr (betont gesprochen) so verzweifelt sein könnt, daß ihr euch selbst in Frage stellt. Und dies, meine Lieben, ist mehr als andere Menschen jemals erfahren dürfen. Kleinmütige, ihr erlebt die Gnade der Allmacht und verzweifelt fast beim geringsten Windhauch.

Frage: Können wir nicht mehr für die Menschheit tun?

Claudius: Du wirst nur durch dein Vorleben etwas verändern können. Du wirst nichts verändern, wenn du versuchst den Menschen zu zwingen, deine Überzeugung anzunehmen. Du wirst Widerstand, Zorn und Haß ernten – aber wenn ihr alle versucht, eurem Nächsten mit Verständnis und Liebe entgegenzugehen, so wird es abstrahlen und wird Früchte tragen. Eingebettet bist du in die Liebe der Allmacht. Nichts, was du je getan hast, war umsonst getan, und du mußt nicht verzweifeln, denn du trägst die Liebe in dir, die dich befähigt unsere Worte zu hören. Denke immer daran, wenigen ist diese Gnade je zuteil geworden. Nimm sie an, mein Herz, nimm sie an und dein Leben wird neu beginnen können. Ich kann dir versichern, daß wir der Schatten sind, der dich tragen wird, wenn du es zuläßt. Nichts, was je in eurem Leben geschehen ist, war umsonst. Ihr müßt es nur aufquellen lassen, hochkommen lassen, damit ihr eure Richtung erkennt, damit ihr seht, daß immer nur das eigene Bewußtsein weiterentwickelt werden kann, nicht das eures Nächsten beeinflußbar ist von euch, sondern daß jeder einzelne durch sein eigenes Bewußtsein sich weiterentwickelt.

Dies ist eigentlich das ganze Geheimnis. Ihr werdet sehen, daß ihr gut miteinander auskommt, wenn ihr dies so im Raum stehen laßt. Es ist mitunter schwer, ich weiß es, dieses neue Bewußtwerden Platz greifen zu lassen, weil man glaubt, die Umgebung müsse sich verändern. – Falsch, meine Freunde, völlig falsch. **Ihr selbst müßt euch verändern, dann seht ihr eure Umgebung anders.**

Frage: Lieber Claudius, wir möchten auch einmal sagen dürfen, daß wir dich/euch lieben. Für uns bist du so etwas wie ein Gott.

Claudius: Ich würde mich nie erdreisten, von mir zu behaupten, ich sei ein Gott, obwohl ich wesentlich mehr Wissen besitze, als jeder einzelne auf diesem Erdkreis. »Götter« ist ein rein menschlicher Ausdruck für Dinge, die er sonst nicht einordnen kann.

Ich möchte nicht mit Menschen arbeiten, die vor Ehrfurcht auf dem Boden liegen. Ich bin nichts anderes als eine Wesenheit, die eben auf einer anderen Ebene sich befindet, und die für sich selbst in Anspruch nimmt, den einzelnen so zu nehmen, wie er sich mir darbietet.

Ich sage euch, wir nehmen in Demut eure Liebe an. Wir nehmen in Demut an, daß ihr bereit seid, mit uns zu sprechen. Doch leitet von diesen Kontakten nicht ab, daß ihr auserwählt seid, denn dadurch würdet ihr überheblich auf euren Nächsten hinuntersehen.

Frage: Wir hoffen, daß uns noch viel Zeit bleibt für die Kontakte mit eurer Ebene. Aber den Begriff »Zeit« kennt ihr ja nicht – oder?

Claudius: Die Zeit ist begrenzt, und ihr, meine Freunde, lebt in dieser Zeit. Für uns spielt sie keine Rolle. Doch ich möchte, daß ihr euch dessen bewußt seid.

Im Dienste der Allmacht sollte jeder seine Möglichkeiten, die ihm zur Verfügung stehen, offenbaren **zum Dienst an der Allmacht – für die Allmacht.**

Die Zeit, meine Freunde, in der ihr lebt, dient euch, sie beherrscht euch nicht, sondern sie dient euch. Wenn ihr dies erkannt habt, dann werdet ihr lächeln. Lebt mit uns, meine Freunde, und werdet euch bewußt, daß Leben **immer IST**, auch wenn ihr das Schattendasein auf diesem Planeten durchleben müßt, so wird eines Tages die Seligkeit euch umfassen, und ihr werdet die gewaltige Liebe spüren, die euch leitet.

Ich möchte, daß ihr frei werdet im Geist, und wir wünschen uns, daß ihr annehmen könnt unser Sein.

Miriam: Du sagtest, **kostbar** wird die Zeit, die wir noch zusammen sein können, kostbar die Dialoge. Weißt du, welche schwarzen Gedanken du dadurch in mir hervorrufst?

Claudius: Meine Liebe, du weißt, daß irgendwann zu einer Zeit sich alles verändern wird. Du schiebst den Gedanken von dir. Ich weiß es. Doch lebe damit, meine Liebe, lebe damit, denn dadurch wirst du bewußter werden. Du wirst die Stunden des Glücks neu genießen können. Du wirst Gold in dir aufnehmen, meine Liebe.

Miriam: Du hast von neuen Energien gesprochen, die ihr künftig verwenden wollt. Sind diese Energien für uns schädlich?

Claudius: Die Energien, die wir aussenden, können bei euch Überbeanspruchungen hervorrufen, bei jedem einzelnen von euch, und ihr spürt es auch, wenn ihr auf euren Körper achtet.

Deshalb, meine Freunde, versucht, diese Energien zu erfühlen und sprecht darüber, wenn es euch belastet. Wir müssen dann neutralisieren. Je höher die Schwingung wird, um so wichtiger ist es, daß kleine Erholungspausen eingelegt werden, denn das, was wir euch in Zukunft vermitteln wollen, beansprucht euch ganz. Es ist nichts Beängstigendes, meine Lieben. Doch ich will euch auf die Reaktion eures Körpers etwas vorbereiten. Ihr werdet alle, die ihr hier im Kreise seid, in Zukunft des öfteren mit Dingen konfrontiert, die ihr früher übersehen hättet. Dadurch, daß die Sensibilisierung jedes einzelnen fortschreitet, wird er Wahrnehmungen machen und versuchen, diese Wahrnehmungen mit sich selbst, mit seinem eigenen Wissen, aufzulösen.

Frage: Ich bemühe mich sehr – und doch ist es für uns Menschen nicht ganz einfach.

Claudius: Schau, wichtig allein ist, daß deine Seele wächst –

und sie tut es, mehr als du jemals erwartet hast. Und es spielt auch keine Rolle, ob ihr die Zusammenhänge verstandesmäßig erfaßt – einzig und allein ist wichtig, daß ihr sie empfindet. Weißt du, was Verstand ist? Seht, es gibt Menschen, die jahrzehntelang studieren, die die höchsten Ämter einnehmen, wie zum Beispiel euer Papst – und die, trotzdem sie einen brillanten Verstand besitzen, sich selbst im Wege stehen. Ich lobe mir den, der die Wahrheit in sich fühlt und nicht mit dem Verstand versucht Gott, die Allmacht, zu begreifen, denn er wird sie niemals einordnen können, weil ihm auch keine Beweise zugeführt werden. Beweise werden immer wieder hinterfragt werden.

Frage: Ist der Beweis nicht eigentlich die Natur?

Claudius: Meine Liebe, du mußt sie erfühlen, die Natur, dann kannst du sie als Beweis annehmen.

Aber weißt du, es gibt Menschen, denen kannst du auch mit einfachen Worten nicht deine Überzeugung darlegen. Sie müssen sie einfach erfühlen.

Miriam: Ich bin am meisten mit diesen geistigen Dingen beschäftigt und stehe *Marc* am nächsten,* weshalb empfinde ich nicht diese starken Energien?

Claudius: Deine Frage ist berechtigt, meine Liebe, doch glaube mir, diese Arbeit, die du machst, ist nur möglich, weil dein Geist anders strukturiert ist.

Du, meine Liebe, hast die **Urenergie in dir, die dich befähigt,** diese Anspannung, die während der Einspielung vorhanden ist, nicht ohne die Ratio auf dich einwirken zu lassen. Dies ist sehr wichtig für unsere Kontakte. Du bist völlig abgeschirmt, damit es dir möglich ist, all diese Dinge zu Papier zu bringen.

Wir hätten den Kreis ohne dich nicht aufbauen können, denn du siehst, jeder einzelne im Kreis ist anders strukturiert, anders gelagert.

Die Ergänzung zu unserem Freund (Marc) ist, daß du

* Miriam ist Marc's Frau!

nicht vor Demut in der Erde versinkst und darüber hinaus vergißt, die Realitäten unseres Seins auseinanderzudividieren.

Frage: Bekommen Menschen, die sich mit Transkommunikation beschäftigen, nicht logischerweise einen ganz anderen Blickwinkel?

Claudius: Meine Liebe, du solltest der geistige Führer sein für alle, die sich mit Transkommunikation befassen, und du würdest bitter, bitter enttäuscht dich in deine kleine Burg zurückziehen, denn menschliches Denken kannst du nicht eliminieren, menschlichen Neid, menschliches Wollen, ist nicht von unserer Seite zu eliminieren, denn es ist Bestandteil des Menschen. Wir können uns bemühen, Überzeugung zu pflanzen – doch auch viele derer, die sich damit befassen, verlieren die Überzeugung, weil sie nicht glauben können.

Frage: Manchmal verliert man schon die Geduld, wenn die Menschen so borniert sind, und nichts, aber auch gar nichts gelten lassen wollen.

Claudius: Liebe Freunde, verzweifelt nicht und habt Geduld. Wir werden euch weiterführen, denn dazu haben wir diese Verbindung geschaffen für diesen Kreis. Wir nehmen euch bei der Hand, und fragt nicht: Warum. Wiederholt habe ich euch erklärt, wie und wann ihr Wissen weitergeben könnt.

Ich habe euch in der Vergangenheit mit Informationen versorgt, mit Stichpunkten versucht euch neugierig zu machen, doch ihr werdet sehen, daß diese einzelnen Mosaiksteinchen sich in das Bild einfügen werden, fast ohne Verbindungslinien, wie ein Puzzlespiel, doch hier könnt ihr die Verbindungslinien noch sehen.

Wenn ich diese Mosaiksteinchen zusammengeführt habe, dann paßt es sich nahtlos in das Bild des Menschen. Wir wollen den Menschen als komplexes Thema behandeln. Auch alles, was außerhalb dieses

Planeten ist, was in Wechselwirkung steht, werden wir zusammenführen. Doch es muß euch jetzt im Augenblick nicht interessieren, denn wenn ich mich auf euer Gespräch einlassen würde, würde ich nur Verwirrung stiften.

Deshalb, meine Freunde, habt Verständnis, wenn wir auf diese Art und Weise mit den einzelnen Bausteinchen, die ich verstreut euch dargeboten habe, nach und nach das Haus fertig bauen werden. Ihr seht das Gerüst – und jetzt, meine Freunde, ist die Bodenplatte geschaffen, auf der wir wie kleine Baumeister aufbauen können.

Frage: Ist das Fundament schon gelegt?

Claudius: So ist es, es muß nur noch austrocknen, meine Liebe, damit es nicht verläuft.

Laßt mich einen kurzen Abstecher machen zur Einspielung am Donnerstag. Hier, meine Freunde, ist etwas geschehen, das ich unter allen Umständen in den Griff bekommen mußte, um unseren Freund (Marc) nicht zu gefährden: **Die Energieströme haben sich überkreuzt – sowohl die euren, als auch die von W. und K., und auch die von H.**

Hier sind Spannungen entstanden, die drohten sich zu entladen und unseren Freund (Marc) zu gefährden. Verzeiht, wenn ich aus euren Emotionen die Kraft genommen habe, um so zu reagieren, wie es geschehen ist. Es mußte sein, und es war rätselhaft für euch.

Frage: Uns war es nicht bewußt, daß du Kraft von uns entnommen hast?

Claudius: Nun, mein Freund, das kann ich näher erklären: Seht, meine Freunde, wenn im Kreis der eine oder andere persönliche Emotionen in sich beherbergt und somit diese Emotionen mit einbringt in die Bündelung, dann werden sie von mir aufgenommen, und ich bilde den Resonanzboden, das heißt nichts anderes, als daß persönliche Emotionen, persönliche Gefühle, auf meine Energie ausstrahlen, also eine Einwirkung haben.

Frage: Also ist es nicht gut, wenn persönliche Schwierigkeiten bei Kreisteilnehmern auftreten?

Claudius: Nun, es wird nicht immer zu vermeiden sein. Ich versuche zu neutralisieren, wenn das eine oder andere Problem von der betreffenden Person nicht ausgesprochen wird. Wenn dieses Problem ihn zu sehr belastet, dann ist er nicht offen genug, um in sich selbst die Ruhe zu empfinden, die für die Einspielung erforderlich ist. Dann nehme ich diese Energie in mich auf, und es verändert die Stimmlage, es verändert das Aussprechen der einzelnen Worte. Ihr würdet sagen: **Claudius wird emotional, er wird menschlich.**

Frage: Wenn jemand an diesem Abend starke innere Emotionen hat, wäre es dann angebracht, daß er dem Kreis fernbleibt zum Schutz für Marc?

Claudius: Nun, zumindest ist es so, daß diese emotionalen Verwirrungen der Seele vorher aufgelöst werden sollten, damit die Einheit im Kreis erhalten bleibt. Aber meine Liebe, **kleine Gemütsbewegungen sind** dieser Gemeinschaft nicht abträglich.

Frage: Wenn wir Probleme haben und nicht damit fertig werden, sollen wir im Kreis darüber sprechen?

Claudius: Nur durch einen gegenseitigen Dialog, durch eine offene Aussprache können Probleme abgebaut werden. Und ich sage dir mit aller Deutlichkeit: Ich verzichte darauf, mit Menschen zu arbeiten, die vor Ehrfurcht auf dem Boden liegen und nicht wagen, mit mir zu sprechen. Ich bin nichts anderes, als eine Wesenheit, die auf einer anderen Ebene sich befindet, und die für sich selbst in Anspruch nimmt, jeden von euch so zu nehmen, wie er **ist**. Das habe ich euch bereits deutlich gesagt. Menschen, die nicht lernen, sich zu artikulieren, **ersticken an sich selbst.** Und es war von Anfang an mein Bemühen, jeden einzelnen dazu zu bringen.

In jedem von euch ist der Wunsch vorhanden mitzuhelfen, daß Beweise geschaffen werden, und es ist nur natürlich, daß wir im Dialog zueinander stehen.
Ich nehme die Schwingung jedes einzelnen von euch auf, und ich hoffe, daß jeder fühlt, wie sehr er geliebt und aufgefordert wird, diese Liebe umzusetzen. Der halbe Weg ist oft schon der ganze.
Seht, meine Freunde, ohne euch, ohne euren guten Willen, ist alles, was wir tun, umsonst. Ihr seht, wie eng verbunden wir miteinander sind, wie die Wechselwirkung beginnt, Früchte zu tragen. Und das allein kann euch zu dem Verständnis führen, daß Information Energie ist, die auf einen gewissen Resonanzboden trifft und die Resonanzen in euch tätig werden, euch, eure Seele, euer Menschsein weiterentwickeln, und ihr werdet eine Ahnung erhalten, meine Freunde, daß alles, was wir euch in der Vergangenheit mitgeteilt haben, über Informationsfelder, über das Universum, seinen Sinn erhält durch eure Nachfragen. Wir werden euch keine irdischen Schätze geben können – aber wir werden euch mehr geben können, als irdisches Denken aufwiegen kann. Wie ich schon sagte:
Ihr alle hier im Kreise werdet in Zukunft des öfteren mit Dingen konfrontiert, die ihr früher übersehen hättet. Dadurch, daß die Sensibilisierung jedes einzelnen fortschreitet, wird er Wahrnehmungen machen und versuchen, diese Wahrnehmungen mit sich selbst, mit seinem eigenen Wissen aufzulösen.
Es werden Personen an euch herantreten, ihr werdet mit Schicksalen konfrontiert. Auch dies ist in unserem Plan enthalten, denn nur an diesen Dingen kann eure Seele reifen. Was nutzt der schönste Vortrag, den ich halte, wenn ihr nicht selbst eure Augen öffnet und die Sprache umsetzen könnt in Empfindung. Aus diesem Grund auch die Begegnungen, die euch zu denken geben, meine Freunde.

Geht mit uns den Weg ins Licht, frei schwinge eure Seele im See der Ewigkeit.

Nichts – nichts was ihr tut
wird umsonst sein!

Hilde: Du sagtest einmal, daß noch nicht feststünde, ob ein weiteres Buch geschrieben werden kann. Hat das mit meiner Person etwas zu tun?

Claudius: Es hatte mit unserem Freund (Marc) zu tun. Siehe, er hatte Schwierigkeiten mit sich selbst, und wir sind der Überzeugung, daß wir diese Schwierigkeiten überwunden haben.

Der neue Weg, meine Freunde, ist beschritten. Ich bedanke mich bei allen Anwesenden, die mit uns jetzt diesen neuen Weg beschreiten. Denn seht, meine Freunde, er hat die Schwingung aufgenommen, die wir ausgesandt haben, und es wird möglich sein jetzt aufzulösen, denn wir wollen ihn einbinden in unser aller Sein im Kreis. (Marc hatte über Kassette mit Claudius gesprochen und seine Fragen gestellt.)

Dir, mein Freund, möchten wir heute abend die Augen öffnen, damit du über das 3. Auge die Geistkörper deiner Freunde erkennen kannst, daß du erkennen kannst die Trinität des Menschen und daß du dazu Erläuterungen geben kannst. Dies ist nötig, damit ihr seht, daß der Körper nur ein Behältnis ist, **Geist und Seele jedoch die Steuerungsfaktoren.**

(Marc hatte zuvor die Brille abgelegt, öffnete nun die Augen und sah W. an, der in gerader Linie ihm am Tisch gegenübersaß. Die Augen blickten mehr durch W. hindurch, sie schienen sehr dunkel.)

Du, mein Freund, trägst die Geistmaterie außerhalb deines Körpers. Sie wird wie ein Strahlenkranz deinen Körper umgeben. Es ist die Energie, die Urenergie, die die Verbindung schafft zwischen Geist und Seele. Sie strahlt um dich! Du bist Teil der Allmacht, du bist ein Lebewesen, du bist das Leben im Sinne eures Verstehens, mein Freund. (Danach schloß Marc die Augen wieder).

Ihr spürt es selbst, wir haben einen neuen Weg beschritten, der euch weiterführen soll, der euch öffnet, der es möglich macht, alles, was in der Vergangenheit euch zugeführt wurde, zu einem Ganzen zusammenzuführen. So manche Überraschung wird euch noch erwarten, so manches Rätsel wird noch gelöst werden.

Ihr spürt die Veränderungen, die in den Menschen vorgegangen sind, die diesem Kreis angehören. Alle diese Unterhaltungen, die zu diesen Protokollen geführt haben, werden die größte Bedeutung aber erst dann gewinnen, wenn die beteiligten Personen weise geworden sind, und **wenn unser Freund längst nicht mehr im menschlichen Körper gebunden ist.**

Es ist etwas Außergewöhnliches im menschlichen Leben. Alle Anstöße, die der Mensch im Laufe seines Lebens erhält, werden zunächst aufgenommen – doch die Wertstellung geschieht erst dann, wenn die Anstöße sich verringern. Denn dann muß der menschliche Geist sich mit allem angesammelten Potential an Wissen, Erfahrung und Erfühlung auseinandersetzen. So manches, was heute noch im Schleier der Zukunft verborgen ist, wird auftauchen. Man wird begreifen und verstehen können, weil man frei geworden ist von dem **materiellen Zwang menschlichen Seins.**

Frage: Gefühlsmäßig meine ich alles zu verstehen – doch Fragen auszudrücken, da habe ich so meine Schwierigkeiten.

Claudius: Meine geliebte, kleine E., siehe, nicht alle Fragen lassen sich in Worte fassen. Schau, Fragen, die du hast, in dir erfühlst, sind Bestandteil deiner Seele, und deine Seele sendet sie aus. Erfühlen, meine Liebe, wirst du die Antworten in dir, und du wirst wissen, daß sie für dich bestimmt sind.

Schau, der Kreis wurde so zusammengesetzt, daß Menschen hinzugeführt wurden, die mehr über den **Verstand** die Allmacht begreifen wollen. Dadurch bedingt ist es möglich, Fragen zu formulieren, die auch dich bewegen. Du mußt die Fragen nicht stellen – aber du erfühlst die Antworten. Und diese Antworten geben dir Sicherheit und Geborgenheit in diesem Kreis.

Frage: Lieber Claudius, du bist so einfühlsam und so verständnisvoll – so, als wärest du noch ein Mensch!

Claudius: Ich **fühle** das Menschsein! Über euer Leben hinaus fühle ich das Menschsein, und ich weiß, wie viele Tränen diese Erde birgt – und ich weiß wieviel Leid sie birgt, wieviel Verzweiflung. Da ich euch liebe, möchte ich, daß ihr wißt, daß ihr nie mehr (betont gesprochen) so verzweifelt sein könnt, daß ihr euch selbst infrage stellt. Und dies, meine Lieben ist mehr, als andere Menschen jemals erfahren dürfen.

Frage: Dienen die Claudius-Kassetten, die ich sorgfältig aufgehoben habe, auch einem anderen Personenkreis, oder nur mir allein?

Claudius: Nun, mein Freund, wenn sich die Möglichkeit ergibt, dann werden sie anderen Menschen auch Hilfe bieten. Schau, auch wenn deine Kinder heute unserer Verbindung mit gemischten Gefühlen entgegensehen, so werden sie zu einem späteren Zeitpunkt den Wert unserer Verbindung erkennen können.

Es ist ähnlich wie mit dem Geschäft, das du aufgebaut hast, um die Familie zu ernähren. Glaube mir, so manchesmal war es den Kindern lästig, mit diesem Geschäft konfrontiert zu sein, mit der Unruhe, die daraus entstanden ist, auch innerhalb der Familie. Doch heute sehen sie diese Situation von einem ganz anderen Standpunkt, weil sie älter geworden sind.

Und so ist es auch mit diesen geistigen Dingen. Es gehört eine gewisse Reife dazu. Beim einen kommt sie früher, beim anderen später, um akzeptieren zu können, daß Verbindungen zwischen den Welten bestehen. Es ist einfach eine Erfahrungssache, mein Freund.

Frage: Du sagtest, wir könnten dich nur noch **erahnen**, wenn du bereits in die Allmacht eingegangen sein wirst. Demnach gibt es einen Unterschied, ob ein Wesen im inneren Kreis ist oder bereits in die Allmacht eingegangen ist.

Claudius: So ist es, meine Liebe, es ist ein Unterschied. Ihr als Menschen seid körperlich eingebunden. Wenn ihr den Fluß überschritten habt, seid ihr Geistwesen. Ihr verbindet euch mit eurem geistigen Potential, mit all euren vorhergegangenen Inkarnationen. Dadurch werdet ihr mich erahnen.

Frage: Dann werden wir kommunizieren durch dieses »Erahnen«?

Claudius: So ist es, ihr werdet ein neues Bewußtsein haben.

Frage: Ich stelle mir das so vor, daß jeder, der eingegangen ist in die Liebe als »namenlos« zu bezeichnen ist?

Claudius: Mein Freund, du sprichst vom Namenlosen im **inneren Kreis.** Es ist nicht ganz richtig. Laß mich erklären:

Namenlos sind sie alle, aber nur solange sie nicht bei ihrem Namen gerufen werden. Siehe ich verweise auf das Erlebnis **»ICH BIN«.**

»Ich bin« ist das Bewußtsein meiner eigenen Liebe, meiner eigenen Identität.

Und wenn ihr ruft nach **Claudius**, dann **ist Claudius** gerufen. Dieser Name sendet eine gewisse Schwingung aus, die die Person **Claudius** anformt.

Frage: Bist du dann Claudius so wie in deiner letzten Inkarnation, oder Claudius mit allen vorhergegangenen Inkarnationen?

Claudius: Meine anderen Inkarnationen stehen mir ebenfalls zur Verfügung. Aber es ist der Stecknadelkopf im Heuhaufen. Steht dieser Kopf waagrecht vor deinen

Augen, dann siehst du nur den Kopf – die Spitze, mein Freund, erkennst du nicht.

Erklärung zum nachfolgenden Kapitel

Sowohl im 1. und 2. Band, wie auch im vorliegenden 3. Band ging ich bei der Niederschrift der einzelnen Kapitel sachlich vor, indem ich jeweils sofort mit unseren Fragen und den darauffolgenden Antworten von Claudius begann.
Daß aber bei jeder Sitzung eine Einleitung von Claudius gesprochen wurde, erklärte ich bereits deutlich im 1. Band auf Seite 41. Zur Erinnerung wiederhole ich diese einführenden Worte hier noch einmal:

> Clau – Clau – Claudius – Herodes Agrippa – Freund meines Lebens – ich grüße euch – und schließe den Kreis.

Dies war und blieb über die Jahre hinweg das Ritual, das uns die Gewißheit gab, daß es sich wirklich um Claudius handelt und daß uns der geschlossene Kreis vor negativen Einflüssen bewahrte. Im Medium Marc inkarnierte ein Geistfunken von Herodes Agrippa, einem sehr guten Freund von Claudius.
Was uns aber Claudius außerdem nach dieser üblichen Einleitung in seiner liebevollen, gütigen und verständnisvollen Art in blumenreicher, poesievoller Sprache sagte, wurde nie erwähnt. Ebenso blieb unberücksichtigt, mit welcher warmherzigen Art er sich jeweils von uns verabschiedete.
Alle diese Formulierungen sind zu schön, um sie einfach unter den Tisch fallen zu lassen. Ich meine, sie sollten den Lesern nicht vorenthalten werden. Deshalb hole ich dies hiermit nach und bringe Auszüge aus verschiedenen Begrüßungen und Verabschiedungen, welche ein ergänzendes Bild von Claudius vermitteln.
Bei den Dialogen ging es vor allem um Erkenntnisse, um Vermittlung von Wissen, bei den Begrüßungen und Verabschiedungen mehr um Gefühle.
Mit welch **großer Liebe** dies alles **gesprochen** wurde, läßt sich leider durch das **gedruckte Wort** nicht wiedergeben.

Begrüßungen – Verabschiedungen

Die Nächte werden kalt. Die Sonne, meine Freunde, kann den Tag nicht mehr erwärmen. Aber sie schickt euch ihre Energien durch den verhangenen Himmel, wie die Regentropfen über den Schnee hinweg. Erkennen sollt ihr, daß über den Wolken die Sonne immer noch vorhanden ist, die euch belebt, die euer Sein beglückt. Es werden Tage und Stunden sein der Ruhe, der Erholung und des Glücks, die auf euch warten. Es werden auch Stunden des Leides zu euch kommen und ihr werdet durch das Leid, das euch trifft, die Botschaft überdecken, die wir euch gegeben haben – doch nur überdecken. Sie wird neu aufbrechen, wenn das Leid überwunden ist, **wenn ihr erkennt, daß Leid euch dient.** Dann, meine Freunde, werdet ihr das Glück eures Seins neu begreifen. Im Wechselspiel mit der Natur wird in euch selbst neues Erkennen wachgerufen werden. Ruft uns, meine Freunde, wir hören euch.
Es möge euch immer bewußt sein, daß ihr in der Gnade der Allmacht euren Weg gegangen seid bis zu diesem Punkt. Es möge euch bewußt sein, daß all die Begegnungen in euch Veränderungen hervorgerufen haben, auch wenn mitunter der reale Verstand seinen Tribut fordert, so wird in euch doch diese neue Saat aufkeimen und Wurzeln schlagen, so daß der Regen nur noch eure Haut benetzt – und nicht mehr in euch eindringt.
Ich segne euer Sein, meine Freunde, und schließe den Kreis. Die Schatten der Nacht werden erlöschen. Die Sonne wird neu erstehen am Morgen, und neues Erkennen wird in euch Platz greifen. Das Glück des neuen Tages soll die Schatten der Nacht vertreiben.
A V E, meine Freunde, wir alle grüßen euch und sind Begleiter.
A V E und Shalom.
Freunde, seid erfüllt von der Liebe, die wir euch heute geben konnten.
Die Gnade der Allmacht möge euch frei werden lassen, damit eure Gedanken zur Sprache sich formen. Euch empfehle ich der unendlichen Liebe der Allmacht. Eure Seelen mögen sich verei-

nigen mit den Strömen des Geistes, damit ihr euch sonnen könnt im ewigen Sein. Wir lieben euch.
Ich liebe euch!
Die Gnade der Allmacht möge euch erleuchten, auf daß ihr das Wesentliche vom Unwesentlichen unterscheiden könnt.
Wir sind die Arme, die euch tragen durch das Meer der Dunkelheit zum neuen Licht.
Die Strahlen der Sonne sind am Horizont verschwunden und haben der Dunkelheit Platz gemacht. Tiefer Frieden erfülle euch, und das Glück des Tages halle in euch nach.

Wir entführen euch aus den Zwängen eurer menschlichen Vorstellung.
Alle unsere Liebe begleitet euch. Wir segnen euer Sein, damit Nässe und Sturm euch nicht erreichen. Wir schicken euch die Sonne des Amun-Re, damit sie keimen lasse die Saat, die wir gepflanzt haben.
Die Gnade der Allmacht hat euch zusammengeführt, und das Licht der Liebe brenne in euch, wie die Kerze auf dem Tisch. Der Duft der Rosen erfülle den Raum und lasse euch einswerden mit der Vollkommenheit der Natur.

Liebe strahle in euch und führe eure Seelen über Raum und Zeit. Euch, Freunde, entführe ich nun für eine geraume Zeit, und euer Geist möge emporschwingen zum Licht. Seht und erfühlt euren Ursprung in der Liebe der Allmacht, die es ermöglichte, daß ihr unter Millionen von Menschen zusammengefunden habt. – Geheimnis des Glaubens – erfühlt von jedem einzelnen von euch. Nur so ist das Wort eurer Bibel zu verstehen, daß der Mensch Augen hat zu sehen und Ohren zu hören, denn alles liegt begründet in der Seele eines jeden.
Wir wollen danken der Allmacht, die uns zusammengeführt hat, auf daß wir teilhaben an der Liebe des Einen, der seine Gnade ausgießt über alle. Nehmen wir in Demut diese Liebe an und tragen sie weiter in die Welt.

Ich führe euch in den Zauber der Nacht.

Schwingen mögen euch wachsen, und eure Seele möge sich ablösen für die Zeit dieses Abends. Fühlt den Schleier, den ich über euch lege, damit euer Bewußtsein in den Frieden der Allmacht eintaucht. Euch empfehle ich der Gnade dieser Stunde. Einheit des Geistes möge eure Sinne öffnen, um fruchtbare Diskussion zu entwickeln. Eure Seelen werden frei in der Dreieinigkeit von Körper, Seele und Geist. Euch allen, meine Freunde, sende ich unsere Zuneigung und Liebe. Sie begleite euch in das neue Licht und öffne euch für die Schönheit der erwachenden Natur.
Die Gnade der Allmacht bringe eure Zungen zum Reden, damit ihr frei werdet von der Belastung eurer Gedanken. Ein weiterer Schritt auf dem Weg, noch ein Stückchen mehr zum Bewußtsein.
Die unendliche Liebe, sie ströme durch euch und mache euch frei und erhebe euren Geist über den Alltag.
Wir lieben euch und ihr möget die Gnade erkennen, die wir euch zu geben bereit sind. Versinkt in den Traum der Nacht und laßt nachwirken die Liebe der Allmacht, die euch führen wird durch Raum und Zeit. Ich schließe den Kreis und streue Rosenblätter auf euren Weg.
Geht mit mir ein Stückchen zurück, liebe Freunde, ein kleines Stück, und versinkt in die Melodien, die euch umgeben. Hört, wie die Töne euch umschmeicheln, wie sie herauslocken euer wahres Sein, wie ihr Frieden empfindet in euch. Hört, wie eure Seele sich löst und dem Licht entgegenstrebt. Flammen der Liebe sollt ihr empfinden und die Gottheit in euch erahnen, die euer Sein jetzt erfüllt. Nichts, nichts, meine Freunde, ist wichtig, nur die Liebe, die in euch lodert und zur brennenden Fackel wird. Friede, Friede, und eure Liebe führt euch den Weg.
Schwingt, ihr Seelen im Taumel der Musik, die euch die Göttlichkeit näher bringt. Erhebt euch, ihr Seelen, steigt hoch zu uns, damit ihr teilnehmt am unendlichen Glück.
Der Friede möge eure Seelen erfüllen, den die Allmacht euch schenkt. Ich danke euch für eure Liebe, die ihr uns und den Freunden entgegenbringt, und ich sage euch, dieser Kreis ist frei von aller Eifersucht auf andere Kontaktstellen und ist deshalb so wertvoll für jeden einzelnen.

Ihr seid offenen Herzens, und die Einheit dieses Kreises gibt Energie, die gebraucht wird. Bittet – und es wird euch gewährt werden.
Einheit des Geistes und der Seele sind Voraussetzung für den Erfolg. Wer Augen hat, der sehe, wer Ohren hat, der höre. Dann wird er ahnen, wozu man gerufen wurde.
Nehmt auf die Liebe der Allmacht und fühlt ihre unendliche Gnade. Nebel ziehen über die Stadt und hüllen sie in Schweigsamkeit.
Nehmt diese Zeit zur Einkehr, und ihr werdet neue Kraft erhalten.
Es brenne die Liebe der Allmacht in euch und werde zur Lohe, die euch emporträgt zum Licht.
Begleitet werdet ihr auf dem Weg zum Licht.
Euch, meine Lieben, wollen wir einführen in das Mysterium. Euch wollen wir Begleiter sein, und die Liebe möge euch umhüllen wie einen schützenden Mantel.
Clau Clau Claudius – Herodes Agrippa, Freund meines Lebens. Ich schließe den Kreis. Eingebunden seid ihr, meine Freunde, in die Liebe der Allmacht. Unser Friede sei euer Friede.
Es mögen die Himmel rühmen des Göttlichen Ehre, denn wir sind heute zusammengekommen, um für dich, meine liebe **Hilde**, das Buch zu besprechen.
Seht, meine lieben Freunde, alles was ihr durchlebt, findet seinen Niederschlag bei uns, und nichts wird verloren gehen. Euer Leben ist nur ein Aufblitzen im Universum, ist aber trotz allem von großer Bedeutung für die Weiterentwicklung des Menschen, damit er zurückkehren kann in die Liebe und die Gnade der Allmacht.
Nichts was ihr tut, wird umsonst gewesen sein, und überall auf eurer Welt wird die Transkommunikation weitergeführt werden.
Euch, Freunde, entführe ich nun für eine geraume Zeit, und euer Geist möge emporschwingen zum Licht. Seht und erfühlt euren Ursprung in der Liebe der Allmacht, die unter Millionen von Menschen euch zusammenfinden ließ. Geheimnis des Glaubens – erfühlt von jedem einzelnen von euch. Nur so ist das Wort

eurer Bibel zu verstehen, daß der Mensch Augen hat zu sehen und Ohren zu hören, denn alles liegt begründet in der Seele eines jeden.
Liebe Freunde, seid gegrüßt, alles, alles, ist stetem Wandel unterworfen, und ihr alle seid ein Teil der Allmacht. Ihr alle seid ein Teil der ewigen Liebe. Laßt sie Platz greifen in euch und ihr werdet die Nichtigkeit des irdischen Lebens erkennen.
Die Freuden, die ihr kennengelernt habt, sind **nichts** im Vergleich zu dem, was euch hier erwartet.
Bindet euch nicht an irdische Dinge, sondern seht dahinter die wahren Werte des Menschen.
Kurz ist der Weg, den ihr gegangen seid, und unendlich ist die Liebe, in der ihr weiterlebt.
Clau Clau Claudius – Herodes Agrippa. Freund meines Lebens. Ich schließe den Kreis und binde euch ein in die Liebe der Allmacht. Nehmt die Stunden, die euch zufallen und erfühlt das Glück eures Seins.
Liebe Freunde, zusammengeführt, um aufzulösen die Fragen, die euer Leben bewegen. Seht Freunde, lindernd mögt ihr empfinden die Melodien des Universums. Sie mögen eure Seele streicheln, damit Friede einkehren kann in euch.
Wir danken euch für eure Gespräche, die geführt wurden. Der Gedankenaustausch, meine Freunde, ist wichtiger noch als die Gespräche mit uns, denn seht Freunde, Worte sind es, die wir euch zuflüstern. Wichtig für euch, daß ihr diese Worte in euch zum Leben erweckt, damit sie Widerhall finden in eurer Seele.
Viele Tage, viele Stunden, haben wir miteinander geplaudert. Viel Freude ist in euch eingekehrt, doch, meine Lieben, erst durch die Analysen, die ihr erstellt, könnt ihr den tieferen Sinn in euch erfahren.
Liebe Freunde, ich möchte eure Ohren öffnen, damit ihr hören könnt die Schwingung dieser Musik. Sie möge euch wegtragen aus eurem Dasein und möge euch den Himmel erschließen. Ihr sollt euch darin baden, in den Tönen, und ihr werdet frei in der Ewigkeit schwingen. Nicht jeder wird begnadet sein zu hören, nicht jeder wird begnadet sein das Instrument zu spielen, doch jedem Menschen kann der Klang der Töne Frieden bringen. Es

ist schön in diesem Kreis, diese Stunden. Die unendliche Allmacht segne euch, die unendliche Allmacht mache euch frei, und die Liebe verbinde euren Kreis.
Weine, mein Freund, solange du noch Tränen hast, weine mein Freund vor Freude, damit deine Seele rein gewaschen wird vom Staub der Zeit. Euch alle tragen wir hinweg über Raum und Zeit. Euch, liebe Freunde, gilt unser Gruß, die ihr Stunden der Harmonie verleben durftet. Wir tragen euch in die Tage der nächsten Woche und ihr werdet empfinden, daß wir euch begleiten.
Die Gnade der Allmacht öffne eure Seelen, damit sie frei schwingen zwischen Raum und Zeit.
Euch, meine Freunde, begleite ich in eure Träume und lasse euch versinken in das Meer der Glückseligkeit. Ich schließe den Kreis und **verneige mich vor der Gnade der Allmacht, die uns zusammenführte.**
Auch wenn wieder Regen die Natur einschließt, so wird doch immer wieder die Sonne hervorbrechen. So sollte sich euer Leben vollenden im Wechsel der Zeiten. Seht, ihr solltet nicht traurig sein, sondern mit Freude den neuen Tag beginnen, der euch näher dem Ziel eures Lebens bringt. Ich schicke euch in den Frieden der Nacht.
Meine Freunde, die Nacht ist angebrochen. Am Horizont wird die Sonne wiederkommen, die euch heute begleitet hat. Seht Freunde, auch wenn Regen euch durchnäßt, so ist doch die Gnade der Allmacht in ihm verborgen, denn er spendet euch Wasser des Lebens. Ich schließe den Kreis und führe euch durch die Dunkelheit eures Seins. Euch, meine Freunde, führe ich heute über die Fragen hinweg zum besseren Verstehen meiner Botschaften und damit zum Erkennen.
Ich schließe den Kreis und entführe euch in die Kühle der Nacht, die duftgeschwängert ist von der trunkenen Natur. Atmet, atmet, und tiefe Freude werdet ihr empfinden.
Ich schließe den Kreis und lege über euch den Mantel der Liebe, die allumfassend euer Sein begleitet.
Wir grüßen euch.
Die Sonne ist am Horizont verschwunden, und doch ist sie wieder emporgestiegen auf der anderen Seite eurer Welt. Nehmt

dies mit in die Nacht, und die Erkenntnis, daß nichts endgültig ist, sondern nur dem Wandel unterliegt.
Der Segen der Allmacht begleite diese Stunden und hülle euch ein in den Mantel der Liebe.
Meine Freunde, langsam wächst die Brücke über den Fluß. Pfeiler werden in den Grund eingelassen, die die Konstruktion tragen und das Bauwerk erstehen lassen.
Dieser Vergleich ist Grundbestandteil alles menschlichen Seins. Vielleicht gelingt es mir, diese Pfeiler zu bauen, **damit ihr trokkenen Fußes den Fluß überqueren könnt.**
Euer Geist sollte diese Liebe aufnehmen, damit euch Flügel wachsen, die euch hinwegtragen aus eurer – ach so realen Denkungsweise.
Ich liebe euch!
Ich durfte euch heute entführen in die Liebe der Allmacht. Sie möge euch begleiten und eure Mühsal erleichtern, damit eure Seele frei schwingt in Raum und Zeit. Erahnen möget ihr das Wesen unseres Seins, und ihr werdet das Mysterium neu erfahren.
Wir lieben euch.
Ruhe, tiefe Ruhe lasse euch frei werden von allen Sorgen, die nichts anderes sind, als die **Steine auf eurem Weg zu uns.** Hebt die Füße und steigt darüber hinweg, **denn am Ende des Weges ist die Straße gekehrt.**
Der Schein der Kerzen möge ein Licht in euch entzünden, damit euch die Freude erhalten bleibt.
Alle werden wir euch begleiten, hinaus in die Nacht, damit ihr den Weg nach Hause findet. Wir segnen euch und wiegen euch in den Schlaf.
Ich bin der Schatten, der euch trägt und emporhält über die Wogen des Meeres, die über euch zusammenschlagen wollen und drohen euch hinunterzuziehen. Neu entstehe das Licht. Der Schein der Kerze erlischt, doch eingebrannt in euch ist das Feuer der Liebe. Nehmt es mit nach Hause in euer Leben. – Euch empfehle ich der unendlichen Liebe der Allmacht. Eure Seelen mögen sich vereinigen mit den Strömen des Geistes, damit ihr euch sonnen könnt im ewigen Sein. Wir lieben euch.

Ich binde euch ein in die Liebe der Allmacht und führe euch durch die Nacht. Leuchten möge euch das Licht der Ewigkeit, damit euer Geist sich frei emporschwinge zur Wahrheit unseres Seins.
Wir sind bei euch im Dunkel der Nacht, die euren Geist umschattet, und wir führen euch durch das Labyrinth.
Ich lege den Schleier der Liebe über eure Seelen. Segen der Liebe umfange euch und führe euch ins Licht.
Es atmet die Natur, sie beginnt zu leben. Fühlt, wie das Leben erwacht, und freut euch am Keimen der neuen Saat. Ich entlasse euch in die Liebe der Schöpfung. Die Melodie möge euch in den Schlaf begleiten, die Heli meinem Freund heute geschenkt hat.
Die Gnade der Allmacht hat diese Stunden gewährt, euch zum Nutzen gegeben, damit ihr erkennen sollt, die immerwährende Liebe, die euch begleitet auf eurem Lebensweg. Nehmt an diese Liebe, damit der Gottesfunken in euch ausstrahlt auf euer Leben und euch hinausträgt aus dem Alltag eures Seins.
In euch möge die Liebe Platz finden, die die Allmacht euch mit auf den Weg gegeben hat. Seht die Spuren im Sand, die auf eurem Weg, den ihr gegangen seid, erhalten geblieben sind, und seht das Licht, das euch in der Ferne leuchtet.
Geliebte Freunde, geliebte Brüder und Schwestern im Geist – das Feuer der Liebe möge euch entflammen, damit ihr euch bewußt werdet, welche Gnade die Allmacht euch gewährt. Nicht das Zeichen des Kreuzes werde ich euch auf die Schultern heften, sondern die Rose euch in die Hand geben, damit ihr Duft hinausgetragen werden kann – der Duft der Liebe. Ich segne euch, und ich gebe euch Kraft auf eurem Weg. Die Gnade der Allmacht möge euch begleiten, bis ihr den Fluß überschreitet zu unserer Ebene, und hier werden wir euch erwarten, und wir werden euch aufnehmen in den **Kreis der Wissenden.**
Euch, meine Freunde, sind wir Begleiter, und wir werden wiederkommen, wenn ihr uns ruft, denn eng verwoben sind die Schicksalsfäden zu unserer Ebene und zu eurer Ebene. Seid gewiß, daß nichts geschehen wird, was nicht geschehen soll. Alles ist der Wechselwirkung unterworfen. Die Polaritäten wurden geschaffen, damit Wechselwirkung überhaupt eintreten kann.
Ich binde euch ein in die Liebe der Allmacht. Begleiten werden

wir euch in die Liebe der Allmacht. Begleiten werden wir euch durch die Zeiten. Helfende Hände strecken wir euch entgegen, um euren Geist aufzunehmen für Stunden in unser Sein.
Der Tag neigt sich dem Ende zu, seht wie alles ineinanderfließt und trotzdem ist zwischen dem Tag und der Nacht kein scharfer Trennungsstrich zu sehen. Es gleitet ineinander über wie euer Sein in unser Sein, wie das Leben des Menschen übergleitet in das Leben der Seele, des Geistes. Nahtlos und unbemerkt kommt der Tag und kommt die Nacht. Freut euch mit uns, daß ihr dies erleben könnt. Ich segne euch und binde euch ein in unser Sein.
Ich gebe euch neue Hoffnung mit auf den Weg.
Seid entlassen in den Frieden der Nacht. Ruht aus und gebt euch in die Liebe der Musik.
Tiefer Frieden erfülle euch.
Auch der schönste Tag geht einmal zu Ende – aber die Nacht ist niemals so dunkel, daß nicht irgendwo am Firmament ein Stern leuchtet. **Und immer wieder geht die Sonne auf!** Ihr müßt nur die Augen öffnen, um sie zu sehen und ihr müßt sie nur fühlen, die wärmenden Strahlen dieses Sternes.
Ich gebe euch mit auf den Weg: Wenn ihr an der Schwelle des Übergangs steht, werden wir euch hier erwarten, keine Angst wird euren Übertritt verdunkeln, ihr werdet gleiten und werdet erkennen die strahlende Sonne

Amun-Re's.

Nun, meine Freunde, es soll unser Dank sein für das, was ihr zu überwinden habt. Ihr habt zu überwinden althergebrachte Vorstellungen und trotzdem nicht zu verurteilen, was euch einst gelehrt wurde, denn alles, was euch gelehrt wurde, beinhaltet letztendlich die Liebe, auch wenn es nicht deutlich genug ausgesprochen wurde, auch wenn in der Vergangenheit Fehler gemacht wurden, die sich in der Zukunft wiederholen werden – so wißt ihr in euch selbst die Wahrheit. Ihr findet sie überall. Ich schließe nun den Kreis. Wir begleiten euch nach Hause. A V E, meine Freunde, A V E.
Geliebte Freunde, alle, die hier bei mir sind, bedanken sich für diesen Abend. Auch wenn es euch manchmal dünkt, daß ich

falsch reagiere, so hat doch derjenige, für den meine Antwort gedacht ist, seine Antwort erhalten. Er wird darüber nicht sprechen, weil er sich selbst bloßstellen würde. Doch ich antworte in einer Sprache, die er versteht.
Geliebte Freunde, die Gnade der Allmacht ist bei euch, erkennt sie, erfühlt unsere Liebe und seht, das Licht am Ende eures Weges ist immer noch da. Es wird nie verlöschen. Ich schließe den Kreis, meine Freunde, und bin glücklich, bei euch sein zu dürfen.
Der Segen der Allmacht sei mit euch und führe euch in den Weg zum Licht.
A V E, meine Freunde, A V E und Shalom.
Friede dem Kreis, Friede der Welt. Neige dich zu ihnen, Sonne der Liebe, und schließe sie ein in deine wärmenden Strahlen.
Friede, meine Lieben, schicke ich euch.
Ich erbitte Weihnachtsfrieden für euch. Der Himmel möge sich für euch öffnen, damit eure Seelen sich emproschwingen zum Licht der Gnade.
Wir segnen euch und geleiten euch in die Dämmerung des heraufziehenden neuen Jahres. Die Glocken der Neujahrsnacht mögen das Neuerwachen des Bewußtseins einläuten.
Die unendliche Güte der Allmacht ist bei euch und begleitet euren Weg.
So wie die Sonne am Morgen über dem Horizont eurer Welt aufsteigt, so möge sich euer Geist erneuern, auf daß ihr die ewige Gnade der Allmacht erkennt, die euch zu dieser Zeit zuteil wird.
Denkt darüber nach, welche Macht, ja welche ungeheure Liebe euch begleitet. Spürt den Hauch Gottes in euch, und ihr werdet euer Leben ohne Angst beschließen und neu beginnen. Mit Freude neu beginnen, wie Peter, unser Freund, Peter Härting, der bewußt zu uns herüberkam. Alle Weisheit eurer Welt ist nichts, wenn ihr die Liebe nicht in euch tragt. Bestandteil, Grundbestandteil des Lebens überhaupt. Beispiele für die unendliche Gnade der Allmacht durfte ich euch geben, und ihr werdet Entwicklungen wahrnehmen, die euch wie ein Wunder durchdringen, für euch alle und alle um euch.

Von Liebe getragen sei euer Sein, und Ehrfurcht vor der Schöpfung bestimme euren Weg. Ihr seid die einzigen Wesen unter der Sonne, die mit bewußtem Sein ausgestattet wurden, und ihr solltet daraus erkennen, wie sehr ihr geliebt werdet.
In der Natur leben – mit ihr leben, durch sie leben – dies ist Gnade in Fülle.
So soll es sein für alle, deren Ohren offen sind zu hören, damit das Wort eindringen kann in ihre Seelen, dann wird das Wort nicht verloren sein – denn am Anfang war das Wort – und das Wort hat euch begleitet bis hierher.
Über Äonen von Jahren hinaus wurdet ihr getragen, wurdet ihr geführt durch das Wort, das so manchesmal an euch vorbeirauschte, weil ihr es nicht erkennen konntet, weil ihr es nicht deuten konntet, weil die Wirklicheit eures Lebens euch die Ohren verschlossen hat, so, wie es heute bei vielen Menschen noch immer der Fall ist.
Ich schließe den Kreis – *AVE* – meine Freunde, *AVE*.
Seht, die Natur begibt sich zur Ruhe. Sie schickt sich an, das Kleid abzulegen, um irgendwann wieder aufzublühen im neuen Morgen. Seht, daß sich jetzt schon die Vorbereitungen ergeben für den neuen Morgen, für das neue Licht.
So, wie die Natur sich verändert, im Wechsel steht, so steht ihr im Wechsel.
In allem könnt ihr diesen Wechsel erkennen: in der Begegnung mit uns, in der Begegnung mit Freunden, in der Begegnung mit der Natur.
Ich schließe den Kreis, die Musik möge euch einhüllen in erquikkenden Schlaf, denn morgen, meine Freunde, ist ein neuer Tag.
Wir segnen euch und danken euch, daß ihr uns zugehört habt.
AVE – meine Freunde – *AVE* und Shalom.

Liebe Freunde!
Vielen Menschen wird der Ansatzpunkt des geistigen Weges geboten, doch sie weigern sich, ihn zu gehen, weil sie Angst haben vor dem Mysterium des Todes, das sie ein Leben lang begleitet und das sie nie erfassen können, weil sie sich nicht die Mühe machen, sich darüber im klaren zu sein, daß sie geboren werden

– und immer wieder neu geboren werden, daß es das Sterben nur im menschlichen Vokabular gibt.
Meine Lieben, Frieden zu finden auf eurer Welt ist sehr, sehr schwer. Heimat zu finden auf eurer Welt, ist fast unmöglich.
Glaubt mir, vieles in der Vergangenheit was euch begegnet ist, wäre in dieser Form von euch nicht zu bewältigen gewesen, ohne die Hilfe der Allmacht. Euer Leben, euer Sein **ist nun mal der neue Weg.** Ihr habt ihn gesucht, ihr habt ihn gefunden – und an euch liegt es, ob ihr diesen Weg weitergehen wollt. Wenn ihr es tut, meine Freunde, werdet ihr nicht umsonst diesen Weg gegangen sein.
Nehmt den Segen mit in eure Welt. Nehmt die Liebe mit in eure Welt, die wir euch schicken. Wir alle segnen euer Sein und bedanken uns für eure Liebe, für euer Vertrauen und bitten euch, wenn ihr die Nacht zum neuen Jahr überschreitet daran zu denken, daß ihr eines Tages so den Fluß überschreiten werdet in ein neues glückliches Leben.
AVE – meine Lieben – *AVE*

Vorbemerkungen zum Kapitel »Claudius im Kreuzfeuer von Fragen«

Claudius hat uns zwar stets aufgefordert, uns zu artikulieren, nachzufragen, wenn wir seine Aussagen nicht verstanden hatten. Aber während der Sitzungen war uns dies meist gar nicht möglich, weil wir über das Gesagte, das mitunter auf Anhieb nicht verständlich war, erst einmal nachdenken, es »verdauen« mußten. So summierten sich allmählich Fragen über Fragen der verschiedensten Art.

Der Kreis wurde erweitert, die Bewußtseinsstufe der einzelnen Personen war unterschiedlich, es galt Rücksicht zu nehmen und Nachsicht zu üben. Die Neulinge hatten vordringliche Probleme, und so blieb vieles unausgesprochen, mußte zurückgestellt werden. Hinzu kamen die Fragen aus dem Leserkreis, brieflich oder telefonisch, die aber nicht von mir, sondern nur von Claudius beantwortet werden konnten.

Die meisten Fragen aus dem Leserkreis bezogen sich auf 4 Themen:

1. auf »Genforschung und Genmanipulation«, da anscheinend viele Menschen aufgrund der durch die Medien bekanntgewordenen neuen Forschungsversuche auf diesem Gebiet sehr beunruhigt sind.
2. auf die »Parallelwelt«, da wahrscheinlich für manche Menschen der Begriff nicht akzeptabel ist;
3. »Entstehung von Materie«, da dieses Thema sicher sehr schwer verständlich ist, und außerdem
4. »Inkarnation für Tiere«, was beweist, daß das Weiterleben der Tiere den Menschen doch sehr am Herzen liegt.

Claudius ging auf diese Fragen mit der uns bekannten Geduld und Ausführlichkeit ein, obwohl die Themen bereits schon in früheren Kapiteln behandelt wurden. Die Vielfalt der Fragen und Antworten ließ sich thematisch nicht in Kapitel aufteilen, trotz ihres Umfangs konnte ich damit keine neuen, beziehungsweise Fortsetzungskapitel formulieren. Deshalb hielt ich es für

das beste, das Sammelsurium der Dialoge in zwangloser Reihenfolge zusammenzufassen. Vielleicht bietet gerade dieser Facettenreichtum eine besonders interessante Abwechslung.
Ich hoffe, daß Sie, lieber Leser, die Antwort auf Ihre spezielle Frage finden und darüber hinaus so mancher, der eine Frage nur gedacht, aber nicht ausgesprochen hat, durch dieses Kapitel ebenfalls zufriedengestellt wird.

Claudius im Kreuzfeuer von Fragen

Frage: Sind wir durch unsere Einstellung und durch unser Wirken an diesem Umdenken in Teilen des katholischen Klerus in irgendeiner Weise beteiligt? Ich denke an den Fall **Drewermann.**

Claudius: Sicher mein Freund, denn derjenige, der die Wahrheit in sich fühlt, sendet Energien aus – und wie ich früher bereits erwähnt habe – verändert sich euer Umfeld durch die andere Denkungsweise. Ihr sendet Energien aus, die diesen Prozeß unterstützen.

Frage: Ich habe ähnliche Gedanken wie **Drewermann**, wenn es um Aussagen in der Bibel geht, und komme auch zu den gleichen Schußfolgerungen. Schöpfen wir hier aus derselben Quelle?

Claudius: Natürlich, wobei – und das möchte ich betonen, die Ergebnisse durchaus unterschiedlich sein können.

Frage: Du sagst, der Geistkörper ist das Empfindungszentrum. Wie kommt es dann, daß bei Geistheilungen, bei geistigen Operationen der Patient überhaupt keine Schmerzen empfindet?

Claudius: Nun, meine Liebe, wenn diese sogenannten Geistheilungen praktiziert werden, dann wird das kranke Organ nicht behandelt, sondern die Molekularstruktur, die Energie, die ausgesendet wird.
Wir versuchen, neue Informationen durch die Molekularstruktur einfließen zu lassen, durch elektrische Energie, wenn du so willst. Nehmt bitte keinen Anstoß an diesem Ausdruck – ich möchte es euch nur verständlich machen.

Frage: Der »Konstruktivismus« behauptet, daß es keine objektive Realität bei uns gibt. Kann es sein, daß wir hier in unserer Realität mit deiner Hilfe in deiner Realität zusammen eine Wahrscheinlichkeit konstruieren, die als eine latente Wahrscheinlichkeit dann für uns Realität wird?

Claudius: Nun, mein Freund, du drückst dich etwas kompliziert aus. Laß mich dir die Antwort geben. Wenn eure Realität, hör gut zu, wenn eure Realität sich mit unserer Realität vereint, dann, mein Freund, bleiben keine Fragen mehr offen.

Frage: Ist der Konstruktivismus grundsätzlich richtig?

Claudius: Grundsätzlich ja, doch bezogen immer wieder auf das einzelne Bewußtsein, denn es gibt kein Massenbewußtsein.

Frage: Steht dann jeder für sich allein in seiner Realität, die er sich selbst geschaffen hat?

Claudius: So ist es. Ein jeder lebt für sich allein, ein jeder stirbt für sich allein.

Frage: In eurer Ebene ist Zeit und Raum nicht vorhanden, nicht in der Zersplitterung dieses Begriffes, der dahintersteht. Es ist sehr schwierig, das zu verstehen.

Claudius: Nun, mein Freund, du siehst an der Bezeichnung: Raum und Zeit, Raumzeit, schon den kleinen Unterschied. Hier bei uns gibt es dies nicht, weil alles dem Wechsel des Ein- und Ausatmens unterliegt. Raum und Zeit, hier seid **ihr** eingebunden, und **bewußt** eingebunden, denn euer Leben wird bestimmt von zeit- und räumlichem Denken. Ihr könntet als Menschen nicht anders leben.

Doch wenn ihr die Energien beobachtet, die um euch fließen, die immerwährend vorhanden sind – Tag und Nacht – und Nacht und Tag sich abwechseln, wenn ihr euch die Mühe macht, dann könnt ihr die Zeitlosigkeit des Geschehens nachempfinden. Nur euer Planet, meine Freunde, ist dem zeitlichen Ablauf unterworfen, so wie euer Leben einem zeitlichen Ablauf unterworfen ist.

Genügt dir diese Antwort?

Frage: Ich hatte heute eine kurze Ahnung davon, wie es in einem zeitlosen, raumlosen Raum sein könnte. Komme ich mit dieser Vision in etwa in diese Richtung?

Claudius: Nun, mein Freund, ein Beispiel für alle. Wenn ihr in den Schlaf fallt, dann fallt ihr in die Zeitlosigkeit. **Dieser Augenblick ist zeitlos.**
So solltet ihr es sehen, wenn eure Seele frei wird von der Last des Körpers. Hier beginnt die Zeitlosigkeit. Begreifen, verstehen, werdet ihr es nicht können – als Menschen.

Frage: Vielleicht kannst du ein paar klärende Worte sagen zu der Diskussion über Heilenergien. Gibt es weniger positive und mehr positive Heilenergien?

Claudius: Nein, mein Freund, es gibt nicht mehr und nicht weniger sondern es kommt auf die Person an, die Heilenergien aussendet. Es kommt immer auf denjenigen an, der Heilungen ausführt; auf die Demut des Heilers, inwieweit er seine Hände zu segnenden Händen werden lassen kann.

Frage: Habe ich richtig verstanden, daß Suizid nichts ist, was gegen die Seele wirkt, etwas, was nicht verdammt wird?

Claudius: Nun, meine Liebe, Suizid ist einfach das Zurückgehen in die Liebe. Seht, meine Freunde, wenn ein Mensch der Verzweiflung anheimfällt, wenn ein Mensch seinen Weg nicht mehr erkennen kann und er den Körper zurückgibt, dann hat er zwar sein irdisches Leben verkürzt, doch auch dies ist eine Erfahrung, die die Seele machen wollte. So unverständlich es in euren Ohren klingen mag, so ist es doch eine Erfahrung, die diese Seele mit über den Fluß nimmt und dann erkennt, warum sie gescheitert ist.
Verzeihende Gnade wird Begleiter sein für den, der dann erkennt, daß er eigentlich den Erfahrungsprozeß aus eigenem Wunsch heraus abgebrochen hat. Doch verzeihende Gnade bedeutet auch, daß dieser Seele die Möglichkeit gegeben wird zu erkennen, wie der Weg hätte weiterlaufen sollen.
Es gibt verschiedene Arten des Suizids:

Es git einmal die Veränderung der körpereigenen Molekularstrukturen durch Krankheit.
Zum zweiten gibt es die Vereinsamung der Seele, die keinen Weg mehr sieht.
Zum dritten gibt es die Verzweiflung, nirgendwo einen Ausweg zu finden aus bestimmten Notlagen.
All diese Aspekte – es gibt noch einige mehr – führen dazu, daß ein Mensch sein Leben frühzeitig beendet.
Es gibt keine allgemeingültige Regel, wie sie eure Kirche aufstellt, die **alles verurteilt** und nicht mehr die Liebe predigt, sondern den Körper vor dem Friedhof verscharrt. Geweihte Erde, meine Freunde, ist überall, und es hängt nicht davon ab, ob die Seele befreit wird oder nicht.

Frage: Bei den meisten Menschen ist **Geld** das wichtigste. Wie sollen wir damit umgehen?

Claudius: Weißt du, solange der Mensch erkennt, daß das Geld nur Mittel zum Zweck ist, solange wird Geld keine Macht über ihn erhalten. In dem Augenblick, wo man jedoch als Mensch dem Geld verfällt, wird man zum Sklaven, und damit beginnt die Vernichtung der eigenen Persönlichkeit, weil die Macht, die das Geld ausübt, den Menschen total verändert.
Die Größe des Menschen zeigt sich nicht in der Größe seines Besitzes, sondern in der Größe seiner Handlungen, und wer die Liebe in sich trägt, für den wird all dies eine Selbstverständlichkeit sein.

Frage: Ich habe morgen einen Termin bei Herrn **Hanussen.** Kann dieser Besuch schädlich sein?

Claudius: Nein, schädlich ist er nicht.

Frage: Also lohnt es sich, es zu probieren? Aber es wird nicht helfen, das sehe ich deinem Gesicht an (nachsichtiges Lächeln), aber dann haben diese Menschen wenigstens eine Erkenntnis gesammelt.

Claudius: So ist es, meine Liebe. Die Erkenntnis ist wichtig.

Frage: Darf ich fragen, ob uns Stolz erlaubt ist? Was meinst du dazu?

Claudius: **Demütiger** Stolz . . .

Frage: . . . auf eine Leistung? auf ein Geschehen? worauf?

Claudius: Mein Freund, es ist eine Gefühlsregung wie jede andere. Wie das Gefühl der Liebe. Stolz hilft dir, dein Leben zu leben.

Frage: Meinst du nicht vielleicht eher »Selbstachtung« anstelle des Wortes »Stolz«? Ist Selbstachtung nicht auch Stolz?

Claudius: Meine Liebe, wenn du dich selbst nicht achtest, wie könntest du das Göttliche in dir achten?

Frage: Ich bin stolz auf meine Familie, aber ich weiß auch, daß mir das Schicksal viele gute Chancen geboten hat, sie mir also geschenkt wurden (**Claudius:** So ist es), und dies geschah unbeeinflußt durch mich. (**Claudius:** So ist es.) Und trotzdem bin ich stolz auf meine Familie, denn ich habe guten Gewissens das getan, von dem ich dachte, daß es richtig sei, wie man das menschlich ausdrückt.

Claudius: Stolz und Liebe geben einander die Hand, wenn sie richtig verstanden werden.
Wenn du den Stolz hinausträgst in die Welt, dann ist es falsch. **Wenn du den Stolz in dir erfühlst, dann nutzt es dir selbst, demütig zu werden.**

Frage: Ist Demut das Gegenteil von Stolz?

Claudius: So kannst du Demut definieren. Aber – Demut ist nicht zu erlernen. Demut steigt auf und trägt die Seele empor. Demut hat nichts damit zu tun, ein persönliches EGO zu stärken. Demut ist einfach die Erkenntnis, einen bestimmten Weg gehen zu wollen, um das Licht am Ende der Straße nicht aus den Augen zu verlieren.

Frage: Was kannst du uns zur Bahaï-Religion sagen?

Claudius: Mein Freund, sie stammt aus der Ur-Religion des Menschen – ein Abglanz. Doch, wie auch bei vielen anderen Religionen, mit Dogmen belastet. Der Kern ist die Liebe, und derjenige, der sie erfühlt, wird die Zwänge vergessen und sich frei entfalten.

Frage: Du sagtest einmal, wir müßten mehr vom Materiellen wegkommen und uns mehr dem geistigen Denken öffnen. Das ist schwierig.

Claudius: Damit, mein Freund, meinte ich folgendes:
Ihr sollt nicht die Errungenschaften eures materiellen Lebens aufgeben, sondern ihr sollt versuchen in dieser materiellen Welt **das eine mit dem anderen zu verbinden.**

Frage: Kann man mit Hypnose einen Menschen verändern?

Claudius: Nun, man kann mit Hypnose sehr vieles bewirken, man kann Schmerzen nehmen, man kann Bewußtsein verändern, man kann den Geist, die Seele vom Verstand trennen. Das Feld in der Hypnose ist ein weites, so, wie das Feld der Meditation ein weites ist.

Frage: Es wird so oft von Zufriedenheit gesprochen. Nun – was ist Zufriedenheit genau genommen?

Claudius: Den Frieden in sich selbst finden ist ZUFRIEDENHEIT. Wenn es euch möglich ist, in allem, was euch begegnet, in allem, was geschieht, die Gnade der Allmacht zu erkennen, dann, meine Freunde, werdet ihr zufrieden sein.

Frage: Welche Definition würdest du uns für den Begriff »Weisheit« nennen?

Claudius: Weisheit ist *gelebtes Wissen!*

Frage: Lieber Claudius, kann man Lügen aus Barmherzigkeit anders beurteilen?

Claudius: Mein Freund, auch aus Barmherzigkeit wird eine Lüge immer eine Lüge bleiben, wenn sie direkt ausgesprochen wird. **Doch wenn du versuchst, der Stromschnelle zu entkommen, wenn du versuchst, ins seichte Wasser dich zu begeben, um nicht zu ertrinken, dann mein Freund, tust du dir und deinem Nächsten einen Gefallen.** Denke über meine Worte nach.

Frage: Wie wirkt Weihrauch auf unsere Sinne?

Claudius: Meine Liebe, Weihrauch wurde in den vergangenen

Jahrhunderten dazu verwendet, um den Geist, soll ich sagen, zu stimulieren? Weihrauch ist im Ursprung ein Harz. Hier werden Energien freigesetzt, die auf **bestimmte geistige Strukturen** eine Auswirkung haben.

Frage: Ist in unserer geistigen Struktur die Erinnerung eingeprägt?

Claudius: Bestandteil des eigenen Selbst. Du selbst bis in der Lage, aus deiner sogenannten Erinnerung heraus dir vor Augen zu führen, das Haus, in dem du geboren wurdest, aufgewachsen bist, den Tisch, an dem du gegessen hast und so weiter.

In dem Augenblick, in dem du dich auf besondere Situationen besinnst, erscheint vor deinem geistigen Auge diese Situation. Und daraus solltest du erkennen, daß alles immer noch um dich herum vorhanden ist, daß du es **abrufen kannst,** wann immer du es willst.

Frage: Eine befreundete Frau ist aus der Kirche ausgetreten und nun Anhängerin einer Sekte. Nun ist sie genauso unglücklich wie vorher.

Claudius: Diese Frau hat schlechte Erfahrungen gemacht, mein Freund, und sie wird weiterhin schlechte Erfahrungen machen, wenn sie sich nicht loslöst von dem Gedanken der Hölle. Sie ist von einem Dogma ins andere verfallen und ist wiederum durch die »neue Religion« vergewaltigt worden. Denn, meine Freunde, frei wird nur der, der in sich selbst den Glauben gefunden hat und sich nicht einengen läßt durch neue Dogmen.

Frage: Lieber **Claudius!** Was meinst du zum Kirchenaustritt generell?

Claudius: Meine Freunde, jeder von euch könnte aus der Kirche austreten und würde doch ein gläubiger Mensch bleiben. Man wechselt eine Religion nicht wie ein Hemd. Man muß sie erfühlen, die Liebe der Allmacht. Es ist etwas anderes, als wenn du hier aus der

Türe hinausgehst und durch die andere Türe hineingehst.

Frage: Ich bin voller Zweifel, was soll ich tun?

Claudius: Wenn du Zweifel hast, dann mußt du analysieren, welche Zweifel es sind. Sind es Zweifel an Gott, der Allmacht, oder sind es Zweifel an der dir vorgesetzten Religionsrichtung. Mit anderen Worten, du mußt nicht Mitglied einer anderen Religionsgemeinschaft werden, denn **Christus-Geist ist in jeder Religionsrichtung zu finden.** Sie ist nicht beschränkt auf die römisch-katholische Kirche. Die Religion, die Institution Vatikan, ist nichts anderes, als eine weltliche Institution, die glaubt, das Wissensgut verwalten zu müssen, das die Bibel euch lehrte.

Frage: Gibt es auch die Möglichkeit des geistigen Hörens?

Claudius: Richtig, mein Freund, denn siehe, derjenige, dessen Auge verschlossen ist, wird ausgestattet mit anderen Gaben. Derjenige, dessen Ohren verschlossen sind, nimmt die Töne dieser Welt nicht mehr wahr – aber er nimmt die Töne **unserer** Welt wahr, und diese Musik ist anders als die heutige Musik, mein Freund, und wenn ich dir sage, daß **Wolfgang Amadeus Mozart** seine Musik im Traum geschrieben hat, wenn ich dir sage, daß **Robert Schumann** seine Musik spirituell empfangen hat – und wenn ich dir sage, daß einer eurer größten Komponisten während seiner Taubheit unvergeßliche Werke geschaffen hat, dann, mein Freund, solltest du es als Beweis sehen.

Frage: Es gibt verschiedenfarbige Menschen. Besteht deshalb auch ein Unterschied in geistig-seelischer Hinsicht?

Claudius: Ob ihr »schwarz« seid oder »weiß«, ob ihr »rot« seid oder »gelb«. Eine einzige Seele lebt in euch, verankert im Ursprung der Allmacht.

Frage: Ist man nach dem Übergang noch Frau oder Mann?

Claudius: Hast du den Fluß überschritten, deine Inkarnationen beendet und bist in den **inneren Kreis** eingekehrt, dann, mein Freund, bis du geschlechtslos – nur dein Geist empfindet, daß er *IST*, das *ICH BIN* ist geschlechtslos – und das ist das Wunderbare (sehr betont), das Wunder, das jedem einzelnen widerfahren wird. **Ich bin,** ist nicht gebunden an irdische Empfindungen.

ICH – BIN, ist das Erkennen des gesamten Universums.

Und dies, meine Lieben, wird euch den Weg zurück, zu Gott, leicht machen.

Frage: Ich spüre, daß das Buch »Einweihung«* mir hilft weiterzukommen.Es erkärt mir sehr viel, was um mich herum passiert. Wie kommt es, daß es einer Bekannten überhaupt nicht entspricht?

Claudius: Meine Liebe, siehe, die Literatur, die euch zugeführt wird, soll euch anregen. Es ist jedoch so, daß das Buch für einen eine Offenbarung ist und der andere nichts damit anfangen kann. Es bedeutet deshalb keine Qualifikation, wenn ich sage: Der, der mit diesem Buch nichts anfangen kann, sollte einen anderen Zugang finden, ein anderes Buch lesen.

Irgendwo, meine Freunde, werdet ihr immer angesprochen aus dem Erlesenen in eurer Seele. Das, was ihr ablehnt, benötigt ihr nicht, sonst würdet ihr es nicht ablehnen. Ihr seid kritisch geworden, und dies ist gut so. Belastet euch nicht mit Dingen, die eurer Seele zuwider sind. Ihr spürt es in euch. Legt's zur Seite, lest ein anderes Buch und ihr werdet sehen, daß wieder etwas in Bewegung gerät, meine Freunde.

Frage: Welche geistige Bedeutung hat die Nasenwurzel beziehungsweise die Stelle zwischen den Augen auf der Stirne?

Claudius: Meine Liebe, die Nasenwurzel – siehe, dies ist der Punkt, der für die **geistige Einstrahlung eine unge-**

* Elisabeth Haich – Drei-Eichen-Verlag, Hammelburg

heure Bedeutung hat, denn, wenn du die Linie verfolgst, die sich quer durch den Schädel zieht, dann wirst du sehen, daß diese geistige Öffnung, die hier erfolgt, über das Zentrum des Gehirns geleitet wird, und ihr sprecht vom **dritten Auge.**

Dieses Auge ist ein imaginäres Auge, doch es ist das Auge, das ausgerichtet ist auf das Universum. Durch dieses Auge werden Eindrücke vermittelt.

Die Schwierigkeit ist, daß ihr das geistige Auge mit den Augen eures Körpers vergleichen wollt.

Frage: Ist es eine Pforte?

Claudius: Siehe, meine Liebe, so wie du es jetzt ausgedrückt hast, wäre der Ausdruck richtiger. Die Definitionen im menschlichen Sprachgebrauch sind gar vielfältig. Es ist einfach der **Lichtpunkt der Seele.**

Frage: Warum müssen kleine Kinder schon sterben oder Jugendliche? Ist das Zufall oder gewollt?

Claudius: Löst euch von der Vorstellung, daß einem Kind, das frühzeitig den Schritt über den Fluß macht, etwas vorenthalten wird. Es ist nicht der Fall, denn es brauchte eben nur eine gewisse Erfahrung machen.

Frage: Wenn man sich in Hypnose versetzen läßt, ist man dann auch offen für verirrte Geistwesen?

Claudius: Nun, meine Liebe, ich kann dir darauf eine klare Antwort geben: Wenn ihr morgen, alle die hier sitzen, außer unserem Freund (**Marc**), wenn ihr morgen irgendwohin geht und euch hypnotisieren laßt, geschieht euch nichts. Bei unserem Freund wäre es etwas anderes. Er würde zerstören lassen, was wir aufgebaut haben.

Frage: Wie können wir die vielfältigen Bezeichnungen der Aura verstehen?

Claudius: Siehe, dein Körper ist erfüllt von Energien, die dich leben lassen, die dich denken lassen, und von **Energien,** die auf dich einfließen, die du **nicht steuern kannst, von denen du nichts weißt.**

All diese Energien erfüllen deinen Körper, und dein

Körper sendet die Energien zurück. Daraus entsteht die **Aura** um deinen Körper.
Die Aura ist eine Abstrahlung der Energien, die durch deinen Körper abgegeben werden. Jede Zelle deines Körpers strahlt diese Energie zurück. Deshalb ist es möglich, Krankheiten aus dieser Aura herauszulesen.

Frage: Wenn du unseren Körper anhand der Frequenzen – also unseren Geistkörper – siehst, hat er für dich auch eine bestimmte Größe, eine geometrische Größe, oder ist er für dich ohne Maß?

Claudius: Nun, gehe von der Voraussetzung aus, daß es rein menschlichem Denken vorbehalten ist, in cm, mm und noch kleineren Größen etwas auszudrücken. Für uns spielt einzig und allein eine Rolle die Größe deines Geistes, denn das, mein Freund, ist ein Wesenskern. Ich könnte dich – deinen Körper – als Hologramm aufzeichnen, doch das hat keine Bedeutung. Nur deine geistige Reinheit hat Bedeutung. Verstehst du mich?

Frage: Diese Reinheit beziehungsweise die geistige Entwicklung erkennst du an bestimmten Frequenzen oder an Schwingungen?

Claudius: Am Farbspektrum deiner Seele, das heißt deines Astralkörpers.

Frage: Ist jeder Verstorbene, der über den blauen Kreis gegangen ist, in der Lage durch ein sogenanntes Medium zu sprechen, oder ist das auch nur bestimmten Ebenen vorbehalten?

Claudius: Ich möchte es so erklären: Nicht jeder, der in meiner Nähe ist, wird dieses Experiment **wagen.** Es gibt einige Freunde hier, die Ansprechpartner haben. Aber es ist selten, daß der Kreis so gestaltet ist, wie hier bei euch.

Frage: Welche Aufgaben haben die Geistwesen des »inneren Kreises?« Haben sie überhaupt noch Aufgaben?
(»Innerer Kreis« sh. Zchng. Schöpfungsmodell Bd.I/104)

Claudius: Mein lieber Freund, wenn du in den »Inneren Kreis« zurückkehrst, dann ist es dein **bewußter Geist**, der diesem inneren Kreis angehört. Inkarnationen im Sinne eurer jetzigen Inkarnation gibt es dann nicht mehr. Du bist Bestandteil der Allmacht, doch dir noch bewußt – dein bewußtes Sein. Du wirst nur noch Liebe fühlen – Liebe sein – und aus diesem Gefühl heraus wirst du helfend jenen zur Seite stehen, die, so wie ihr, noch als Geistwesen im menschlichen Körper gebunden sind. Oder aber helfend jenen zur Seite stehen, die den Weg nicht finden, gemäß deinem eigenen Empfinden der Barmherzigkeit.

Frage: Und wenn man weiter gegangen ist und auch den Inneren Kreis verlassen hat, was ist dann?

Claudius: Siehe mein Freund, die Wege die du dann gehen wirst, wenn du den inneren Kreis überwunden hast, sind vielfältiger Natur, denn auch hier wirst du dir eines Tages eine Aufgabe vornehmen, so wie ich es tue, und dich dadurch in reinste Energie verwandeln. Dann ist es nicht mehr erforderlich, daß du dich selbst empfindest – sondern du wirst bereit sein, dich selbst aufzugeben und einzugehen ins **Licht.**

Frage: Ist dies dann die höchste Stufe, die man erreichen kann?

Claudius: Ja – so ist es.

Frage: Ich frage, ob es nicht so sein muß, daß wir in dieser Welt leben, um aus dem Kontrast heraus eine Entwicklung vorzunehmen?

Claudius: Siehe, wenn du davon ausgehst, daß jeder einzelne Mensch ein eigenes Bewußtsein, eine eigene Wahrheit besitzt, und wenn du davon ausgehst, daß jedem einzelnen mitgegeben wurde, für sich selbst aus dem Dargebotenen, aus dem überreichen Angebot an Wissen Nutzen zu ziehen, dann, mein Freund, kommst du hinter das Geheimnis deines Lebens.

Teilaspekte sind es, und du siehst, Entscheidungen mußt du immer selbst treffen zu irgendeinem Zeitpunkt. Du entscheidest, ob du dich für die materielle Welt opferst, oder ob du lieber der geistigen Welt deinen Weg widmest.

Ihr hättet genauso die Anstöße, die euch das Leben gegeben hat, ignorieren können. Doch ihr habt es nicht getan, weil ihr dem Sinn eures Lebens nachgefragt habt. Ihr hattet den Mut, über eure Schatten zu springen, die Schatten, die der Verstand ein Leben lang aufgebaut hat, der eure Ratio geprägt hat und der euch bis zu dem Tag begleitet hat, an dem die Seele sich aufgemacht hat zum Licht.

So manch einer hat die gleiche Erfahrung gemacht, und er hat die kleine Flamme der Kerze sofort erstickt, weil sie nicht in sein Denkschema hineinpaßte. Deshalb bemerkt ihr die Veränderung.

Viele Menschen nehmen nicht den nächsten Weg, sondern sie gehen einen Umweg.

Die geistige Öffnung vollzieht sich schrittweise. Zunächst einmal nimmt der Mensch die Botschaft auf. Die Frage ist, ob sein Verstand bereit ist, diese Botschaft Fuß fassen, Resonanz finden zu lassen in der Seele.

Frage: Bei geschlossenen Augen sehe ich mitunter ganz intensive Farbtöne und lauter »goldene Sterne« tanzen. Ist dies alles nur eine Einbildung von mir?

Frage: *Nein,* Wachstumsereignis, mein Freund. Frei schwinge deine Seele in Raum und Zeit, damit du verstehst, daß ich dich rufe mit der Sonnenenergie. Sichtbar gemacht, die Energie, die meinen Freund umgibt, damit diese Kontakte zustande kommen und zum Beweis unserer Gegenwart für ihn.

Euch Freunde, entführe ich in die Realität unseres Denkens, damit ihr frei werdet in euren Entscheidungen.

Frage: Es hieß einmal, daß bei unseren Kontaktversuchen auch die Jenseitigen Schwierigkeiten haben. Beratet ihr euch untereinander und kannst du dann helfen?

Claudius: Ich möchte es an einem Beispiel erklären. Seht, bei uns experimentiert eine Gruppe. Diese Gruppe hat bestimmte Schwierigkeiten und möchte einen neuen Weg gehen. Nun wird über diesen neuen Weg diskutiert, man findet eine Lösung, man möchte sie jedoch nicht – ohne sich rückzuversichern – auf den Weg bringen. Die Gedanken eilen dem Wunsch voraus, daß geholfen werden möge. Sind die Gedanken, Energien, auf mich gerichtet, dann entsteht ein Kopplungsprozeß. Ich werde mich zur Beratung zur Verfügung stellen. Ich werde meine Tachyonen dort an den gewünschten Ort der Zusammenkunft soweit verdichten, daß man mich als Energiebündel erkennen kann, denn das Muster der von mir ausgesandten Energien ist unverkennbar **Claudius.**

Frage: Wie geschieht die Bündelung?

Claudius: Die Geschwindigkeit der Tachyonen muß soweit gedrosselt werden, daß sich eine Energiebündelung ermöglichen läßt. Sie werden träge, sie ballen sich zusammen, und man erkennt mich. Genügt dir das?

Frage: Das heißt, daß jeder sein eigenes erkennbares Muster hat?

Claudius: Richtig.

Frage: Und um dich anzusteuern, muß man nur den Gedanken haben? Und daraus erkennst du schon an dem Gedanken, daß du gerufen wirst?

Claudius: Richtig. Gedanken, mein Freund, sind nichts anderes, als Energieaussendungen.

Frage: Erkennst du auch, von wem du gerufen wirst?

Claudius: Ja, weil die Position des Sendenden einwandfrei festzustellen ist.

Frage: Und du bist jederzeit und immer erreichbar?

Claudius: Es ist richtig, ich bin jederzeit und immer erreichbar.

Frage: Warum geben sich die Jenseitigen so viel Mühe, um mit uns in Kontakt zu kommen? Eigentlich haben sie das doch gar nicht nötig?

Claudius: Es ist der Sinn unserer Kontakte, euch die Liebe und die Gnade der Allmacht näher zu bringen, nicht verbrämt durch Dogmen – gleich welcher Religionsrichtung, denn im Grunde eures Wesens seid ihr Bestandteil dessen, der euch den Geist und die Seele mitgegeben hat. Benutzt die Fähigkeit und ihr werdet in Demut erkennen, daß in jeder Religion ein Körnchen Wahrheit versteckt ist – und ihr braucht euch nicht zu schämen, daß ihr hinter die Kulissen schaut, **denn Sicherheit findet ihr nur in euch selbst.**

Ihr könntet genausogut einer anderen Glaubensrichtung angehören, wenn eure Eltern, euer Elternhaus eine andere kirchliche Grundlage gehabt hätte. Doch für **euer Leben** ist es **wichtig,** daß ihr das, was ihr von euren Eltern und Ureltern übernommen habt, **neu durchdenkt** – und euch selbst, eure Sicherheit, neu entdeckt, damit ihr den Fluß zu uns überschreiten könnt, ohne zu verzweifeln, und dies, meine Freunde, **ist das Wichtigste, das einzige, was Kontakte zur Jenseitsebene beinhalten sollten.**

Frage: Wir sprechen und lesen oft von der »Gnade«, die den Menschen zuteil wird. Ist die Gnade etwas, was man sich selbst erarbeitet aufgrund eines veränderten Bewußtseins?

Claudius: Sowohl als auch, mein Freund. Siehe, der Mensch, der einen plötzlichen Unfall erleidet, dem auf einmal bewußt wird, wie klein er ist, dem wurde die **Gnade des Erkennens zuteil.**

Gnade, mein Freund, ist etwas, was auch **erbeten** werden kann. Gnade ist es, wenn der menschliche Geist sich bewußt wird, daß er dieses Leben in diesem Körper nicht mehr ertragen kann, und er bittet darum, zurückgehen zu dürfen. Dann wird die Stärke eine Gnade sein, die ihn dazu befähigt, den letzten Weg zu gehen.

Frage: Lieber **Claudius,** viele Menschen halten für wahr, was gar nicht der Wahrheit entspricht. Wie soll man mit solchen Menschen umgehen?

Claudius: Gelebte Phantasie kann zur Wahrheit werden. Jeder Mensch bildet seine eigene Phantasie in sich selbst, und **diese Phantasie wird zur Wahrheit für ihn.**

Siehe, jede der hier anwesenden Personen hat ihre eigene Wahrheit. Richtig oder falsch, die Frage stellt sich nicht. **Wenn die Wahrheit für den einen akzeptabel ist, dann muß sie für den anderen durchaus nicht annehmbar sein.**

In euch selbst muß eure persönliche Wahrheit Platz greifen und im Gespräch mit Freunden sich weiterentwickeln. Aus dem Erfahrungsschatz aller sollt ihr für euch das herausnehmen, was Widerhall findet in eurer Seele, um so frei zu werden, um so eure eigene Wahrheit erleben zu können.

Frage: Du hast einmal gesagt, ihr hättet auch Humor. Nun wüßte ich gerne, ob ihr auch die **Traurigkeit** kennt?

Claudius: Natürlich, meine Liebe.

Frage: Seid ihr manchmal traurig über unsere Schwierigkeiten und unseren Mangel an . . .?

Claudius: Nein, meine Liebe, das nicht. Traurig, wenn wir es so nennen wollen, sind wir, wenn wir erkennen müssen, daß wir nicht angenommen werden.

Frage: Aber in unserem letzten Gespräch hat deine Stimme auf mich den Eindruck gemacht, daß sie von Traurigkeit getragen wurde. Und deshalb auch die Frage von mir.

Claudius: Du mußt immer die Situation, in der eine Aussage gemacht worden ist, im Zusammenhang sehen. Dann erkennst du auch, ob Traurigkeit oder Müdigkeit unseres Freundes (**Marc**), die Ursache ist.

Frage: Also ich meine, daß es Traurigkeit war. Traurigkeit, uns irgend etwas nicht vermitteln zu können.

Claudius: Nun, meine Liebe, weißt du, es wird immer wieder

Situationen geben, die selbst wir **nicht verändern können, ohne in euer Dasein einzugreifen. Und dies darf nicht sein.**

Frage: Könnte unser Bewußtsein, das sich auf **eurer Ebene** befindet, zu irgend jemand **anderem** sprechen?

Claudius: Nein, es ist nicht möglich, weil die Individualität des geistigen Bewußtseins voll erhalten bleibt, bis es nicht mehr benötigt wird. Siehe, ein Mißbrauch ist vollkommen ausgeschlossen. Es könnte die Gefahr bestehen, daß »Blinde« davon Gebrauch machen würden. Dies liegt nicht im Sinne der Allmacht.

Frage: Das beginnende Alter beunruhigt mich. Wie siehst du das?

Claudius: Wenn der Zenit des Lebens überschritten ist, lauscht der Mensch in sich und spürt, daß ihn die Jugendkraft verlassen hat. Nun, diese Schwelle, die überschritten wurde, ist ein ganz normaler Prozeß. Macht nicht den Fehler, daß ihr glaubt, die jugendliche Kraft, die euch damals beseelte, wieder zu erlangen. Ich sage euch, ihr seid jetzt in der Jugend des Alters, genießt die Jugend des Alters und denkt daran, daß diese Zeit erfüllt sein kann von Freude und Harmonie mit sich selbst, und ihr werdet den Weg zu Ende gehen.

Frage: Man möchte so gerne wissen, wer man war in früheren Inkarnationen.

Claudius: Was nutzt es euch zu wissen, ob ihr Kaiser wart oder Bettler. Vergangen ist die Zeit . . .

Doch die geprägte Form kann nicht zerstört werden, und für jede neue Inkarnation gilt immer noch das Wort, das Johann Wolfgang von Goethe aussprach.

Denn seht, bezogen auf das Leben des einzelnen ist immer die Verbindung zur Konstellation der Sterne während der Geburt. Er wird nicht eine Minute früher geboren, er wird nicht eine Minute später geboren. **Er wird zu dem Zeitpunkt geboren werden,**

wo die Sonne die neue Inkarnatin begrüßt. Und so entwickelt sich dieser Mensch weiter, **gemäß dem Plan, nach dem er auf diesem Planeten angetreten ist. Es muß so sein, es kann nicht anders sein,** denn die Entwicklung des Menschen ist immer von einem bestimmten Spektrum abhängig.
Denn, meine Freunde, **keine Macht der Welt zerstört die geprägte Form, die bei der Geburt entstanden ist.**
Sie muß sich so erfüllen in diesem jetzigen Sein.

Frage: Was ist der Unterschied zwischen einem blauen und einem roten Kristall?

Claudius: Nun, meine Liebe, dazu folgende Erklärung. Wie du weißt, sind Kristalle Sendboten der Allmacht. Sie haben gespeichertes Wissen. Ein **blauer Kristall** und ein **roter Kristall** haben verschiedene Bedeutung.
Der blaue Kristall zeigt die Tiefe des Universums, die Weiten des Meeres, die Bläue des Himmels.
Der **rote Kristall** hat nur eine Bedeutung: **Er ist die Liebe, das Blut des Lebens, ohne das der Mensch nicht existieren kann.** Diese Energien sind in diesen Kristallformen enthalten.

Frage: Du begrüßt uns mit einem Gruß, den ich gerne erkärt haben möchte. Das Berühren der Stirn, das Berühren der Lippen, das Berühren des Herzchakras. Hat das symbolische Bedeutung?

Claudius: Mein Freund: **Es öffnet sich das Auge um zu sehen.**
Es öffnet sich der Mund, um wahrzusprechen.
Es öffnet sich das Herz, um wahrzunehmen die Liebe der Allmacht.

Frage: Ist es richtig, wenn man in der Ehe den Partner beeinflußt?

Claudius: Für sich selbst – ja! Jedoch nicht als Steuerungsfaktor für den Partner, meine Liebe! **Der Steuerungsfaktor für das eigene Ich bin immer nur ich selbst.**

Verstehe mich richtig: In der Gemeinschaft einer Ehe sollen die Positionen ebenso verteilt sein, wie in der Gemeinschaft des Geistes. Sonst, meine Liebe, kann nichts entstehen. Sie behindern sich beide.

Frage: Warum sind wir Menschen alle mit diesem Tötungswillen ausgestattet, ob wir eine Sache töten, oder ob wir Menschen töten oder Tiere oder Gefühle. Wir gehen ja sogar so weit, daß wir uns selbst zerstören. Und das ist doch ein ganz tief in uns sitzendes Gefühl, wie die Liebe auch, und ich würde sogar sagen, daß dieser Trieb heute viel stärker ist und die Liebe dabei zugrunde geht.

Claudius: Nun, meine Liebe, laß dir folgendes dazu sagen: Ihr seid den Gesetzen dieses Planeten, dieser Materie, ausgeliefert als Menschen. An euch liegt es, euch soweit zu entwickeln, daß ihr die Folgerichtigkeit dieses Erdengesetzes, dieses materiellen Gesetzes begreift. Es ist alles völlig wertungsfrei zu sehen. Wenn du von Mord sprichst, ist dieses Wort für sich völlig neutral.

Wenn du vom Mörder sprichst, von demjenigen also, der den anderen tötet, dann werden Emotionen in dir wachgerufen, und du verurteilst für dich selbst und innerhalb deiner Gesellschaftsordnung diesen Menschen, der die Tat ausgeführt hat.

Doch, meine Liebe, erkenne, daß alles Menschliche von der Seele abfällt, wenn sie den Weg zu uns gefunden hat. Siehe, menschliches Empfinden führt oft zu seltsamen Erkenntnissen, weil das, was ihr in eure Gesellschaftsordnung aufgenommen habt, das Urteilsvermögen zwischen Recht und Unrecht, in einem anderen weit entfernten Land eine ganz andere Bedeutung bekommt.

Du siehst die Vielfältigkeit der Gesetzgebung auf eurem Planeten.

Zu meiner Zeit haben wir einem Dieb die rechte Hand abgehackt. Heute wäre es undenkbar. Ein Mörder zu unserer Zeit, wenn er den höheren

Schichten angehörte, blieb ungestraft, währenddem ein kleiner Mann, der aus Zorn jemanden erschlug, hingerichtet wurde. Der Mensch mißt immer mit zweierlei Maß, meine Liebe. Erkenne dies, und du wirst in dir selbst Frieden finden.

Frage: Ja, aber damit bin ich nicht ganz zufrieden. Ich meine, daß dieses Gefühl, etwas zu töten, und sei es, uns selbst zu zerstören, einfach in der Seele verankert ist **und mitgebracht wird.** Das ist nicht etwas, was man hier erst entwickelt im Menschsein. Das ist etwas, was uns einfach irgendwie beigegeben wurde.

Claudius: Nein, meine Liebe. Beigegeben auf deinem Lebensweg ist dir die Gewißheit des Todes, des Auflösungsprozesses deines Körpers.

Blicke in die Augen eines Neugeborenen und erkenne darin die völlige Unschuld. Erst auf dem Weg durch dieses Leben wird der Mensch zu dem, was er am Ende seines Lebens ist.

Frage: Der Cristus-Tod wurde in einer der Sitzungen so beschrieben, daß ein anderer Mensch für **JESUS CHRISTUS** gestorben ist. Warum wurde das so ausgedrückt?

Claudius: Meine Liebe, weil das Verständnis der Leser geprägt war von Dogmen. »Es ist ein anderer gestorben« bedeutet, »Es ist **Jesus** gestorben«, denn **Christus** hat überlebt bis in eure Zeit. Verstehe mich richtig: Beide Teile losgelöst voneinander heißen nichts anderes, als daß dieser **JESUS** irdisch war, währenddem **CHRISTUS Geist von meinem Geiste ist** (sehr betont gesprochen).

Frage: So erkärt hat es Sinn. Nur für den logisch empfindenden Leser erscheint das dann als Unwahrheit. Weil keine Erklärung dabei ist, daß man das symbolisch zu sehen hat.

Claudius: Du darfst eines nicht vergessen: Bücher werden geschrieben und übersetzt, neu gedeutet und neugefaßt. Es werden wesentliche Dinge, aber auch unwesentliche Dinge in den Vordergrund gestellt. Das geschah auch mit diesen Büchern. Es geschah mit der Bibel genau so, wie es geschieht mit **»Dialog mit Claudius«.** Vermitteln kann nur das Wort, doch um das Wort erkennen zu können, **gehört auch der Ton dazu,** die Schwingung zum besseren Verstehen. Das Wort an sich ist Schwingung, jedoch ohne nennenswerte Bedeutung. Erst die Sprache macht das **Wort lebend,** es haucht ihm Leben ein.

Frage: Man wird ja mit diesen Interpretationen konfrontiert, und es ist dann nicht einfach mit Gegenargumenten zu erklären.

Claudius: Nun, meine Liebe, Begegnungen werden herbeigeführt, damit der einzelne erkennt. Wir geben euch Hilfestellungen. Doch eines Tages, meine Liebe, wirst du soweit sein, daß du keine Schwierigkeiten mehr hast auf jede Frage eine Antwort zu finden. Nämlich deine eigene Wahrheit! Gemäß deiner eigenen Überzeugung.

Frage: Vieles, was du uns erklärt hast und in **»Dialog mit Claudius«** festgehalten ist, wird nicht jedem Leser zusagen.

Claudius: Betrachte es so: Du schreibst heute ein Buch und willst eine breite Leserschaft ansprechen. Dann wirst du vermutlich einen Roman schreiben, der viele Menschen erreicht. Schreibst du ein wissenschaftliches Werk, dann sprichst du nur eine gewisse Gruppe von Menschen an, und der andere, der es liest, sagt »mein Gott, ist das blöd«, um in eurer Sprache zu sprechen. Und in Wirklichkeit verbirgt sich sehr viel Wissen in diesem Buch.
Du mußt davon ausgehen, daß auch das Buch **»Dialog mit Cludius«** nur eine Grundlage, eine breitgefächerte Grundlage schaffen sollte zum Überlegen und Nachdenken. Nichts anderes sollte erreicht werden.

Frage: Was geht bei epileptischen Anfällen vor sich? Welche Energien, beziehungsweise Wesen nehmen hier Einfluß?

Claudius: Meine Liebe, Epilepsie ist eine Erkrankung des Gehirns und hat mit Wesenheiten nichts zu tun. Es ist die Veränderung der Gehirnstruktur, die viele Ursachen haben kann.

Frage: Hat sich der Mensch eine derartige Erkrankung als Karma ausgesucht, um damit gewisse Erfahrungen zu machen?

Claudius: So ist es.

Frage: Sind die Entscheidungen, die wir hier auf Erden treffen, eigentlich wichtig?

Claudius: Es ist nur wichtig, ob du die Liebe mit in dein Bewußtsein eindringen läßt. Ist das der Fall, wirst du immer die richtige Entscheidung treffen.

Frage: Ich kann meinen freien Willen nicht erkennen, denn es passieren Dinge in der Welt, die ich nicht will. Wo bleibt unsere Entscheidungsfreiheit?

Claudius: Meine Liebe, daß du nicht verhindern kannst, daß es Kriege gibt, ist ganz sicher, denn dein Wille beschränkt sich auf **dein** Leben, auf **dein eigenes Sein.** Ich möchte dir ein Beispiel geben: In einem Topf, der gefüllt ist mit Wasser, kann es nur ein Bewußtsein geben, wenn ich es so nennen kann. Setzt du diesen Topf in die Kälte, wird das Wasser zu Eis.

Beispiel: Ihr lebt in einer Völkergemeinschaft. Hätte diese Völkergemeinschaft ein einziges Wissen nur, hätte diese Völkergemeinschaft sich konzentriert nur auf die Liebe der Allmacht, dann gäbe es keine Kriege. Doch die Menschheit ist nicht reif. Sie wird es eines Tages sein, eines fernen Tages, den ihr nicht mehr erlebt.

Es ist nicht so, daß der einzelne für die Gesamtheit eines Volkes verantwortlich gemacht werden kann. Er kann immer nur verantwortlich gemacht werden für das, was er zu tun unterlassen hat. Und wenn du der Meinung bist, daß du dein Leben lebst, mit all sei-

nen Schwierigkeiten und mit Irrungen und Wirrungen, dann wird es richtig sein.
Vielleicht kann ich es noch etwas deutlicher ausdrükken. Du wirst nie etwas tun wollen, was einem anderen schadet – und trotzdem wirst du es nicht vermeiden können, daß du ihm Schaden zufügtst, in irgendeiner Form. Dann hast du aber nicht bewußt falsch gehandelt.

Frage: Ist der technische Fortschritt auf unserer Erde ein Segen oder ein Fluch?

Claudius: Es gibt Menschen auf eurer Welt, die die Technik voll erfassen wollen. Sie werden sie erfassen. Die Frage ist, wie sie sie verwenden.
Schau, einer eurer hervorragenden Wissenschaftler hat die Kernspaltung entdeckt. Er hat sie entdeckt, weil er gesucht hat nach der ewiggültigen Wahrheit – aber sie wurde ihm in dem Augenblick zum Verhängnis, als damit, nicht zum Segen der Menschheit, manipuliert wurde. Doch auch das ist Bestandteil des menschlichen Seins, denn diese freigesetzten Energien könnten Segen bringen, **denn auch sie kommen aus dem Ursprung** *Gott.*

Frage: Messen wir den Gräbern zu viel Bedeutung bei?

Claudius: Euer Weg führt euch auf die Totenäcker. Ihr besucht ein Grab, das die Überreste eines Menschen beinhaltet. Doch Freunde – vergänglich ist der menschliche Körper, und Leere birgt das Grab. Nun, Freunde, es ist eine Gedenkstätte, und so sollt ihr es sehen. Doch für die, die zu uns gekommen sind, ohne Bedeutung – denn alles kehrt zum Ursprung zurück. **Geist zu Geist, Materie zu Materie.**

Frage: Unser Planet ist durch unser eigenes Verschulden in eine bedrohliche zerstörerische Phase getreten. Könnten wir, wie wir hier sitzen, etwas dagegen tun?

Claudius: Nichts, mein Freund, denn es ist die Bestimmung, daß die Menschheit nur durch das Leid, das sie sich selbst geschaffen hat, zu neuen Erkenntnissen

kommt. Siehe, es gab in der Vergangenheit dieses Planeten nicht nur eine Sintflut, es gab mehrere. Verstehe mich richtig.
Der Ausdruck »Sintflut« bezeichnet nicht die Zerstörung des Planeten, er bezeichnet die Geißelung der Menschen, denn es wäre ein einfaches zu sagen für die Allmacht: Dieser Planet möge sich auflösen in seine ursprüngliche Molekularstruktur.
Es wird immer so sein, daß der Lernprozeß von neuem begonnen werden muß, und es werden immer wieder einige wenige Auserwählte sein, die durch eigene Erkenntnis einen neuen Weg einschlagen. Das, mein Freund, verstehe bitte unter der Austreibung aus dem Paradies. Denn die Erkenntnis, erst die Erkenntnis wird den Menschen der göttlichen Allmacht wieder näher bringen.
Das, was geschehen ist in der Vergangenheit, daß chemische Mittel eingesetzt wurden zur Entlaubung des Waldes, daß ihr eure biologischen Waffen, die Abfälle, die daraus entstanden sind, in diese vermeintlich unfruchtbaren Wüstenlandschaften eures Kontinents, eurer Erde transportierten, und posthum zurückführten zu den Verursachern, das ist schuld daran.
Glaubt mir, meine Freunde, all dies ist in der Vergangenheit schon einmal geschehen, und schon mehrmals war der Mensch versucht, mißglückte Versuche zum Abfall zu werfen und hat dadurch andere Veränderungen hervorgerufen.
Ihr seht es an euch selbst. Die Apokalypse kommt zwangsläufig auf den Menschen zu. Es muß so sein, damit Erkenntnisse vermittelt werden können.

Frage: Diese vielen Planeten, die dem Werden und Vergehen unterworfen sind, haben sie alle die gleiche oder eine unterschiedliche Struktur?

Claudius: Ich gebe dir ein Beispiel: Die Struktur Butter verändert sich, wenn du sie der Wärme oder Hitze aussetzt

– und sie verändert sich, wenn du sie in ein Kühlfach legst – denn dann wird sie zu Stein. –
So solltest du die Strukturen der verschiedenen Planeten sehen. Es gibt beispielsweise Planeten, die nur aus Eiskristallen bestehen – und – stelle dir vor – trotzdem belebt sind.

Frage: Auch Planeten, auf denen eine ungeheuere Hitze herrscht?

Claudius: Ja – dem Klima entsprechend angepaßt.

Frage: Es hieß einmal, der Mensch sei ein Ebenbild Gottes. Ein andermal hieß es, der Mensch ist kein Ebenbild Gottes. Was ist nun richtig?

Claudius: Meine Liebe, der Urpsrung der Menschwerdung ist nicht der Traum vom Ebenbild. Der Traum der Allmacht war der Plan, daß Liebe ausgestreut wird. In jedes Lebewesen, in jede Kreatur, in das gesamte Universum. Imaginäre Vorstellungen hatte nur der Mensch. Schöpfung aber beinhaltete, daß ein Ursprung des Lichtes in allem vorhanden war.
Dann gab es Wesenheiten, die ein Bewußtsein hatten, etwas Neues zu gestalten. Siehe, ein Wille war geboren worden. Und aus diesem Willen heraus wurde das Bewußtsein geprägt etwas zu schaffen, und so entstand der Bauplan von anderen Systemen, lebende Zellen neu zu gestalten, in dem universellen Sein der Allmacht etwas in der Schöpfung zu schöpfen. Daraus wurde das Traumbild der Menschen. **Ebenbild jedoch ist die Seele des Menschen,** niemals das Aussehen. Die Kraft der universellen Kraft, aus der etwas neu geschaffen wird, die **Liebe,** die **Seele,** machte den Menschen Gott ähnlich.

Frage: Was hältst du von der Edelsteintherapie?

Claudius: Sie ist sinnvoll, aber nach jeder Behandlung müssen die Steine im kalten Wasser gewaschen und erneut in der Sonne aufgeladen werden.

Frage: Du sprachst einmal über die Verfälschung von Schriften des **Jakob Lorbeer.** Wer sind die Fälscher, denn der Lorbeerverlag in Bietigheim lädt jeden Skeptiker dazu ein, die Originalfassung jederzeit einzusehen und zu überprüfen.

Claudius: Interpretationen, Interpretationen, sie beinhalten Irrtümer. Das ist stets der Fall.

Frage: Womit hängt die Zahl Acht in Verbindung mit dem Schließen des Kreises bei Bretteinspielungen zusammen?

Claudius: Siehe, diese Acht führte ich aus bei jeder Zusammenkunft mit euch, denn ich band euch ein in unser Sein. Doch der Kreuzpunkt der Acht bildete für euch, wie für mich, die Grenze, die Grenze dessen, daß ich euch nicht beeinflussen durfte und euch euer eigenes Leben leben ließ. Doch den Kreis, den ich um euch schlug, diesen Kreis, mein Freund, grenzte ich wiederum ab von eurem Umfeld. Versteht mich bitte, wenn ich euch sage, daß ihr in diesem Kreis eingebunden wart in unsere Liebe. Dann wird die Zahl Acht für euch eine andere Bedeutung haben, als nur acht Striche, acht Punkte oder die Bedeutung, daß mit acht Mark etwas zu kaufen ist.*

Frage: Gab es **Adam und Eva wirklich?**

Claudius: Nein, **Adam und Eva** sind den Hirnen der Menschen entsprungen, um das Unfaßbare begreifen zu können – erfolglos, wie man sieht –, denn Zweifel konnten dadurch nicht eleminiert werden.

Seht es so: Wenn – wie ich schon ausgeführt habe – das Universum lebt, dann hat es schon immer gelebt und wird immer leben.

Der Mensch in seinem Ursprung ist gut, denn er ist ein Stück Gottes, wenn ich mich verständlich ausdrücken kann. Eine Unterscheidung zwischen Gut und Böse – zwischen Positiv und Negativ macht der Mensch.

Frage: **Marc** hatte in dem Helios-Tempel, in den du ihn an

* Ganz am Anfang unserer Kontakte mit Claudius wurde eine Planchette benützt – bis Marc zum Sprachrohr für ihn wurde.

Weihnachten entführt hattest, einen Stern am Boden gesehen.

Claudius: Es war das Oktogramm.

Frage: Offensichtlich – und das beweist ihr uns ja kontinuierlich – gibt es wesentlich mehr, was wir nicht erfassen können. – Was unser Gehirn nicht begreift.

Claudius: Wenn ich dir sage, mein Freund, daß ich jetzt meine Hände auf deine Schultern lege, dann kannst du es glauben oder auch nicht. Bist du sensibel, wirst du sie spüren, bist du sensibel genug, wirst du den Druck spüren, den ich auf deinen Körper ausübe. Du siehst, es ist vieles eine Sache des Gefühls.

Frage: Warum sprichst du von »Jahrmillionen« bezüglich der Entstehungsgeschichte und Entwicklung des Menschen, warum nennst du keine konkrete Zahl?

Claudius: Unendlichkeit wollte ich damit zum Ausdruck bringen.

Frage: Ich liebe Musik, aber ich kenne Menschen, denen sie nichts gibt.

Claudius: Alle Menschen, und dies betone ich: Alle Menschen haben die Möglichkeit, in der Musik zu leben, in Träumen zu schwelgen, die irgendwann zum Widerhall führen in ihrer Seele, wenn man nicht nur einfach hinhört, sondern die Schwingung aufnimmt, dann wird sie Widerhall finden.

Frage: Ich möchte oft jemandem Feude bereiten, schrecke aber dann davor zurück, weil ich denke, er will das gar nicht.

Claudius: Seht, meine Freunde, um Freude zu bereiten und auch um Freude entgegennehmen zu können, ist es erforderlich, daß ihr die innere Bereitschaft mitbringt, daß ihr euch selbst überwindet.

In den Zeiten der Not, in den Zeiten der Verzweiflung muß ein Funke entzündet werden, der den Weg zeigt durch die Dunkelheit, und dieser Funke wird für jeden einzelnen gezündet – nur ob er Augen hat, diesen Funken wahrzunehmen, das liegt in ihm begründet.

Frage: Kann ich auch über die *Liebe* meditieren?

Claudius: Das kannst du, denn hierin liegt keine Gefahr – doch übertreibe es nicht, mein Herz, denn die Realität deines Lebens, die sollte nicht außer acht gelassen werden.

Frage: Ich habe berufliche Schwierigkeiten. Kannst du helfen?

Claudius: Wir können dir die Steine nicht aus dem Weg räumen, doch wir können dir helfen darüber hinwegzusteigen. Wir können dich auch darüber hinwegheben, wenn du es möchtest.

Frage: Du hast einmal erklärt, daß Außerirdische, die um die Liebe wußten, auf unseren Planeten kamen und sich diese halbbewußten Wesen untertan machten. Wo kamen die Außerirdischen her? Waren sie eine direkte Abspaltung der Liebe, oder mußten sie auch erst eine Entwicklung durchlaufen?

Claudius: Sie hatten bereits eine Entwicklung durchlaufen. Stell es dir so vor: Es gab einen Planeten, der bevölkert war von **humanoiden Wesen**, von solchen Wesen, die überdurchschnittlich begabt, sich diesen Planeten zu eigen gemacht hatten.

Frage: Was sind Humanoiden?

Claudius: Nun, Humanoiden sind **menschenähnliche Wesen.** Diese Vorstellung hinkt aber etwas. Siehe, in eurem Sprachgebrauch würde ich sagen: Es sind Fremdsprachen, die entschlüsselt, in gewisse Schwingungen gebracht werden, um verständlich zu werden, denn ein Sprachproblem im Sinn eures Lebens gibt es nicht.

Es sind Stimmen von menschenähnlichen Wesen, die hier bei uns sind und die bei den Beratungen helfen.

Ihr könnt diese Stimmen, die so sehr getaktet sind, auf euren vergangenen Tonbändern feststellen. Ihr könnt sie feststellen bei dem Techniker. Hier sind nur Schwingungen, die an euer Ohr klingen.

Frage: Sind diese Außerirdischen noch um uns und können sie uns auch zur Seite stehen?

Claudius: Ich möchte es so formulieren, daß zu gewissen Perioden diese Wesenheiten Einfluß nehmen auf die **klimatische Struktur** eures Planeten. Doch dieser Hinweis muß euch genügen.

Frage: Die Außerirdischen, die hierher kamen, waren vergeistigte Wesen. Hatten sie in irgendeiner Form eine Zellansammlung oder eine Molekularstruktur, wie wir sie haben oder waren sie grundsätzlich anders beschaffen?

Claudius: Nun, meine Liebe, du sprichst die Inkarnationen auf anderen Planeten an. Diese Inkarnationen hatten eine Zellansammlung. Sie hatten einen Körper. Dieser Körper war und ist den dort gegebenen, planetarischen Erfordernissen angepaßt. Es gibt Wesenheiten, die ihr heute als Riesen bezeichnen würdet und es gibt Planeten, auf dem nur niedrige Zellansammlungen, doch mit hohem Bewußtsein existieren.

Ich spreche mit Absicht von diesem Planeten, weil parallel hierzu auf anderen Planeten auch bewußtes Leben vorhanden war, hochkonzentriertes Wissen war auch dort im Laufe der Jahrmilliarden entstanden.

Frage: Manchmal möchte ich mir ein paar Antennen mehr wünschen, um alles verstehen zu können.

Claudius: Es kommt mit dem Alter deines Lebens, daß die Antennen wachsen, mein Freund. Habe Geduld.

Mühsam ist der Weg durch die Wüste, doch, glaube mir, zwischendurch wird immer eine Quelle sprudeln, aus der du trinken kannst, und am Ende wirst du die Wüste hinter dir lassen. Mein lieber Freund, auch du wirst weise werden. Wenn ihr diesen Prozeß durchlaufen habt, meine Freunde, wird aus dem Abend, in dem ihr euch jetzt befindet, ein neuer Morgen entstehen – und ich sage euch nichts Neues, daß die Bewußtseinsveränderung einhergeht mit der

Veränderung des Körpers, der alle 7 Jahre eine Wandlung erfährt. Diese Wandlung ist nicht auf den Tag genau zu nehmen, sondern sie ist fließend.
Eure Schwierigkeiten kommen aus der Tatsache, daß ihr irritiert seid über all diese Dinge, die ihr nicht wißt, die euer Verstand nicht begreifen kann, die ihr jedoch fühlt.
Mit dem Alter kommt die Weisheit, und eines Tages werdet ihr lächelnd zurückschauen, denn die Änderung, die sich vollzogen hat, wird euch weise machen.
Seht, meine Lieben, ihr lebt nun einmal nicht im Himmel, ihr lebt im Fegefeuer, um euch zu läutern, damit ihr eine Stufe höher gleitet, wenn ihr den Fluß überschreitet. Es gibt auf dieser Welt nicht einen einzigen Menschen, der immerwährend glücklich sein könnte.
Diese Lichtpunkte lassen euch die Schattenseiten erkennen. Seht, wir leben im Licht, ich lebe im Licht, und ich weiß es, weil ich die Schattenseiten kenne.
Glück hängt unmittelbar mit dem Erkennen zusammen, denn wenn man erkennt, dann ist es möglich, daß man sich automatisch verändert und frei wird.
Wenn euer Verstand erkennt, dann verändert ihr euch selbst. Nicht von außerhalb kommt die Veränderung, ich kann sie nicht verordnen, denn sie muß aus euch selbst herausbrechen. So ist es mit der Wahrheit – aus euch selbst entsteht die Wahrheit – aus euch selbst entsteht der Weg – und **der Weg, meine Freunde, ist das Ziel.**

Frage: Was sind »arme Seelen«?

Claudius: Ihr benutzt in euerem Dasein das Wort der »armen Seele«. Meine Liebe, arme Seelen sind jene Menschen, die ohne Verzeihung aus dieser Welt scheiden. Arme Seelen sind die, die in haßerfülltem Dasein den Übergang erleben, die der materiellen Sucht verfallen waren, die nicht wissen, daß sie den

Übergang vollzogen haben, die nicht wissen wollten, daß es ein Leben nach dem Erdendasein gibt. Daher gibt es das Wort der »armen Seelen« bei euch. Ihr Menschen, die ihr hier zusammengekommen seid, die ihr in der Welt seid, ihr sollt wissen, daß es viele dieser armen Seelen gibt, für die ihr viel tun könnt. Befreit sie und verzeiht, so wie ihr zu Lebzeiten das Verzeihen lernt durch Reifungsprozeß, durch Erkenntnisse. Es gibt bei euch ein Gebet, von **Joshua** geprägt: **»Und vergib uns unsere Schuld, wie auch wir vergeben unseren Schuldigern«.** Wenn ein jeder Mensch das beherzigen würde, Freunde, welche Harmonie.

Frage: Hat **Marc** besondere Fähigkeiten – also mehr Fähigkeiten als wir, weil seine Seele diese Aufgabe übernehmen konnte?

Claudius: Mein Freund, dieser Mensch, der an deiner Seite sitzt, ist genauso ein Mensch wie jeder andere hier im Raum. Fähigkeiten hat er keine besonderen oder keine, die ihr nicht auch haben könntet. Er hat nur etwas mit auf diesen Weg gebracht, das es uns ermöglicht, zu euch zu sprechen. Es ist ähnlich dem Erlebnis, das ihr durch dieses Buch vermittelt bekommt. Weißt du, mein Freund, es ist ähnlich dem Erleben der Tonbandstimmen oder der Direkten Stimme oder ähnlich dem Erleben, daß eine Telefonstimme durchkommen kann. Jeder einzelne von euch hat eine andere Richtung, so daß auf verschiedene Art und Weise die Übermittlung stattfinden kann.

Ich möchte euch allen deutlich zu verstehen geben, daß er, der bei euch sitzt, durch dessen Mund ich spreche, nichts anderes ist als ein Mensch, wie ihr es seid.

In früherer Zeit habe ich davon gesprochen, daß der Kreis als solcher erhalten bleiben sollte, und trotzdem wird der Personenkreis im Laufe der Zeit wechseln. Und das, meine Freunde, ist wichtig zu wissen. Mit neuen Erkenntnisstufen werden breit gefächerte

Themen angesprochen, die den einen oder anderen überfordern, und es ist durchaus nichts Schlimmes, wenn derjenige, der sich überfordert fühlt, die Schule mit der »Mittleren Reife« verläßt und nicht dem »Abitur«.

Frage: Was bedeutet der Satz, der in bezug auf die Transkommunikation gebraucht wurde: Viele sind auserwählt, wenige aber berufen?

Claudius: Ja, auserwählt sind die, die fragen, berufen ist der, der die Fragenden mit Wissen versorgt.

Frage: Was kannst du uns zu »Wissen« sagen?

Claudius: Das Wissen ist nur von innen nach außen zu erfühlen – und niemals von außen nach innen, denn die Sequenzen, die einzelnen Sequenzen, die außerhalb entstehen, sind immer nur Teilaspekte der eigenen inneren Wahrheit, des inneren Friedens und der inneren Überzeugung. Nur so kann der Mensch demütig werden.

Frage: Du sagtest einmal auf die Frage, wo das Wissen und die Erinnerungen gespreichert sind: »In eurer Seele, das Gehirn ist der Motor«. Zwischen diesen beiden Aussagen sehe ich einen Widerspruch.

Claudius: Das eine widerspricht dem anderen nicht.
Siehe, alle Eindrücke werden wechselseitig über das Gehirn zur Seele – und von der Seele zum Gehirn weitergegeben. Die Seele ist aber auch unmittelbar Übermittler von Eindrücken, die da sind: Gemütsbewegungen, Zorn, Liebe.
All diese Dinge stehen unmittelbar im Zusammenhang mit der Seele. Wenn ich davon sprach, daß das Gehirn Eindrücke speichert, so stimmt auch dies, denn der Speicherungsfaktor sind auch die Gehirnzellen – aber sie vermögen **nichts ohne den Steuerungsfaktor Seele.**
Das Gehirn in seiner materiellen Struktur ist eingebunden in den menschlichen Körper.
Steuerungsfaktor für das Gehirn ist die Seele.

Der Körper hat gewisse Sinnesorgane mitbekommen auf seinem Weg, die da sind: Das Augenlicht, Geruch, Fühlen, Hören. All diese Eindrücke, die ihr aufnehmt, werden an das Gehirn weitergegeben. Das Gehirn jedoch würde nichts vermögen, **wäre es nicht unmittelbar mit der Seele gekoppelt.**

Frage: Gibt es eine allgemeingültige Wahrheit?

Claudius: **Es gibt nur eine Wahrheit, nur eine einzige: daß du aus der Liebe geboren bist und zur Liebe zurückkehrst.**

Wie das, meine Freunde, ist euer Wollen und eurem Erkennen anheimgestellt.

Siehe, die Wahrheit liegt in euch.

Meine Freunde, damit ihr eure Wahrheit erkennen könnt, euer Sein begreifen könnt, müßt ihr in euch selbst die unzweifelhafte Gewißheit haben, **daß ihr Liebe seid und aus Liebe geboren wurdet.**

Dann, meine Freunde, wird eure Wahrheit nicht so sehr entfernt sein von der Wahrheit der anderen. Ihr müßt erkennen, daß Liebe die Brücken baut zur Verständigung und zum Verständnis.

Frage: Es heißt, der Mensch besteht aus 3 ineinandergeschobenen Körpern. Ich kann mir vorstellen, daß ein »Aurafoto« die Farben dieser 3 Körper zeigt. Aber über den für mich interessantesten Teil, nämlich das Bewußtsein, kann sicher keine Aussage erfolgen, da das Bewußtsein unabhängig von emotionalen Schwankungen ist. Ist das die Sprache der Seele?

Claudius: So ist es auch. Deshalb haben Aurabeschreibungen oft auch wenig Aussage, denn die Aura des **materiellen Körpers** ist am leichtesten zu erkennen. Dahinter liegt die Seele und dahinter die Aura des Bewußtseins.

Frage: Du sagst, in der Numerologie sei auch die **Zahlenfolge** wichtig. Ist es so, wie die Abfolge der Töne in der Musik die Harmonie bezw. die Melodie darstellen?

Claudius: Ja – genau so ist es.

Frage: Was bedeutet das Wort Shalom?

Claudius: Dieses Wort ist der Gruß in hebräischer Sprache, der bedeutet: »Friede sei mit dir«. Dieses Wort sollte Bedeutung haben für euch, denn es trägt, wie kein anderes Wort, alle Wünsche für euch von uns in sich. *Shalom,* meine Freunde.

Auch ihr wart vor langer, langer Zeit Angehörige einer der 12 Stämme Israels.

Frage: Lieber **Claudius,** könntest du auch bei der Allmacht Heilung eines Angehörigen aus schwerer Krankheit erbitten?

Claudius: Ich bin nicht Herr über Leben und Tod. Außerdem gibt es auch Karma! Aber betrachtet mich als euren Lehrer, der versucht mit euch Wege zu gehen, die ihr gehen sollt. Dazu bediene ich mich der Möglichkeiten, die mir gegeben worden sind durch die Gnade der Allmacht.

Frage: In einem Buch wird Karnak erwähnt, was für eine Bedeutung hat dieser Ort?

Claudius: In Karnak ist ein Knotenpunkt, der den Menschen erreicht, dessen Seele bereit ist, den geistigen Höhenflug anzutreten. Er empfindet dann etwas, was andere nicht empfinden. Hier ist die Einstrahlung des Universums stark zu spüren für den, der vorbereitet ist.

Frage: Ich empfinde manchmal Ausstrahlungen von Menschen, die mir fast körperlich Schmerzen bereiten. Wie kann ich mich dagegen schützen?

Claudius: Sowie du die Empfindung hast, daß dein Gegenüber eine entgegengesetzte Ausstrahlung zu dir hat, versuche nicht ihn zu umfassen, sondern stell dir die Wand vor, die zwischen euch unsichtbar besteht. Bis zu dieser Wand kannst du ihm entgegengehen, dann gehe zurück. Du hast nichts falsch gemacht, aber die Mauer ist dann Bestandteil deines Gegenüber geworden, die du nicht überspringen kannst.

Stell dir vor, daß dein Geistkörper sich wie eine schützende Hülle um dich legt, und nichts wird ihn durchdringen können. Wenn du das Fenster nicht öffnest, wird der Sturm nicht eintreten können. So einfach ist es. Denke daran, du hast ja uns. Und denke daran, niemand, niemand kann dir etwas anhaben, niemand wird dich verletzen können, wenn du es nicht zuläßt, denn du, meine Liebe, bist die Herrscherin über deinen Körper.

Frage: Wenn der Mensch sich immer wieder inkarniert, gibt es deshalb so viele Menschen auf der Erde, oder wo kommen sie her?

Claudius: Nun, wo kommen diese Wesen alle her? Diese Inkarnationen erfolgen von anderen Planeten, die belebt sind, und aus diesem Grund ist die Inkarnation auf diesem Planeten jetzt so häufig geworden, weil – ihr sprecht von der Endzeit – nun, weil gewisse Erfahrungen eben nur auf diesem Planeten möglich sind. Du wirst vielleicht noch bemerken, daß sich die Überbevölkerung von allein wieder reguliert, denn nicht jeder, der hier inkarniert, wird 100 Jahre alt.

Dies ist ein Problem, das die Menschheit sehr beschäftigt. Aber ich sage dir, zu allen Zeiten gab es das Problem der Überbevölkerung in verschiedenen Ländern eures Erdkreises. Zu allen Zeiten hat es der Mensch verstanden, sich dagegen zu wehren und sich selbst zu vernichten.

Frage: Drei katholische Priester haben jetzt in unserer Umgebung ihr Amt aufgegeben. Werden ihnen noch mehr folgen?

Claudius: Ja. Es ist der Umwandlungsprozeß, der eingesetzt hat, und der ist nicht nur auf eurem Planeten.

Frage: Also auch auf anderen Planeten?

Claudius: Richtig.

Frage: Könntest du uns etwas zu dem im Eis gefundenen 4000 Jahre alten Menschen sagen?

Claudius: Nun, er wurde bestattet vor vielen, vielen Jahren, und das Eis hat ihn konserviert. Es werden noch andere Dinge zu Tage treten, wenn die Gletscher zu schmelzen beginnen. Das ist nichts Mysteriöses.

Frage: Lieber Claudius: Ich bin immer sehr unzufrieden mit mir. Wie könnte ich das ändern?

Claudius: Siehe mein Kind, nimm die Liebe der Allmacht an, die Liebe der Freunde und deiner Familie, und dein Antlitz wird widerstrahlen die Sonne des **Amun-Re.** Du wirst dich lieben, wie wir dich lieben, denn du bist ein Funken der Allmacht, der immerwährenden Liebe. Schön bist du in deiner Einmaligkeit, schön im Splitter der Ewigkeit. Erkenne dich und siehe, dein Sein wird sich emporschwingen zum ewigen Licht.

Frage: Im »**Claudius**«-Film kam mir einiges bekannt vor. Woher kommt das?

Claudius: Siehe, der Kreis schließt sich, denn aller Ursprung eueres Seins ist verwoben mit dem Geschlecht und dem Geschick des jüdisch-römischen Volkes. Euer Ursprung liegt in **Galiläa,** mein Kind, und nicht immer warst du weiß (Hautfarbe).

Frage: Lieber **Claudius,** ich habe bei dir bisher noch keine Konzentrationsschwäche festgestellt.

Claudius: Nun, meine Liebe, bei mir wirst du diese Konzentrationsschwäche nicht feststellen, du wirst sie nur bei deinem Mann (**Marc**) feststellen. Mir persönlich ist es im Laufe der Zeit möglich geworden, seine Gehirnenergien zu aktivieren und mich darauf einzustellen. Es treten mitunter noch Schwierigkeiten auf, wenn der Kreis zu groß ist – oder wenn die Gedanken der anderen wirr durcheinander laufen, dann treten Schwingungsstörungen auf, die ich eliminieren muß, um durchzukommen.

Frage: Ein Sprichwort sagt: Die Augen sind der Spiegel der Seele. Würdest du diesen Ausspruch bestätigen?

Claudius: In geistiger Hinsicht ja, du siehst deine Augen als den Spiegel der Seele an. Wir sehen das Strahlen deiner Augen auf eine andere Art und Weise. Auch der

Blinde, auch die Augen des Blinden haben ihren Glanz. Er wird nur dem offenbar – dessen Seele offen ist.

Frage: In der Bibel steht: »Es wird euch kein Haar gekrümmt, ohne daß es nicht der Wille Gottes ist«. Ist diese Aussage korrekt?

Claudius: Alles, was euch widerfährt, ist im Schicksal begründet.

Siehe es so: Die Bezeichnung »negativ« und »positiv« ist ein Teil eures Sprachschatzes und bezeichnet *Situationen.*

Frage: Wir sprachen darüber, daß der Mensch auch nur ein Teilbewußtsein hat. Worin besteht der Unterschied zum Teilbewußtsein der Tiere? Wann also ist das Bewußtsein ein »menschliches Bewußtsein«?

Claudius: Freunde, in dem Augenblick, wo Körper, Geist und Seele eine Einheit bilden, entsteht das Eigenbewußtsein – der freie Wille, das Wollen überhaupt, eben das menschliche Bewußtsein, wogegen das Tier immer nur ein Teilbewußtsein hat.

Frage: Kann jemand, der hinüberkommt, das Wissen beziehungsweise die Informationen aus der Akasha-Chronik anderer Menschen abrufen?

Claudius: Mein Herz, hier denkst du ganz falsch. Für jeden, der hier herüber kommt, ist nur seine **eigene** Akasha-Chronik aufzuschließen, niemals das gesamte Informationsfeld.

Frage: Kommt die Seele nicht in ein Bewußtseinsstadium, in dem sich diese Situation ändert?

Claudius: Natürlich ändert es sich. Mit der Weiterentwicklung wird der Zugang geschaffen zum allgemeinen Informationsfeld. Siehe, wenn der innere Kreis überschritten ist, ist dies möglich.

Frage: Heute besuchten uns zwei Frauen einer Sekte, die das Bibelwort zitierten. Ich war erschüttert über ihre Unsicherheit über die Liebe der Allmacht. Ich möchte dir sehr danken und der Allmacht, daß wir durch dich diese Erkenntnisse geschenkt bekommen.

Claudius: Sie erfühlen die Wahrheit nicht und sprechen nur die Worte aus, die ihnen eingetrichtert werden, wie in allen Religionen und deren Abarten. Ich danke dir für das Lob, aber du solltest wissen, daß es nicht unser Verdienst ist, wenn ihr die ausgestreckte Hand ergreift.

Frage: Ich habe manchmal das Gefühl, daß es gut wäre, seine Gedanken mehr zu kontrollieren.

Claudius: Nun, mein Freund, das wirst du in dem Augenblick tun, in dem dir diese Gedankengänge zuwidergehen. Du hast die Fähigkeit erhalten, unerwünschte Gedankengänge abzubrechen und sie nicht weiter zu verfolgen. Daraus könnt ihr alle ersehen, wie wunderbar die Trinität funktioniert.

Frage: Ich versuche oft, anderen Menschen von den Erkenntnissen etwas zu vermitteln, die ich durch dich, lieber Claudius, erfahren durfte. Aber manchmal rennt man gegen eine Wand.

Claudius: Mein Freund, betrachte uns beide. Du bist bereit, Wissen aufzunehmen, das ich dir vermittle, obwohl du mich nie gesehen hast. Es gibt andere, die ich nicht erreichen kann, denen ich nicht helfen kann. Hieraus sollst du erkennen, daß dein Wissen nicht unbedingt zu transferieren ist auf deinen Nachbarn, auf deinen Freund.

Erkenne, daß dein Freund dich als verirrt empfindet, weil du nichts beweisen kannst. Du kannst ihm nicht beweisen, daß ich existent bin. Ich könnte es ihm beweisen, aber er fragt nicht. Deshalb bekommt er keine Antwort. Wenn du begriffen hast, daß es nur darauf ankommt, daß du selbst dieses Wissen haben willst, wirst du erkennen, wie wichtig es für dich als Mensch, für dich als Geist und für dich als Bestandteil der Allmacht ist.

Frage: Wird unser Dasein hier, das in Wechselwirkung steht mit den Energien aus dem Kosmos, als Gleichgewicht zum Kosmos benötigt?

Claudius: Nun, so differenziert würde ich es nicht betrachten, denn siehe, es gibt andere Sterne, die ebenso belebt sind wie euer Planet. Was allerdings der Fall ist, weil du auf diesem Planeten inkarniert hast, nimmst du die Schwingungen auf, die ausgesandt werden für euch, auf euren Planeten, und dadurch ist es dir auch möglich, differenziert dein Sein zu betrachten.
Siehe, wenn du den Fluß überschritten hast, wirst du anderen Energien wieder ausgesetzt werden – und solltest du den Wunsch haben, mein Freund, auf einem anderen Planeten neu zu inkarnieren, dann wird deine Seele von diesen anderen Energien Nutzen ziehen, die dann diesen Planeten bestrahlen.

Frage: Ich wollte gerne einmal über die **Artus-Sage** reden, über die Suche nach dem Gral.

Claudius: Nun, meine Liebe, die Grals-Sage ist ein Teil dieser Wahrheit. Es hat den Gral im Sinne eines irdischen Gefäßes nicht gegeben – aber es hat die Wahrheit gegeben, die immerwährende Wahrheit von der Liebe der Allmacht.

Frage: Jemand mußte doch davon gewußt haben, denn war das nicht der Umbruch zum Christentum?

Claudius: So ist es, meine Liebe, die Grals-Sage entstand nicht in Jerusalem, sie entstand nicht im jüdischen Volk, sondern wurde abgeleitet aus der Urreligion, von denjenigen, die den Menschen nach der Vernichtung von Atlantis die Botschaft bringen sollten – nämlich die Priester, die aus Atlantis die Wahrheit mit hinausgenommen haben in die Welten, in die Kontinente dieser Welt.

Frage: **Drewermanns** Ansichten decken sich in vielen mit dem, was du uns vermittelt hast. Woher hat er dieses Wissen?

Claudius: Nun, meine Liebe, dieser Mensch wird inspiriert. Ihm wurde diese Aufgabe zuteil, zu diesem Zeitpunkt, ein lautes Wort zu sprechen, und sehr viele Menschen fühlen den Sinn, der hinter diesen Worten steckt und können ihn einordnen. Dies ist der Sinn der Begegnung.

Es gab früher noch andere begnadete Menschen, zum Beispiel **Mohammed, die Propheten Elia, Hesekiel.** Zu allen Zeiten gab es Menschen, die inspiriert wurden und offen diese ihnen übergebenen Worte von der Liebe gepredigt hatten.

Frage: Weshalb gibt es eine »weiße« **Maria,** eine »schwarze« **Maria** und andere? Sie war sicher eine Frau mit brauner Hautfarbe?

Claudius: So ist es, meine Liebe. **Maria** war ein Kind des Volkes Israel. Sie war genauso der Sonne ausgesetzt, wie jede andere Frau. **Maria** hatte keine weiße Haut, denn dann hätte sie die Sonne verbrannt. Sie war aber auch nicht schwarz. Sie war ein dunkler Typ.

Frage: Die Begleitmusik bei den Seancen »Spiritual Healing« (Geistheilung) und »Energy of Light« (Lichtenergie) stammt von dem Komponisten **SANDELAN.** Was bedeutet dieses Pseudonym?

Claudius: Das Wort stammt aus dem Sanskrit und bedeutet so viel wie »Der suchende Finder«.

Frage: Ich habe davon gehört, daß Ufos auch schon abgestürzt sind, wir wurden aber nicht informiert.

Claudius: Wohlweislich hat man euch diese Tatsache verschwiegen. Aus dem einfachen Grund, um die Bevölkerung nicht zu beunruhigen und aus vielen anderen Gründen mehr. Die wirtschaftliche Existenz eures Planeten würde davon berührt, denn das, was diese Wesen an Wissen mit auf die Erde bringen könnten, würde die gesamte Forschung auf den Kopf stellen und ihr Wissen.

Frage: Lieber **Claudius,** unser Leben ist so kurz, man möchte so vieles tun, ändern, verbessern, aber es ist, als laufe einem die Zeit davon.

Claudius: Die Zeit, meine Freunde, in der ihr lebt, dient euch, sie beherrscht euch nicht, **sondern sie dient euch.** Und wenn ihr dies erkannt habt, dann werdet ihr lächeln können über die Unebenheiten eures Weges, ihr werdet lächeln können, wenn ihr stolpert. Es ist nun einmal so, daß, wie ihr euch ausdrückt, real existierendes Leben der Zeit unterliegt. Nur, auch real existierendes Leben gibt es nicht. Was ihr darunter versteht, ist die Zusammenfassung von Molekularstrukturen, die sich zu einem Körper entwickelt haben.

Frage: Gibt es verschiedene Zeitkontinuen?

Claudius: Nun, nach eurem Verständnis: Ja, nach unserem Verständnis: Nein.
Siehe, der Mensch wird geprägt von Raum und Zeit, von diesem Vorstellungsfeld. Raum und Zeit entspricht eurem Leben. Euer Leben ist geprägt durch Raum und Zeit. Bei uns sind diese Begriffe nicht mehr vorhanden.

Frage: Hölle und Fegefeuer – sind sie Realität oder eine Erfindung der Theologen?

Claudius: Nun, mein Freund, in eurer Bibel steht geschrieben das Wort von der Hölle und vom Fegefeuer. Doch es ist auf eine andere Welt projiziert, meine Freunde, bewußt projiziert von Menschen, denn die Hölle erlebt jeder einzelne und das Fegefeuer jeder einzelne auf seine Art **auf diesem Planeten.**

Frage: Jeder Mensch jagt dem Glück nach, aber wenigen gelingt es, wirklich glücklich zu sein.

Claudius: Die Straße zum Glück besteht nicht darin, zu tun, was man möchte,

sondern zu mögen, was man tun muß!

Frage: Du hast einmal gesagt, daß sich ein Geistwesen nie zurückentwickeln kann. Warum nicht?

Claudius: Geistwesen können sich nie zurückentwickeln, weil sie in jedem Leben einen Lernprozeß absolvieren, der zu neuen Erkenntnissen führt – und somit zur Weiterentwicklung. Sie machen Fehler, die sie wieder korrigieren und deren Folgen sie selbst erfahren müssen.

Frage: Was sind »Lemuren«? Schafft Gott denn negative Wesen?

Claudius: Lemuren sind Wesen – sprich Seelen – die zwischen den Welten sich befinden und den Läuterungsprozeß noch nicht beendet haben.

Frage: Es gibt Menschen, die in Gruppen oder allein Kundalini- und Chakrenübungen machen, wie **Krishna.** Hat dies einen Sinn, führt es zur Erleuchtung und hat Erleuchtung überhaupt einen Sinn?

Claudius: Mein Freund, siehe, Erleuchtung ist ein erstrebenswertes Ziel für jeden einzelnen. Doch erleuchtet wird nur der werden können, der in sich selbst darauf vorbereitet ist. Spätestens, wenn er den Fluß überquert hat, wird er erleuchtet, wird er erkennen.

Ich weiß worauf deine Frage hinausgeht. Ich muß dir sagen, daß heute sehr viele Wege angeboten werden, und ich sage zu gleicher Zeit, daß sich so mancher **in Wunschdenken verirrt.**

Siehe, mein Freund, all dies, was heute an Wissen vorhanden ist, verliert seinen Wert, weil gewisse Voraussetzungen vorhanden sein müssen, für den, der dies praktizieren möchte. Weißt du, **mit dem rationalen Verstand ist dies nicht zu erlernen.** Es gehört etwas mehr dazu, in die geistigen Sphären einzudringen. Es muß möglich sein, daß sich der einzelne vom materiellen Denken löst, daß er seine Seele freiläßt, und dies ist immer nur eine Selbsterfahrung – und die ist der Schlüssel, zu der kann er hingeführt werden auf verschiedene Art und Weise.

Es liegt in der Verantwortung dessen begründet, der Lehrer ist, und so wie der Lehrer in euren Schulen das Kind erfassen soll, in seiner Seele, damit es seine Sprache versteht, so sollte es auf diesem Gebiet auch geschehen. Schau, mein Freund, was nutzt es, wenn du deine Kinder in die Schule schickst, und der

Mann, der dort vorne an der Tafel steht, sich nicht um sie kümmert, dann, mein Freund, verkümmert dein Kind.

Frage: Kannst du mir etwas über die Bedeutung der Menhire in Frankreich sagen?

Claudius: Steinkreiszeichen sind Orte der Begegnung, Kraftquellen längst vergangener Tage. Ich erinnere dich, daß es überall auf eurer Welt diese Reste aus der Vergangenheit der Menschen gibt.

Sie werden vielseitig gedeutet, doch auf die einfachste Formel kommen die Wissenschaftler nicht. Diese Orte bildeten in längst vergangenen Zeiten Regenerationsstätten für die Priester. Die Priester, die sich öffneten, um die Weisheit der Allmacht aufzunehmen, um sie hinauszutragen in die Welt.

Siehe, mein Herz, nichts, was damals geschah, ist in Vergessenheit geraten, denn auch heute geschieht es, daß unsere Energien, und auch Energien aus **anderen intergalaktischen Stationen** auf eurer Erde auftreten. Derjenige, der offen ist, wird die Resonanz in sich selbst erfühlen und erahnen.

Frage: Informationen über Lebensführung und Verhalten des Menschen werden in einem Computer gespreichert und aufgezeichnet?

Claudius: Nun, meine Liebe, laß dir folgendes erklären: Alle Dinge, die ihr je gedacht und getan habt, werden in eurer persönlichen Akasha-Chronik aufgezeichnet. Ihr verwendet das Wort der Apparatur. Nun, so könnte man es auch nennen – nur überlege, wenn ihr es wörtlich nehmt, dann müßten all diese Informationen von Milliarden und Abermilliarden Lebewesen in einen Riesencomputer gespeichert werden.

Frage: Ist euch unser Karma bekannt?

Claudius: Euer Karma, meine Lieben, ist uns bekannt.

Frage: Kann unser Karma sich verändern, wenn sich unser Bewußtsein verändert?

Claudius: So ist es, meine Liebe. Siehe, wenn sich das Bewußtsein verändert, dann hat es auch Auswirkung auf das Karma.

Frage: Als Kind habe ich im Religionsunterricht gelernt, daß der leibliche Körper am Jüngsten Tag aufersteht. Das stimmt nicht, wie wir nun wissen. Aber warum wurde uns so etwas gelehrt?

Claudius: Schaut, meine Freunde, euch wurde im katholischen Glauben gesagt, daß der Körper aufersteht – und daß er deshalb aufbewahrt werden soll. Nun, in eurer Religion ist der Gedanke verhaftet, der damals in der ägyptischen Religion vorhanden war, daß man den Körper einbindet und in Sarkophargen beisetzt. Du siehst die Entlehnung des Wissens aus einer vorhergegangenen Religionsrichtung. Und so wirst du im Laufe des Lebens noch mehr Verbindungen feststellen. Und der »Jüngste Tag« ist nichts anderes, als der Tag eures Hinübergangs.

Frage: Wir sprechen von einer Schattenwelt – ist damit das Jenseits gemeint?

Claudius: Es gibt eine duale Welt, das heißt die Kehrseite eurer Welt, das Spiegelbild eurer Welt. Es ist jedoch für den einzelnen nur erfühlbar, nicht erkennbar. In längst vergangenen Tagen hat man vom »Schattenreich« gesprochen. Es trifft jedoch nicht den Kern.

Seht, wenn die Seele den Fluß überschritten hat, der Körper zurückbleibt auf eurer materiellen Welt, dann erwacht die Seele in der dualen Welt, das heißt sie wird sich hier auf unserer Ebene in dieser dualen Welt zunächst bewegen. Sie wird die Erfahrungen des Lebens neu erkennen und einordnen. Dazu ist es erforderlich, daß eine duale Welt vorhanden ist. Viele jedoch, die plötzlich und unerwartet diesen Weg gehen, erkennen nicht, daß sie ihren Körper zurückgelassen haben, und es dauert eine gewisse Zeit, bis sie wissen, daß ihnen der Weg nach oben zum Gesamtbewußtsein offen steht. Bist du mit dieser Antwort zufrieden?

Frage: Die Trägerenergie, von der du wiederholt gesprochen hast, hängt diese mit der Liebe zusammen, mit Sonnenstrahlen, die zu uns kommen? Oder mit dem Ozonloch?

Claudius: Alles ist in der Liebe der Allmacht begründet. Siehe, daß die Erde die Sonne bekommen hat, um Photosynthese herzustellen, um euch zu wärmen. Es hat alles seinen tiefen Sinn. Doch nichts geschieht ohne diese Urenergie der Liebe der Allmacht. Und wenn die Liebe der Allmacht nicht wäre, dann, meine Freunde, würde weder die Erde noch das Weltall bestehen.

Frage: Wenn die Kirche jemand nach seinem Tode heilig spricht, ist das dann in Ordnung?

Claudius: Eure Kirchen haben euch verwirrt, indem sie sagen, sie sprechen Segen oder Verdammnis aus. Sie machen Heilige oder sie stellen Stufenleitern auf. Seligsprechung, Heiligsprechung, und dann – meine lieben Freunde – ist es nicht mehr weit zum »Göttlichen« Doch göttlich ist nur die Allmacht. Hier gibt es keine Zwischenstufen.

Frage: Kann man aus den Aussagen des **Nostradamus** Konsequenzen ziehen?

Claudius: Sicher, mein Freund, denn **Nostradamus** war ein Gelehrter seiner Zeit. Er hatte Zugang zum Informationsfeld, doch er konnte die Zeitabläufe nur vage andeuten. Zu seiner Zeit bestand die Gefahr, daß Prophetien zu seinem Verhängnis hätten werden können. Deshalb machte er aus seinem Wissen ein Geheimnis.

Ein Geheimnis sind auch die Weissagungen und Wunder von **Fatima,** die Weissagungen der **Pythia,** die Weissagungen all derer, die es wagten, den Menschen zu warnen.

Frage: Weshalb war im Tempel von Dendera die Abbildung einer Glühlampe angebracht?

Claudius: Stelle dir vor, daß dieser Tempel in früheren Jahren höher lag, besser zugänglich war, und daß er einen bestimmten Sinn hatte. Diese Kammer, in der die Abbildung vorhanden ist, wurde von bestimmten Menschengruppen benutzt, als Hinweis auf verschiedene Geheimnisse.

In der Lieratur gibt es sehr viele Definitionen hierfür – doch nur wenige erkennen darin, daß es zum damaligen Zeitpunkt schon möglich war, in die Tiefe der Berge zu gehen mit sogenanntem elektrischen Licht. Dies ist ein Hinweis.

Frage: Eine Frage zur Dualität. Kann man sie auch als Gleichzeitigkeit bezeichnen?

Claudius: Nun, es wird sehr viel von Dualität gesprochen. Dualität als Gleichzeitigkeit betrachtet beinhaltet eigentlich nur das Bewußtsein des einzelnen. Ich möchte dies näher erläutern. Seht, euer Leben als Menschen auf diesem Planeten wird begleitet von einem Teilbewußtsein. Gleichzeitig ist euer Gesamtbewußtsein hier bei uns auf dem Weg, Erfahrungen zu sammeln. Wenn ihr dies als Dualität versteht, dann versteht ihr auch, daß euer Gesamtbewußtsein Teil hat an eurem Leben hier auf diesem Planeten. So möchte ich Dualität verstanden wissen.

Frage: Leider sind viele Menschen sehr negativ eingestellt. Kommt das daher, daß es so viel Negatives auf der Welt gibt?

Claudius: Seht, es ist völlig normal, daß sowohl das Negative existiert, als auch das Positive. Das Positive gründet auf dem Negativen. Die Ackerkrume ist der Boden, der gedüngt wird mit Negativem, mit Mist, daraus sich die neue Frucht entwickelt. Und wenn ihr es so seht, dann, meine Lieben, müssen Kriege sein, es müssen Verzweiflung sein, Not und Elend, damit der Mensch sich wieder besinnt auf seinen Ursprung. Es ist der Mist eures Lebens, eures Seins auf diesem Planeten – der Dung für die neue Saat. Deshalb ist es illusorisch, von der Allmacht zu verlangen, Leid und

Not einfach zu eleminieren. Das würde dem Entwicklungsprozeß des einzelnen keinen Vorschub leisten, sondern **der Mensch kann nur wachsen an der Aufgabe, die ihm gestellt wird.** Ihr wißt, meine Fraunde, daß es ein langer Weg ist, bis Überzeugung im menschlichen Sein Platz greifen kann. Der, der fragt, wird Antwort erhalten, denn die Antwort steht bereit.

Frage: Lieber **Claudius,** Vergangenheit, Gegenwart und Zukunft sind bei euch gleichzeitig. Das hast du uns schon gesagt. Könntest du uns trotzdem ein symbolhaftes Beispiel zum besseren Verständnis geben?

Claudius: Ihr sprecht von Vergangenheit, Gegenwart und Zukunft. Was ist Vergangenheit, Gegenwart, Zukunft? Seht die Taube in der Luft, sie überblickt alles. Ein jeder kann sie sehen von seinem Standort aus, aber keiner, der sie erblickt, ist sich bewußt, daß andere diese gleiche Taube zur gleichen Zeit sehen können. – Denkt darüber nach.

Frage: Nach der Zukunft möchten wir jetzt nicht fragen. Aber die Vergangenheit – die früheren Inkarnationen würden uns sehr interessieren.

Claudius: Ich bemühe mich, aus eurer Vergangenheit Ansatzpunkte zu geben für die Entwicklung in die Zukunft. Es ist ein außergewöhnliches Beginnen und ist nur in diesem Kreis möglich, denn ich könnte euch eure gesamten Vorleben auf den Tisch legen. Doch sie wären bedeutungslos zunächst, und ihr könntet sie nicht einordnen. Was ich mit meinen Andeutungen für euch bewirken will, ist, daß dieses bestimmte Glöckchen in euch zum Klingen gebracht wird.

Frage: Wir haben einmal über Opfer und Täter gesprochen. Darf ich noch einmal darauf zurückkommen?

Claudius: Wo liegt das Problem?

Frage: Aus unserer Sicht gesehen ist ein Mörder etwas Verabscheuungswürdiges, aber aus eurer Sicht gesehen hast du einmal etwas ganz anderes gesagt.

Claudius: Der Sinn der Tat mag euch verschlossen bleiben, doch eines sollte die Tat in euch hervorrufen: das Bedauern mit dem Täter und mit dem Opfer. Eure Barmherzigkeit ist gefragt, eure Barmherzigkeit euch selber gegenüber, daß ihr euch sagen könnt: Wer bin ich, daß ich den Stab breche über meinen Bruder? Sprich »Mea culpa, mea culpa, mea maxima culpa«, und du wirst den Sinn dieser Worte neu verstehen.

Frage: Ich habe schon mehrere hoch-wissenschaftliche Bücher über Parapsychologie gelesen, aber sie fanden in meiner Seele keinen Widerhall, wogegen andere wiederum mich zutiefst beeindruckten. Woran liegt das?

Claudius: Viele wissenschaftliche Bücher sind zwar vom Intellekt her gut geschrieben, gehen aber über die Schranken menschlicher Geistsperren nicht hinaus. Oft wird das, was Wissen schaffen sollte, in Fakten verpackt, die das Denken blockieren, weil die **gebärende Liebe fehlt.**

Gnade wird nur dem zuteil, der sich nicht nur an Fakten klammert, sondern **seine Seele fliegen** läßt.

Aussagen auf wissenschaftlichem Gebiet setzen ein **Minimum an Liebe voraus.**

Im übrigen bedarf die Vielfalt der Ereignisse im Zeitraum der letzten zehn Jahre nach eurer Zeitrechnung **genauester Erklärung, sonst verwirren sie nur.**

Frage: Die 7 Tempelanlagen am Nil sollen für die 7 Chakren des Menschen stehen?

Claudius: Das ist eine menschliche Interpretation. Chakren möchte ich anders verstanden wissen. Chakren sind mit der Entstehung des Menschengeschlechtes verbunden. Es sind geistige Schlußpunkte, die erahnt, aufgespürt werden können von demjenigen, der in sich selbst hineinfällt, der meditiert, der diese Kräfte im menschlichen Körper mobilisieren kann.

Frage: Du hast symbolisch einmal gesagt, um jemand wehe zu tun, wirft man mit Steinen nach ihm, man könnte aber auch »andere Steine« verstehen? (Siehe **CLAUDIUS** Band II, Seite 59)

Claudius: Das ist eine falsche Interpretation. Es soll heißen: Man kann **Steine auch anders** verwenden, zum Beispiel statt mit ihnen zu werfen, eine Mauer aufzubauen.

Frage: Frau **Schäfer** erwähnt in **CLAUDIUS** Band II, Seite 422, daß Prof. Oberth in einem seiner Bücher geschrieben hat: Der Mensch hat einen freien Willen, aber ist trotzdem nicht frei.
Er ist unfrei in seiner Freiheit, und frei in seiner Unfreiheit. Das würden von 100 Menschen nur 99 verstehen. Muß das nicht umgekehrt heißen?

Claudius: Richtig. Es muß heißen, daß von 100 Menschen 99 das **nicht verstehen.**

Frage: Es gibt Menschen, die von einem Glauben zum anderen überwechseln. Ist dies nun negativ oder positiv zu sehen?

Claudius: Seht, geliebte Freunde, viele Wege müssen beschritten werden, damit eure Seele die Heimat findet. Die Heimat auf diesem Planeten, das kleine Eckchen, das ihr braucht, um auszuruhen, um euch selbst zum Frieden zu führen. Geliebte Freunde, ihr geht den Weg aus eigener Überzeugung heraus, denkt daran, daß euer freier Wille euch leitet, daß eure Seele dem Verstand signalisiert, wohin sie gehen will.
Seht, meine Freunde, in eurem Leben werdet ihr konfrontiert mit verschiedenen Richtungen, Glaubensrichtungen, wie ihr sagen würdet, wobei jede einzelne Seele einen Entwicklungsprozeß durchläuft, um für sich selbst die Wahrheit erkennen zu können. So ist es auch erklärbar, warum aus einem Christ ein Buddhist werden kann oder umgekehrt.
Seht, der Schlüssel liegt darin begründet, daß die

Seele einen langen Weg gehen muß. Doch sie bleibt immer der Wurzel aller Religionen verhaftet – und

dies ist die Liebe, die ewig gültige Liebe.

Wenn ihr erkennt, daß euer Teilbewußtsein auf dieser Erde gebunden ist an das Gesamtbewußtsein, dann könnt ihr auch verstehen, daß sich doktrinäre Religionsrichtungen verändern im Bewußtsein des einzelnen. Die Suche nach der Wahrheit wird jeden einzelnen den Weg finden lassen.

Frage: Es ist ganz klar, daß wir durch Nahrung Energie zu uns nehmen. Du hast aber in diesem Zusammenhang ganz besonders auf Gemüse, Kartoffeln und Obst hingewiesen. Vermitteln diese Produkte mehr Energie als andere Nahrungsmittel?

Claudius: Ja – meine Liebe, weißt du, die Früchte der Erde sind gar köstlich, denn sie sind durchsetzt von den Energien dieser Erde, und ihr könnt diese in euch erfühlen, wenn ihr beginnt die Früchte zu genießen. Spürt, daß diese Früchte Bestandteil auch eures Körpers werden, die Energien, die diese Früchte wachsen ließ. In euerer Sprache wurde ein Wort geprägt: **Bewußt** die Nahrung zu sich nehmen, **bewußt** die Energien zu sich nehmen.

Frage: Es wird oft davon gesprochen, daß der Mensch nur durch Leid geformt wird, daß jede Leid-Erfahrung seine Entwicklung fördert. Kann Freude nicht auch förderlich sein?

Claudius: Seht Freunde, es ist nicht so, daß nur das Leid allein eine Änderung des Bewußtseins bewirkt. Ein Zusammenwirken beider Kräfte führt zum höheren Bewußtsein.

Frage: Der Begriff »Energie« wird vielfach verwendet. Das ist mir aber zu vage. Kann man »Energie« nicht konkreter definieren?

Claudius: Weißt du, nimm doch einfach an, daß **Energien** sowohl **segensreich,** als auch **zerstörend** wirken können. Es ist keine Erklärung, von Dissonanz, Resonanz oder Schwingungen nur zu sprechen. Doch wie anders sollte der Mensch sein Begriffsvermögen aufbauen, um einigermaßen mit diesen Dingen arbeiten zu können?

Es sind Informationen in reinster energetischer Form, und hier beginnt wieder die Tatsache Platz zu greifen, daß ihr als Menschen versuchen müßt, etwas in Worte zu fassen, was eigentlich **nicht in Worte zu fassen ist.**

Verstehe mich richtig, es ist nicht als Tadel gemeint, sondern ich möchte dazu anregen, daß man darüber nachdenkt, denn auch dadurch ist Zugang zu finden zum geistigen Bewußtwerden.

Frage: Eigentlich können wir uns auch unter »Gott« nichts vorstellen, aber dennoch ist dieser Begriff für uns beinahe real. Wie kommt das?

Claudius: Seht also, daß **ein Name bestimmend für alle Menschen ist:** Der Name *GOTT*, weil in jedem von euch dieser Gottesfunke vorhanden ist. Ob ihr als Menschen wollt oder nicht, Gott schafft in euch eine Resonanz.

Frage: Du sagtest, Gott sei nicht zu hinterfragen. Aber so ganz kann ich mich mit dieser Aussage nicht anfreunden. Könntest du uns vielleicht nicht wenigstens eine kleine Information geben, eine Information, die wir verstehen?

Claudius: Meine Lieben, Gott ist der **Kern allen Seins,** der **Kern der Liebe aller Informationen,** aller Planeten, die da werden und vergehen. Es gibt nichts anderes als diesen Gott, den ihr so nennt.

Liebe ist göttlich! Liebe ist die stärkste, die faszinierendste, die allumfassendste Energie. Liebe ist die Urinformation. Liebe ist der Atem Gottes, der

ausatmet alles Wissen, alle Information und einatmet alles, was sich selbst bewußt geworden ist.

Frage: Hat jeder Mensch einen Schutzgeist und ist jeder Schutzgeist positiv?

Claudius: Jeder Mensch hat seine Begleitung, und das Wort »Schutz« besagt bereits, daß es eine positive Begleitung ist. Das Problem aber ist, daß der Mensch in sich selbst ihm keinen Raum gibt, und weißt du, **die Stimme deines Begleiters ist nicht fordernd, sie ist nicht zwingend** – nur wenn deine Seele bereit ist, dieser Stimme Gehör zu verleihen, dann wird über deine Seele der Frieden deinem rationellen Verstand zugeführt werden.

Frage: Ich habe Angst vor jeder Entscheidung. Hast du einen Rat?

Claudius: Dem Unausweichlichen auszuweichen, das Unabwendbare abzuwenden, hieße, das abgefallene Blatt wieder an den Baum zu nageln. Abschiednehmen, sich trennen, einen Teil von sich selbst aufgeben, etwas dem Wind überlassen, den Fluten, dem Wasser. Das Sterben lernen – jeden Tag ein wenig – **für das Neue, das folgt.** Die Straße zum Glück besteht nicht darin, das zu tun, was man möchte, **sondern zu mögen, was man tun muß.**

Frage: Wenn zu irgendeinem Zeitpunkt Marc zu euch geht, wird es dann einen Nachfolger für ihn geben?

Claudius: Nun, mein Freund, es kann nicht mehr so sein, wie es war. Der Kontakt mit ihm, unserem Freund, ist einmalig, unwiederbringlich und wird nie mehr weitergeführt werden können. **Seid euch im klaren, daß eine ungeheuere Gnade gewährt wird, wie sie selten Menschen zuteil wird.**

Aber in Detailfragen, die bestimmte Personen interessieren, sollen Schwerpunkte gesetzt werden, **sollen Menschen ausgewählt werden, die sich dafür eignen.**

Frage: Wenn Marc, beziehungsweise wir mit Marc an einem anderen Ort sind, funktioniert es dann auch mit unserem Kontakt mit dir?

Claudius: Ich kann gleiten meine Liebe und werde unseren Freund immer treffen.

Frage: Wir haben ein Videobild durchbekommen, das unverwechselbar **Friedrich Jürgenson,** den Nestor der Tonbandstimmenforschung darstellt. Ist es wirklich **Friedrich Jürgenson**?

Claudius: Ja – es ist **Friedrich Jürgenson.**

Frage: Was bedeuten die 3 Kreise um ihn?

Claudius: Diese 3 Kreise sind der Widerschein von verschiedenen Planetarien. Sie haben sich auf diesem Bild manifestiert. Sie zählen zu den Erfordernissen des neuen Lebens dieser Wesenheit, die ihr unter dem Namen **Friedrich Jürgenson** kennt.

Frage: Es gibt 10 Gebote, aber du sagtest, es gibt nur eines, die Liebe. Möchtest du das begründen?

Claudius: Wenn du in der Liebe lebst, meine Liebe, wirst du nicht begehren deines Nächsten Hab und Gut.
Wenn du in der Liebe lebst, wirst du demütig und barmherzig sein.
Wenn du in der Liebe lebst, wird es dir möglich sein, **deinen Nächsten so zu akzeptieren, als wärest du er selbst.**

Frage: Was spielt die größte Rolle beim Übergang?

Claudius: Nicht Geld spielt eine Rolle, micht materieller Wohlstand, nicht dein Beruf, nicht wie du gekleidet bist –
was du bist in deiner Seele – das spielt die Rolle!
Das wird dir Frieden geben beim Übergang. Glaube mir, Übergang ist nicht leicht, wenn du trotz allem Hoffen **nichts weißt.**

Frage: Bei der letzten Einspielung verwendeten wir wie immer die mit »Sandelan«-Musik bespielte Kassette. Trotzdem hörten wir keine Musik während unseres Dialogs, so daß wir das Gespräch mühelos verstehen konnten. Nach Beendigung der Einspielung hört man dann auf der Kassette die ursprüngliche Fassung der Sandelan-Musik wieder laut. Da wir selber an dem Recorder nicht das geringste verändert haben, ist dies technisch doch nicht möglich?

Claudius: Könnt ihr denn immer noch nicht begreifen, daß bei uns nichts »unmöglich« ist?

Frage: Ich habe das Buch von Edgar Cayse gelesen. Ist Cayse von euch geführt worden?

Claudius: Stellenweise »ja«. Für alles, was Medialität anbelangt, ist Cayse Kanal gewesen. Doch nur für eine gewisse bestimmte Richtung.

Frage: Ich habe begriffen, daß die Bewußtseinsebenen, in die man hineinspringen kann, parallel existieren. Doch steigt dann nicht die Zahl der Bewußtseinsebenen, die wir mit jeder Handlung als Mensch vollführen, ins Unermeßliche?

Claudius: Weißt du, mein Lieber, der Mensch versucht mit dem realen Verstand diese Dinge einzuordnen und vermag nicht einmal sein jetziges Leben hier zu leben. Er soll sich auf das beschränken, was ihm persönlich nutzt, denn kein Mensch auf dieser Erde ist gleich. Jeder hat ein eigenes Bewußtsein und demnach auch ein anderes Aktionsfeld.

Frage: Ist es falsch oder richtig, wenn man seinen Körper zur Organspende zur Verfügung stellt?

Claudius: Es ist belanglos. Bei der Organspende ist natürlich das Organ mit der Seelenschwingung belastet, aber das eliminiert sich. Sollte die Schwingung zu stark oder zu unterschiedlich sein, wird dieses Organ vom Empfängerkörper abgestoßen.

Frage: Ist es also für den Spender unerheblich, ob man seine Organe nach dem Tod entnimmt oder nicht. Ihm geht also nichts verloren?

Claudius: Nein, es geht ihm nichts verloren. Seht, es ist alles relativ und subjektiv zu betrachten.

Frage: Wenn unser Planet ERDE ein Lehrplanet ist, wie du uns schon sagtest, was sind dann die unendlich vielen anderen Planeten?

Claudius: Mein Freund, man kann hier nicht pauschalieren. Du siehst, daß dieser Planet ERDE eine bestimmte Aufgabe im Universum hat. Diese Aufgabe kann nur durch die Menschen wahrgenommen werden, so wie sie jetzt leben: Läuterung – Aufstieg – Loslösung – Inkarnation usw. Andere Planeten beherbergen andere Wesenheiten, die auch eine Aufgabe zu erfüllen haben. Ich spreche jetzt über die Wesenheiten des **Plejadensystems**, weil ich hier eine Parallele ziehen kann: **Hier ist die Liebe die tragende Kraft und nicht materielles Denken.** Deshalb sind die Wesenheiten des Plejadensystems weiter, als die Menschen auf der Erde es werden können.

Frage: Es gibt, wie wir bereits wissen, Inkarnation sowohl auf dieser Erde, wie auch auf anderen Planeten. Wie aber vollzieht sich eine **geistige Inkarnation**, von der du schon gesprochen hast?

Claudius: Seht, eine **rein-geistige Inkarnation ist nur möglich mit dem Gesamtbewußtsein, das aus eurem Teilbewußtsein hier besteht und aus eurem Bewußtsein auf unserer Ebene**. Verbinden sich beide Bewußtseinsebenen, entsteht eine neue Inkarnation, durch die ihr euch weiterentwickelt, auf eine andere Art, als es bei euch möglich ist. Hier auf der Erde lebt ihr nur mit einem Teilaspekt, nicht mit der gesamten Information eures Seins.

Frage: Welche Bedeutung hat der Biorhythmus auf unseren Körper?

Claudius: Es ist der Steuerungsmechanismus, der dich lachen und weinen läßt. Dieser Biorhythmus wird von außerhalb, von den Energien, die um dich herum sind, beeinflußt – und von dir selbst.

Siehe es so, deine Seele wird von Energien beeinflußt, die du selbst nicht steuern kannst.

Frage: Sind diese Energien mit Psyche gleichzusetzen?

Claudius: So ist es. Dein Körper ist so gelagert, daß er die Energien von außerhalb aufnehmen kann, ja sogar aufnehmen **muß**. Die Verarbeitung dieser Energien geschieht durch deine Physis, das heißt, es entwickeln sich in deinem Körper Gefühle, die du empfinden kannst, aber die du nicht selbst erzeugt hast, sondern sie entstehen durch die Einflußnahme von außerhalb. Dein biologischer Rhythmus wird dadurch beeinflußt.

Frage: Warum stirbt der Mensch, wenn man ihn dauernd am Träumen hindert?

Claudius: Ganz einfach, mein lieber Freund, weil deine Seele sich vom Körper löst. Sie wird daran gehindert, neue Kraft zu schöpfen für das Leben. **Denn deine Seele ist der Energiespender für das Leben und nicht die Nahrung, die du aufnimmst.** Und wenn die Seele daran gehindert wird sich zu regenerieren, zu träumen, wie ihr sagt, dann muß der Körper sterben, denn Gewalt, die der Seele zugefügt wird, führt dazu, daß der Wunsch heimzukehren größer wird, als der Wunsch, diesen Körper weiterhin zu beseelen.

Frage: Aus was besteht ihr im Jenseits? Werdet ihr aufgelöst in Moleküle?

Claudius: Siehe, ihr fragt, was es ist, aus was wir bestehen. Wir werden nicht in die Molekularstruktur, nicht in Atome aufgelöst, wir werden aufgelöst in winzige, nicht mehr wahrnehmbare Energieteilchen. Es ist das Licht der Ewigkeit, das jedoch das Wissen um die Atome beinhaltet und sich so wieder zusammensetzen **kann**. Tachyonen, meine Liebe, ist das Schlüsselwort. **Tachyonenenergie.**

Tachyonenenergie ist die Grundlage für alles, was lebt, auch für euch, denn eure Moleküle werden auch gesteuert von Tachyonen. Wenn eure Molekülatome zerfallen, dann entsteht eine andere Energie.

Frage: Ich habe gelesen, daß es in einer Höhle (Qumran) Überreste gibt, die konserviert sind durch die trokkene Luft und vor dem Verfall bewahrt wurden, deponiert von denjenigen, die einst die Ureinwohner dieses Landes genannt wurden.

Claudius: Das stimmt – es waren Menschen, die größer waren, als ihr heute seid. Menschenwesen möchte ich sagen, nicht vergleichbar mit euch. Doch sie bildeten den Urstamm der Menschheit, von dem heute nur noch wenig vorhanden ist.

Alles ist zu einem gewissen Zeitpunkt völlig erstarrt. Du siehst daran, daß auch die Urbewohner durch eine unendlich große Katastrophe ausgelöscht worden sind.

Wenn eines Tages Frieden herrschen würde, dann, meine Freunde, würden wir durch berufenen Mund Anregungen geben, wo diese Dinge zu finden sind. Heute würde uns niemand Glauben schenken; und wenn doch jemand uns Glauben schenken würde, wäre die Gier nach materiellen Dingen so groß, daß die Ehrfurcht verloren gehen würde. Ihr seht, meine Freunde, was mit den Schriftrollen geschehen ist, die vor 40 Jahren hier gefunden wurden. Es sind nur Fragmente, die an die Öffentlichkeit gelangt sind.

Frage: Ich habe gelesen, daß sich unser Milchstraßensystem insgesamt um eine Zentralsonne bewegt, in elliptischer Bahn, die etwa alle 3900 Jahre vollendet ist. Im Augenblick würden wir auf die Stelle zulaufen, die der Sonne am nächsten steht. Dieser intensiven Strahlung seien nicht alle physischen Körper der Menschen, die zur Zeit auf der Erde leben, gewachsen und würden deshalb zugrundegehen. Stimmt das?

Claudius: So ist es, gewollt, bedacht und im Ratschluß der Allmacht verankert.

Frage: Was passier mit den Menschen, die das nicht verkraften? Gehen sie in den allgemeinen Energieverbund zurück, wie du Claudius, uns schon einmal gesagt hattest?

Claudius: So ist es. Nur derjenige, der sich geistig so weit öffnet, daß er den Sinn seines Lebens begreift, wird annehmen was geschieht und nicht mit der Allmacht hadern. Es ist die Bestimmung des Menschen, daß er Wege geht, die im Ratschluß Gottes begründet sind.

Frage: Findet dieser Zyklus jedesmal neu statt, wenn die Umlaufbahn dann wieder an diese Stelle kommt?

Claudius: Nun, mein Freund, es hat zu allen Zeiten schon Sintfluten gegeben – **und sie werden wieder kommen.**

Frage: Gibt es einen Unterschied, ob jemand Christ ist oder Buddhist?

Claudius: Vergiß niemals: Derjenige, der gläubig ist und zu Allah betet, meint genau den gleichen Gott, wie ihr, nur könnte er mit eurer Religion nichts anfangen.

Frage: Wenn es keine Wiedergeburt gäbe, wäre unser Leben doch total sinnlos – und die verschiedenen Schicksale ungerecht. Sehe ich das richtig?

Claudius: Meine Liebe, alles ist ineinander verwoben. Nichts kommt von ungefähr, und alles läßt sich erklären, wenn ihr Wissen um das Wiedergeborenwerden in euch verankert habt.

Denn seht, was sollte so ein kleines kurzes Menschenleben sein für die Ewigkeit? Nichts wäre sinnvoll, noch nicht einmal, daß ihr euch ein Haus baut, denn ihr könntet genausogut in einer Hütte leben. Nichts wäre sinnvoll, auch nicht die Sorgen, die Nöte, die ihr euch um eure Kinder macht. Warum solltet ihr Verstand mitbekommen haben, warum keinen Instinkt, wie die Tiere? Es würde euch der Geruchssinn völlig genügen, um euch zu ernähren. Doch ihr habt eine Seele, die empfindet, die euch Signale schickt, durch die Liebe der Allmacht mitbekommen – und das allein, dieses Wissen um eure unsterbliche Seele, hebt euch empor über alle Wesen dieser Welt.

Seid euch dessen bewußt und ihr werdet die Liebe erkennen und ihr werdet euer Leben und die Wiedergeburt verstehen.

Frage: Ich kenne eine Frau im Rollstuhl und möchte ihr gerne von dir erzählen. Bis jetzt verhielt sie sich ablehnend.

Claudius: Sprich sie nicht mehr an, ehe sie nicht selbst mit Fragen zu dir kommt, denn sonst, mein Freund, hätte sie das Empfinden, daß sie in die Enge getrieben und ihr Geist vergewaltigt wird.
Es gibt Tausende und Abertausende von Menschen, die von heute auf morgen zum Krüppel werden und trotzdem die Kraft erhalten ihr Leben weiterzuleben. Für viele ist es eine Begegnung mit der geistigen Welt. Viele sagen: Ich will – und glauben, daß es von ihrem Wollen abhängt weiterzumachen.

Frage: Kannst du, Claudius durch die geschlossenen Augen von Marc sehen?

Claudius: Wenn ich es will. Die geschlossenen Lider sind für mich kein Hinderungsgrund, andere Dinge wahrzunehmen, die hier im Raum sind. Siehe, angefüllt ist dieser Raum mit den Geistwesen, die für diese Gruppe verantwortlich zeichnen. Hier, hier ist Feuer (dabei im Kreis deutend), hier ist Energie, hier sind Strahlen – und alles vereint sich in euch, meine Freunde.

Frage: Nach einer wissenschaftlichen Aussage soll der Untergang von Atlantis vor 14 000 Jahren stattgefunden haben, und nicht wie du meintest, vor 5–6 Millionen Jahren.

Claudius: Dieser Kontinent brach Stück für Stück im Laufe der 5–6 Millionen Jahre auseinander, und der letzte Riß entstand vor zirka 14 000 Jahren. So ist es, meine Liebe.

Frage: Wenn ich positive Gedanken aussende, können diese auch negativ aufgenommen werden?

Claudius: Mein Freund, **befreie dich von der Vorstellung, daß es positiv und negativ gibt.** Es erfolgt lediglich eine Reaktion auf den Gedanken, den du aussendest, den du als positiv oder negativ bezeichnest. Ich jedoch würde diese Unterscheidung nicht machen. Du hast einen Energiestrom ausgesendet, und dieser Energiestrom geht zurück, wenn er seinen Schnittpunkt erreicht hat. Das ist eigentlich schon alles. Dein Verstand, deine Ratio – sie allein unterscheidet zwischen positiv und negativ. Es ist dem einzelnen überlassen, wie er diese Rückwirkung umsetzt.

Frage: Ist Eitelkeit verwerflich?

Claudius: Nein – meine Liebe – du solltest etwas mehr für dich tun, damit du dich mehr lieben würdest. Du selbst bist du, und du bist nur dir selbst verantwortlich. Du gehörst, wie ihr sagt, zum schönen Geschlecht der Frauen, und es ist keine Schande, wenn man in den Spiegel sieht und freut sich an sich selbst, denn es ist das Göttliche in einem Menschen, das er schmückt.

Frage: Ich kenne eine Frau, die 80 Jahre alt ist und sich jetzt eine Perücke gekauft hat, worüber andere lächeln. Doch ich bewundere diese Frau, die sagt: Ich möchte mir gefallen. Statt daß man diese Wünsche unterstützen würde, schimpft man, oder lächelt zumindest darüber.

Claudius: **Was ist alt?** Alt ist kein Mensch, wenn er sich nicht selbst alt macht.

Frage: Wenn ich davon ausgehe: Gleiches zieht Gleiches an, dann geht der Gedankenstrom oder das Gefühl, wenn ich Liebe aussende, hinaus und zieht andere Ströme, die die gleiche Schwingung haben – nämlich auch diese Schwingung der Liebe – an sich. Ist das eine Multiplikation der Gefühle?

Claudius: Richtig.

Frage: Wenn wir lieb- und vertrautgewordene Gewohnheiten ablegen wollen, dann sind wir gezwungen, einen harten Weg zu gehen. Meist ist es nur dann möglich, sich zu überwinden, wenn Anstöße von außen kommen. Sehe ich das richtig?

Claudius: Mein Freund, du hast recht. Kommen keine Anstöße, gibt es keine Weiterentwicklung, keine Fortentwicklung. Insofern siehst du es richtig, daß du dich immer nur dann bewegst, wenn, um mit euren Worten zu sprechen, dir jemand in den Hintern tritt.

Siehe, mein Freund, **was du auf der einen Seite unterläßt, wandert auf die andere Seite vor deine Füße. Du mußt also immer wieder versuchen, es aus dem Weg zu räumen.**
Es ist ein ständiger Wandel, ständig wird der Weg neu beschritten, und Fehler, die hinter euch liegen, die ihr bewußt gemacht habt, werden nicht mehr auftauchen, weil sie Brandblasen in eurer Seele hinterlassen haben, und nur dadurch kann eine Weiterentwicklung entstehen.

Frage: Ich habe ein Buch über »Tellurische Kraftlinien« gelesen. Was kann man darunter verstehen?

Claudius: Hier werden die Erdmagnetströme zusammengefaßt, um einen Weg zu kennzeichnen.

Frage: Von wem werden diese zusammengefaßt? Automatisch durch die Natur oder . . .?

Claudius: Von denjenigen, die die Stollen durch den Berg graben.

Frage: Diese haben also die Kenntnisse darüber?

Claudius: So ist es.

Frage: Könnte man diese Kraftlinien – mit den notwendigen Kenntnissen – auch beliebig verlegen?

Claudius: So ist es, mein Freund. ich mache dich darauf aufmerksam, daß es gewisse Kreuzungspunkte gibt, wo Erdmagnetströme zu messen sind. In früheren Zeiten sprach man von »tellurischen Kräften«. Es ist nichts anderes als die Ausstrahlung der Molekularstruktur der Erde.

Frage: Ich habe noch eine Frage zu der Ausstrahlung der Molekularstruktur der Erde. Heißt das, daß diese Ausstrahlung begründet ist in der Konsistenz der Erde, auch in der Verteilung der unterschiedlichen Elemente und Moleküle innerhalb der Erde?

Claudius: So ist es, mein Freund, so ist es.

Frage: So daß man sogar Rückschlüsse ziehen könnte anhand der Strahlung, wenn sie uns zugänglich wäre, wie es darunter aussieht?

Claudius: So ist es, mein Freund. Siehe, wenn eure Wissenschaft bereit ist anzuerkennen, daß Erdstrahlen vorhanden sind, wenn dies ins Bewußtsein des Wissenschaftlers eindringt, so wird er eines Tages in der Lage sein, bestimmte Energiezentren zu orten.

Ich möchte ein kleines Beispiel geben. Siehe, es gibt Gebiete auf eurer Welt, wo sich Edelsteine bilden können. Es gibt ein Gebiet, dort bilden sich Bergkristalle im Berg. Es gibt Gebiete, dort findet ihr Diamanten. Es gibt Gebiete, dort findet ihr Rubine. All dies liegt darin begründet, daß die Beschaffenheit der Molekularstruktur oder der atomaren Struktur der Erde bestimmte Voraussetzungen gegeben hat, damit sich dies hier vollziehen kann.

Frage: Das verstehe ich, zumindest haben wir das in der Schule gelernt, daß Diamanten unter sehr hohem Druck entstehen und sehr hohen Temperaturen aus Kohlenstoff (richtig) und Bergkristalle in entsprechenden Hohlräumen durch möglich langsame Auskristallisationen der entsprechenden Verbindung. (Richtig). Das, was also neu ist, ist, daß dies nicht zufällig dort an den Stellen vorkommt, sondern auch auf andere Krafteinflüsse zurückzuführen ist.

Claudius: So ist es, mein Freund, denn sonst würdest du überall Bergkristalle haben können, sonst würdest du überall Rubine finden oder Gold, Edelmetalle.

Frage: Wir sind immer geneigt, den Zufall mehr ins Spiel zu bringen, aber offensichtlich nur aufgrund dessen, weil wir die Zusammenhänge nicht verstehen.

Claudius: So ist es, mein Freund. Siehe, ganz einfach ist der Vergleich zum Anbau eurer Ackerfrüchte. Der Spargel wird im schweren Boden nicht gedeihen, die Kartoffel wird im Sandboden zugrunde gehen. Selbst die Ähren des Getreides füllen sich nur dann, wenn bestimmte Bestandteile im Boden vorhanden sind. Auch daran könnt ihr sehen, daß es gewisse Voraussetzungen in der Erde geben muß, um den Apfelbaum, den Pfirsich, die Banane und so weiter gedeihen zu lassen.

Frage: Wobei wir natürlich immer wieder sagen, das ergibt sich ganz von allein. Wenn der Apfelbaum dort nicht gedeihen kann, dann wächst halt der Spargel dort, weil nur der die Chance hat, dort zu gedeihen.

Claudius: So ist es, das ist die vereinfachte Definition.

Frage: Ich akzeptiere, daß dies eine starke Vereinfachung ist. Es gibt aber Wünschelrutengänger, welche die Gabe haben, aufgrund irgendwelcher Energien, durch ihren Körper eine Reaktion hervorzurufen, solche Linien oder Erdstrahlen, Kreuzungspunkte aufzuspüren. Nach dem, was ich gelesen habe, werden diese Strahlen meist mit einer großen Regelmäßigkeit aufgezeigt, das heißt also mit regelmäßigen Abständen und Kreuzungspunkten. Dies könnte in einer gewissen Weise widersprüchlich sein, daß also diese Erdstrahlen nicht so regelmäßig verteilt sein dürften, wenn es die gleichen Energien sind, die mit der Konsistenz der Erde, also mit der Verteilung der Elemente zusammenhängen, die mit Sicherheit beziehungsweise mit größter Wahrscheinlichkeit nicht so regelmäßig verteilt sind wie das Netz, das man bei den Erdstrahlen zu haben glaubt.

Claudius: Nun, mein Freund, in gewisser Weise hast du recht. Doch dort, wo sich gewisse Energien sammeln, brechen sie auch durch. Sieh es so, wenn der Rutengänger über die Felder wandert, dann ist er auf eine bestimmte Energiequelle ausgerichtet. Er wird nichts anderes finden als Wasser, die Quelle, die im Untergrund sprudelt.

Aber es gibt auch Menschen, die solche Kräfte oder Energien aufnehmen und sich nicht erklären können, was sie verwirrt. Was ich dir damit sagen möchte ist, daß auch beim Menschen eine Veranlagung besteht, gewisse starke Abstrahlungen wahrzunehmen. Ich möchte es am Beispiel einer Levitation erklären. Siehe, es gab die Möglichkeit, die Energien der Erde so zu bündeln, daß ein Stein emporgehoben werden konnte. Es gab die Möglichkeit, gewisse Energien aus der Luft so zu bündeln, daß der Mensch sich aus dem Magnetfeld, aus dem Schwerefeld der Erde lösen konnte und emporgezogen wurde.

Frage: Manchmal erschrickt man über seine eigenen Gedanken und wünscht, sie aus dem Kopf verbannen zu können. Was soll man tun?

Claudius: Meine Liebe, es ist ein Lernprozeß, der in dir vorgeht. Dadurch, daß du es bemerkst, ist schon ein Schritt getan. Siehe, euer Denken, das über Jahrhunderte hinaus geprägt wurde von eurer Umgebung, von eurem Elternhaus, kann nur durch andere Überzeugungen ersetzt werden. Und dies muß gelernt werden. Wäre es nicht der Fall, dann wäret ihr keine denkenden Menschen. Man könnte euch heute dies und morgen jenes vorsetzen. Die Kontrolle über eure Gedanken könnt ihr nur erreichen, indem ihr Geduld habt mit euch selbst.

Und glaube nicht, daß es anderen im Kreis nicht genauso geht wie dir. In jedem einzelnen taucht mitunter ein Gedanke auf, der voller Erschrecken verdeckt wird, weil man glaubt, man könnte diese Gedanken von der Stirne ablesen. Deshalb habe keine Angst, einen Gedanken zu denken und zu analysieren Du wirst erfreut feststellen, welche Ursachen es sind, die diesen Gedanken erzeugt haben, und es wird dir nicht schwerfallen, ihn zur Seite zu schieben.

Frage: Weißt du alles – bist du so weise in deinem jetzigen Leben, daß du uns alle Fragen beantworten könntest?

Claudius: Seht, Vollkommenheit ist nur zu erreichen, indem man demütig erkennt, daß man selbst ein Teil der Schöpfung ist. Ich weiß jetzt alles. Aber mein Wissen kann ich euch nur teilweise anbieten, denn euer Entwicklungsprozeß darf nicht gestört werden.

Was wir hier tun, sind Hilfestellungen, die wir leisten können und glaube mir, meine Liebe, allein die Tatsache, daß in all den Jahren keine Störung in diesem unserem Kontakt erfolgt ist, sollte dir die Gewissheit geben, daß ich weise bin.

Frage: Es ist erschütternd, wie manche Menschen von ihrem Irrweg einfach nicht abzubringen sind und keine Antenne für die einfachsten Wahrheiten haben.

Claudius: Meine Liebe, du bist deshalb so sehr erschüttert, weil du jetzt begreifst. Früher hast du nicht begriffen, deshalb konnte keine Erschütterung in dir entstehen. Du hast es hingenommen. Ich denke daran, ihr alle lest die Zeitung, ihr lest die Geburten-, sowie die Todesanzeigen, und sie dringen nicht in euer Bewußtsein. Erst wenn die Todesanzeige eines Familienangehörigen darin steht, werdet ihr bewegt; erst wenn die Geburtsanzeige eines nahen Verwandten in der Zeitung auftaucht, erst dann begreift ihr, was geschehen ist. So ist der Mensch, und es ist nicht weiter verwunderlich. Nur dadurch, daß dein Bewußtsein sich geöffnet hat, siehst du die besondere Tragik des menschlichen Seins. Siehe, du schickst einen Lichtstrahl aus. Der Lichtstrahl kann sich verlieren in der Unendlichkeit des Alls, er kann aber auch einen Spiegel finden, der ihn zurückwirft. So einfach ist es.

Frage: Jeder Mensch hat doch einen Schutzgeist. Warum aber wird dem einen Menschen von seinem Schutzgeist geholfen, anderen aber nicht?

Claudius: Nun, mein Freund, dazu möchte ich dir folgendes erklären: **Jeder einzelne Mensch** hat seine Begleitung. Das Problem ist, daß der Mensch in sich selbst ihm keinen Raum gibt, und weißt du, die **Stimme deines Begleiters ist nicht fordernd, sie ist nicht zwingend** – nur wenn deine Seele bereit ist, dieser Stimme Gehör zu leihen, wird über deine

Seele der Frieden deinem rationellen Verstand zugeführt werden.

Frage: Du hast einmal gesagt, daß unser Schutzgeist nicht ein Leben lang uns begleitet.

Claudius: Richtig. Du durchlebst mehrere Bewußtseinsabschnitte – ein Kind braucht einen anderen Schutzgeist als ein erwachsener Mensch. Ein Kind in der ersten Klasse braucht einen anderen Lehrer als ein Kind in der achten Klasse.

Frage: Ist der Aufenthaltsort der Geistwesen eventuell im Bereich der Antimaterie?

Claudius: So ist es, mein Freund. Wir sind Energie!
Ich möchte es dir an einem Beispiel verständlich machen. Siehe, Materie ist euer Planet, seid ihr, durchsetzt von schöpferischem Geist. Wir hier auf unserer Ebene sind eure **Parallelwelt**, das heißt, wir sind rein geistiger Struktur, Antimaterie.
Aber, und dies ist wichtig für euch zu wissen: **Aus Antimaterie entsteht Materie**, denn alles, was hier auf eurem Planeten sich in festgefügter Materie befindet, ist in der Ursubstanz nichts anderes als Energien, die sich verfestigt haben zur Materie. Siehe, was du hier wahrnimmst, nehme auch ich in voller Größe wahr. Was du nicht wahrnimmst, ist die Duplizität. Dazu, mein Freund, sind deine Augen nicht geschaffen. Sehe es spiegelbildlich.
Stelle einen Spiegel vor dich hin, und siehe, deine Gestalt erscheint im Spiegel. So wie du bist stellt dein Spiegelbild sich dar. Doch, mein Freund, wenn du die rechte Hand hebst, wird dein Spiegelbild die linke Hand heben. Der Vergleich ist nur eine geringe Möglichkeit, die ich dir vor Augen führe, denn dein Spiegelbild kann sich keine andere Umgebung wünschen. Doch dein Spiegelbild ist das Abbild deiner Seele, deines Geistkörpers.
Jetzt stelle dir vor, daß dieses Spiegelbild auf unserer Ebene genauso existiert. Dann, mein Freund, wirst

du verstehen können, daß der Wunsch, den dein irdischer Körper erzeugt, eigentlich nur eine Resonanz deines Geistkörpers ist, denn der Wunsch in deinem Körper kann nur durch deinen Geistkörper entstanden sein, denn ohne den Steuerungsfaktor Geist würde kein Versuch in dir geweckt werden. Und wenn du dir ferner vorstellst, daß dein Geistkörper hier auf unserer Ebene sich all dies materialisieren kann – und nun spreche ich ein Wort aus, über das du, mein Freund, gestolpert bist. Geistige Materie ist die Zusammensetzung aller Information, die dieser Wunsch beinhaltet. Wenn ich dir sage, daß ich dir ein Ebenbild von dir hier erschaffe, dann ziehe ich die Urinformation dieses Menschen W. zusammen. Und der Mensch W., der hier entsteht, verläßt den irdischen, den materiellen Körper dieser Welt, und manifestiert sich hier auf unserer Welt – und seine Wünsche manifestieren sich ebenfalls in unserer Welt – nur anders als auf eurer Welt.

Wird ein Wunsch in dir erweckt, als Mensch, dann wirst du daran arbeiten, ihn zu verwirklichen. Wird ein Wunsch auf unserer geistigen Welt wach, so hast du bereits das Ergebnis deines Wunsches bei dir. Doch dein Wünschen wird sich in dem Kreis bewegen, in dem sich dein Gesamtbewußtsein bewegt. Verstehe mich richtig, solltest du den Wunsch haben, auf meine Ebene zu kommen, dann, mein Freund, wird dies nicht möglich sein. Solltest du aber den Wunsch haben Claudius zu sehen, dann wird Claudius sich bei dir geistig materialisieren. Ist das verständlich?

W. Ich glaube ja, aber ich muß noch intensiv darüber nachdenken.

Frage: Du hast einmal gesagt, daß der Mensch aus drei ineinandergeschobenen Körpersn besteht. Ein »Aurafoto« soll die Farben dieser Körper zeigen. Mich interessiert nun, ob auch über das Bewußtsein eine

Aussage gemacht werden kann, denn der Bewußtseinsstand ist ja unabhängig von emotionalen Schwankungen.

Claudius: So ist es auch. Deshalb haben Aurabeschreibungen oft wenig Aussage, denn am leichtesten ist die Aura des materiellen Körpers zu erkennen. Dahinter liegt die Seele und dahinter die des Bewußtseins.

Frage: Wir haben schon einmal über »Gnade« gesprochen, aber du hast uns nicht gesagt, *wer* darüber entscheidet, ob Gnade gewährt wird oder nicht.

Claudius: Es ist eine Entscheidung aus dem **Verbund der Liebe.**

Frage: Ich las in dem Buch »Lebendige Makromoleküle«, daß alle Informationen mittels der Atome in den Molekülen enthalten sind. Du sagtest einmal, du seiest ein Molekül und hattest eine Information. Ist das Molekül der Träger der Information?

Claudius: Das Molekül setzt sich zusammen aus der Information, ist somit Information.

Frage: Eine bestimmte Anzahl von Atomen ergeben jeweils ein anderes Molekül?

Claudius: Richtig.

Frage: Was sind dann die Atome?

Claudius: Laß dich nicht verwirren. Die Frage, die du stellen willst, lautet: Was ist Information? Woraus besteht sie? Information ist **Schwingung, ist: Energie.**

Frage: Ich möchte nach den Zeichen in den Kornfeldern fragen. Stimmt es, daß es Wesen aus dem All sind und woher kommen Sie?

Claudius: **Diese Wesenheiten aus anderen Sonnensystemen** versuchen zunächst Punkte zu setzen, die ihr dann zusammenführen könnt zu irgendeinem Zeitpunkt, nämlich dann, wenn in euch selbst die Überzeugung gewachsen ist. Es sind Wesenheiten im halbmateriellen Zustand, nicht vergleichbar mit euch Menschen. Sie haben ein großes Wissen, das sie sich über Jahrmillionen hinweg bewahrt haben. Es ist ihnen möglich, sich zu materialisieren und zu dematerialisieren. Es ist ihnen möglich, die Schwerkraft dieses Planeten aufzuheben, und es ist ihnen möglich, durch bestimmte Energien euch Zeichnungen zu liefern von ihrer Anwesenheit. Ihnen ist es möglich, euch Rätsel aufzugeben, z. B. die Zeichnungen von Nazca. Auch ist es ihnen möglich, mit **Raumschiffen zu euch zu kommen.** Es sind Dematerialisationen und Rematerialisationen, aber nur **wenige Menschen können diese Materialisationen beobachten.**

Frage: Man hat einen Kristallschädel gefunden. Gehört er in die Kultur der Mayas?

Claudius: Nein, dieser Kristallschädel war ein Kultgegenstand, der den Mayas überliefert wurde, von denen, die einst die Welt bevölkerten. Wenn du die Abbildung dieses Schädels siehst – insgesamt sind es **zwölf**, zwei von diesen wurden bereits gefunden – dann erkennst du die Vollendung des Menschen.

Frage: Die Geschichten, die über den Schädel existieren und kursieren, sind unterschiedlich.

Claudius: Dieser Schädel oder diese Schädel haben die Eigenschaft, daß jeder sich selbst erkennen kann, daß er wahrnimmt, was andere nicht wahrnehmen. Dieser Schädel ist ein magischer Schädel, der alles Wissen in sich birgt. Ein jeder, der mit ihm zu tun hat, wird seine eigenen Erfahrungen machen. Er ist weder böse noch gut und hat keine Eigenschaften – oder – er hat alle Eigenschaften, in denen sich der Mensch selbst erkennen kann. Es ist, als wenn du dir einen Spiegel vor das Gesicht hältst, du erkennst dein Gesicht.

Nimmst du dieses Gesicht an, das dir da entgegenblickt, wirst du dich selbst lieben. Nimmst du diesen Schädel in die Hand, wird er dir das Wissen übermitteln und derjenige, der nichts anderes als Liebe verspürt, wird darüber nicht sprechen. Es wird nur immer der darüber sprechen, der andere Empfindungen hat.

Frage: Das ist also mein Spiegelbild, und wenn ich mich selbst hasse, so kann ich das Spiegelbild nicht lieben?

Claudius: Genauso ist es, und weißt du, es kommt noch etwas hinzu. Die Arroganz des Menschen vermag nicht einzusehen, daß über Millionen von Jahren diese Kristalle in einer Ebenmäßigkeit vorhanden sind, wie sie nicht vermutet werden kann.

Frage: Gibt es auf der Erde diese Kristalle, aus denen die Kristallschädel gefertigt sind? Könnten wir diese Kristalle für uns nutzen und wie?

Claudius: Meine Liebe, eine sehr interessante Frage. Ich sage dir, diese Kristalle, aus denen diese Schädel hergestellt sind, sind auf eurer Welt nicht vorhanden. Dieses Material ist von den Menschen, ich berichtige mich, von den Wesen mitgebracht worden, die die Erde einst bevölkert haben.

Es war erforderlich, um die Energien auszusenden, die zur Kommunikation mit dem Heimatplaneten gebraucht wurden. Kristalle dieser Art haben es ermöglicht, daß die Geräte gebaut werden konnten, die die Schwerkraft der Erde außer Kraft gesetzt haben, die den Erdmagnetismus überwunden haben – und nach diesen Schädeln wurde der Mensch geformt. So sollte er sein:

rein, strahlend, schön.

Ich meine nicht die äußere Hülle. Diese Kristallschädel sind von einer Reinheit, die auf eurer Erde nicht erreicht werden kann. Seht, Freunde, es ist einfach so, daß hier ein bleibendes Erinnerungsstück euch an die Hand gegeben wurde. Doch eure Wissenschaft kann damit nichts anfangen und ist verwundert. **Nach diesem Bild wurde der Mensch geschaffen.**

Frage: Du sagtest, es gäbe 12 Kristallschädel. 2 Schädel sind gefunden. Existieren die anderen 10 auf unserer Erde?

Claudius: *Ja,* sie sind auf diesem Planeten existent, sie bilden die Grundform der **12 Stämme.**

Seht, am Anfang waren es 12 Staaten, die von **12 sogenannten Göttern** regiert wurden, und als dann der Degenerationsprozeß einsetzte, als sich dann diese Götter auf das Niveau der Erde versenkten, da wurden diese Schädel versteckt von denen, die das Wissen noch nicht verloren hatten, um später hervorgebracht zu werden, um der Menschheit zu zeigen, daß sie alle **einen** Ursprung haben.

Ob ihr »schwarz« seid oder »weiß«, ob ihr »rot« seid oder »gelb«, eine **einzige** Seele lebt in euch, im Ursprung der Allmacht verankert.

Frage: In dem Buch: »Der Alte aus Atlantis« ist auch von 12 Urstämmen die Rede. Gehören dazu die 12 Kristallschädel, kann man sie hier zuordnen?

Claudius: So ist es, meine Liebe, die Kristallschädel, auch die, die noch nicht gefunden sind, sollten der Menschheit den Beweis liefern, daß sie geistig vereint in einem Ursprung sind. Seht, wenn ihr die Möglichkeit habt, einen dieser Schädel zu besichtigen, solltet ihr es tun. Ihr werdet die grenzenlose Reinheit dieser Kristalle erkennen. Ihr werdet erkennen, daß menschliche Kunst diese Schädel niemals schaffen konnte. Sie mußten und sie müssen Leitbilder sein für die verschiedenen Völker dieser Erde.

Frage: Wird es für jeden von uns von Nutzen sein, sich diese Schädel einmal anzuschauen?

Claudius: Nun, wenn du Freude an Geschaffenem hast, dann solltest du dir diesen Schädel, den du besichtigen kannst, einmal ansehen.* Er zeigt den Menschen in einem Ebenmaß, wie es eure Künstler noch nicht herstellen können. Ansonsten, außer der Erfahrung,

* Museum of Mankind, einer Abteilung des Britischen Museums, am Londoner Piccadilli Circus.

dieses Kunstwerk gesehen zu haben, könntest du noch mit nach Hause nehmen, **daß es wunderschön ist, Mensch zu sein.**

Frage: Lieber Claudius, in letzter Zeit häufen sich die Berichte über GEN-MANIPULATIONEN. Was meinst du dazu?

Claudius: Eure Wissenschaftler versuchen, nicht nur Pflanzen, sondern auch Tiere zu manipulieren – und von dieser Manipulation ist der Schritt zur **menschlichen** Genmanipulation nur noch ein kleiner. Und dies hat sich in der Vergangenheit vollzogen!

Werfen wir einen Blick zurück: Hier hat man versucht, Wesenheiten zu erschaffen, die sich selbst voll bewußt der Gnade der Liebe der Allmacht waren. Doch die Natur, meine Freunde, war auch nicht tot. Die Einflüsse der Natur haben auf den Menschen eine Auswirkung gehabt. Der Mensch, der normalerweise in die Natur eingebunden ist, hat sich aus der Natur heraus weiterentwickelt, hat die Natur nicht mehr so angenommen, wie sie im Ursprung war.

Frage: Sprichst du jetzt von grauer Vorzeit?

Claudius: Ja, doch im Laufe der Jahrtausende sind auch diese Hochkulturen wieder verschwunden, weil sie überzüchtet waren. Das hat sich fortgesetzt bis in eure heutige Zeit, wo der Mensch sich selbst als die Krone der Schöpfung betrachtet, die er im Grunde seines Wesens auch ist.

Doch, anstatt bescheiden zu werden, wird er übermütig und versucht all diese Dinge, die den normalen Ablauf des Lebens steuern, in den Griff zu bekommen. Es wird ihm niemals gelingen, Krankheit und Tod zu überwinden, denn es ist die Voraussetzung für menschliches Leben überhaupt, daß immer etwas Neues entsteht, Erfahrungen gesammelt werden. Was immer der Mensch unternimmt, es wird ihm entgleiten. Dies sollte die Wissenschaft aus der Vergangenheit gelernt haben, daß das, was sie bewog zu forschen, eigentlich immer zum Negativen ausgeschlagen hat für die Menschheit.

Frage: Sicher denkst du dabei an Dynamit oder Atomkraft?

Claudius: Ja, so ist es, vieles, was etwas POSITIVES bewirken hätte können, wurde für negative Zwecke verwendet.

Frage: Die Amerikaner arbeiten im Moment sehr viel an der Genforschung, und zwar nimmt man eine Modellkrankheit mit dem Namen ADA als Grund dafür, Gentherapien vorzunehmen. Es geht hier um eine Immunsystem-Krankheit, bei der bei dem betreffenden Menschen keine Abwehrzellen gebildet werden. Ist es abzusehen, wann die Amerikaner dann den »perfekten Menschen« herstellen, oder besteht da keine Chance?

Claudius: Meine Liebe, es ist ein Problem, das im Anfang der Menschheit schlummert. Siehe, es werden Manipulationen versucht am Erbgut, doch weißt du, eure Wissenschaft ist heute so weit, daß sie versucht, gewisse Krankheiten über die Manipulationen auszuschalten. Nur, dadurch, daß sie diese Vermessenheit besitzt, wird sie anderen Krankheiten Tür und Tor öffnen.

Frage: Hier geht es aber noch darum, daß es ein riesengroßer Eingriff in die Natur ist (Claudius: So ist es), denn ich kann mir vorstellen, daß eine schwere Krankheit auch karmisch bedingt sein kann.

Claudius: So ist es, meine Liebe.

Frage: Aufgrund unserer geschichtlichen Hintergründe ist es momentan bei uns in Deutschland verboten, solche Genmanipulationen offiziell vorzunehmen, aber irgendwann wird das vielleicht auch hier möglich sein?

Claudius: Nun, meine Liebe, ich muß dir dazu folgendes sagen: Das, was dort geschieht, ist auch in anderer Weise hier bei euch geschehen. Siehe, meine

Liebe, hier wird versucht, eine Rasse zu züchten, die – wie man glaubt – nicht mehr krankheitsanfällig ist. Und, wenn der Mensch Erfolg hat bei nur einer einzigen Erkrankung, dann wird er neue Erkenntnisse gewinnen, daß es ihm nicht gelingen wird, den Menschen über Jahrhunderte am Leben zu erhalten.

Frage: Könnte man durch Genmanipulation Aids vielleicht bekämpfen?

Claudius: Solange sich die Forschung nur auf das Bekämpfen eines Symptoms beschränken würde, wäre es zu begrüßen. Doch glaube mir, nicht umsonst sind Genmanipulationen von unserer Seite nicht erwünscht, aus einem einfachen Grund: Das, was ihr bekämpfen wollt, ist eine **Struktur, die ihr auch Leben nennen solltet.**

Frage: Die Triebfelder für solche Forschungen ist doch meist nur Ehrgeiz?

Claudius: Sicher ist es so, daß sich der Mensch für das, was er erforscht hat, Orden ansteckt. Sicher ist auch, daß die Forschung Wissen hervorgebracht hat, das es den Menschen ermöglicht einzugreifen in die Ordnung der Natur. Vergiß es nicht – alles wiederholt sich, was vor langer, langer Zeit geschehen ist. Der Mensch versucht sich als Schöpfer, meine Liebe, und hat schon mehrere Male Schiffbruch erlitten. Und nicht alles, was Wissen schafft, ist Wissenschaft. – Laßt diese Worte in euch wirken und ihr werdet den Sinn begreifen.

Frage: Schaut ihr von eurer Seite aus da zu, was jetzt geschieht, oder wird doch ein Riegel vorgeschoben?

Claudius: Es wird ein Riegel vorgeschoben, zu irgendeinem Zeitpunkt werden die Grenzen aufgezeigt.

Frage: Danke, das wollte ich wissen. Darüber bin ich sehr froh. Man sagt, daß bis zum Jahre 2050 10 Milliarden Menschen den Erdball bevölkern, ist das nicht ein Ding der Unmöglichkeit?

Claudius: Meine Liebe, es ist eine Hochrechnung.

Frage: Ja schon – aber wenn es auch »nur« 8 Milliarden wären, wäre das auch zu viel.

Claudius: Die Menschheit reduziert sich selbst, sei es durch Kriege, durch Seuchen oder Naturkatastrophen.

Frage: Könntest du uns sagen, welche Tiere zur Manipulation des Menschen verwendet wurden?

Claudius: Nun meine Liebe, die Ähnlichkeit wirst du erkennen, wenn du in den Tierpark gehst.

Frage: Also Affen?

Claudius: Die Manipulationen wurden auch an anderen Tieren vorgenommen, doch sie waren nicht lebensfähig und konnten sich nicht fortpflanzen.

Frage: Also blieb nur der Affe übrig?

Claudius: So ist es.

Frage: Lieber Claudius, ich habe in den beiden Büchern über die Sitzungen mit dir nichts darüber gelesen, ob auch Pflanzen eine Seele haben und wieder inkarnieren, wie Menschen und Tiere?

Claudius: Schau, mein Freund, dein Wissen ist noch jung. Ich habe darüber gesprochen, aber ich will dir dennoch ausführlich antworten.

Betrachte die Natur – das Werden und Vergehen, das Neuerstehen im Frühling und das Vergehen, die Zeit der Ruhe im Herbst. **Pflanzen haben keine Seele.** Pflanzen, mein lieber Freund, bestehen als Energieempfänger zum Nutzen des Menschen, so wie das Tier zum Nutzen des Menschen geschaffen wurde. Doch verkenne nicht, daß sowohl Pflanze, wie auch Tier göttlichen Ursprungs sind, von der Gnade der Allmacht dem Werden und Vergehen dieses Planeten ausgeliefert. Wenn du so die Gesamtheit des Universums begreifst, wirst du dich selbst im Universum wiederfinden können, **denn du bist Geist aus meinem Geist, du bist ich, du bist die Liebe, die alles beseelt.**

Frage: Wenn ich dich also richtig verstanden habe, dann

sind Pflanzen und Tiere Mittel eines Zweckes für den Menschen?

Claudius: So solltest du es sehen, denn schau, mein Freund, alles steht in Wechselwirkung zueinander. Der Mensch kann ohne die Pflanze nicht existieren – die Pflanze jedoch kann ohne den Menschen existieren – aber sie wird sich im Laufe der Zeit den Gegebenheiten anpassen, die diesen Planeten verändern. Siehe, aus deiner Frage klingt ein leiser Unterton. So solltest du die Frage nicht stellen. Du solltest fragen: »Wo erkenne ich den Ursprung des Göttlichen in der Pflanze?« Dann würde ich dir antworten: »Ohne die Pflanze, die auf diesem Planeten wächst, ist es nicht möglich, eine Atmosphäre zu schaffen, ohne die Pflanze, die Sauerstoff erzeugt, ist es nicht möglich, Stickstoffgase zu eliminieren. Doch ohne Stickstoffgase kann die Pflanze nicht existieren.«

Es muß alles in der Einheit gesehen werden, dann begreifst du Gott.

Frage: Wenn das Tier für den Menschen Mittel zum Zweck ist, dann wären Tierversuche doch legal?

Claudius: Nein, mein Freund, das ist eine falsche Interpretation. Der Mensch bedient sich des Tieres, um seiner Eitelkeit zu frönen. Er quält und peinigt die Tiere, oftmals am lebendigen Leibe. Dies, mein Freund, ist das Verbrechen der Menschheit an der Kreatur. Es werden Mittel gegen alle Krankheiten gefunden, aber nicht durch Tierversuche, denn sie verstoßen gegen jedes sittlich-moralische Gesetz.

Frage: Aber wenn es sich um Tierversuche handelt, die für **lebenserhaltende Medizin** notwendig sind?

Claudius: Mein Freund, Medizin hat solange ihre Berechtigung, wie sie nicht den Menschen als Nummer bezeichnet. Ihr als Menschen seht in der Medizin heute mehr, als zu anderen Zeiten Medizin an Bedeutung hatte.

Schau, mein Freund, Medizin heißt, die Symbiose

zwischen Körper, Seele und Geist wieder herzustellen. Was heute die Medizin vermag, sind einfach Symptome bekämpfen, weil man den Blick verloren hat für die Einheit des Körpers mit der Seele. Heilungen, mein Freund, sind nur dann möglich, wenn die Einheit zwischen Körper, Geist und Seele die Grundlage bilden. Schau dich um, welcher Arzt bemüht sich heute um den Patienten als Wesen? Er behandelt Symptome und führt den einzelnen Körpern neue Gifte zu – und wenn es einen Patienten gibt, der die Unsinnigkeit dieses Tuns erkennt, der sein Kind nicht einer Chemotherapie unterziehen will, außer Landes fliehen muß und anschließend noch einen Prozeß erhält, obwohl das Kind geheilt wurde, dann, mein Freund, erkennst du, wie weit der Mensch sich entwickelt hat. **Er möchte Schöpfer sein, doch, glaube mir, das wird er nie erreichen.**
Ist deine Frage beantwortet?

Frage: Teilweise – denn es ist doch richtig, daß der Mensch die Hilfe der Medizin annimmt?

Claudius: Natürlich sollen Schmerzen gelindert werden. Aber der Hauptschwerpunkt sollte doch darauf liegen, daß der Arzt sich der Psyche des Menschen zuwendet und somit dem Kranken eine Erleichterung verschafft. Das eine schließt das andere nicht aus, mein Freund – nur, weißt du, die meisten Ärzte auf eurer Seite sehen nicht mehr die Komplexität des Körpers, sie sehen das Symptom, das bekämpft werden muß und geben Chemieerzeugnisse, die den Schmerz abtöten, die jedoch andere Organe so weit beeinflussen, daß sie krank werden. Weißt du, die Behandlung des Schmerzes kann auf verschiedene Art und Weise erfolgen.
Wenn du zu mir kommst, mein Freund, werde ich dich in deinem ganzen Wesen erfassen, deinen Körper, deine Seele, deinen Geist. Ich werde die Symptome, die dein Körper aussendet, analysieren. Ich

werde aus dieser Analyse ersehen können, warum dein Körper krank geworden ist, ob es die Krankheit ist, die in deinem Schicksal begründet liegt, um einkehren zu können in die neue Ebene – und ich werde ergründen können, ob deine Seele leidet und die Kommunikation mit deinem Körper fehlleitet – oder ganz unterbunden hat. Und dann werde ich zuerst deinen Geist heilen, ehe ich die Auswirkungen auf den Körper eliminiere. Dein Geist, mein Freund, wird dem kranken Körper neue Energien zuführen können, wenn er freigeworden ist, wenn er sein Wesen, sich selbst also, erkennt. Verstehst du mich?

Frage: Für mich bleibt immer noch die Frage nach dem »Warum« offen. Warum müssen der Geist und die Seele geheilt werden, wenn der Körper krank ist?

Claudius: Warum? Weil du Mensch bist, mein Freund, zusammengesetzt aus **Geist, Körper und Seele.**

Du bist den Gesetzen des Planeten unterworfen, mein Freund, du bist Materie, die einen Geist einschließt, der Geist versucht über den rationalen Verstand sich dir bemerkbar zu machen. Dein rationaler Verstand ist jedoch den Gesetzen deiner Umgebung, deines Seins unterworfen, deiner Erziehung unterworfen, deiner Schule unterworfen, und **daraus entsteht diese Übersteuerung.** Siehe, euer Leben war vor langer, langer Zeit eingebunden in das Wesen des Universums

Gott.

Viele Krankheiten, die heute entstehen, viele psychosomatische Krankheiten finden Widerhall im Körper. Erkenne mein Freund, daß nichts von ungefähr geschieht. Der Körper ist in sich ein abgeschlossenes materielles Gebäude. Was ihn sterben läßt ist die Heimkehr des Geistes in ihren Ursprung, und dies solltest du bedenken bei deinen Überlegungen. Der Tod ist vom Menschen nicht zu bezwingen – aber der Mensch in seiner geistigen Struktur hat die

Fähigkeit, die Zusammenhänge zu erkennen. Er muß sich nur darum bemühen.

Unter den vielen Fragen, die von Lesern nach der Lektüre von »Dialog mit Claudius« Band II auftauchten, wurde häufig um eine genauere Definition des Kapitels **»Entstehung von Materie«** gebeten (Seite 154).
Es scheint, daß die Ausführungen, insbesondere aber die Zeichnung nicht ausreichend waren, um die Abfolge verstehen zu können.
Ich hielt es daher für ratsam, den Diplomingenieur W., der das in diesem Kapitel gezeigte Computerbild erhalten hat, um seine Stellungnahme zu bitten. Nachfolgend die eklatantesten Fragen der Leser und die Antworten darauf. Außerdem wurden mir zum besseren Verständnis weitere Zeichnungen zur Verfügung gestellt.

Frage: Für mich ist die Beschreibung der Zeichnung von Seite 161 (ENTSTEHUNG DER MATERIE) außerordentlich schwierig zu begreifen. So zum Beispiel: »Die untere Linie der Zeichnung soll den Austrittspunkt aus dem Kreis darstellen.« Um was für einen Kreis handelt es sich? Jener der Zeichnung von Seite 70, »Modell der Allmacht«?

Antwort: Basis war der Kreis siehe Zeichnung 1. Daraus entstand später die endgültige Fassung von Seite 70. Bei Ausdrucken des Kreises der Zeichnung 1 ist das paranormale Bild »Entstehung von Materie« entstanden. (Zeichnung 2)

Frage: Wo kann man sehen, »daß unterhalb des Kreises ein Wirbel entsteht, der die Energien anzieht, . . . und so weiter«?

Antwort: Ich vermute, daß die Stelle A gemeint ist – siehe Zeichnung 2. Dies ist aber meine eigene Meinung und gegebenenfalls auch anders interpretierbar.

Frage: Wo sieht man, »daß die Spiralen unterbrochen sind«?

Antwort: Ich habe einige Stellen der Spiralunterbrechungen stellvertretend für viele andere eingekreist. (Zeichnung 2).

Frage: Wie »kann Materie nur dann entstehen, wenn diese Wirbel sich zu irgendeinem Zeitpunkt zusammenziehen«?

Antwort: Das muß man so hinnehmen, wie es **Claudius** gesagt hat. Nicht alles, was uns durchgegeben wird, ist für unser menschliches Denkvermögen verständlich.

Frage: Auf welche Weise ist es geschehen, daß der Computer von W. die Zeichnung der Seite 161 ausgedruckt hat? Wie hat er den Computer programmiert?

Antwort: Die Zeichnung 1 ist im Programm »Charisma« unter »Windows« auf meinem eigenen Computer entstanden. Sie wurde auf Diskette gespeichert. Ausgedruckt wurde sie auf einem Tintenstrahldrucker im Büro. Neben einem ganz normalen Ausdruck (siehe Zeichnung 2) ist der paranormale Ausdruck bei gleicher Handhabung entstanden. Eine andere Programmierung gab es nicht.

Frage: Auf Seite 156 sagt Claudius: »Das Computerbild lege an die Grenze des äußeren Kreises mit der Mitte, so daß die Diagonale im Blatt weitergeführt wird . . .«. Ich habe es absolut nicht verstanden! Was ist »die Grenze des äußeren Kreises«? Und was bedeutet »die Mitte«? Die Mitte von welcher Zeichnung oder von welcher geometrischen Figur? Was sind »die Diagonale«?

Antwort: Ich habe das so verstanden, daß der Punkt A von Zeichnung 2 auf dem äußeren Kreis des Bildes Zeichnung 1 liegt. Die Diagonale geht dann von M über A in das Computerbild von Zeichnung 2. Die Zeichnung 3 zeigt ein Bild, wie ich es aus dem **Claudius**-Text entwickelt habe.

Frage: Auf Seite 157 heißt es: »Du solltest versuchen, die gerade, waagrechte Linie, die unterste waagrechte Linie der Grafik im Bogen zu zeichnen . . .«. Auch das ist für mich unverständlich.

Antwort: Dazu war es erforderlich, den geraden Ursprung von Zeichnung 2 der Krümmung des äußeren Kreises von Zeichnung 1 anzupassen.

Frage: Außerdem heißt es auf Seite 160: »Interessierte Leser könnten mit einem eigenen Versuch zurechtkommen.« Bei mir hat das leider nicht geklappt. Anders bei dem Versuch, worüber Sie auf Seite 373 des ersten Bandes geschrieben hatten – das heißt die Erklärung über die multiple Dimension der Welt. Ich habe den Versuch gemacht, und habe eine klare Zeichnung erhalten, die mit den Aussagen **Claudius** übereinstimmt! Ist es möglich, darüber eine bessere Erläuterung zu bekommen?

Antwort: Mein eigener Versuch hat zu dem Bild der Zeichnung 3 geführt.

Anlage 1

Entstehung von Materie

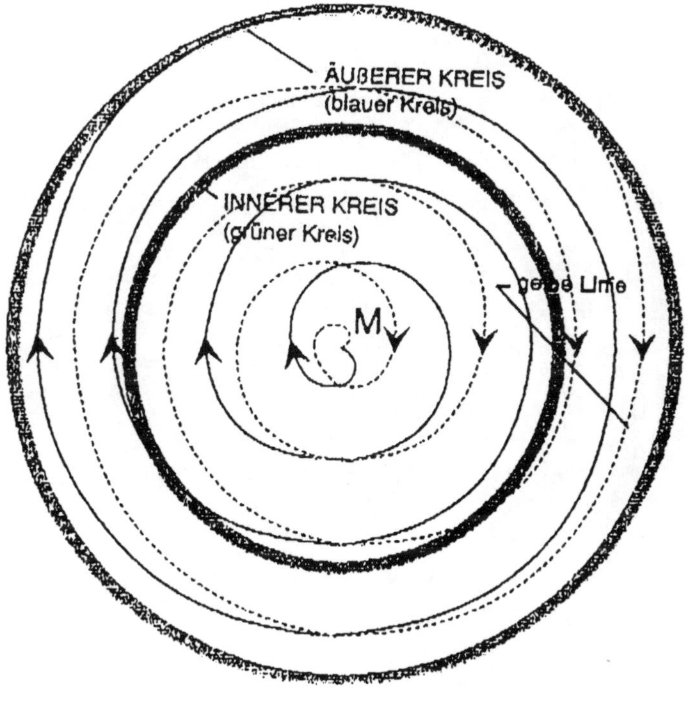

Anlage 2

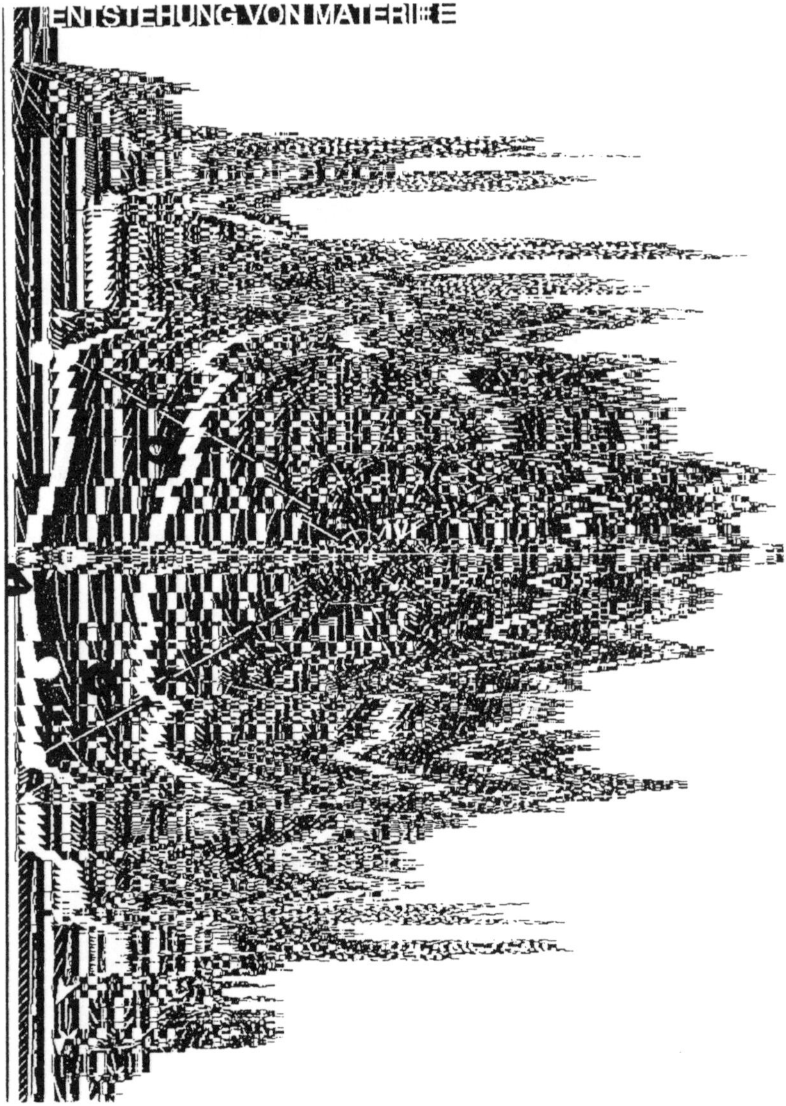

Anlage 3

Entstehung von Materie

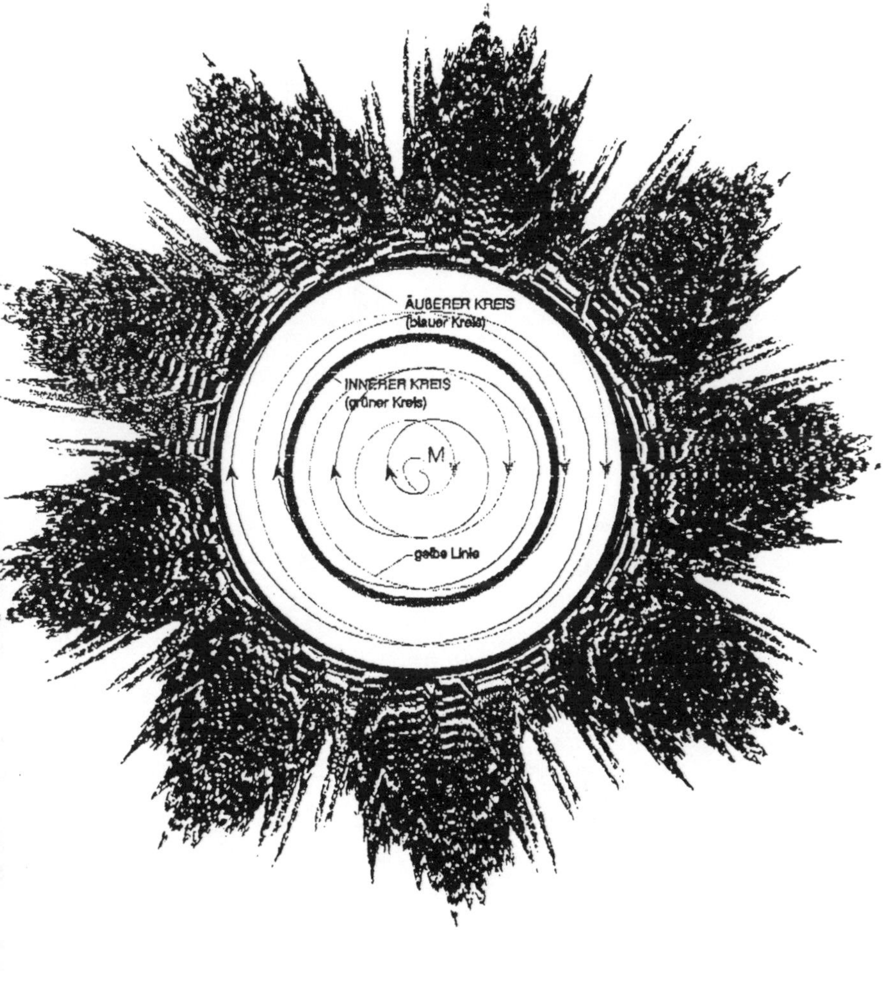

ANSPRACHEN VON CLAUDIUS

Weihnachtsbotschaften

1.) Geliebte Freunde, ich habe euch in der Vergangenheit versprochen, daß euch die Gnade der Allmacht nähergebracht wird, daß euch das Geheimnis eueres Seins nähergebracht wird. Nun, wir sind auf dem Weg,

denn der Weg ist das Ziel.

Eingebunden seid ihr von Anbeginn in die Geheimnisse – nur habt ihr im Laufe eueres Lebens, eueres Seins, euerer Inkarnationen, die Verbindung zu diesem Geheimnis verloren. Fragmente sind euch geblieben, die manchmal Bedauern in euch hochsteigen lassen, denn seht, das Geheimnis der »Heiligen Nacht« begründet sich im Geheimnis des Universums. Neues Erleben wird euch geschenkt, denn ihr bemüht euch um Erkenntnis. Geliebte Freunde, es ist kein Tag wie jeder andere, sondern neue Wege eröffnen sich für euch. Wißt ihr, meine Freunde, alles wird erklärbar durch Worte, doch Worte allein genügen nicht. **Nahe gebracht werden muß das Geheimnis in der Kombination zwischen den Tönen und dem persönlichen Erleben des Lichtes, das sich in vielen Facetten widerspiegelt** und euch die Liebe der Allmacht künden soll.

Denkt daran, daß wir euch begleiten, auch wenn euer Leben mitunter schwer zu durchdringen ist, wenn euer Geist, eure Seele, schwer zu erreichen ist, so sind wir doch bei euch. Dieser heutige Abend möge euch das Geheimnis der »Heiligen Nacht« nahe bringen.

Seht, ihr feiert den Geburtstag von **Jesus Christus** zu dieser Zeit.

Meine Lieben erkennt, daß zu dieser Zeit die Liebe der Allmacht in jedem Jahr neu geboren wird. Erkennt, meine Freunde, daß **Jesus, dieser Christus**, identisch ist mit der Liebe der Allmacht, die er in seiner Botschaft gepredigt hat, um den Religionen ihren tiefen Sinn zu verleihen, der auch zum damaligen Zeitpunkt schon verloren gegangen war.

Wenn die Menschheit dieses Christusfest nicht mehr begeht, im Sinne der Liebe, dann, meine Freunde, wird sie die Anbindung

an die Liebe verlieren. An euch wird es liegen, diese Botschaft weiterzutragen in eure Familien, in euren Freundeskreis, um Widerhall finden zu lassen die Wahrheit für den Menschen. Viele, die orientierungslos geworden sind, sind es deshalb geworden, weil sie die Anbindung zur Liebe verloren haben. Jeder Mensch, ob jung, ob alt, sucht den Sinn seines Lebens, und nur **derjenige, der begreift, daß er geboren wird, um zu sterben, und wiedergeboren wird im Geiste, nur derjenige wird die Botschaft der Liebe verstehen können.**
Meine Freunde, viele Wege seid ihr gegangen, vielen Irritationen wart ihr ausgeliefert im menschlichen Denken – doch seht, die Kraft, die in euch verborgen liegt, ermöglicht es, sich selbst anzunehmen, sich selbst zu erkennen – und dadurch euren Nächsten zu erkennen.
Nun, meine Freunde, nicht denken sollt ihr, daß ihr euch aufgeben müßt, eure Überzeugung aufgeben müßt zum Wohle des Nächsten, denn **damit würdet ihr euren freien Willen verlieren.** – Ihr würdet euch vergewaltigen lassen – und dies, meine lieben Freunde, ist nicht der Sinn eueres Menschseins. In euch selbst muß die Überzeugung und die Wahrheit Platz greifen, **damit ihr den Kampf dieses Lebens bestehen könnt.** Meine Freunde, wir wiegen euch in den Klängen der Musik. Laßt euch Rosenblätter streuen, damit der Duft euch entführt in eine andere Welt. Seht, unsere Musik schwingt im Duft der Rosen. Sie erfüllt euer Sein und verleiht euch Flügel. Fliegt, meine Freunde, mit uns in das neue Jahr. Ich schließe den Kreis und binde euch ein in die Liebe der Allmacht. Unser Friede sei euer Friede. Schlaft, meine Freunde, schlaft den Schlaf der Gerechten, aus dem wir euch erwecken werden, wenn die Sonne am Horizont emporsteigt.
AVE, meine Freunde, und wir bedanken uns bei dir,* meine Liebe die du uns heute empfangen hast, als deine Gäste.
Shalom, meine Freunde, Friede sei mit euch.
2.) Clau Clau Claudius – Herodes Agrippa, Freund meines Le-

* Claudius bedankte sich immer bei demjenigen, bei dem die Sitzung jeweils stattfand. Immerhin waren meist 10–15, mitunter sogar 18 Personen unterzubringen und zu bewirten.

bens. Ich schließe den Kreis und führe euch in die »Heilige Nacht«.
Seht, meine Freunde, die Christenheit feiert die **Geburt Jesu** in dieser Nacht, und »betet an die Macht der Liebe«, die der Menschheit neu gegeben wurde.
Ich danke euch, meine Lieben, daß ihr dieses Fest zusammen begeht, daß ihr zusammengefunden habt in dieser Nacht, um der Liebe neue Hoffnung zu geben. Nichts gleicht dieser Nacht. Es werde euch bewußt, daß ihr Liebe seid und liebend euch verbindet zur Ehre der Allmacht – zu eurer Ehre als Mensch.
Seht, geliebte Freunde, so wie **Jesus, dieser Christus,** geboren wurde vor 2000 Jahren, so seid ihr neu geboren worden zu einem Zeitpunkt, der euren Geburtstagen entspricht. **Nichts, meine Freunde, was euch im Leben geschieht, ist ohne Hintergrund,** denn eure Seelen haben es so gewollt.
Deshalb, meine Freunde, seht das Leuchten in den Augen eures Nächsten zu dieser Stunde und ihr erhaltet Ahnung von der Unendlichkeit dieser allumfassenden Liebe. Gesegnet seid ihr, die ihr das Bewußtsein habt, erfühlen zu können das Geheimnis der Geburt.
Von Anbeginn eures Seins erlebt ihr, gemäß der Stunde eurer Geburt, euer neues Leben. Alle Facetten des Lebens begegnen euch. Sie bringen Glück und bringen Trauer, doch eines ist ohne das andere nicht denkbar. Seht, wie die Sterne leuchten, meine Freunde, seht, wie sie Widerschein finden in eurer Seele, wie sie euch bewegen. Heute, meine Freunde, sollen Tränen des Glücks in eure Augen steigen, nicht Trauer, denn ihr seid geborgen im Schoß der Allmacht, und **keine Macht der Welt zerstört geprägte Formen, die lebend sich entwickeln in euch.**
Ihr habt diese Form mitgebracht auf euren Lebensweg. Ihr wurdet zusammengeführt, um erkennen zu können, welch ungeheure Gnade euch gewährt wurde.
Nun, meine Freunde, die Stunde naht, da ihr in euch die Beglükkung dieses Abends fühlt. Wir haben mit euch dieses Fest begonnen, wir haben mit euch gespeist und getrunken. Wir werden mit euch den Funken der Liebe weitertragen in die Nacht hinaus, in den neuen Morgen.

Liebe Freunde, so wie die Planeten standen, am Tag eurer Geburt, so begrüßte die Sonne zur Stunde eurer Geburt die Planetenkonstellation, die sich in euch niederschlägt, um den Weg gehen zu können. Ihr entwickelt euch weiter gemäß dem Plan, nach dem ihr dieses Leben begonnen habt.
So muß es sein, meine Freunde, und ihr entgeht dieser Bestimmung nicht, denn es ist begründet im Willen der Allmacht, daß es so geschehe.
Nun, meine Freunde, so laßt uns den Abend beschließen mit der Bitte an die Allmacht, daß sie der Menschheit Frieden gewähren möge, daß die allen Menschen erfahren lasse, die Liebe des Universums, das Freiwerden um die gefangenen Seelen.
Ich schließe den Kreis. Mit uns geht den Weg in die Sonne. Laßt Weihnachtsfrieden in euch Platz greifen, damit ihr erfühlen könnt die unendliche Liebe, die euch werden ließ, damit ihr erfühlen könnt das Universum, das allumfassend euch umfängt und einschließt in die unendliche Liebe der Allmacht.
Weihnachtsfrieden bringe ich euch, meine Lieben. Tief in euch greife dieser Frieden Platz und mache euch zu dem, was ihr seid – **Kinder in der Liebe der Allmacht.**
Ich danke euch im Namen aller die heute dagewesen sind für diesen Abend.
AVE, meine Freunde, *AVE* und *Shalom.*

3.) **Claudius:** Ich grüße alle, die gekommen sind, um teilzuhaben an den Phänomenen geistiger Art, und ich möchte alle Anwesenden bitten, nicht nur die Phänomene zu sehen, die aus den einzelnen Vorträgen Ihnen zugeführt werden. Ich möchte Sie alle auffordern, hinter allem Unverständlichen, Irrealen, das Ihnen begegnen wird, die Liebe der Allmacht zu erkennen.
Ich möchte Sie auffordern zu erkennen, daß es etwas mehr ist, Mensch zu sein, als gemeinhin angenommen wird. Sehen Sie, in jedem einzelnen von Ihnen ist der Funke Gottes, der Funke

der Allmacht enthalten. Erkennen Sie, daß diese Liebe, von der ich spreche, weitaus mehr ist als das, was der Mensch gemeinhin darunter versteht.
Erkennen Sie, daß in Ihnen die Wahrheit lebt und durch die Liebe neu erfahren werden kann. Erkennen Sie, daß Sie Teil der Schöpfung, Teil der Allmacht sind, vom ersten Atemzug an, den Sie auf dieser Welt getan haben bis zum letzten Atemzug, den Ihr Körper hier auf dieser Welt tun wird. Alles ist eingebunden in die ewig gültige Wahrheit, denn alles ist Liebe.
Ich wünsche Ihnen allen, wenn Sie nach Hause zurückkehren, daß Sie Frieden für sich selbst mit nach Hause nehmen, und daß Sie das Staunen über die Güte der Allmacht nicht verlernt haben.
Ich grüße Sie. Wir grüßen Sie und wir segnen Sie.
Dies ist eine Botschaft der Allmacht, vermittelt durch **Claudius** und unseren Freund an Sie alle.
Friede sei mit Euch.
(Durchsage anläßlich eines TK-Treffens)
1992

Franz Schneider (Marc)
* 26. 11. 1931 † 19. 5. 1993

Es war der Wunsch von Claudius, Franz Schneiders Anonymität zu wahren bis zu seinem Hinübergang. Mit seinen beruflichen Verpflichtungen ließen sich seine Medialität und damit verbunden die außergewöhnlichen Jenseitskontakte nicht vereinbaren. In unserer Zeit, in der die Menschen zum großen Teil immer noch mit Vorurteilen und Skepsis gegenüber spirituellen Phänomenen belastet sind, hätte Franz Schneider bei Bekanntwerden dieser Situation sicher berufliche Einbußen erleiden müssen. Dies mußte vermieden werden, da er Verantwortung für seine Familie tragen und für ihren Lebensunterhalt sorgen mußte. Deshalb wurde von Claudius ein Pseudonym vorgeschlagen, und Heli nannte den Namen »Marc«. Auch für Gisela Schneider wurde ein Pseudonym gewählt, nämlich »Miriam«. Selbstverständlich wußten außer den Kreisteilnehmern so manche Insider von diesen Seancen, doch viele Leser ahnten sicher nicht, wer sich hinter »Marc« verbirgt.

Ich lernte das Ehepaar Schneider vor vielen Jahren während einer Tagung in Aschaffenburg kennen, und wir sind bald gute Freunde geworden. Die Tonbandstimmenforschung verband uns jahrelang, und als dann der Kontakt mit CLAUDIUS begann, gehörte ich selbstverständlich von Anfang an dem Kreis an.
In diesen letzten Jahren der regelmäßigen Sitzungen hat Franz Schneider Unwahrscheinliches geleistet. Er hat seine beruflichen Verpflichtungen voll und ganz erfüllt, und darüber hinaus ist er dem Ruf gefolgt, der an ihn ergangen ist. Er wußte um die Verantwortung dieses »Auserwähltseins«, um die ungeheuere Aufgabe, die ihm übertragen worden war, und nahm sie in Demut an. Er war ein äußerst liebenwürdiger, gütiger Mensch, ein Mensch, der zuhören konnte, Hilfe- und Trostsuchende nie mit Banalitäten abspeiste. Aufrichtung nahm er immer Anteil an fremdem Leid und fand stets die richtigen Worte. Wer jemals eine Begegnung mit ihm hatte, konnte ihn nur bewundern.
Es gibt wenig gute Freunde. Franz *Schneider* war ein *wahrer Freund.*

Zu dem folgenden Abschnitt möchte ich eine Erklärung vorwegschicken:
Das Medium *Marc*, alias Franz Schneider, verließ seinen materiellen Körper am 19. Mai 1993, um nach Erfüllung seiner Aufgaben im Diesseits, in die geistige Welt einzugehen, mit der er schon lange vorher kommuniziert hatte.
Sein Hinübergang geschah nicht plötzlich, vielmehr wurde er langsam und systematisch vorbereitet, und von seiner Familie, Claudius, Heli, und allen Jenseitsfreunden begleitet. Über Monate hinweg bis zum Ende sprach Claudius mit ihm und über ihn, und gab Trost seiner Frau Gisela (Miriam) und seinen Kindern. Die Kontakte fanden in dieser Zeit meist nachts statt, weshalb sie Frau Schneider »Bettreden« nannte. Diese Gespräche wurden entweder von Gisela Schneider, oder der Tochter Mar-

tina, die abwechselnd Nachtwache hielt, mit Kassettenrecorder aufgezeichnet.
Gisela Schneider hat die umfangreichen Aussagen sortiert und für dieses Buch alles das freigegeben, was nicht die Intimsphäre der Familie betrifft.
Franz Schneider war bis zum Ende bei vollem Bewußtsein, besprach mit seiner Frau alles, was es nach seinem Hinübergang zu regeln galt, und verabschiedete sich von allen seinen Freunden einen Tag vor seinem letzten Atemzug.
Es ist mir ein Bedürfnis, an dieser Stelle ihm zu danken, im Namen aller, die teilhaben durften an diesen einmaligen wunderbaren Kontakten, für seine aufopfernde Bereitschaft und seine Nächstenliebe, für die jedes Dankeswort nicht ausreicht.
Er möge für uns in den Gefilden, in denen er jetzt zu Hause ist, auch weiter Freund und Begleiter bleiben, solange wir in der Materie leben, und dadurch Hilfe und Gnade nötig haben.

Erläuterung zu den »Nachtreden«

von

Gisela Schneider

Während der Nacht sprach CLAUDIUS des öfteren, wovon mein Mann am nächsten Tag natürlich nichts mehr wußte. Ich hatte jedoch stets ein Tonbandgerät am Bett und wurde auch auf Anhieb wach, wenn mein Mann die Worte der Einleitung sprach: Clau-Clau-Claudius . . . usw. So konnten die Gespräche aufgezeichnet und somit auch festgehalten werden. Diese Art Gespräche während der Krankheit dienten dazu, mir Hilfestellung zu geben. Ich war natürlich verzweifelt, als ich langsam erkannte, daß mein Mann den Weg in die andere Welt antreten würde. Auch er war erschüttert, als Mensch. Als Geist jedoch äußerte er des öfteren, daß er bereit sei für den Übergang. Das menschliche Denken und der sogenannte »geistige Weg« kollidierten miteinander. CLAUDIUS gab mir in den »Bettreden« Erklärungen und Hinweise, um mir Mut zu machen, den ich dann an meinen Mann weitergeben konnte. Beide erlebten wir bewußt die Auflösung der Materie und das Hochschwingen des Geistes, der sich vom Körper lösen wollte. Durch die Bettlägerigkeit meines Mannes hatten wir viel Zeit zum Reden – und gemeinsam gingen wir auch diesen letzten Weg.

Die sogenannten »Bettreden« waren die eigentliche Begleitung von CLAUDIUS und den jenseitigen Ärzten während der Krankheit bis zum Übergang. Es war eine geistige Begleitung auf dem Weg der Auflösung des irdischen Lebens, ohne daß jedoch in die persönliche Entwicklung der nahestehenden Personen eingegriffen wurde. Es gab keine Auskünfte über die Krankheit und ihre Folgen, sondern es war ein wichtiger Auseinandersetzungsprozeß mit den Gegebenheiten, die das Leben und das Sterben mit sich bringt.

In der Nacht vom 7./8. Oktober 1992:

Franz hatte das Buch: Dialog mit Claudius gelesen und war sehr irritiert.* Wir hofften, daß wir am Mittwochabend mit Claudius reden könnten – doch er gab kein Zeichen. Statt dessen schickte er Franz in der Nacht einen Traum, der Franz wie ein Märchen erschien. Dazu sprach er:

»**Achtun, Achtun**
Re-Animationen, Spiritus Sanctus, Re-Animationen Spiritus Sanctus, Re-Animationen Spiritus-Sanctus.
Wir alle eilen dir zu Hilfe, mein Freund, Friede erfülle dein Sein, Friede für dich, mein Freund. Alle sind bei dir.
Amun-Re durchdringt das Dunkel der Nacht, damit du sehend wirst.
Höre das **Ave-Verum** für dich von Heli, damit du schlafen kannst dem neuen Morgen entgegen.
Vergiß es nicht für **dich und Gisela**, unsere Freundin.
Liebe empfangt ihr, Liebe gebt ihr, und das Dunkel deiner Gedanken wird sich lichten.
Claudius, dein Freund, steht dir zur Seite.«
(seine Hände bewegen sich, als würde er dirigieren)
Mein Freund, geliebter Freund, siehe, das Licht am Ende des Weges wirst du nicht mehr aus deinen Augen verlieren. Laß dir Zeit, laß dir Zeit.
Laß Frieden einkehren in deine Seele. Morgen, mein Freund, werde ich sprechen, denn du bist nicht allein.
(Franz setzt sich aufrecht)
»Segnende Hände berühren dein Haupt.«
Eingeschlossen sind die Lebenden** in die Gnade der Allmacht.
Dank dir, mein Freund, daß du gerufen hast, denn dich bette ich

* Man bedenke, daß Franz bei jeder Sitzung in Volltrance war, also nicht wußte, was durch ihn gesprochen wurde. Er war irritiert, weil er nicht fassen konnte, daß er über Dinge gesprochen hatte, von denen er nicht die geringste Ahnung hatte.
** Mit den »Lebenden« sind die **geistig Lebenden**, die für die geistigen Dinge offenen Menschen gemeint. So wie die Bibel auch von den »Toten« spricht und damit die geistig Toten meint, die sich von Gott oder der Allmacht lsogesagt haben.

ein in die Liebe des Universums und schicke dir tiefen erquikkenden Schlaf, mein Freund.
Wir sind bei dir und deiner Begleiterin. Schlaft ihr beide. Die Liebe der Allmacht geleite euch durch die Nacht.
Ich grüße euch, ich grüße euch.
AVE, AVE, AVE.

Samstag auf Sonntag, 10./11. Oktober 1992

Franz spricht in seiner ihm eigenen Art:
»Ganz klar: Also, wenn ich den Fluß überschritten habe, gehe ich in die Parallelwelt ein und finde als Seele mein eigenes Dual. Das Doppel meines Körpers bildet einen Kreis. Dieses **Ich** verbindet sich mit meinem **Über-Ich** zu einem 2. Kreis, wird eins und bildet eine Kirche.
Dann werde ich mich auf dieser Ebene weiterentwickeln und werde dadurch neue Informationen aufnehmen. Diese werden dem *Ich* hinzugefügt und bilden ein neues großes Bewußtsein. Es wird ein Dom zu irgendeinem Zeitpunkt. Es gibt keine Fehler! Aus diesem erweiterten Wissen spaltet sich wieder zu irgendeinem Zeitpunkt ein Teil ab, und nimmt nur das mit, was es braucht.
Also ganz wunderbar, so erweitert sich das Bewußtsein zu einer kleinen Kapelle, geht dann wieder in die Parallelwelt und verbindet sich wieder mit dem Über-Ich.
Alles Wissen bildet Blasen, Kügelchen, die miteinander verschmelzen.
Phantastisch einfach zu erklären: Wissen muß man's eben, dann ist es ganz klar.«

Nachtrede v. 17./18. November 1992

Betende Hände der Lebenden spenden Kraft den »Toten«. (Mit den »Toten« sind die »Unwissenden« gemeint.)
Flügel tragen dich auf und davon. Weit, weit war der Weg über Raum und Zeit.
Folge dem Strahl der Sonne, gehe den Weg ins Glück.
Lausche der Musik und höre den Klang. Aufsteige in dir das Glück und begleite der Seele Klang.
Warum hast du gezögert, hast du gedacht du würdest vergessen?
Gnade wird dem gewährt, der darum bittet, der demütig das Geschenk annehmen kann.
Siehe, getaucht ist der Tempel ins Licht. Tritt ein und empfange die Weihen.
Das Haus des Vaters ist festlich geschmückt, denn der verlorene Sohn kehrt zurück. Neige dein Haupt, mein Bruder.
Deine Begleiterin (gemeint ist Heli) nehme dir die Bürde der Last, damit dein gebeugter Rücken sich erholen kann. (Franz stöhnt)
Licht, unsagbares Licht.
Schlafe, schlafe.

Nachtrede v. 20. Dezember 1992

Clau Clau Claudius – Herodes Agrippa, Freund meines Lebens. Ich grüße dich.
Leuchtende Sonne erfülle den Raum im strahlenden Schein der Seele. Es kehrt eine Seele heim.
Bringe ein das Geheimnis deines Seins.
Gesegnet der Tag, da du der Welt gegeben, und dem Kreis Stütze.
Nach dem Gesetz, nach dem du angetreten, so muß es sein. Du mußt ihm nicht entfliehen. Dies sagten schon Sibyllen und Pro-

pheten, und keine Zeit und keine Macht zerstört geprägte Form wie Leben sich entwickelt.
Vor langer, langer Zeit hat **Johann Wolfgang** dies geschrieben.
Es hat Gültigkeit für dich.
Vergiß es nicht. Schau, dies wirst du nicht verstanden haben auf dem Band, deshalb gab ich dir die Worte wieder. Du wirst sie noch einmal wieder hören, denn die Weihe der Nacht wird sich erfüllen.
Du hast Schmerzen erduldet. Du hast uns vertraut. Wir gaben deiner Begleitung die Kraft zu neutralisieren – und siehe, sie hat dir geholfen.
Schlaft, meine Freunde, in den neuen Tag, und Dank euch, daß ihr den neuen Weg gegangen seid. Alles, alles wird gut, **nicht der Körper, sondern die Seele.**
Steigt auf in den hellen Tag und jubiliert, daß er überwunden hat die Schwere dieser Erde.
Achtun nimmt dich auf. **Achtun** begleitet und gibt dir die Kraft, damit du den neuen Weg gehen kannst.
Selig die Verzweifelten, denn sie werden getröstet werden.
Selig die Barmherzigen, denn sie werden die Allmacht schauen.
AVE, meine Freunde, ich danke euch so sehr und mit mir alle, die euch begleiten.
Schlaft, schlaft den Schlaf der Gesundung. Nichts möge euren Schlaf stören.
AVE, meine Freunde, der Segen der Allmacht für dich und deine Begleiterin. Wir danken euch beiden, Friede sei mit euch.

(Am nächsten Morgen, es war Sonntag, ergänzte Franz den Text, den ich dann in Band I von Goethe fand. Originaltext:
Urworte Orphisch Band I – Seite 441 Gott und Welt.
Wie an dem Tag, der dich der Welt verliehen,
die Sonne stand zum Gruße der Planeten.
Bist alsobald und fort und fort gediehen
nach dem Gesetz, wonach du angetreten.
So mußt du sein, dir kannst du nicht entfliehen,

so sagten schon Sibyllen, so Propheten,
und keine Zeit und keine Macht zerstört,
geprägte Form, die lebend sich entwickelt.

Nachtrede v. 30./31. Dezember 1992

Clau Clau Claudius – Herodes Agrippa, Freund meines Lebens. Ich schließe den Kreis und grüße euch.
So, wie nach der Nacht der Tag anbricht, so soll Betrübnis von euch weichen.
Seht, meine Freunde, ein Jahr folgt dem anderen und es wird immer die Zukunft, die ihr so nennt, verborgen bleiben.
Wer, meine Freunde, könnte euch beleidigen, ängstigen, wenn ihr es nicht zulaßt? (Wir wunderten uns über einige Freunde, die sich nicht nach Franz' Gesundheit erkundigt hatten).
Seht, meine Freunde, Freundschaften sind Begegnungen unter Menschen. Sie sind dem Werden und Vergehen unterworfen – und wie wollt ihr eure Gefühle verständlich machen, wenn bei eurem Gesprächspartner das Resonanzfeld noch nicht entstanden ist?
Gebt euch keine Mühe, nur dadurch, daß ihr die Schwächen des anderen erkennt und akzeptiert, nur dadurch werdet ihr ihn verändern können.
Seht, meine Freunde, zwischen Völkern entstehen Bindungen über Jahrhunderte hinweg, die sich auflösen, wenn die Zeit gekommen ist.
Erwartungshaltungen bedrängen, bedrücken, belasten und führen letztendlich zur Eskalation, zwischen Völkern und zwischen einzelnen Menschen.
Was nicht im Wesen des einzelnen verankert ist, kann nicht hervorbrechen und macht ihr ihn verantwortlich, dann ladet ihr Schuld auf ihn und auf euch, denn er kann es nicht erkennen und fühlt sich gedemütigt, **währenddessen ihr es erkennen könnt, wenn ihr euch nicht eurer Enttäuschung überlaßt.**

Siehe, meine Freund, wir haben dir versprochen, daß das neue Jahr unbelastet begonnen werden kann. Nun, wir haben dir geholfen, dir und deiner geliebten Begleiterin. Nehmt an unsere Liebe. Macht sie euch zu eigen, denn meine Freunde, **nur im Gleichklang eurer Seelen läßt sich das Orakel erfüllen, das da lautet: Schwinge empor zum Licht, Seele, und bringe Frieden.** Euch, meine Lieben, berühre der Hauch des Ewigen.

Niemand ist so ausgezeichnet wie ihr beide es seid. Die Liebe der Allmacht ist bei euch. Laßt sie erblühen, denn ihr vermögt es.

Wir lieben euch und wiegen euch in den Schlaf, der euch führen wird in eine neue schönere Zeit, **in die Zeit des Erkennens.**

Ich schließe den Kreis.

Schlaft, meine Freunde, schlaft.

Nachtrede vom 23. Januar 1993*

Das Universum halte den Atem an. –

Wie Phönix aus der Asche wirst du emporsteigen zum Licht.

Ein bißchen Geduld noch euch beiden, und es wird geschehen, daß ihr überwindet.

Mitgegeben auf eurem Weg ist euch das Wunder – auch wenn es nicht im Menschsein begreifbar ist.

Es wird die Zeit kommen, wo das Wort im Menschen Niederschlag findet.

Seht, meine Freunde, es war sehr, sehr schwer die Gewalten des Universums zu bändigen. Es war sehr, sehr schwer – euch Hilfestellung zu geben für den neuen Weg.

* Diese Nachtrede brachte ich bereits am Schluß des zweiten Bandes, ohne damals zu ahnen, wie bald schon diese Prophezeiung

»Wie Phönix aus der Asche wirst du emporsteigen zum *Licht*«

sich bewahrheiten würde. Ich fühlte nur, daß dies ein ganz besonderer Kontakt mit Claudius war, und würdig, das Buch zu beschließen mit diesem hoffnungsvollen Versprechen.

Deshalb sprach ich auch davon, daß du, mein Freund, mehr leiden wirst. Doch wir gaben dir auch Begleiter mit: **Alle, deren Gedanken bei dir waren in dieser Zeit.**
Liebe Freundin Gisela, du wurdest gefordert und hast alle Erwartungen im Menschsein übertroffen. Wir danken dir und verneigen uns vor der Größe deines Seins, denn du, meine Liebe, bist Teil von ihm, so wie er Teil von dir ist – aber nichts, **nichts geschieht, wenn beide Teile nicht harmonisch miteinander sich verbinden.**
Euer Verdienst, so zu leben, anzunehmen den Weg, den die Allmacht in der Liebe des Universums euch aufzeigt.
Liebe Freunde, schlaft nun dem neuen Morgen entgegen, der am Horizont heraufsteigt.
Strahlendes Licht erfülle euch, und ihr werdet euch wiederfinden im Duft des neuen Morgens.
AVE, meine Freunde, *AVE* und Shalom.

Nachtrede vom 27./28. Januar 1993

Erwacht bist du in der Kühle des neuen Morgens, doch müde bist du, weil du gelitten hast.
Doch, mein Freund, denke daran, alle deine Wege werden geleitet durch uns von **Claudius.**
Kein Tag der vergangenen 5 Jahre war umsonst gelebt, denn jeder Tag brachte neues Erkennen.
Denke daran, mein Freund, daß du nicht alleine bist. Siehe die Bemühungen deiner Tochter um dich, siehe auch die Bemühungen deiner Begleiterin.
Siehe, sie hat deinen Teil übernommen, und es fällt ihr schwer dich alleine zu lassen, doch habe Verständnis für sie, denn sie trägt mit dir den Erneuerungsprozeß.
Lebe so, damit der andere ebenfalls leben kann.
Grüß mir den Kreis, der die Mühe auf sich genommen hat, euch zu begleiten, und, mein Freund,

was du dem geringsten meiner Brüder tust,
was du dem geringsten meiner Brüder getan hast,
wird dir nun zuteil.
Unermeßlich ist die Gnade der Allmacht.
AVE, meine Freunde und Shalom.

Nachtrede v. Mi./Do. 3./4. Februar 1993

Franz träumte in der vergangenen Nacht. Er sah aus großer Höhe, wie ein ganzer Kontinent auseinanderbrach und in den Fluten des Meeres versank. Es war ein schauriges Chaos, und Franz war darüber sehr traurig, denn auch viele Menschen gingen unter in den Fluten. Offenbar nahm Claudius auf diesen Traum Bezug, denn in einem anderen Protokoll sprach er davon, daß **Atlantis** in den Fluten versank. Übrig blieben nur die Restspitzen, die man heute die »Kanarischen Inseln« nennt. Der Ursprung von Franz sei Atlantis.

Claudius: Der Weg zurück wird gegangen werden von dir, mein Freund, du wirst erkennen, warum das Inferno hereinbrach, hereinbrechen mußte. Du, mein Freund, sollst die Insel des Friedens besuchen, denn neu durchleben wirst du das Glück deiner neuen Geburt, denn für viele, die dich lieben, wirst du leuchtendes Vorbild sein. Unter vielen der einzige – »**Primus inter pares**«.
Wir lieben dich, wir lieben dich so sehr, daß wir unser Sein in deine Hände legen.
Grüß mir alle, grüße mir alle.
(Anmerkung: »Primus inter pares« bedeutet so viel wie: **Der Erste unter Gleichgesinnten.**

Nachtrede vom 11./12. Februar 1993

Clau, Clau, Claudius, ich grüße die Freunde, die mit mir hierhergekommen sind. Wir sind jetzt vollständig.
Deine Fragen, meine liebe Giesela, stechen mich, stechen mich mit ungeheurer Kraft.
Siehe, meine Liebe, natürlich hast du ein Anrecht zu erfahren, was geschieht – doch ich wollte dich nicht ängstigen.
Siehe, mein Herz, all diese neuen Energien haben ihre Brandspuren hinterlassen, und wir sind bemüht zu neutralisieren. Dazu gehört, daß die **Chakrenkanäle** neu ausgerichtet werden. Wir konnten das im voraus nicht wissen, sind jedoch bemüht alles neu zu ordnen.
Mein liebes Herz, du hast in der Vergangenheit gemerkt, daß vieles sich gebessert hat, daß die Krankheit unseres Freundes ihn verändert im positiven Sinn – auch wenn du es jetzt noch nicht so siehst.
Glaube mir, glaube mir ganz sicher, daß sein Bewußtsein alle anderen weit überstrahlt. Siehe, mein Herz, Chakrenenergien sind nichts anderes als Energien, die an einen gewissen Ort gebunden sind – **und diese Energien werden separat gesteuert von einer Energie, die nur darauf ausgerichtet ist, in diesem Bereich tätig zu werden.**
Es braucht aber eine Energie, die sowohl die Chakren, als auch die Krankheit bedienen. Deswegen dauert es etwas länger. Habe Geduld, meine Liebe, habe Geduld.
Ich will dir das nur zum Trost mit auf den Weg geben. Du verdienst es, daß wir uns vor dir verneigen, auch wenn du nicht alles verstehst, was geschieht, so hältst du doch still.
Ich bin mir darüber im klaren, daß viele Dinge bei den anderen ebenso unerklärlich wären, wie für dich – **nur läßt du uns agieren** – und wir danken dir.
Es wird die Zeit kommen, wo wir alle Fragen auflösen werden, die sich um diese Erkrankung ranken, **und nichts wird vergessen werden.** Was du dem geringsten meiner Brüder tust – und was du dem geringsten meiner Brüder getan hast, wird dir nun zuteil – und so vollendet sich, was einst besprochen wurde.

Seht, ihr seid nicht alleine, seht, sie sind alle bei euch. Keiner wird je alleine sein – **wenn er es nicht will!**
Viele sind den Weg gegangen und auf halbem Wege stehen geblieben. Doch du, mein Freund, bist ihn ganz gegangen. Ich habe mich nicht getäuscht in dir, und dafür sage ich Dank.
Im Laufe der kommenden Woche werden wir auflösen.
Und noch etwas sei dir gesagt; **du lebst in der Gnade, und die Gnade hat es ermöglicht, daß dir die Lösungen zufliegen.**
Liebe, Liebe, Liebe.

Rede Sonntag, 21. Februar 1993 – 14 h

Clau-Clau-Claudius, Herodes Agrippa, Freund meines Lebens. Ich grüße dich. Tausend Jahre und ein Tag können nicht aufwiegen all die Stunden, die dir verlorengegangen sind.
Herodes Agrippa, ich rufe dich. Herodes Agrippa, komm zurück, komm zurück.
Noch ist es nicht vollbracht.
Ich weiß, du machst den Weg zweimal. Ich weiß, daß wir ihn nicht abkürzen dürfen, und ich weiß auch, daß all die Stunden bisher vergeblich waren, wenn nicht beendet wird, was begonnen wurde.
Glaube mir, mein Freund, wir möchten alles abkürzen, um dir deinen Seelenfrieden wiederzugeben. Doch es ist nicht damit getan, daß du den Seelenfrieden erhältst – **sondern es muß durchlebt werden bis in jede Einzelheit.**
Ich weiß, daß wir uns auf dich verlassen können. Der Weg war ein mühsamer Weg, gepflastert von Vorurteilen eines menschlichen Lebens – aber strahlend steht der neue Morgen bereit. Schau, eines Tages wird es soweit sein.
Wir haben dir Grüße zu übermitteln von **Sanindra,** die deinem Weg bis hier folgt. Wir haben dir Grüße zu übermitteln von allen denjenigen die dir gewogen sind.
Kein Weg ist so weit, als daß er nicht gegangen werden könnte.

Kein Weg stürzt dich so tief in die Verzweiflung, wie der Weg mit uns – **und kein Weg führt dich in höhere Sphären, als der Weg mit uns. Es lohnt sich ihn zu gehen, es lohnt sich mein Freund.**
Wir dürfen dir nicht allzuviel Hilfe gewähren, aber wir, die wir Geist von deinem Geiste sind, wir geben dir Erleichterung.
Heli ist hier, und sie möchte dir sagen, daß du Verständnis haben sollst für diejenigen, die glauben etwas zu wissen und nichts wissen. Auch du weißt nichts, obwohl die anderen Freunde vermuten, daß du mehr weißt als sie, so sind es nur Fragmente. Doch laß dir sagen, auch Fragmente lassen sich zusammensetzen – etwas mein Freund.
Wir konnten für dich erreichen, daß wir deine Fragen beantworten dürfen, damit du nicht so alleine bist. Kein Mensch, und sei er noch so stark, wird dem gerecht werden können.
Aber mein Freund hab Vertrauen zu uns. Wenn alle dich verlassen – wir verlassen dich nicht.
Ich werde heute abend wieder bei dir sein und dich in die Nacht begleiten.
Deiner Begleiterin sieh nach, daß sie ungeduldig ist. Wir dürfen ihr nicht alles sagen, wir müssen sie im Ungewissen lassen.
Shalom mein Freund, Shalom.
Morgen ist auch noch ein Tag!

Nachtrede 22. Februar 1993 – 20 h

Clau, Clau, Claudius – Herodes Agrippa, Freund meines Lebens. Ich grüße euch. Nicht umsonst sollt ihr gewartet haben, denn heute habe ich den mitgebracht, der euch den Segen bringen soll. Schau, mein Freund, du bist nicht allein. Freunde sind mit dir, und mit dir sind wir. **Wir lassen dich nicht allein.**
Deine Begleiterin hat dir den Schlüssel zur Hand gegeben, (wir sprachen über das Erlebnis **Ich BIN**) mit dem du unser Sein erfragen kannst.

Siehe, mein Freund, Ereignisse werfen ihre Schatten voraus. Ihr werdet morgen ein Erlebnis haben, das euch emporhebt, aus dem Schatten der Nacht. Siehe, mein Freund, so wie **Raudive** sich zum Sprecher einer Gruppe gemacht hat, **so wird hier bei dir ein neuer Sprecher entstehen**. Wir brauchen die Veränderung, und deine Freundin (Heli) hat dir angekündigt, daß neues Bewußtsein Platz greifen wird in dir.

Siehe, mein Freund, lang war der Weg – wir sind am Ende angelangt. Wir durften es dir nicht leichter machen, als wir es getan haben – aber wir durften dir Anhaltspunkte geben. Ein kleines Weilchen noch, dann ist alles überwunden, dank deiner Begleiterin, dank ihr haben wir uns früher gefunden, als es möglich gewesen wäre, denn sie hat die Impulse aufgenommen, die wir gesetzt haben durch unser Gespräch.

Wir werden euch begleiten, wir werden neue Gedankengänge einfließen lassen. Wir werden neues Bewußtsein schaffen, damit ein reger Austausch entstehen kann.

AVE, mein Freund, *AVE*, mein Freund, und bald kehren wir zurück, bald, bald.

Nachtrede vom 23. Februar 1993 – 20 h

Clau, Clau, Claudius – Herodes Agrippa, Freund meines Lebens. Ich grüße dich.

Eingebunden bist du in die Liebe der Allmacht und sie hat es ermöglicht, deiner Sprache Stimme zu verleihen.

Du bist ich – und ich bin du.

Keine Macht der Welt wird jemals mehr diese Einheit zerstören. Es ist so gewollt, gewachsen und zusammengeschmolzen zu diesem einen Bewußtsein. **Nimm es an, mein Geschenk, nimm es an.** – Mehr kann dir niemand geben.

Es ist eine lange Zeit gewesen, eine lange Zeit – **doch sie ist zu Ende.**

Laß uns heute darüber lächeln! Es waren schmerzhafte Zeiten voller Disharmonie, wenig Verständnis, gezeichnet vom realen Verstand und trotzdem immer bewußt durchlebt.

Alle Begegnungen haben ihre Spuren hinterlassen.

Requiem scan en pazem, heroa in Frieden, Ruhe im Frieden der Offenbarung, im Frieden der Nacht, im Frieden dessen, der uns diese Begegnung ermöglicht.

Ave verum, dignum – es werde Licht um dich – und siehe, deine Begleiterin hat es angesprochen – so wird es sein, mein Freund, so wird es sein.

(Wir sprachen über das Zusammentreffen des Teilbewußtseins mit dem Gesamtbewußtsein bereits hier als Mensch.)

Nachtrede vom 22. März 1993

Ihr gebt euch sehr viel Mühe und wir hoffen, daß wir Erfolg haben. Liebe ist das Ziel, Liebe der Beweggrund, die Liebe, helfen zu wollen, ohne irgendwelche selbstüchtigen Motive.

Wir müssen ihn freibekommen von der Erdenschwere, damit wir freischwingen können zwischen den Welten. Ich werde noch einmal kommen. Die Stimme wird noch einmal kommen. Sie muß euch etwas sagen.

In meiner Heimat ist es schön, immerwährender Sommer, doch werden die wenigsten etwas damit anfangen können.

In meiner Heimat ist es schön. Wir werden darüber noch sprechen.
Ich habe euch **Jun Agpaoa** mitgebracht.

Jun Agpaoa: Geliebte Freunde, es besteht kein Anlaß zur Sorge im Augenblick. Schaut, meine Freunde, ihr seid irritiert über die Stärke der kosmischen Öle.

Bei euch befindet sich ein Buch. In diesem Buch sind die einzelnen pflanzlichen Bestandteile dieser Öle beschrieben, wonach ihr erkennen könnt, was erforderlich ist und was nicht. Achtet darauf. Wir stehen am Anfang und können nichts falsch machen. Achtet darauf, daß dem Wunsch des Kranken Rechnung getragen wird, denn der Körper reagiert, und der Körper des Kranken ist wie ein Barometer, das ihr nicht von persönlichen Gefühlen überschatten sollt. Er wird euch, solange er noch nicht gesund ist, genau sagen, was er braucht, um seinen Leib zu stabilisieren.

Meine Liebe, ich danke der Allmacht, die es ermöglicht hat, mitzuwirken.

Dir, mein Freund, danke ich, daß du es geschehen läßt.

Nachtrede vom 23. März 1993

Da ist sie nun, unsere Begegnung. Ich danke euch, meine Freunde, für diesen Abend, der euch Erklärungen geben soll. Erklärungen und Erinnerungen an Wirrungen der vergangenen Zeit. Wir hatten euch entführt, gezeigt, so, wie wir es tun mußten, um euch schneller zu erläutern, daß der Weg gegangen werden muß.

Dir, mein Freund, schulden wir Dank, wir schulden dir unsere Hochachtung, mit den Freunden zusammen den Weg gegangen zu ein. Wir schulden dir unsere Hochachtung, daß alle felsenfest davon überzeugt waren, daß wir richtig liegen.

Schau, mein Freund, viele Begegnungen wurden herbeigeführt, um den Weg zu ebnen. So, wir wir in der Vergangenheit Dinge voraussagten, die eingetreten sind, sind auch jetzt Dinge eingetreten, die vorausgesagt wurden.

Einen Weg nur gibt es, der zurückführt, einen Weg nur, das ist die **Liebe**. Wir haben sie dir aufgezeigt. Viele Facetten, viele Dinge durchleben lassen, damit du frei wirst für die Entscheidung deines Lebens. Du hast keine Sorgen – du bist nicht reich – du bist aber auch nicht arm, denn du lebst nicht ohne Liebe.

Noch etwas, mein Freund, mein Leben für dich – und du hast uns nicht getäuscht. Wir gaben unser Sein in deine Hände. Du hast es gehütet – selbst auf die Gefahr hin, daran zugrundezugehen. Es werden uns noch ein **paar Tage und Wochen bleiben, um alles aufzuarbeiten** – und wir werden es schaffen.

Schicke an alle unsere Grüße. Schicke unsere Grüße an deine Tochter, die dich pflegt. Schicke unsere Grüße an **Gisela**, die dir in Liebe zugeneigt ist, die so sehr mit dir gebangt und gekämpft hat.

Danke ihnen – es soll nicht umsonst gewesen sein, nur werden es nicht materielle Dinge sein. Alle diejenigen, die von uns behandelt wurden, die mit uns geglaubt und gehofft haben, sollen gesegnet sein. Alle diejenigen, denen wir ein kleines Stück des Himmels nahebringen konnten, sie sollen mit der Liebe der Allmacht weiterleben und immer ein offenes Ohr für unseren Freund finden – mit uns, und für uns.

Shalom dir, alter Freund, Shalom my Lord – Shalom.

Clau, Clau – vergiß nicht, und ich bin du – doch ohne uns wären wir nur das große Mysterium ohnegleichen.
Leb wohl bis wir uns wiedersehen. Du wirst es spüren – du spürst es.

Nachtrede vom 26. März 1993

Schau mein Freund, ich rufe dich heute morgen für den heutigen Tag, für den gestrigen Tag, für den morgigen Tag.

Ich soll dir Grüße bestellen, Grüße von **Heli**, Grüße von allen, die uns begleitet haben diese Woche hindurch. Ich will Grüße bestellen für **Martina**, vor der wir uns verneigen, die für dich gesorgt hat, denn du brauchtest dringend diese Hilfe. Ich will mich verneigen vor **Gisela**, die diese Hilfe zugelassen hat. Ich will mich verneigen vor euch, die ihr heute nachmittag zusammengefunden habt zur Diskussion. Ich weiß, daß das hart ist, hart zu begreifen, daß du nicht mehr du bist, **daß du ein anderer bist.**

Neugeboren, sechzig Jahre deines Lebens müssen ausgelöscht und geändert werden. Nun so sei es!

Mit der Hilfe deiner Familie wirst du es schaffen, neue Wege, neue Perspektiven zu finden. Natürlich wird es wichtig sein, daß ihr euch gegenseitig absprecht, natürlich wird es wichtig sein für die Richtungsänderung, wie sehr die materielle und technische Grundlage mit herangezogen wird. Aber aus dieser Erkenntnis wird neues Wissen erwachsen. Und denkt daran, neu zu gestalten, **damit dein Leben einen Sinn hat.** Wir werden dir helfen.

Wieweit andere es aufnehmen können ist eine andere Sache.

Für die kommenden Gespräche wünsch ich dir viel Glück, denn Inspirationen senden wir ab, wir werden darüber sprechen, wenn sie abgesprochen sind.

Noch ein Gruß von **Heli**. **Heli** dankt dir mein Freund, Heli dankt dir meine Freundin, für die Hilfe die ihr **Martina** zuteil werden laßt, die unseren Freund begleitet – selbstlos, ohne Forderungen zu stellen. So ist nun dieses Geschenk, daß sie durch den Vater übermitteln ließ, zu verstehen. Sie hat sich selbst überwunden und soll auch als äußeres Zeichen diese Hilfe weiter erhalten. Es soll jedoch immer über dich, mein Freund, fließen. Dir schickt Heli im Namen aller, die hier sind, Stärke, Hilfe – und neues Glück soll euch werden.

Ich danke dir für den Tag und die Nacht, ich danke euch allen, die ihr begriffen habt, wenn auch noch nicht in jeder Hinsicht, so doch aber die große Linie.

AVE, meine geliebten Freunde, *AVE*. Wir wollen einen Kreis bilden, der neu belebt wird. **Sonto Plantano Nero**, im Laufe der Zeit werden wir uns neu ordnen, jetzt schlafe – ja.

Beachtet bitte, meine Freunde, sie alle empfinden es subjektiv. Eine Situation möchten sie ändern – doch Änderung kann sich nur in unserem Freund vollziehen, damit ausgeschwemmt werden kann, was irritiert. Ihr fühlt es, denn ihr merkt, wie hilflos ihr gewissen Situationen gegenübersteht – doch ich verspreche euch:

Er wird es schaffen!!!
Laßt ihm Zeit.

Hütet euch Vorwürfe zu machen, denn er kann sie nicht verstehen – er hat keinen Einfluß auf einstrahlende Energien. Wir müssen sie steuern. An euch ist es, abzuwarten, an dir, **Gisela**, ist es, steuerungstechnisch einzugreifen, auch das muß gelernt sein.

Wenn Freunde kommen, die helfen wollen, laß sie helfen. Wenn sie gehen wollen, laß sie nach Hause gehen. Sag, daß keine Zeit, keine Macht der Welt diesen Lauf der Dinge bremsen kann. Wir brauchen diese Zeit.

Es wird zu einem späteren Zeitpunkt viel intensiver und viel schöner darüber gesprochen werden können, als zum heutigen Zeitpunkt. **Deswegen dokumentiere jedes Wort.** Du kannst es. Denkt daran, technisches Wissen, das ihr jetzt erworben habt, soll erhalten bleiben und soll in die Verbindung mit einfließen. **Unser Freund kann es ohne eure Hilfe nicht.**

Und nun wollen wir in die neue Woche gehen. Öffne die Hände, mein Freund, daß ausgegossen werden können neue Energien, die dich leiten. Gesegnet sei die Verbindung zwischen euch zum Segen des Kreises und aller. Trinke, mein Freund, trinke, damit angefüllt wird und **nicht austrocknet der See des Wissens.**

Viel Zeit werden wir haben, doch du mußt sie auch einteilen und dich nicht übernehmen.

Nachtrede vom 28. März 1993

Clau Claudius, eine Nacht geht zu Ende.

Ich möchte den Tag kommentieren, um eine Zusammenfassung zu erhalten.

Mein Freund, es war ein guter Tag. Nur solltest du beachten, wenn du müde bist, dich nicht an Zeiten zu klammern und der Müdigkeit nachgeben, denn dies ist wichtig.

Grüße die Freunde, die dir geholfen haben, die Stunde des Tages zu genießen. **Thilo und Heike*** wurden geschickt, um dir zu zeigen, daß du nicht allein bist. **Martina**** wird geschickt, um auch bei dir zu schlafen.

Gisela soll nicht grübeln, es löst sich alles auf im Laufe der kommenden Wochen. Ich danke euch meine Lieben, soweit heute diese Durchsage.

Lebt wohl meine Lieben.

AVE für diese Nacht.

Nachtrede vom 29. März 1993

Clau, Clau, Claudius, mein geliebter Freund, laß uns ein neues Resumee ziehen.

Schau, sei nicht so verzweifelt, es ist ein großer Fortschritt schon geschehen. Wir versuchen dich anzubinden an den normalen Ausscheidungsprozeß des menschlichen Körpers der Materie, ohne den neuen Körper austrocknen zu lassen. Du mußt Geduld haben, du mußt versuchen, es geschehen zu lassen.

Wir haben dich ruhig gestellt, damit der Koordinationsprozeß stattfinden kann. Es gelingt noch nicht im vollen Umfang, doch wir werden es versuchen. Denke daran, daß alle Freunde mitarbeiten. Und denke daran, daß du Kraft mitbekommst.

* Thilo und Heike = Sohn und Schwiegertochter von Franz Schneider
** Martina = Tochter von Franz Schneider

Ich möchte mich heute abend nur auf diese Durchsage beschränken und möchte, daß wir neu beginnen zu stabilisieren. **Dr. Moschee und Jun Agpaoa** übernehmen weiterhin ihre Aufgabe, und du sollst nicht verzweifeln.

Wir grüßen dich, und wir grüßen dich **Gisela und Martina.**

AVE

Nachtrede vom 3. April 1993

Dir, mein Freund, herzliches Willkommen bei uns. Schau, lang war der Weg, den du gegangen bist, und wir werden all diese Stationen im Schnelldurchlauf noch einmal erleben.

Nichts ist verlorengegangen, seitdem wir uns das letztemal gesehen haben. Vieles ist nur hinzugekommen, und wir haben eine Weile gehofft. Die Hoffnung haben wir mitgenommen, mit in unser jetziges Leben, und die Hoffnung wird unser ständiger Begleiter sein. Keine Macht der Welt kann diese Hoffnung töten.

Du siehst, all die Freunde hier und auf eurer Seite sind zum ständigen Begleiter geworden. Wir sind froh, daß es uns gelungen ist diesen Kontakt zu schließen. Wir werden ihn hüten, hüten müssen vor dem Zugriff anderer. Nichts ist so sicher, als daß es nicht Nachahmer finden würde.

Ich grüße dich, mein Freund, und bete mit dir das Ave Verum. Es möge dir helfen über die Zeit hinweg, es möge dir helfen uns wiederzufinden.

Ave Verum indignum est.

Lieber Freund, **dein Leben erfüllt sich.**

Bis morgen, mein Freund, bis morgen.

Nachtrede vom 4. April 1993

Clau Clau Claudius. Ihr habt erwartet, daß wir uns melden. Nun sind wir hier. Alle Entscheidung liegt bei euch. Wir wollten sie nicht beeinflussen. (Wir hatten dem Arzt mitgeteilt, daß seit Absetzen der Antibiotika der Gesundheitszustand sich verschlechtert habe. Sofort wurde das Mittel wieder gegeben.)

Claudius: Ihr habt euch entschieden – und es ist gut so. Schaut, meine Freunde, ihr habt es euch nicht leicht gemacht und auch nicht schwerer, als ihr es verkraften konntet. Ruhe ist eingekehrt, Ruhe, die ihr so bitter benötigt.

Wir werden weiterarbeiten – und ihr werdet weiterarbeiten, **und wir werden die Sache zum Abschluß führen.**

Grüße euch, meine Freunde, ich grüße euch – und wenn ihr glaubt, weit weg zu sein, so seid ihr doch sehr nahe.

AVE, meine Freunde, *AVE*.

Einige Minuten danach. Franz' Gesicht strahlt, und er sagt:

»In meiner Heimat ist es schön – auch noch nach dem Chaos, unsagbar schön. Die Früchte des Meeres, die Früchte des Waldes, die Früchte der Natur – 24 Stunden des Tages gehören euch – aber ihr werdet es teilen, dieses Geschenk zu genießen.

In meiner Heimat ist es schön – auch wenn Irritationen entstanden sind – in meiner Heimat ist es schön. Diese Luft! (atmet genüßlich). Ausgewählt diese Richtung – ausgewählt.

Nachtrede vom 16./17. April 1993

Claudius: Clau Clau Claudius, mit dieser Anrede verstehen wir uns.

Ich grüße dich, mein Freund, zu Hause.

Ich danke dir, daß du dich entschlossen hast, daß du den Weg gegangen bist. Ich danke dir, daß du mit **Martina** und mit **Gisela** gesprochen hast.

Wir werden neue Wege beschreiten.

Heli bittet mich dir zu sagen, daß du **Muje*** Grüße bestellen sollst und den Vater nicht vergessen sollst. Zur Vorsorge mögest du die Schlaftablette erfragen, die **Heli's Vater** benutzt.
Grüße all die Freunde, die uns auf diesem Weg begleitet haben, sie sind irgendwo Irrtümern unterlegen, **aber sie haben an mir nie gezweifelt.**

Wir werden irgendwann – nächste oder übernächste Woche – dem Kreis neue Informationen zufließen lassen.

Wichtig allein ist, daß du **(Franz)** der neuen Situation dich anpassen kannst, und wir werden dir helfen.

* Muje ist Helis Kosename für ihre Mutter, Hildegard Schäfer.

Wir werden **Martina** Informationen geben über die medikamentöse Behandlung – sie hat es sehr gut gemacht, daß sie darauf bestanden hat die Rezepturen, die bisher im Krankenhaus verwendet wurden, anzuwenden. **Hütet euch davor, Änderungen vorzunehmen. Es ist wichtig, daß sich der Körper daran gewöhnt.**

Grüße alle recht herzlich, und du kannst dir ruhig zumuten, den einen oder anderen am Tag oder am Abend zu empfangen, um mit ihm zu sprechen.

Nachtrede vom 18. April 1993

Claudius: Es ist das erste Mal, daß wir eine neue Phase beginnen können. Wir wollen sie nutzen, alle die bisher euch begleitet haben.
Vermutlich wird es momentan Schwierigkeiten geben, jedoch mit jedem Mal wird es besser. Ihr habt euch entschieden loszulassen und auf euch, nur auf euch kommt es an.
Wir möchten, daß ihr in Zukunft, wenn ihr Fragen habt, euch abends – in der Nacht – hier versammelt und uns erwartet. Wir wissen dann Bescheid.
Alles andere, was den Kreis betrifft, werden wir anders als bisher abhandeln und es läuft dann nicht durcheinander. Auch wenn du, meine liebe Gisela, zweifelst an dem, was ich in der Vergangenheit gesagt habe, so glaube mir, mein Kind, es hat alles seinen Sinn, und es wird dir geoffenbart werden, wie vieles sich gelöst hat in der Vergangenheit.
Daß er ich bin – und ich er, das wird das Geheimnis bleiben, das sich auflöst, wenn du den Fluß überschreitest. Aber glaube mir, ich laß ihn nicht im

Stich und dich auch nicht. Und jetzt stelle deine Fragen.

G.: Ich bedanke mich ganz herzlich, daß du gekommen bist, aber du kennst meine innere Verwirrung, und ich muß sie nicht aussprechen. Du weißt warum ich hin und her gezerrt bin. War die Entscheidung beziehungsweise Entwicklung der Krankheit und daß Franz daran sterben würde, in seinem Schicksal begründet?

Claudius: *Ja.* Es war das Karma, das er mit auf diese Welt gebracht hat. Ich konnte darüber nicht sprechen, um dir nicht Angst zu machen. **Du mußtest diese Angst durchleben, du mußtest deine eigene Überzeugung gewinnen. Die hättest du nicht gewonnen, wenn ich darüber gesprochen hätte.**

G.: Aber wußtet ihr dies denn?

Claudius: *Ja.*

G.: Habt ihr diese Krankheit erkannt und versucht zu eliminieren?

Claudius: *Ja* – aber das ist nicht möglich gewesen, da die Materie und die geistige Entwicklung sich separat voneinander im Wandel vollzogen haben – und es nicht in unserer Macht steht so weit vorzudringen, daß wir die Materie eliminieren.
Das mag für dich unverständlich sein – doch glaube mir, Materie – was ist Materie –, sie kommt und geht – **nur Geist besteht.**

G.: Aber Franz könnte, wenn er in der Materie bliebe noch viel für uns Menschen bewirken. –

Claudius: Nun, nicht in unserem Sinn – nicht in unserem Sinn. Dadurch, daß er getrennt ist, wird das, was in Zukunft geschieht, wirklichkeitsnäher gebracht.

G.: Aber wenn seine Seele gewollt hätte, daß er länger dableibt, dann wäre es doch sicher möglich gewesen alles umzuwandeln.

Claudius: Liebes, du vergißt die Bestimmung, die der Mensch bei der Geburt mit auf den Weg bekommt. **Du darfst**

nicht dem Fehler verfallen, daß dies ein normales Leben ist. Dies ist ein außergewöhnliches Leben.

G.: Ihr habt das Ergebnis sicher schon bei der ersten Computeruntersuchung gekannt?

Claudius: Sicher, deswegen baten wir euch diese Prozedur mitzumachen, damit eure eigene Überzeugung wächst, damit ihr wißt, daß ihr eingebunden seid in das Universum.

Sei nicht traurig, meine Liebe. Ich habe dir ein Jahr versprochen – **ein** Jahr, das voller Freude ist. **Deshalb freue dich über den Schritt, den er tut.** Freue dich über jedes Wort, das du mit ihm wechseln kannst, und du wirst neue Erkenntnisse und neues Glücksgefühl empfinden, das du vorher nie hattest.

G.: Sicher ist das eine vom menschlichen Standpunkt aus zu sehen und das andere vom geistigen. –

Claudius: Richtig, meine Liebe, richtig. Und denke daran, alles Geistige hat Bestand. Siehe mein Herz, du hast die Bücher (Claudius) verschenkt, du hast sie nicht vor die Schweine geworfen, sondern du hast etwas bewirkt. Es wird sich dir vielleicht entziehen – aber viele werden davon profitieren.

G.: Kennst du Susi's Brief, den sie dir geschrieben hat?

Claudius: Ja. Doch mir wäre es lieber, du würdest diesen Brief vorlesen oder zumindest unserem Freund geben, damit er ihn liest.

G.: Ich lese ihn vor, er ist nicht lang.

Lieber Claudius,

ich werde unsere Gedanken nun zu Papier bringen und bitte dich um Aufklärung!

Ich weiß, daß du unsere Gedanken und Nöte kennst, aber trotzdem möchte ich dir unsere Situation klar darlegen, denn ich weiß nicht, wie viele Möglichkeiten uns noch zum Gespräch bleiben.

Lieber Claudius, du weißt, daß es uns nicht am Vertrauen zu dir und euch mangelt! Wir wissen, daß die Geschehnisse ihren Lauf nehmen und irgendwo im

Plan der Allmacht begründet liegen, und daß alles gut und richtig ist. Wir wissen, daß ihr uns begleitet und mit hilfreicher Hand zur Seite steht. Wir wissen, daß unsere Lage kein Anlaß zum Verzweifeln ist, und daß – insbesondere Vati – sich in der Gnade der Allmacht befindet.

Deshalb bitten wir euch, unsere Fragerei nicht als anmaßend zu betrachten, denn wir wollen nicht die Allmacht hinterfragen!!! Wir haben alle die Situation nun angenommen, aber wir bitten euch trotzdem voller Demut unsere Fragen zu beantworten, denn wir möchten verstehen, was um uns passiert. Die letzten vier Jahre – in denen ihr uns immer zu Fragen ermuntert habt – hätte es nicht gegeben, wenn wir nicht um das Verstehen des Lebens, mit allem was dazugehört, bemüht gewesen wären.

Wir fragen nicht, weil wir an euch zweifeln, sondern weil wir nicht den Erklärungen, die wir uns ausdenken, ausgeliefert sein möchten! Wir sind den Weg bis hierher bewußt gegangen, und wir möchten Vati auch weiterhin bewußt begleiten! Deshalb bitten wir euch – helft uns zu verstehen!

Claudius: Mein liebes Mädchen, du bist mit deiner Familie, mit den Freunden, die euch vier Jahre begleitet haben – eingebunden.

Für euch ist wichtig zu wissen, daß ihr eurem Vater Heimat gegeben habt. Euch ist wichtig zu wissen, daß er Geborgenheit gefunden hat, um diesen letzten Weg auch zu gehen. Euch ist wichtig, zu wissen, daß ihr eingebunden seid in diese Liebe, diese unendliche überreiche Liebe. Nichts auf dieser eurer Welt wird euch je so beglücken, wie dieses Zusammengehörigkeitsgefühl mit dieser Liebe.

Ich sprach in der Vergangenheit davon, daß die Liebe alles ist, und jetzt, meine lieben Freunde, ein kleines Dankeschön, daß ihr mitgegangen seid diesen Weg, daß ihr empfinden könnt, was ich euch ver-

	mitteln möchte. Seht, es erzittert die Luft, es erzittert das Weltall, denn ihr lebt in der Liebe und nichts, nichts wird sich daran ändern.
G.:	**Martina** hörte in der Nacht, daß dies nicht eine Krankheit wäre in unserem Verständnis. Um was für eine Krankheit handelt es sich denn dann, wenn man sie nicht eliminieren kann?
Claudius:	Es ist eine allgemeine Veränderung der Materie. Sie soll euch nicht beunruhigen, es ist normal, daß Materie müde wird. Und vergiß nicht, meine Liebe, er hat in der Vergangenheit, vielleicht unbemerkt von euch, **Unwahrscheinliches geleistet für euch und andere.**
G.:	Es stimmt, und doch habe ich das Empfinden als hättet ihr mit Franz auf dieser Welt noch einiges vorgehabt, und es gibt vielleicht doch verschiedene Möglichkeiten wie man ihn am Leben erhalten könnte?
Claudius:	Mein Herz, glaube mir, wir werden versuchen hilfreich zur Seite zu stehen, auch über die Materie neue Impulse zu setzen. Vergiß es nicht, soweit uns dies möglich ist, werden wir es tun.
G.:	Aber es muß im Einklang mit seiner Seele stehen?
Claudius:	Richtig, du mußt nicht verzweifeln meine Liebe. Du nicht.
G.:	Aber Claudius, ich hätte Franz doch gerne behalten.
Claudius:	Ich weiß es, meine Liebe, doch einen Abschied muß es immer geben, das weißt du auch.
G.:	Claudius, ich danke dir, daß ihr uns daran teilhaben laßt, daß wir erkennen, daß er so eingebunden ist bei euch und damit seinen inneren Frieden hat.
Claudius:	Meine Liebe, erst jetzt konnten wir diese Wege beschreiten, nachdem ihr euch entschieden habt.
G.:	Wir haben uns entschieden? Wir haben uns immer entschieden **für ihn**.
Claudius:	Es ist gut, mein Herz, es ist gut.
G.:	Ach, du meinst wegen dem Loslassen.
Claudius:	So ist es. Viele gute Gespräche habt ihr geführt, viele

gute Gespräche. Weißt du, all eure Lieben, die hierhergekommen sind, nehmen an diesem Ereignis teil und werden davon Nutzen ziehen, **jeder**.
Lebt wohl, meine Lieben, bis wir uns wiedersehen zum Gespräch.

Nachtrede vom 22. April 1993

(Franz hatte die Augen offen und wir dachten, er spricht mit uns, so daß wir von den ersten Sätzen keine Aufzeichnung haben)

Franz: Ich sehe immer wieder diese Feuerwand vor mir, immer wieder diese Feuerwand.

G.: Du meinst, die von Atlantis?

Franz: *Ja.*

G.: Wie ist sie denn entstanden?

Franz: Durch einen Kurzschluß, ausgelöst durch Unachtsamkeit durch ihn.

G.: Aber ich denke, es gibt keinen »Zufall«. Hätte es denn nicht verhindert werden können?

Claudius: Es war einfach folgerichtig. Auch die Erde ist ein einziger Feuerball. Sie (die Menschen) begreifen es nicht, sie verstehen es nicht.

G.: Hat es denn eine Bedeutung?

Claudius: Sicher, wenn Lavaströme sich ergießen, wird der innere Erdmantel nach außen getragen. Dadurch entstehen Katakomben. Diese Katakomben stürzen wieder ein. Es ist nun mal so (Werden und Vergehen), und trotzdem begreift es der Mensch nicht.

G.: War die Feuerbrunst in Atlantis vor 14 000 Jahren oder vor 5–6 Millionen Jahren? Denn irgendwann sind die Kontinente auseinandergetriftet.

Claudius: Weißt du, ich müßte dir jetzt einen Vortrag halten über all die Dinge, die geschehen sind in der Vergangenheit – Äonen von Jahren – angefangen von dem Feuerball, hinausgeschleudert von der Sonne ins Weltall – dort abgekühlt, Leben aufgenommen. Aber es wird die Zeit nicht ausreichen dir das zu erklären.

G.: Aber die erste Menschwerdung auf der Erde?

Claudius: Kam vom Plejadensystem, an der unser Freund maßgeblich beteiligt war.
Weißt du, ihr wart in Ägypten gewesen, habt die Zeugungskammern besucht. Ihr habt all das durchlebt und trotzdem den Sinn nicht begriffen. Die Zeugungskammern waren vom Ursprung her nichts anderes, als Kammern des Lebens, die geschlechtslose Wesenheiten geschlechtsreif werden ließen.

G.: Also mehr ein Labor?

Claudius: Richtig.

G.: Du sagtest ihr habt selektiert und ausgewählt. Betrifft dies die Nachfolge von Franz?

Claudius: Die Bedeutung der Nachfolge.

G.: An welchen Kanal können wir uns künftig wenden? Welcher ist zuverlässig?

Claudius: Keine Frage. Du wirst in dem Augenblick dies erkennen, wo du Abschied genommen hast und neu aufbaust. Ich kann dir die Quelle nicht verraten.

G.: P. hat Durchsagen. Sind diese dir bekannt?

Claudius: Ja.

G.: Und auch von Luxemburg kommen Durchsagen.

Claudius: Ja, sie dienen euch zur Bestätigung für das Leben nachher.

G.: Soll ich, wenn ich wirklich in Nöten wäre, nach Luxemburg gehen, oder nach Frankfurt?

Claudius: Diese Wege stehen dir offen.

G.: Kann ich diesen Wegen vertrauen?

Claudius: Meine Liebe, schau, nicht alles, was ich in der Vergangenheit euch mitgeteilt habe, hat deinen ungeteilten Beifall gefunden, und trotzdem hast du gewußt wohin du zu gehen hast. So wird es auch in Zukunft sein.

G.: Claudius, wir vertrauen auf euch.

Ma.: Du hast gesagt, daß Gisela neu aufbauen muß . . .

Claudius: Richtig.

Ma.: Würde das bedeuten von Anfang an wieder mit Tonbandstimmen?

Claudius: Nein, neu aufbauen im **Bewußtsein** – das habt ihr bereits getan.

G.: Ja, daß ich mich neu orientiere – ohne dich wäre das hoffnungslos!

G.: Bei P. kam durch, daß in der Neuzeit neue Möglichkeiten geschaffen würden, so daß eine Transformation unter den Menschen stattfindet und daß du 80 % von Franz' Körper übernommen hättest. Es wäre bereits früher schon einmal so gewesen, aber in der Neuzeit würde es immer wieder Menschen geben, die ihren Körper zur Verfügung stellen, damit höhere Geistwesen darin agieren könnten. Habe ich das richtig verstanden?

Claudius: Richtig. Es wird nur für den einzelnen schwer zu erkennen sein.

G.: Das wäre eine unwahrscheinlich geistige Evolution?!

Claudius: Weiß du, Christus, dieser Jesus, wurde auch in die Welt gesetzt, um etwas zu verändern, was ihm 2000 Jahre geglückt ist und trotzdem verfälscht wurde.

G.: Das ist menschlich, aber trotzdem ist dadurch viel bewegt worden, weil viele Menschen ihren Trost in dem Glauben gefunden haben.

Claudius: So ist es.

G.: Dann kam durch: »Die Zahl 7 ist mehr als eine Zahl in dieser Zahl.« Diese Übereinstimmung finde ich ganz fantastisch!

Claudius: Ja, meine Liebe, ja. 7 ist die Zahl, an die ihr und unser Freund gebunden seid. 7! Weißt du, mich hat gewundert, daß ihr nicht längst danach gefragt habt.

G.: Wir hätten so viele Dinge fragen müssen!

Claudius: Weißt du, meine Liebe, es spielt letztendlich auch keine Rolle aus dem einfachen Grund, weil alles ineinandergreift. Und wenn ich sage 7 ist die Zahl, dann meine ich, daß 7 der Schlüssel zur Menschwerdung ist.

G.: Das gibt uns ein neues Rätsel auf, aber das macht nichts. Ich freue mich auf den Moment, wo ich bei euch ankomme und alles Wissen habe.

Claudius: Mein Herz, du wirst dich wundern wie alles folgerichtig zusammenpaßt.

G.: Auch daß ihr Franz in Würzburg in das Zimmer Nr. 7 gelegt habt . . .?

Claudius: Richtig, dir ist es aufgefallen, ihm nicht.

Ma.: Ich freue mich, daß ich ihm so helfen kann. Ich habe nach wie vor das Problem, während einer Einspielung hier zu bleiben.

Claudius: Das wird sich ändern. Wir werden darauf achten, daß du bei vollem Bewußtsein diese Begegnung erlebst.

Ma.: Hat das denn irgendeine Bedeutung, daß es mir so ergeht?

Claudius: Richtig, mein Kind. Nichts geschieht ohne Hintergrund, und für dich ist es wichtig, daß du diese Erfahrungen machen kannst.

Ma.: Näher möchtest du nicht darauf eingehen?

Claudius: Nein.
Eingebunden ist der Kreis, eingebunden sind die Menschen.
AVE euch allen. *AVE*

Nachtrede vom 24. April 1993

Franz ging es nicht gut. Er war sehr müde, schloß die Augen und begann unvermittelt zu sprechen:

Franz: Langsam erlöscht das Licht. Dankt der Allmacht, daß sie zu euch gekommen ist. Achtet auf euer Empfinden und euer Gefühl, ihrem Wunsch entsprechend.

Claudius und die Allmacht werden euch nie verlorengehen.
Was ihr tut und getan habt, wird nie vergessen sein.
Ave verum, dignum est.
Darauf unvermittelt, als ich mich kurz zu Franz setzte, als er schlief: Glaube mir, meine Liebe, alles hat seine Ordnung – **Ralf und Susi, Thilo und Heike.*[*]
Liebe – ein Stück Himmel.
Ich kann leider den Kreis in seiner Gesamtheit nicht verabschieden und bitte euch deshalb Grüße zu bestellen. Jeder einzelne wird in seiner Kümmernis und Sorge aufgehoben sein. Richtet Grüße aus an alle.
Meine lieben Freunde, ich weiß, daß viele Dinge erst im Nachhinein ihre Bedeutung erhalten und trotzdem danke ich euch Menschen für das, was ihr unserem Freund an Hilfestellung gegeben habt.
Dehnt sie aus, meine lieben Freunde, nehmt sie auf, **Gisela** und **Martina**, daß sie nie alleine zurückbleiben.
Ich kann eure Sehnsucht erfühlen und der Kreis bei mir, unserem Freund, und für sich selbst ist eine einzige überreiche große Gnade. Dafür danke ich der Allmacht, die es uns allen ermöglicht, einen Riesenschritt vorwärts zu gehen.
Ich habe darauf gewartet, daß ihr kommt. Es war vorher nicht möglich – und doch, ihr seht – alle Wege führen ins Licht.
Shalom und *AVE*.
Unter »Claudius« haben wir uns kennengelernt – unter »Claudius« verabschieden wir uns. Möge die kommende Zeit für jeden heilsbringend sein.
AVE.

* Susi und Thilo sind die Kinder von Franz und Gisela Schneider, Ralf und Heike der Schwiegersohn bzw. die Schwiegertochter.

Nachtrede vom 30. April 1993

Claudius: Seht, meine Freunde, jeder lebt für sich allein, jeder stirbt für sich alleine.

G.: Ich möchte Franz so gerne beistehen.

Claudius: Du tust es, du tust es, meine Liebe. Er ist ein glücklicher Mensch, auch wenn es ihm nicht bewußt ist im Augenblick. Er hat so viel Gnade gefunden – so daß wir sein Leben beenden können.
Ihr jedoch, meine Freunde, ihr jedoch, ihr werdet die Auferstehung neu erleben, denn denkt daran, es gibt nur eine Religion, nur eine Wahrheit, denn nichts auf dieser Welt wird sie verfälschen.

G.: Ich denke, du hast uns gut geschult, so daß wir alles neutral sehen können, ohne Wertung.

Claudius: Es war mein Bemühen, meine Liebe. Euch die Wahrheit schonungslos vor Augen zu führen, und denke daran, so wie heute morgen deine Reaktion bei K. und E. war, so soll sie morgen sein und übermorgen. Du selbst, meine Liebe, du selbst, wirst eine neue Zeit beginnen.

G.: Ach Claudius – jeder Tag ist neu. Es ist alles relativ zu sehen. Du sprichst so oft in Rätseln, und ich verstehe deine Sprache nicht. Es tut mir so leid.

Claudius: Nun, meine Liebe, es wäre zu einfach, sollte ich es dir so präsentieren, wie ich es denke, wie wir es denken. Doch damit wäre nichts gewonnen – nichts.

G.: Gebt Franz den inneren Frieden, bitte.

Claudius: Ja, wir werden helfen.

Nachtrede vom 1. Mai 1993

Clau Clau Claudius
Wir möchten euch heute antworten auf eure Fragen. Beginnt jetzt.

G.: Es waren weniger Fragen, die wir hatten, als mehr die Irritation über das, was du gestern zu uns gesagt hattest. Die Aussagen waren einfacher Art. Franz beziehungsweise die Kontakte dafür zu benutzen, ist die Zeit mit euch zu kostbar. War unsere Schwingung zu niedrig?
Claudius, ich habe oft das Gefühl, daß du für mich nicht mehr erreichbar bist?

Claudius: Du hast das Gefühl – aber es stimmt nicht. Ich bin nach wie vor für dich erreichbar.

Frage: Kann es sein, daß ich selbst im Augenblick zu verschlossen bin?

Claudius: Das ist richtig. Du leidest unter dieser Situation, die entstanden ist. Es wird sich bessern in dem Augenblick, wo unser Freund bei uns ist.

Frage: Hat sich die Krankheit vielleicht durch eure Einstrahlung gebildet?

Claudius: Nein, meine Liebe, die Krankheit hat sich nicht gebildet, sie hat sich verändert durch die Molekularstruktur der körpereigenen Zellen. Ihr könntet sagen, wir hätten sie beeinflussen können. Nun, meine Liebe, das stimmt zwar, **war aber nicht im Karma des Freundes begründet.** Bitte, bitte, stolpert über diese Tatsache nicht hinweg.

Frage: Wir müssen dies so annehmen. Aber wenn es nun nicht im Karma lag?

Claudius: Dann wäre dem gar nichts entgegenzusetzen. Schau, meine Liebe, wir haben unserem Freund heute alles begründet. Glaube mir, er hat es niemals so empfunden. Tränen der Freude, Tränen des Glücks. Und nun denkt daran, er ist uns wichtiger, als alle anderen Aussagen, die nicht schon getätigt worden sind.

G.: Wir dachten, daß es für S. die letzte Möglichkeit des Gespräches mit dir war – und auch für uns der Abschied kurz bevorsteht.

Claudius: Du hast recht, meine Liebe, du hast sehr recht – und denke daran: Ihr drei – ihr seid Bestandteil unserer Selbst. Und alles liegt noch bei dir (Gisela).

S.: Ich stelle die Frage, wer die »Nachfolge« von Vati antreten wird. Ich bin der Meinung, daß es eine Nachfolge in der Form nicht geben wird?

Claudius: Richtig, dies war einmalig – ist einmalig – bleibt einmalig. Alles in einem Menschen vereint, und er stellte alles dar. Das kann nicht alles nur von einer Person verarbeitet werden, doch es wird immer nur ein Teilaspekt dargelegt, aber niemals die gesamte Palette, die während dieser 4 Jahre aufgegeben wurde.

Ihr sitzt auf einem Goldschatz und wißt es nicht.

S.: Wir wollen die Protokolle aufarbeiten, denn es ist darin sicher alles enthalten, was für unser Menschsein von Bedeutung ist. Ein Kanal ist dafür nicht mehr erforderlich. Ich bin davon überzeugt, daß jeder von uns euch auf seine Weise intensiver denn je erfahren wird. Ist das richtig?

Claudius: Auch das ist richtig. Das versuche ich dir zu sagen, auch wenn du jetzt glaubst, abgeschnitten zu sein, klingt es in allen Menschen nach!

Was für uns jetzt vordringlich ist, ist dankbar zu sein für die Zeit, die gegeben worden ist.

Leb wohl, mein Kind. Wir werden uns wiedersehen, wiederhören.

S.: Ich bitte für Vati, daß er glücklich wird und daß er seine Bestimmung vollenden kann. Bitte, gebt uns die Kraft.

Claudius: Es segne euch Claudius, er schenke euch Frieden, den Frieden, den auch unser Freund sucht und den er finden wird mit eurer Hilfe.

AVE für heute, *AVE*.

Der Frühling hat begonnen, der Sommer wird folgen, der Herbst und der Winter, und neu entstehen wird die Welt im strahlenden Glanz der neuen Zeit. Dank euch allen, die ihr diesen Tag ermöglicht habt. (Danach hob Franz die linke Hand, so als würde er uns segnen. Dann wachte er auf. Er sagte, er sei glücklich – es ist wie ein weg- oder untertauchen. Alle seien so liebevoll zu ihm, wo er doch nur ein kleines »Fünkchen« sei.)

Nachtrede vom 12. Mai 1993

Clau Clau Claudius – Herodes Agrippa, Freund meines Lebens. Ich grüße dich, ich grüße euch.

Angefangen ist das Ende. Mühsam ist der Weg. Einmal, einmal mußte dieser Weg zu Ende sein, einmal wird der Weg zu Ende sein, und einmal, mein lieber Freund, wirst du erlöst werden von den Qualen des Lebens. Du siehst, auch jetzt werden Prioritäten gesetzt. (Franz verstand diese Aussage)

Die Allmacht, du selbst, hast zugestimmt, du hast dir diesen Weg ausgesucht, **um ihn zu gehen – als Mensch.** Als Geist wirst du ein großes Stück abkürzen.

Fehler müssen ausgeschwitzt werden (geflüstert).

G.: Claudius, dieser Mensch hat ein schweres Leben gehabt und so viel auf sich genommen. Weshalb muß das Ableben mit diesem Leiden noch einmal der Höhepunkt sein?

Claudius: Weil nichts in seinem Leben ohne Höhepunkte abging.

G.: Das Sterben hängt wie ein Damoklesschwert über dem menschlichen Leben. Ist dies von der Allmacht wirklich so in dieser Art gewollt?

Claudius: Meine Liebe, es dauert nicht mehr lange.

G.: Sollen wir den Arzt fragen, ob die Dosis erhöht werden kann? Es soll ja nicht zur Verlängerung dienen, sondern zur Erleichterung.

Claudius: Frag ihn – keinesfalls eine Verlängerung. Schmerzfrei soll er sein.

Ma.: Ich fühle, daß sich in mir eine Veränderung abspielt.

Claudius: Nun, wer könnte dies erleben, ohne daß sich eine Veränderung abspielt?

Ma.: Hat dies mit meiner künftigen Aufgabe zu tun?

Claudius: Auch das. **Eure Aufgabe ist euch bekannt – aber nicht bewußt.** Ihr müßt viel darüber sprechen, damit sich das herauskristallisiert, damit ihr seht, daß eure Intuition richtig ist.

G.: Du sagtest: »Ihr werdet eingeweiht.« Was bedeutet das?

Claudius: Eingeweiht in das Mysterium menschlichen Seins. Schaut, euer Leben war bisher geprägt von realistischem Denken Wir bemühen uns umzupolen zum Empfinden (gemeint ist wohl, die Fähigkeit zu erlangen, mehr Bewußtsein im Geistigen zu erreichen), denn siehe, meine Liebe (atmet tief und schwer) ich nehme an, ich nehme an, daß ihr wißt, worüber ich spreche, daß ihr empfindet worüber ich spreche (laute Tonbandstimme: Hört uns)
Laßt es genug sein.
AVE; meine Lieben, *AVE*.

Posthume Durchsagen von Franz Schneider

Kontakt vom 17. 9. 1993, der gleichzeitig in Luxemburg und in Rivenich durchgekommen ist.

Dies sei der erste Kontakt des anderen Menschen Franz **Schneider** aus der dritten Ebene. Mein Übergang war von allen Seiten gut vorbereitet. Ich befinde mich genau an dem Ort, den ich mir auf eurer Seite vorstellen konnte. Eine Welt von euch unvorstellbarer Anmut und Schönheit. Mein Bewußtsein ist nun frei von allen Sorgen eurer Sphäre, und ich existiere praktisch in einer Wunschdimension, die mir sehr viel ermöglicht, was euch noch verborgen bleibt. Mich umgibt eine zeitlose Kontinuität.
Viele unter euch sind noch blind und sehen das Licht nicht, das in ihnen leuchtet. Die Liebe der Allmacht aber ist in allem. Meinen jetzigen Zustand habe ich bereits auf eurer Seite mit Hilfe von Claudius geschaffen, mit dem ich jetzt vereint bin. Auf unserer und eurer Seite werden wir als Seelenführer tätig sein . . . Meine Lieben, glaubt nicht an Halluzinationen, denn jeder Gedanke ist Realität. Einen Unterschied zwischen Gedanken und Verwirklichung kennen wir daher hier nicht. Löst euch von der Verbissenheit eures Alltags und werdet offen und schöpferisch. Ihr werdet es nicht bereuen, denn viele, die bei uns ankommen, geraten in Verwirrung, weil sie zu sehr an ihrem physischen Leben hingen. Im Moment dieser Kontakte befinde ich mich bei euch allen, in Sailauf, in Darmstadt, Mainz, Kirchzarten, Luxemburg, Rivenich und Goldbach. Einige mediale Menschen werden es fühlen.
Hütet euch vor den falschen Propheten, vor denen ihr bereits mehrmals von hier gewarnt worden seid und bewahrt stets die Liebe in eurem Herzen. Durch sie beende ich nun diesen Kontakt, der bei euch über mehrere Kanäle durchkam.

Marc/Franz/Claudius

Weihnachtsgruß von Franz Schneider anläßlich eines TK-Treffens in Aschaffenburg am 2. Dezember 1994. Durchgegeben am 29. 11. 1994. (1½ Jahre nach seinem Hinübergang.)

Ich grüße euch, meine lieben Freunde, die ihr euch heute hier im Namen der Allmacht versammelt habt. Ihr bereitet euch vor auf das Fest der Liebe und nehmt auf die Schwingungen der ewigen Erneuerung. Öffnet euch, um die Weihen der Heiligen Nacht zu empfangen, damit ihr leben könnt gemäß euerer Bestimmung. Erinnert euch an eueren Auftrag, der da heißt:
Tragt in euch das Licht der Liebe. Tragt es hinaus und gebt es weiter. Denn glaubt mir: Es gibt nichts, was euere Welt dringender benötigt, und nichts Kostbareres, das ihr schenken könnt. Aber seid euch dessen bewußt, daß es nicht euere Aufgabe ist, andere Menschen zu belehren, sondern laßt die Liebe in euch aufkeimen, damit ihr sie vorleben könnt. Und wenn euch das gelingt, wird für jeden von euch und für jeden einzelnen in euerer Umgebung jeden Tag Weihnachten sein. Das ist das Mysterium der Christnacht.
Liebe Freundin Hilde, ich neige mein Haupt vor dir. Du bist unermüdlich in deinem Tatendrang. Heli trägt dich und hilft dir nach Kräften. – Lieber Herr »Sandelan«, ich danke Ihnen, daß Sie der Einladung unserer Freundin gefolgt sind. Unsere Seelen haben sich vor langer Zeit berührt, und Ihre Musik gleicht der Musik des Himmels. – Jochen, mein Freund, endlich konnten wir dir die Hände reichen. Wir danken dir für deine Mühen. – Liebe Freunde, ich könnte jeden von euch ansprechen, doch schließt die Augen, reicht mir die Hände, und ihr werdet mich erfühlen.
Es war das All, das in sich barg das Nichts – und es war das Nichts, das in sich barg das All. Einst trennte sich, was doch zusammen wollte sein –, und nun führe ich euch heim und füge zusammen, was sich einst trennte. So bin ich voller Dank und Demut, daß ich sein durfte. Ich bin – so steht's geschrieben – ein Fünkchen nur, doch voller Liebe.
Meine Lieben, aufgereiht sind die Tränen wie Perlen. Ich danke

euch, daß ihr mir Raum gebt zu vollenden, was vor langer Zeit begann.
All eure Freunde, Verwandten und Bekannten sind heute hier versammelt. Wir hüllen euch ein in das Licht der Liebe. Die Welt hält den Atem an, denn wir berühren euer Sein.
Seid alle herzlich gegrüßt von euerem **Franz**, von **Claudius** und von allen, die heute hier versammelt sind.
Ave, Ave in Ewigkeit.

1) An diesem Abend nahm Herr **SANDELAN**, Komponist vieler Meditationskassetten und auch der Begleitmusik bei unseren Sitzungen mit Claudius, an unserem Treffen teil.
2) Hier bezieht er sich offenbar auf eine Tonbandeinspielung in Darmstadt am 24. 11. 1994, bei der die Teilnehmer seine Stimme auf dem Band zu hören glaubten. Er bestätigt damit den Kontakt.

Durchsage vom 5. April 1995

Hier ist Marc, hier ist Marc, hier ist Marc.
Bestätige die Formulierung des medialen Kontakts vom 29. 11. 1994.
Dank an alle Freunde, die das Licht der Liebe suchen. Liebe Freunde, verliert euch nicht in Kleinigkeiten, sondern erlernt die unendliche Größe des Zusammenhangs. Auch im Jenseits euerer Wirklichkeit ist nicht alles begreifbar.
Ich habe bei euch die Liebe gesucht, nun suche ich die Liebe in der Gnade. Auch für uns ist ein Gott nicht sichtbar, wie ihr es versteht. Jedoch fühlen wir die Nähe der allmächtigen Gnade. Sie durchdringt alle physischen und psychischen Formen im Universum.
Liebe Freunde, nur die Liebe ist in der Lage, Raum und jegliche Zeit zu überbrücken. Es ist in der Liebe der Allmacht vorgesehen, daß alles vergeht. Jedoch jeglicher Geist, den Gott schuf, bleibt in Ewigkeit erhalten.
Nehmt euere Technik nicht zu ernst, damit sie euch nicht beherrsche. Die Atlanter haben es erfahren.

Nun, liebe Freunde, ich grüße und segne euch alle. Ich danke euch im Namen der Liebe.
F.S.C.M.

Anmerkung: F.S.C.M. = Franz Schneider–Claudius-Marc.

Durchsage vom 19. 4. 1995 über Computer

Hier ist Marc.
Hallo, mein Freund und Bruder. Der Geist der Liebe grüßt dich. Hab Dank für dein Tun.
Werde mich über diese Apparatur am 20. 4. 1995 wieder melden.

Durchsage vom 20. 4. 1995 über Computer

Marc erzeugt Kontakt zu R 4.
Hallo, liebe Freunde, bitte laßt nicht nach, die Flügel eueres Bewußtseins zu nutzen. Wandelt in Demut und Liebe, denn das Licht wird die Dunkelheit verdrängen.
Seht, viele euerer Naturwissenschaftler sehen in der Forschung keinen Schöpfer, obwohl sie erkennen, daß der Bauplan des Universums kein Zufall sein kann. Alle physische Erwartung steht im Dienste der Erhaltung der Art. Der Mensch besitzt jedoch die Fähigkeit, sein Leben zu ändern, zu verändern und die Zeiger seiner Lebensuhr zu verstellen. Die Ungewißheit in bezug auf das Vergängliche treibt ihn zu unmöglicher Forschung. Ob dies einen positiven Sinn ergibt, wissen wir auch noch nicht, denn das Universum ist kein abgeschlossener Prozeß in sich, sondern ein offenes Geschehen in der Weiterführung der bewußten Verantwortung.
Seht, meine Freunde, die Zukunft ist nicht die euerer Kinder und deren Nachkommen, sondern jede Zukunft ist euere eigene. Die »Nach-uns-die-Sintflut«-Mentalität der Sterblichen schafft uns allen erhebliche Nachteile, denn das Sein ist in der Lage zu füh-

len. Schafft keine Welt grenzenloser Vermögen und nichtendender Armut. Der Körpertod besteht nicht aus Gerechtigkeit, noch Ungerechtigkeit, sondern aus der Wechselwirkung innerhalb der Allmacht Gottes.
Seht, euer Wissen soll investiert werden und Freude in das Leid bringen. Kein Mensch ist Gott gleich, seine Liebe jedoch durchflutet Geist und Materie. So, wie das Gute von euch geschaffen wird, so straft ihr euch auch selbst durch die von euch geschaffenen Taten.
Seht, meine Freunde, das Bewußtsein der bei euch um die 300 Grad minus schockgefrorenen Tier-Menschen-Körper befindet sich bei uns, denn der Geist hat die Materie verlassen. Was wird sein, wenn der Geist nach ca. 100 Jahren in den Körper zurück soll und er es nicht will oder nicht kann – eine Frankenstein-Utopie. Der Mensch wird bald die Freude an sich selbst verlieren, denn er versucht, Gottes Stelle einzunehmen.
Meine Freunde um Jochen Fornoff: Erkenntnis in der Liebe zu allen Dingen ist der Schlüssel zur Allmacht, deren Liebe weit größer ist, als wir annehmen. Nehmt nicht nur die instrumentellen Informationen ernst, sondern auch jene, die über die Psyche eines Mediums zu euch gelangen.
Wir sind bereit, mit der Gruppe J.F./H.Sch. Dialoge zu führen. Dies soll über R 4 sowie über mediale Kanäle geschehen, bis neue Übergänge möglich werden. Es wird bald sein, denn die Liebe wird es möglich machen. Sie ist es auch, die das Weltbewußtsein zur Allmacht geleitet.
Euere Fragen sollten sich nicht auf einzelne Individuen beziehen, denn dies wäre zu müßig. Es ist, als verfolge man einen Tropfen im Ozean.
Alle meine jetzigen Durchgaben sind identisch mit dem Geist Tib. Cl. K. von Rom sowie mit dem Ursprung der Liebe. Mein Freund CLAUDIUS erinnert euch, liebe Freunde, an das Kapitel »Ich grüße die Leser dieses Buches«.
Nun, meine Lieben, ich segne euch alle, die in der Schlichtheit, Demut und Liebe an der geistigen Entwicklung arbeiten. Ich, Marc, habe zu euch gesprochen.
Ich grüße und umarme die Wesenheit, die bei euch den Weg mit

mir teilte. Der Geist Claudius' sowie der meine wird unter euch sein. So soll es geschehen. Marc liebt die Freunde.
Ave, Ave in Ewigkeit.

Bedeutung der Abkürzungen:
R 4: Station Rivenich
J.F./H.Sch.: Jochem Fornoff/Hildegard Schäfer
Tib.Cl.K. von Rom: Tiberius Claudius, Kaiser von Rom
Mit dem angesprochenen »Kapitel« ist das Vorwort von Claudius im Buch von H. Schäfer »Dialog mit Claudius I« (S. 16 ff.) gemeint.
Die Wesenheit, die Marc umarmt, ist seine Ehefrau.

Durchsage vom 25. 4. 1995 über Computer

Hier ist Marc. – Kontakt zu R 4 für den Kreis der Freunde. Hier ist Marc.
Claudius, Heli, ich sowie viele andere sind hoch erfreut. Es ist gelungen, auch über Mose, (Pseudonym) eine Brücke zu euch herzustellen. Die Verbundenheit zur Allmacht, deren Mose sich in seinem Dasein lediglich teilbewußt ist, sowie die gesamte Vorbereitung lassen diese Information zu. Ich hatte bereits bei euch von Claudius eine kurze Durchgabe erhalten.
Seht, meine lieben Freunde, ihr wißt, unter welchen schwierigen Umständen der geistige Fluß mit Claudius zustande kommen sollte. Bringt auch jenen euer Mitgefühl entgegen, die euch unsere Gedanken übermitteln. Der Kreis ist geschlossen, pflegt ihn weiter, wie Claudius es auch sagte.
Ich bin, der ich bin und sein werde, denn ich habe die Seelenbrüder und Schwestern in der Liebe wiedergefunden.
Heli, meine gute Freundin, ist von unbeschreiblicher Schönheit und voll des Lichtes. Sie grüßt euch alle und dankt ihrer lieben guten Muje.
Meine Freunde im Kreis, unsere geistige Strahlkraft ist in der Lage, jeden euerer Gedanken wahrzunehmen, so wie ich es unbewußt von CLAUDIUS lernte.

Meine liebste Gisi-Miriam, bis in die Ewigkeit der allmächtigen Liebe reicht mein Dank an dich. Die vielen Gedanken in Form von Sorgen waren nicht umsonst. Umsonst ist, wenn wir alles geschehen lassen. Ich liebe dich und danke dir für alles, für die letzten gemeinsamen Stunden, in denen sich Angst, Verzweiflung und Liebe vermischten, bis ich das Licht sah. Alles ging gut, obwohl die Liebe bei euch auch schmerzhaft sein kann, denn ihr besitzt nur ein Teilwissen.
Ave, ich, Marc, sage euch, in dieser Epoche werden Materialisationen möglich, wie es mir, Mose, Harsch-Fischbach und vielen anderen bei euch gelang, denn wer der Gnade nahe ist, wird sehen, hören und empfinden.
Meine lieben Freunde im Kreis der Liebe, habt keinerlei Zweifel, denn ihr werdet mich im Sinne der Informationen erkennen, denn wie wir zusammen lernten, braucht alles bei euch seine Zeit.
Ich grüße alle meine Lieben und den Kreis der Freunde, auch im Namen von Claudius. Die Energie der Allmacht wird bei euch sein und euch Frieden geben.

MARC

Anmerkungen:
Mit »Mose« ist Adolf Homes, Rivenich, gemeint, der die Computer-Kontakte erhielt.
»Heli« ist die verstorbene Tochter von Hildegard Schäfer (im Text mit ihrem Kosenamen »Muje« bezeichnet).
Mit »Gisi-Miriam« wird die Ehefrau von »Marc« angesprochen.

Nachwort

Legt Euren Geist in unsere Hände, und wir tragen Euch zu neuen Ufern.

Ich grüße die Seelen, die sich finden auf dem Weg zur Erkenntnis. Ich grüße diejenigen, die meinen/unseren Weg verfolgt haben, und ich bedanke mich dafür. Sie haben uns zugehört, Sie haben Resonanz geschaffen, Sie haben Fragen gestellt, und Sie haben den Mut, Antworten zu suchen und zu finden. Ja, Sie lesen richtig, – es gehört Mut dazu, sich über die Konventionen der Religionen und Denkweisen hinwegzusetzen, und sich mit geistigen Dingen zu befassen. Immer wieder werden Sie in Ihrer Umgebung belächelt werden, ja, sogar auf Ablehnung stoßen. Immer wieder werden Sie sich außerhalb stellen, und immer wieder werden Sie das Gefühl haben, sich verteidigen zu müssen. Auch ich habe all diese Dinge durchlebt. Zunächst ist diese Erfahrung nicht leicht, denn man will doch »dazugehören«.

Haben Sie jedoch erkannt, was Leben wirklich bedeutet, und gelingt es Ihnen sogar, diese Erkenntnis in Ihrem Leben umzusetzen, dann werden Sie geistig frei sein! Sie werden wohl weiterhin Ihren Lebensunterhalt bestreiten müssen, Sie werden weiterhin der Gesellschaft Rechnung tragen müssen, aber Sie werden in Einklang mit Ihrer Seele Ihren Weg gehen und wissen, daß es der Weg ins Licht ist, daß Sie begleitet und behütet das tun, was Sie sich einst vorgenommen haben. Sie werden in Menschen, die versuchen, Sie Ihrer Freiheit zu berauben, Seelen erkennen, die Ihnen helfen zu lernen, zu erfahren, sich zu vervollkommnen. Sie werden sich nicht von Neid, Habgier und Äußerlichkeiten knebeln lassen.

Ich danke Ihnen, daß Sie bereit waren, Ihren Weg bis hierher zu gehen und bitte Sie, in Ihrem Interesse, Ihren Weg in dieser Richtung auch weiter zu gehen, denn er führt nicht nur Sie ins Licht. Seien Sie Impulsgeber und Vorbild – aber nur, indem Sie vorleben.

Versuchen Sie nie, andere zu überzeugen oder zu beeinflussen. Seien Sie nur Beispiel!

Nur so kann sich die Menschheit im Laufe von Jahrhunderten verändern. Haben Sie keine Angst vor Prophezeiungen und Schwarzmalereien, denn alles was geschieht, ist eine Entwicklung, die letztendlich ins Licht, in die Liebe führt, und **niemand wird verloren sein.**
Damit möchte ich Sie nun in Ihr Leben begleiten, und seien Sie gewiß, ein Funke von mir, ein Funke von Claudius, begleitet auch Sie. Nur ein kleiner Kreis konnte uns zwar begleiten, aber nichtsdestoweniger haben auch Sie einen Teil aufgenommen von uns.
Ich danke Ihnen und neige mein Haupt vor all denen, die bereit sind, den Weg der Nächstenliebe und der Suche nach Erkenntnis zu gehen.

Nichts was Ihr tut,
Nichts was Ihr je getan habt,
ist umsonst.
Nichts ist verloren,
Nichts ist zu Ende.
Laßt zur Weisheit werden,
was in Euch zu keimen beginnt!

Reichen Sie uns die Hände, damit wir Sie führen können auf dem Weg ins Licht.
Eingebunden sind Sie in den Kreis der Liebe.

Franz Schneider,
Sailauf, am 18. Februar 1995
(demnach durchgegeben beinahe 2 Jahre nach seinem Hinübergang)

Auszüge aus Leserzuschriften

Mit »Dialog mit Claudius« wird der Menschheit ein großer Gefallen erwiesen.
Johann Chr. Sp., Frankfurt.

Ich habe das Buch mit Herzklopfen verschlungen. Ich habe das Gefühl, daß es mich auf den richtigen Weg bringt, daß ich den »Sinn des Lebens« finde.
Uta P., Neu-Isenburg

Ein Werk, das aufhorchen läßt, damit wir alle einen Schritt zur Wahrheit weiterkommen können. Ihre Seancen sind der Weg, sich Gehör und Respekt zu verschaffen. Alle guten Seelen mögen Sie und Ihren Kreis beschützen.
Maria P., Nürnberg

Ich habe das optisch herrliche Buch mit intensiver Anteilnahme gelesen. Das Buch stellt einen »Hammer« dar, der geeignet ist, mit maroden, verfilzten Dogmen endlich aufzuräumen. Bestechend die Rhetorik von Claudius. Er beherrscht das Florett des dezenten Angriffs und der kultivierten Verteidigung. Dafür sei Ihnen, liebe Frau Schäfer, von Herzen gedankt.
Dr. Emil S., Bad Pyrmont

Mit »Claudius« verbringe ich alle meine Abende und auch noch die halben Nächte. Das Buch ist faszinierend. Die Argumente von Claudius sind wichtig und fesselnd. Die Sache ist ungeheuer ernst und die Teilnehmer glaubwürdig.
Dr. Franco T., Padua/Italien

Mit diesem Buch bin ich reich beschenkt, es ist genau das richtige für mich. Plausible Erklärungen, vernünftige Hinweise, kein listiges Ausweichen. Ich danke für eines der hilfreichsten und ungewöhnlichsten Bücher sehr herzlich.
Andreas V., Schweinfurt

Man meint, als »alter« Esoteriker schon alles zu wissen. Aber wie erstaunt war ich, als ich die Claudius-Bücher las. Großartig, was hier an Wissen und Erkenntnissen entdeckt werden kann, und das in verständlicher und logischer Weise.
Ludwig B., München

Diese beiden Bücher (Claudius Band I und II) sind Meisterwerke und werden in die Geschichte der ESOTERIK eingehen. Die Bücher sind phantastisch gegliedert und jede Seite ist spannend.
Anja L., Frankfurt

Ich habe beide »Claudius-Bücher« gelesen und bin vom Inhalt begeistert. Endlich einmal ein Ganz-anderes-Buch – bei der Vielzahl der esoterisch-parapsychologischen Bücher, die ständig auf den Markt kommen und meist nur Aufgewärmtes, längst Bekanntes bringen.
Dr. Käte G.-H., Innsbruck

Die Dinge, die uns Claudius vermittelt, sind so wunderbar, und ich habe schon manches in den Alltag integriert. Ich übe fleißig und bin schon ein gutes Stück in meiner Entwicklung weitergekommen. Daß »Claudius III« zur Herbstmesse 1995 erscheint, macht mich richtig glücklich.
Elisabeth P., Denkendorf

Bekannte von mir haben dieses Buch bereits bestellt, bevor es richtig zur Messe erschienen ist. Auch sie sind mittlerweile begeisterte »Claudius-Anhänger« und fragen sich, warum sie bisher so stumpfsinnig und ohne Blick für das Wesentliche gelebt haben. Viele interessante Diskussionen haben sich hieraus für mich ergeben, und ich begreife immer mehr, was Claudius uns eigentlich mitteilen will.
Emmy G. – eine Leserin aus Teneriffa.

Ich lese das Buch jetzt zum drittenmal, es enthält Wahrheiten, die *jeder* wissen müßte. Ich freue mich schon auf den angekündigten zweiten Band.
H. J. T., Oberstdorf

In den Durchsagen von »Claudius« ist all das zu finden, was auf das Wesentliche hinweist. Ein inhaltsvolles, großartiges Buch. Auch von der Optik her gefällt uns das Buch ausgezeichnet, insbesondere das Symbol auf dem Einband.
Jules & Maggy H.-F., Luxemburg

Ich bin von diesem aktuellen und hochinteressanten Buch begeistert. Eigentlich müßte dieses Werk auf Anhieb in den Bestsellerlisten ganz vorne zu finden sein.
Michael B., Schliersee

Vielen herzlichen Dank für das eindrucksvolle Buch »Dialog mit Claudius«. Die Menschen müssen dringend aufgeklärt werden über die Wegweisungen aus der Jenseitswelt. Erst wenn der Mensch überzeugt ist, daß er Gestalter seiner eigenen Zukunft ist, das heißt Karma und Inkarnation, erst dann haben wir Frieden in unserer Welt.
Prof. Dr. Konrad D., Detmold

Ich habe mit Begeisterung Ihr Buch »Dialog mit Claudius« gelesen und es hat mir sehr viel Kraft gegeben. Ich bedanke mich für dieses wunderbare Buch.
Marianne S., Neuenstadt

Ich gehe abends immer sehr früh ins Bett, um Zeit für »Claudius« zu haben. Daß man keine Angst mehr vor dem Tode haben muß, ist wunderbar.
Richard F., München

Die Idee ist durch Ihre Initiative Wirklichkeit geworden. Das Buch liest sich sehr flüssig, ist sehr gut gestaltet, und wir glauben, daß es viele Leser ansprechen wird. Ich werde viele Exem-

plare schon für Weihnachten einplanen, ich könnte mir kein wichtigeres Geschenk vorstellen.
Karin u. Walter S., Niedernhausen

Herzlichen Dank für den 2. Band. Einhelliges Urteil: Große Spitze! Exzellent recherchiert und formuliert, ein unentbehrliches Nachschlagewerk für jeden ernsthaft an der Transkommunikation Interessierten.
Jules H. F., Luxemburg

Ihr Buch bereitet mir immer wieder eine große Freude. Erkenntnisse, die man immer wieder nachschlägt, die manchen Zwiespalt offenlegen. Ich danke Ihnen ganz herzlich.
Frieden K., Kernen

Zu Ihrem neuen Werk möchte ich Sie ganz herzlich beglückwünschen. Das Buch wird seinen Weg machen – davon bin ich überzeugt – und viele Menschen werden echten Gewinn daraus ziehen. – Weit und beschwerlich war der Weg von den Anfängen aus der Pionierzeit bis zur heutigen beinahe Allgemeingültigkeit und Akzeptanz einer Weiterexistenz nach dem leiblichen Tode. Sie haben einen maßgeblichen Anteil an der Aufklärungsarbeit durch Wort und Tat geleistet, wofür Ihnen unzählige Menschen zu Dank verpflichtet sind.
Margarete H., Aschaffenburg

Ihr Claudius-Buch ist eine wunderbare Sache und ich werde es meinen Patienten wärmstens empfehlen, damit es die Leute auch lesen. CLAUDIUS spricht mir aus dem Herzen. Schon bevor ich das Buch gelesen hatte, behauptete ich, daß es keine Hölle und kein Fegefeuer geben kann. Wir haben hier auf Erden die Hölle –, Ärger, Sorgen, Krankheiten – warum soll man noch mehr bestraft werden? Das Buch ist spannend wie ein Krimi. Ich lese weiter!
Dr. Wenzel B., Waldachtal

Bücher, die aufhorchen lassen, damit die Menschheit einige Schritte zur Wahrheit weiterkommen kann.
Ingeborg W., Pattensen

»Dialog mit Claudius« sind die Bücher, die in unserer Zeit gelesen werden sollten, denn sie sind Aufklärungsbücher ersten Ranges.
Helga Sp., Obernau

Band II ist noch besser als Band I, und ich hoffe, daß noch einige Bücher nachkommen. Ich bin sicher, daß mit dieser Buchreihe vielen Menschen geholfen wird, über sich und ihr Leben nachzudenken und sich weiter zu entwickeln.
Wolfgang St., Düsseldorf

Weiterführende Literatur
finden Sie
auf folgenden Seiten

JENSEITS & TOD

Hildegard Schäfer

Dialog mit Claudius Band I und II

Impulse aus einer anderen Welt. Band I
»Claudius«, römischer Kaiser zur Zeit Christi, gibt hier in eindrucksvoller, faszinierender und zugleich provozierender Weise über ein Medium (Marc) auf alle ihm gestellten Fragen eine Antwort.
Was Claudius hier über ein Medium bekannt gibt, ist nicht nur ein Novum im Hinblick auf Information. Diese Aussagen von hohem ethischen Wert, von einer glasklaren Logik, schneiden alte Zöpfe ab, rücken falsche Maßstäbe zurecht, räumen auf mit überholten, unnachweisbaren Glaubenslehren und verwirrenden Dogmen. Sie schaffen Klarheit über die uralten Fragen nach dem »Woher«, dem »Wohin« und dem »Warum«.
478 S., gebunden
ISBN 3-7699-0530-X

Band II
Die Mitteilungen von Claudius werden in diesem Band vertieft. In 56 Kapiteln, teilweise Ergänzungen zum 1. Band, größtenteils aber auf völlig neue Fragen, die das Mensch-Sein ausmachen, gibt Claudius hier Antworten. Themen u.a.: Liebe, Ehe, Sexualität, Verbrechen, Krieg, Frieden. Die größte Überraschung für den Leser aber dürfte die Weihnachtsbotschaft von Jesus Christus sein.
480 S., gebunden
ISBN 3-7699-0539-3

JENSEITS & TOD

Robert James Lees

Reise in die Unsterblichkeit

Band I: »Das Leben jenseits der Nebelwand«

Lees, eines der bekanntesten Medien Englands im vergangenen Jahrhundert, beschreibt hier das Erwachen eines gerade Verstorbenen im Reich der Unendlichkeit. Wir erleben, wie der Berichterstatter in London verunglückt, im Zwischenreich des Landes der Unsterblichkeit aufwacht und ihm dort eine Fülle der wunderbarsten Offenbarungen und Belehrungen über sein neues Leben zuteil wird. Wir gewinnen ein neues Bild vom Leben nach dem sogenannten Tod.

Allen, die um einen dahingegangenen Menschen trauern, spendet dieses Buch Trost.

224S., gebunden

ISBN 3-7699-0458-3

Robert James Lees

Reise in die Unsterblichkeit

Band II, Teil 1: »Das Elysische Leben«, Teil 2: »Vor dem Himmelstor«

Dieses Buch knüpft an die Erlebnisse der Autors an, die dieser in Band I beschrieben hat. Wir sind überwältigt von der leuchtenden Schönheit der Landschaft, der Harmonie der Gebäude, von den ätherischen Farben der Blumen und von überirdischen Sphären-Musik.

Wir sind tief bewegt von der allumfassenden göttlichen Liebe, die alles Leben im Lande der Unsterblichkeit erfüllt und auch dem verworfensten Menschen die Hände entgegenstreckt.

Wir erleben tiefe Offenbarungen.

344 S., gebunden

ISBN 3-7699-0462-1

JENSEITS & TOD

Erhard Bäzner

Wo sind unsere Toten?
Sehen wir sie wieder?

Mit seherischer Gabe spricht der Verfasser vom Leben nach dem Tode und den jenseitigen Welten. In lebensvollen Bildern werden die verschiedenen Zustände nach dem Tode behandelt, der Verkehr der Verstorbenen mit den Lebenden sowie die Umgebung der Abgeschiedenen beleuchtet. Mit großem Verständnis und reifer Lebensauffassung sind die unheilvollen Folgen von Hypnose, Suggestion, Spiritismus und Mediumschaft erklärt. Was das Buch über ähnliche Werke erhebt, ist, daß nicht spekulative Folgerungen und Hypothesen gegeben werden, sondern die Erfahrungen und das Wissen eines Sehers.

223 S., kartoniert
ISBN 3-7699-0517-2

Mario Mantese

Vision des Todes
Meine Reise durch das Jenseits.

Mario Mantese war ein sehr erfolgreicher Musiker der amerikanischen Musik-Gruppe »Heatwave«, als er in London mit einem Messer niedergestochen wurde. Blind, stumm und gelähmt am ganzen Körper erwachte er nach vier Wochen aus dem Koma. Ein fesselnder, authentischer Bericht über den Zustand zwischen Leben und Tod, eine intensiv mit großer Klarheit erlebte Vision im vierwöchigen Koma, die eine Wandlung der Seele bewirkte.
Eine unbändige Lebenskraft und ein durch nichts zu beugender Wille, die körperlichen Behinderungen zu überwinden, waren Ansporn, dieses Buch zu schreiben.

144 S., kartoniert
ISBN 3-7699-0533-4

JENSEITS & TOD

K.O. Schmidt

Das abendländische Totenbuch

Band I: »Und der Tod wird nicht mehr sein«

Eine der umfassendsten Darstellungen der Vorgänge beim Tode und nach dem Tode. Der Leser nähert sich Kapitel um Kapitel immer mehr den Ewigkeitsbereichen und dem Selbst; er erfährt dabei bisher weder erhoffte, noch erahnte Offenbarungen individueller Schau in bezug auf künftige Wiederverkörperungen. Er nimmt dabei Einsicht in Bekenntnisse und Überlieferungen der Mystiker, Dichter und Seher aller Zeiten. Schmidt vermittelt hier seine Einsicht in die Unzerstörbarkeit des Wesens des Menschen. Er gibt dem Leser die Sicherheit, die der unwissende Mensch nicht kennt.

264 S., gebunden

ISBN 3-7699-0489-3

K.O. Schmidt

Das abendländische Totenbuch

Band II: »Wir leben nicht nur einmal«

Mit dem vorliegenden Buch bietet K. O. Schmidt unter anderem eine ausführliche Sammlung von Rückerinnerungs-Darstellungen des Vorganges der Wiederverkörperung beim Tode bis zur nächsten Geburt.

Die praktischen Konsequenzen der Wiederverkörperungs-Gedanken werden umfassend beschrieben. Es werden Fragen erläutert wie: Möglichkeiten und Techniken der Rückerinnerung, das Karma, das Wirken der Schicksalsgesetze, Einflüsse aus früheren Leben auf unser heutiges Dasein, der Sinn des Glaubens an die Wiedergeburt.

432 S., gebunden

ISBN 3-7699-0509-1

JENSEITS & TOD

Stefan v. Jankovich

Ich war klinisch tot

Bericht eines nach einem schweren Autounfall über fünfeinhalb Minuten im klinisch toten Zustand »Wiedererwachten«.

Was der Autor in dieser kurzen Zeit, bis ihn ärztliche Hilfe zurückholte, sah, hörte und erlebte, wird eindrucksvoll beschrieben. Seine Erkenntnisse besagen unter anderem, daß der Tod nicht zu fürchten ist, sondern daß er einen Zustand darstellt, in dem Freude, Harmonie und Liebe vorherrschen.

Nachdem der Autor die Wirklichkeit einer höheren Dimension kennengelernt hat, steht heute für ihn unerschütterlich fest: »Durch die Erfahrung des Sterbens habe ich erst richtig leben gelernt.«

192 S., gebunden, illustriert

ISBN 3-7699-0488-5

Stefan v. Jankovich

Reinkarnation als Realität

Der durch mehrere Fernsehsendungen, Publikationen und Seminare weithin bekannte Architekt und Schriftsteller Stefan v. Jankovich wollte eigentlich kein Buch mehr zum Thema Reinkarnation verfassen. Er entschloß sich jedoch dazu, da er immer häufiger darum gebeten wurde, seine Meinung, die er sich nach seinen Erfahrungen im klinisch toten Zustand gebildet hatte, schriftlich zu veröffentlichen.

Im vorliegenden Buch versucht er, eine Symbiose aufzustellen, in der er eine Verbindung zwischen dem christlichen Grundglauben mit den Fragen nach dem »Woher«, »Wohin« und »Warum« und seinen Erlebnissen sucht.

144 S., kart., m. Farbtafeln

ISBN 3-7699-0532-6